高等院校精品课程系列教材

上海市精品课程教材
上海财经大学优秀教材

企业资源计划（ERP）原理与实践

ENTERPRISE RESOURCE PLANNING (ERP)
PRINCIPLES AND PRACTICES

|第3版|

主编 张涛
副主编 邵志芳 吴继兰

机械工业出版社
CHINA MACHINE PRESS

图书在版编目（CIP）数据

企业资源计划（ERP）原理与实践 / 张涛主编 . —3 版 . —北京：机械工业出版社，2020.3（2024.11 重印）
（高等院校精品课程系列教材）
ISBN 978-7-111-64718-8

I. 企⋯ II. 张⋯ III. 企业管理 - 计算机管理系统 - 高等学校 - 教材 IV. F270.7

中国版本图书馆 CIP 数据核字（2020）第 027216 号

ERP 融合了管理的理念和方法，实现了企业物流、资金流和信息流的集成，实现了企业资源的整合和有效利用，是达成有效管理的重要工具，是企业迎接全球化挑战的必要条件。ERP 的产生，给全球的企业和 IT 世界带来了巨大的影响，未来的一二十年，ERP 也必将在我国各行业中进一步普及。

本书全面讲述了 ERP 的发展历程、基本原理、处理逻辑、业务流程、实施方法及企业信息和业务集成。本书内容全面、通俗易懂、逻辑性强、原理过程讲解清晰、例题丰富，并附有习题、演示软件和课件，方便读者学习和学校教学。

本书可作为高等院校工商管理、电子商务、物流管理、信息管理与信息系统及其他相关专业的课程教材，也可供制造业信息管理人员和咨询顾问、IT 业界的管理人员、管理决策人员等学习与参考。

出版发行：机械工业出版社（北京市西城区百万庄大街 22 号 邮政编码：100037）
责任编辑：程天祥 责任校对：李秋荣
印　　刷：保定市中画美凯印刷有限公司 版　　次：2024 年 11 月第 3 版第 14 次印刷
开　　本：185mm×260mm 1/16 印　　张：21.75
书　　号：ISBN 978-7-111-64718-8 定　　价：45.00 元

客服电话：(010) 88361066 68326294

版权所有·侵权必究
封底无防伪标均为盗版

前言
PREFACE

中国正式加入 WTO 后，全球众多制造业巨头都想争夺中国这个大市场，中国成为亚太地区的制造业中心，大量外资的注入，给中国本土的企业带来了相当大的冲击，同时也带来了前所未有的发展机遇。各行各业都在思考该如何面对来自经济、生活、文化等诸多方面的影响。加入 WTO 是经济发展所驱，为我国改革的深入、经济持续稳定的增长创造了一个非常大的机遇空间。但机遇与风险是同时存在的，我国的企业该如何面对？如何提高我国企业的核心竞争力？

习近平总书记在党的二十大报告中强调，"推进新型工业化，加快建设制造强国、质量强国、航天强国、交通强国、网络强国、数字中国"，这为我国企业未来的发展指明了方向。中国企业目前需要在两方面进行提升，一方面是产品创新、技术创新，推出更有竞争力的高质量产品；另一方面就是更深层次的东西——管理创新，必须在管理上进行变革，而信息化、网络化、数字化将对管理变革起到根本的推动作用。

企业资源计划（enterprise resource planning, ERP）作为一种先进的管理思想，作为信息化的一个重要工具，代表了当前在全球范围内应用最广泛、最有效的一种企业管理方法，提供了企业信息化集成的最佳方案。它将企业的物流、资金流和信息流统一进行管理，对企业所拥有的人力、资金、材料、设备、方法（生产技术）、信息和时间等各项资源进行综合平衡和充分考虑，最大限度地利用企业的现有资源，取得更大的经济效益。这种管理方法已经通过 ERP 系统的应用得到了体现。

进入 21 世纪以后，ERP 经过曲折的发展，也迎来了它的普及时代。以 ERP 为工具的管理现代化浪潮正席卷而来。在新的形势下，会有越来越多的企业应用 ERP，希望借助 ERP 从根本上提高企业对瞬息万变的市场的应变能力，取得竞争的优势。但是，这并不意味着我们的企业已经对 ERP 原理及其应用方法有了深刻的理解和认识。因为对于一个具体的企业来说，应用 ERP 往往还处于起步阶段。在 ERP 的普及时代，企业更需要了解它的原理和方法。本书主编多年来对企业生产运作优化管理进行了深入的研究，并曾从事 ERP 咨询工作，结合多年深入企业实地调研的经验、研究成果及亲身体会编写本书，力图用详尽而又通俗的语言，较全面地讲解 ERP 的知识，为从事 ERP 工作的管理人员、计算机应用科技人员和高等学校经管类师生提供一本参考书，同时也为企业进行信息化决策提供帮助。

第 1 版和第 2 版的出版，得到了很多高校师生的大力支持，他们使用了该教材，同时也提出了许多宝贵意见，在此表示深深的谢意！同时，针对兄弟院校师生提出的建议，我们对教材进行了修订，推出了第 3 版：改版绪论，主要是重新整理了国内外应用现状，采用最新数据，介绍了云 ERP 等发展趋势；修改了需求管理、主生产计划、库存管理、车间管理、财务管理、成本管理等章节，完善了相关的概念，并修改和增加了部分章节的案例分析，丰富了教材内容。虽然我们进行了改版，但在短时间内也难以满足所有师生提出的建议，尤其有的建议具有较强的创造性，还需要较长的时间消化和融合，敬请谅解！

本书从管理及信息化角度全面地阐述了 ERP 知识，将管理思想和观念、信息技术应用与工业工程的方法融合起来进行阐述，希望读者能在实践中有所体会。本书着重阐述了如何运用系统提供信息来改进管理工作，解决制造业普遍存在的管理问题。本书主要可分为三大部分：

第一部分，包括第 1 章和第 2 章，主要讲解了 ERP 的应用背景、国内外应用现状，进而引出 ERP 的概念及发展历程，同时介绍了国内外几种比较主流的 ERP 产品。

第二部分，从第 3 章到第 13 章，介绍了 ERP 系统中的主要功能管理模块，包括需求与销售管理、生产规划、主生产计划、物料需求计划、能力需求计划、采购管理、库存管理、车间管理、财务管理、成本管理、先进计划与排程等，并详细阐述了各业务模块的业务处理与信息化实现原理，分析了相互间的关系。这一部分是 ERP 系统的核心，也是 ERP 的基础知识，所以是本书的重中之重。

第三部分，包括第 14 章和第 15 章，主要讲述了 ERP 系统的实施、企业的业务和信息系统集成。ERP 实施是一个系统工程，对此，该部分介绍了实施过程中容易出现的障碍、实施原则及实施项目管理方法。此外，ERP 系统实施后，企业各部分业务的集成将得以实现，企业各种信息系统的集成也将进一步发挥 ERP 系统的威力。为此，本书从集成的角度阐述了 ERP 系统如何实现企业业务集成，并介绍了 ERP 与几种管理信息系统的集成关系，为软件、咨询公司及企业的项目实施人员提供参考。

总而言之，本书有以下几个特点：

（1）本书试图采用通俗易懂的方式全面介绍 ERP 理论知识，结合教学中的特点和要求，增强本书的可讲性和可读性。

（2）逻辑性强，按照企业业务过程和逻辑思维过程编排章节顺序，再用图表加以说明。

（3）选材合理，理论联系实际，用相关案例具体说明各章内容，深入浅出，通俗易懂，使枯燥的学习更加生动。

（4）经验性强，本书内容均为编者亲身实践 ERP 系统后编写，能够站在企业用户的立场上介绍原理、管理思想和实施要点，切合实际。

（5）全面性，本书包括对知识的应用背景介绍、原理分析、案例分析、实施方法指导等，能够让读者全面了解 ERP 的理论知识。

本教材侧重于 ERP 基本业务过程和原理的讲解，不依赖于任何 ERP 软件，不属于实验教材，各种实验课程可视作本课程的辅助和补充。本书可作为高等院校工商管理、电子商务、物流管理、信息管理与信息系统及其他相关专业的选用教材，也可供制造业信息管理人员和咨询顾问、IT 业界的管理人员、管理决策人员等学习与参考。本书每章配有思考与练习题，这些习题均围绕各章的重点内容而设，覆盖了各章的主要内容。读者通过这些习题解答也可以基本掌握各章的重点知识。本书还配有教学课件，可供教学参考。

本教材也是上海市精品课建设教材，而且得到了金蝶软件有限公司和用友软件有限公司的大力支持，在此一并表示感谢。

由于作者理论水平和实践经验所限，书中难免存在不当和疏漏之处，衷心希望各界人士和读者指正。

教学建议
SUGGESTION

教学目的

本课程的教学目的在于向学生全面和系统地介绍企业资源计划的基本原理,使学生理解以企业流程为核心、以管理思想为指导、以信息技术为工具的 ERP 实质。通过对本课程的学习,学生能够对企业生产运作管理基本方法有综合的认识;通过对系统软件的操作,学生能够对企业业务过程增强感性认识,并能够更深刻地理解 ERP 的知识。

前期需要掌握的知识

学生需要具备信息管理系统的基础知识。

课时分布建议

教学内容	学习要点	课时安排	
		MBA	本科
第 1 章 绪论	(1) 企业面临的问题 (2) 工业企业的类型及生产环境 (3) ERP 中包含的管理思想 (4) ERP 的作用和效益 (5) ERP 的应用现状	2	3
第 2 章 ERP 思想的发展历程	(1) ERP 的基本概念 (2) ERP 发展历程:订货点法、MRP、闭环 MRP、MRP Ⅱ 及 ERP (3) ERP 内涵 (4) ERP 业务流程 (5) 几种典型的 ERP 软件系统	2	2

（续）

教学内容	学习要点	课时安排 MBA	课时安排 本科
第 3 章 需求管理	（1）市场需求预测因素与方法 （2）销售业务管理 （3）信用管理 （4）销售分析	2	2
第 4 章 生产规划	（1）ERP 计划层次 （2）生产规划的概念、内容、作用及意义 （3）制定生产规划相关策略 （4）不同生产环境下（MTO 和 MTS）生产计划大纲编制方法	2	2
第 5 章 主生产计划	（1）物料清单的概念、构造原则 （2）主生产计划的概念、作用及意义 （3）主生产计划的编制原则及处理的对象 （4）编制主生产计划的基本方法及示例	3	3
第 6 章 物料需求计划	（1）物料需求计划的概念、作用及意义 （2）编制物料需求计划的基本方法、基本原理及策略 （3）编制物料需求计划的计算方法及示例 （4）ERP 中的计划运行方法	2	2
第 7 章 能力需求计划	（1）能力计划层次体系、作用与意义 （2）工作中心能力核算方法介绍 （3）粗能力需求计划编制的对象和特点及编制方法 （4）细能力需求计划编制的对象及实例 （5）无限能力计划和有限能力计划	3	3
第 8 章 采购管理	（1）采购作业管理过程、订单管理、采购计划方法 （2）供应商管理方法 （3）采购管理的几种模式 （4）订货批量的几种策略 （5）委外加工管理	2	2
第 9 章 库存管理	（1）物料仓储、移动、ABC 分类法及周期盘点法 （2）库存管理策略 （3）库存管理模式	2	2
第 10 章 车间管理	（1）生产作业管理系统层次 （2）生产作业业务过程，包括订单核定、下达及工具等物料的准备 （3）车间生产作业管理策略，包括投入产出控制、问题处理及数据采集 （4）生产作业排序	2	3
第 11 章 ERP 财务管理	（1）ERP 中的总账、应收账、应付账管理 （2）固定资产、现金管理 （3）主要财务报表	2	2
第 12 章 成本管理	（1）成本管理会计概念 （2）产品生产成本构成及计算方法 （3）作业基准成本法原理、计算过程及应用 （4）物料成本的核算 （5）成本差异分析	2	2

（续）

教学内容	学习要点	课时安排 MBA	课时安排 本科
第13章 高级计划与排程	（1）APS 基本概念和发展历史 （2）APS 的功能特色 （3）APS 与 ERP 的系统集成 （4）APS 与 SCM 的关系 （5）APS 发展趋势与应用展望	3	3
第14章 ERP 项目的实施	（1）企业实施 ERP 时存在的主要问题 （2）ERP 系统实施方法论 （3）ERP 实施与企业变革	4	3
第15章 企业信息系统集成	（1）企业信息集成范围 （2）管理业务的集成应用 （3）ERP 系统与相关应用的集成	3	2
课时总计		36	36

说明

（1）在课时安排上，对于 MBA 可以安排 36 个学时，但需要增加辅助典型案例和实施方案；对于管理专业本科生可以根据 36 个学时灵活安排，教材中带有说明选修内容的部分可以不讲，或者选择性补充；对于非管理专业的本科生建议安排 36 个学时以上，且需要补充相关的专业知识，而本教材内容可尽量围绕流程，避免复杂内容。

（2）讨论、案例分析等时间已经包括在前面各个章节的教学时间中，但不包括软件实验。软件实验可以安排 12 个学时，目的是在实践中增强学生对理论的理解。

目 录
CONTENTS

前言
教学建议

第1章 绪论 ··········· 1
1.1 ERP 的产生 ··········· 1
   1.1.1 ERP 产生背景 ··········· 1
   1.1.2 企业运作概述 ··········· 3
1.2 ERP 带来的变革 ··········· 5
1.3 ERP 的发展和应用现状 ··········· 7
思考与练习题 ··········· 17
案例分析
   联想集团的生产管理模式转变 ··········· 17

第2章 ERP 思想的发展历程 ··········· 19
2.1 ERP 基本概念 ··········· 19
   2.1.1 ERP 的定义 ··········· 19
   2.1.2 ERP 的内涵 ··········· 21
2.2 ERP 发展的几个阶段 ··········· 23
   2.2.1 库存订货点方法（ROP） ··········· 23
   2.2.2 物料需求计划（MRP） ··········· 24
   2.2.3 闭环 MRP ··········· 25
   2.2.4 制造资源计划（MRP Ⅱ） ··········· 25
   2.2.5 企业资源计划（ERP） ··········· 28

2.3 ERP 的管理思想与制胜绝技 ··········· 33
   2.3.1 ERP 的管理思想 ··········· 33
   2.3.2 ERP 的制胜绝技 ··········· 34
思考与练习题 ··········· 36
案例分析
   ERP 应用体会 ··········· 37

第3章 需求管理 ··········· 39
3.1 基本概念 ··········· 39
   3.1.1 物料编码 ··········· 39
   3.1.2 时间定义 ··········· 41
   3.1.3 安全库存 ··········· 42
3.2 销售预测 ··········· 42
   3.2.1 影响销售预测的因素 ··········· 43
   3.2.2 预测分类 ··········· 43
   3.2.3 预测模型 ··········· 44
   3.2.4 预测与销售订单的关系 ··········· 48
3.3 销售管理 ··········· 48
   3.3.1 销售业务过程 ··········· 49
   3.3.2 销售管理的基本内容 ··········· 49

3.3.3　信用管理 ················· 52
　　　3.3.4　销售管理模块与其他管理模块的
　　　　　　关系 ··················· 54
　3.4　数据驱动下的销售分析 ············ 55
思考与练习题 ······················ 59
案例分析 3-1
　　　大数据挖掘数据价值的典型案例 ········ 59
案例分析 3-2
　　　基于网络浏览行为的小众领域用户：
　　　产品推荐 ·················· 60

第 4 章　生产规划 ················· 63
　4.1　计划的意义及 ERP 的计划层次 ······ 63
　　　4.1.1　计划的意义 ················ 63
　　　4.1.2　ERP 计划层次 ··············· 64
　4.2　生产规划的概念、内容与作用 ······ 65
　　　4.2.1　生产规划的概念 ············· 65
　　　4.2.2　生产规划的内容 ············· 66
　　　4.2.3　生产规划的作用 ············· 66
　4.3　生产规划大纲的编制方法 ·········· 67
　　　4.3.1　信息收集 ················· 67
　　　4.3.2　制定生产规划 ·············· 68
　　　4.3.3　资源需求计划 ·············· 75
思考与练习题 ······················ 77

第 5 章　主生产计划 ················ 78
　5.1　基本概念 ···················· 78
　　　5.1.1　物料清单 ················· 78
　　　5.1.2　独立需求与相关需求 ········· 84
　　　5.1.3　时区和时界 ··············· 85
　　　5.1.4　工作日历 ················· 87
　5.2　主生产计划的定义、作用与对象 ···· 87
　　　5.2.1　主生产计划的定义 ··········· 87
　　　5.2.2　主生产计划的作用 ··········· 88
　　　5.2.3　主生产计划的对象 ··········· 89

　5.3　主生产计划的编制 ··············· 89
　　　5.3.1　主生产计划的编制策略 ······· 89
　　　5.3.2　主生产计划的相关概念 ······· 91
　　　5.3.3　主生产计划的计算流程 ······· 92
　5.4　主生产计划模块与其他模块的
　　　　关系 ······················· 95
思考与练习题 ······················ 96

第 6 章　物料需求计划 ··············· 98
　6.1　MRP 定义与作用 ··············· 98
　　　6.1.1　MRP 的基本思想 ············ 98
　　　6.1.2　为什么要围绕物料转化组织生产 ··· 99
　　　6.1.3　MRP 与订货点方法的区别 ······ 100
　　　6.1.4　MRP 与主生产计划的关系 ······ 103
　6.2　MRP 的相关概念 ··············· 104
　6.3　MRP 的编制 ·················· 105
　　　6.3.1　相关参量 ················· 105
　　　6.3.2　MRP 的编制过程 ············ 106
　　　6.3.3　实例 ···················· 107
　6.4　计划运行的方法 ··············· 112
　　　6.4.1　全重排法 ················· 113
　　　6.4.2　净改变法 ················· 113
　6.5　MRP 与其他模块的关系 ·········· 114
思考与练习题 ····················· 114
案例分析 6-1
　　　计算机企业的生产计划解决方案 ········ 115
案例分析 6-2
　　　某烟厂的生产计划管理系统实施 ········ 117

第 7 章　能力需求计划 ··············· 121
　7.1　基本概念 ···················· 121
　　　7.1.1　工作中心 ················· 121
　　　7.1.2　关键工作中心 ·············· 123
　　　7.1.3　工艺路线的概念和作用 ······· 123

7.2 粗能力需求计划 …… 125
  7.2.1 粗能力需求计划的对象和特点 …… 125
  7.2.2 资源清单 …… 126
  7.2.3 粗能力需求计划的编制方法 …… 127
7.3 能力需求计划 …… 133
  7.3.1 能力需求计划的对象和特点 …… 134
  7.3.2 能力需求计划制订方式 …… 135
  7.3.3 能力需求计划的编制方法 …… 136
  7.3.4 计划调整方法 …… 137
  7.3.5 CRP 编制实例 …… 138
7.4 能力需求计划管理与其他模块的关系 …… 143
思考与练习题 …… 144

第 8 章 采购管理 …… 145
8.1 采购管理的定义 …… 145
8.2 采购管理主要业务 …… 146
  8.2.1 采购计划管理 …… 146
  8.2.2 请购管理 …… 146
  8.2.3 采购订单管理 …… 147
  8.2.4 收退货管理 …… 147
  8.2.5 采购结账和结清 …… 148
8.3 供应商管理 …… 148
  8.3.1 供应商细分 …… 149
  8.3.2 供应商评估 …… 149
  8.3.3 供应商的绩效考核 …… 149
8.4 采购模式 …… 152
  8.4.1 JIT 采购模式 …… 152
  8.4.2 MRP 采购模式 …… 153
  8.4.3 供应链采购模式 …… 153
8.5 订货批量 …… 154
  8.5.1 订货批量的方法 …… 155
  8.5.2 订货批量的影响 …… 157
8.6 委外加工管理 …… 158
  8.6.1 委外加工概述 …… 158
  8.6.2 委外加工流程 …… 158
8.7 采购管理系统与其他模块的关系 …… 159
思考与练习题 …… 160
案例分析
  某烟草公司采购流程案例分析 …… 161

第 9 章 库存管理 …… 165
9.1 库存管理概述 …… 165
  9.1.1 库存管理的概念 …… 165
  9.1.2 库存管理的作用 …… 166
  9.1.3 库存管理的内容 …… 167
  9.1.4 库存成本管理 …… 168
9.2 库存管理模式 …… 169
9.3 库存事务 …… 173
9.4 库存管理策略 …… 175
  9.4.1 库存分类和安全库存 …… 175
  9.4.2 ABC 库存分类 …… 178
  9.4.3 库存盘点 …… 179
  9.4.4 库存补充方法 …… 182
9.5 库存管理与其他模块的关系 …… 183
思考与练习题 …… 183
案例分析 9-1
  戴尔公司的库存管理 …… 183
案例分析 9-2
  某食品公司库存管理 …… 184

第 10 章 车间管理 …… 186
10.1 车间管理概述 …… 186
  10.1.1 车间和车间管理 …… 186
  10.1.2 车间管理的内容 …… 187
10.2 车间生产任务管理 …… 188
  10.2.1 生产任务管理概述 …… 188
  10.2.2 生产任务单 …… 189
  10.2.3 生产投料单 …… 190
  10.2.4 加工单 …… 190

10.2.5　工序派工单 …………………… 191
　　10.2.6　领料单 ……………………………… 192
　　10.2.7　工序在制品 …………………… 193
　　10.2.8　完工入库单 …………………… 193
10.3　作业排序 ………………………………………… 194
　　10.3.1　作业排序的基本概念与
　　　　　　分类 ……………………………………… 194
　　10.3.2　作业排序的方法 ……………… 195
　　10.3.3　作业排序的评价标准 ……… 200
10.4　生产作业控制 ………………………………… 201
　　10.4.1　生产作业控制的重点 ……… 201
　　10.4.2　生产作业控制的要素和
　　　　　　内容 ……………………………………… 202
　　10.4.3　生产进度控制 …………………… 202
10.5　作业信息收集 ………………………………… 204
10.6　车间管理模块与其他模块间的
　　　关系 …………………………………………………… 206
思考与练习题 ………………………………………………… 206
案例分析
　　某企业的 ERP 系统生产管理 ……………… 207

第 11 章　ERP 财务管理 …………………… 210

11.1　财务管理概述 ………………………………… 210
　　11.1.1　财务管理业务概述 ……………… 210
　　11.1.2　ERP 财务管理的主要功能 ……… 211
11.2　总账管理 ……………………………………………… 212
　　11.2.1　总账管理概述 …………………… 212
　　11.2.2　总账管理关键业务流程 ……… 213
　　11.2.3　总账系统与其他业务系统的
　　　　　　关系 ……………………………………… 214
11.3　应收账管理 ………………………………………… 215
　　11.3.1　应收账管理概述 ………………… 215
　　11.3.2　应收账管理关键业务流程 …… 216
11.4　应付账管理 ………………………………………… 217
　　11.4.1　应付账管理概述 ………………… 217
　　11.4.2　应付账款关键业务流程 ……… 217
11.5　工资管理 ……………………………………………… 218
　　11.5.1　工资管理概述 …………………… 218
　　11.5.2　工资管理系统关键业务流程 …… 218
11.6　固定资产管理 ……………………………………… 219
　　11.6.1　固定资产管理概述 ……………… 219
　　11.6.2　固定资产管理关键业务流程 …… 220
11.7　现金管理 ……………………………………………… 221
　　11.7.1　现金管理概述 …………………… 221
　　11.7.2　现金管理系统关键业务流程 …… 222
11.8　财务分析和财务报表 ………………………… 222
　　11.8.1　财务分析概述 …………………… 222
　　11.8.2　ERP 财务分析主要功能 ……… 224
　　11.8.3　财务报表 …………………………… 224
11.9　财务管理与其他模块的集成 ……… 224
思考与练习题 ………………………………………………… 226
案例分析
　　ERP 环境下的财务管理 ……………………… 226

第 12 章　成本管理 …………………………………… 231

12.1　企业成本概述 ……………………………………… 231
　　12.1.1　企业成本的构成 ………………… 231
　　12.1.2　成本的类型 ………………………… 233
12.2　产品成本的计算 ………………………………… 233
　　12.2.1　产品成本的计算类型 ………… 233
　　12.2.2　产品成本的计算过程 ………… 234
12.3　作业成本法 ………………………………………… 239
　　12.3.1　作业成本法的产生与发展 …… 239
　　12.3.2　作业成本法的基本概念 ……… 240
　　12.3.3　作业成本法的核算 ……………… 242
　　12.3.4　作业成本法的特点及优缺点 … 246
12.4　成本差异分析 ……………………………………… 248
12.5　ERP 成本管理系统 …………………………… 252
　　12.5.1　ERP 成本管理的原则 ………… 252
　　12.5.2　ERP 成本管理的特点及作用 …… 252

12.6 成本管理与其他模块的关系 …… 254
思考与练习题 ……………………… 255
案例分析
　成本核算精细化：作业成本法在 A 地铁
　　公司的应用 …………………… 255

第 13 章　高级计划与排程 ……… 261

13.1 APS 概论 ……………………… 261
　13.1.1 APS 的基本概念 ………… 261
　13.1.2 APS 的发展历史 ………… 262
13.2 APS 的功能特色 ……………… 263
　13.2.1 传统生产计划与排程系统的
　　　　缺点 ……………………… 263
　13.2.2 APS 在排程方面的优势 … 265
　13.2.3 APS 系统功能 …………… 268
13.3 APS 与 ERP 的系统集成 ……… 269
　13.3.1 APS 与 ERP 的区别与联系 … 269
　13.3.2 APS 与 ERP 集成 ………… 271
　13.3.3 APS 规划过程 …………… 273
13.4 APS 与 SCM 的关系 …………… 275
13.5 APS 发展趋势与应用展望 …… 276
思考与练习题 ……………………… 277
案例分析 13-1
　利用 Visual APS 高级技术优化 ERP
　　应用 ……………………………… 277
案例分析 13-2
　C 钢铁集团成功运用 Oracle APS …… 279

第 14 章　ERP 项目的实施 ……… 280

14.1 ERP 实施中的问题 …………… 280
　14.1.1 ERP 实施的条件 ………… 280
　14.1.2 ERP 实施的障碍 ………… 281
　14.1.3 ERP 实施的风险 ………… 283
　14.1.4 ERP 成功实施的关键 …… 285

14.2 项目实施前期工作 …………… 286
　14.2.1 成立筹备小组 …………… 286
　14.2.2 ERP 知识培训 …………… 287
　14.2.3 可行性分析与立项 ……… 287
　14.2.4 需求分析 ………………… 288
　14.2.5 测试数据准备 …………… 288
　14.2.6 选型或转入开发 ………… 289
14.3 项目实施 ……………………… 290
　14.3.1 成立三级项目组织 ……… 291
　14.3.2 制订项目实施计划 ……… 291
　14.3.3 调研与方案设计 ………… 291
　14.3.4 系统软件安装 …………… 291
　14.3.5 培训与业务改革开始 …… 292
　14.3.6 准备数据 ………………… 292
　14.3.7 原型测试 ………………… 292
　14.3.8 用户化与二次开发 ……… 293
　14.3.9 建立工作点 ……………… 293
　14.3.10 并行 …………………… 294
　14.3.11 正式运行 ……………… 294
14.4 ERP 实施成功的标准 ………… 294
14.5 ERP 实施与企业变革 ………… 296
　14.5.1 ERP 实施需要变革管理 … 296
　14.5.2 业务流程再造 …………… 298
思考与练习题 ……………………… 301
案例分析
　某金卡公司 ERP 系统实施 ……… 301

第 15 章　企业信息系统集成 …… 306

15.1 企业信息集成的范围 ………… 306
　15.1.1 部门内业务流程的信息集成 …… 306
　15.1.2 部门间业务流程的信息集成 …… 307
　15.1.3 集团公司企业内部的信息
　　　　集成 ……………………… 309
　15.1.4 企业与企业之间的信息集成 …… 310

15.2 管理业务的集成应用 ………… 311
　15.2.1 生产调度会的烦恼 ………… 312
　15.2.2 统一的计划管理 …………… 313
　15.2.3 统一的生产调度 …………… 314
　15.2.4 库存信息全局共享 ………… 314
　15.2.5 业务与财务信息集成 ……… 315
　15.2.6 三层次管理信息集成 ……… 315
15.3 ERP 系统与相关应用的
　　 集成 ………………………… 316
　15.3.1 ERP 系统与 PDM 系统集成 …… 316
　15.3.2 ERP 系统与数据采集系统集成 … 318
　15.3.3 ERP 系统与数据仓库的集成 …… 318
　15.3.4 ERP 系统与人力资源系统的集成
　　　　 应用 ………………………… 318
　15.3.5 ERP 系统与财政、税务部门软件的
　　　　 集成 ………………………… 319

思考与练习题 ………………………… 320

附录 A　一个简单的实例 ………… 321

参考文献 ……………………………… 331

第 1 章

绪　论

1.1 ERP 的产生

1.1.1 ERP 产生背景

企业在发展过程中经常会遇到如下现象。

现象一：企业发展带来的麻烦

某企业开始创业时，只有不到 10 个人。此时企业的老板对企业的方方面面都很清楚，如他的客户是谁、他的供应商是谁、他的产品是如何构成的、客户还欠他多少钱、他欠供应商多少钱、他每卖出一个产品能赚多少钱等。后来这个企业发展到了上百人，销售区域也扩大到若干地方。老板发现他再也记不住这些数据了，于是他成立财务部门专门管理财务数据，成立销售部门专门管理销售数据，成立生产部门专门管理生产数据，成立供应部门专门管理采购数据。此时他对企业的掌握在很大程度上依赖于部门的汇报，而部门间的责任与协调则要依赖数百种单据。再后来该企业发展到上千人，市场扩大到若干省甚至国外。此时，由于规模的扩大，部门经理都无法记住本部门的数据，更不用说老板了。于是有了更进一步的专业化要求，部门中又再分出子部门，所有管理人员之间的责任与协调要通过数千种单据来进行。

规模化和专业化的演进结果给企业带来了一个负面的影响，那就是管理的分散化，特别是在手工管理状态下，无论你的专业化管理做得有多到位，你的数据始终分散在数千种单据中。很少有企业能够每天对这些单据进行汇总统计，而几乎每一个企业的管理者又总是想在最短的时间内掌握企业的各种动态。此时，除了 ERP 之外，还有什么更好的解决方法吗？如果我们把规模化、专业化推演过程中的初始状态称为一种自然的集中管理的话，那么 ERP 的意义就在于使企业在规模化和专业化之后，借助计算机系统回归到了集中管理。

现象二：数据使你烦恼

在经营企业的过程中经常需要了解各种经营数据，比如你想了解你的产成品库存是多少,首先想到的是仓库管理者,他会告诉你目前仓库里的产成品数。然后也许你想通过财务证实一下,于是又找到财务主管,财务主管立刻翻了账本后告诉你目前的产成品数,结果你发现这个数比仓库管理者的数要大一些。带着一些怀疑,你又想到销售肯定知道产成品数,于是又找到了销售主管,结果销售主管告诉你的数量比财务主管的还要大。这就是数据给你带来的烦恼,如果常常有类似的情况发生,那么,可以肯定,你需要一个 ERP 系统来帮助你进行企业管理。

其实,仓库管理者、财务主管、销售主管都没有错,也许他们都是尽职尽责的优秀下属。仓库管理者告诉你的是目前仓库里实实在在地有多少产成品。财务主管告诉你的是目前账面上真实的产成品数,这个数之所以比仓库里的数大一些,是由于一部分发出产成品还没有登账,也许是还没有开票,仍然作为产成品库存挂在账面上。而销售主管给你的数又更大了一些,则是由于你的销售主管掌握的是所有没有收到款的产成品,包括在库的、发出但没开发票的、开了发票但没收款的。显然这样的三个数据所反映的并不是同一种状态。在考虑到时间因素的情况下,手工管理必然都存在滞后,加之这些状态每时每刻都在随企业的经营过程改变,于是你的烦恼就变成了"永远也搞不清楚产成品到底有多少"。

ERP 系统将通过实时管理和财务业务同步管理来解除类似的烦恼,所以说,如果有这样的烦恼,那么你就需要 ERP 系统来帮助你进行企业管理了。

现象三:听完汇报仍然困惑

在没有进行信息化管理的企业中,企业领导通常都是通过汇报这种方式来了解和掌握企业经营情况的。这种汇报方式的最大弊端在于很容易掩盖存在的隐患,因为人在本能的促使下,下级对上级汇报时总是报喜不报忧。当然,你或许有足够的能力对下级汇报的情况做出较为客观的判断,或许也有足够的魄力更换那些夸大成绩、隐瞒问题的下属,但这样做以后,你发现仍然不能完全消除困惑。

例如,你的财务主管来汇报产品成本核算问题,结果你发现在你认为很赚钱的某个产品上,其成本居然比售价还要高一些,这样的产品还能继续销售吗?财务主管告诉你,他们是严格按照确定的成本核算办法计算的,应该不会有什么错。那么,难道是你的基本判断出错了吗?其实谁都没错,当企业生产的品种到了几十个甚至上百个的时候,手工管理已经很难将成本精确地核算到每一种产品,甚至每一批产品上去了,特别是不能针对每一种、每一批产品准确计算其变动成本。在算粗账的情况下,能使用的最好手段就是将各种不明确的费用进行分摊,这种分摊的办法无疑抹杀了各种产品对企业的贡献,所以就很容易出现看起来很赚钱的产品,其成本却居高不下。在手工管理的条件下,类似的困惑也许还会出现在生产管理和采购管理中。

如果你在企业经营中时常会出现一些类似的困惑,那么是时候选择 ERP 来帮助你消除这些困惑了。ERP 的精细化管理将最大限度地为你释困解惑。

现象四:企业扩张面临管理瓶颈

在我国内地,企业总数以千万计,然而销售额超过 5 000 万元的还不到 20 万家。纵观商海,销售额小于 2 000 万元的中小型公司往往比营业额上亿元的公司运作更加自如,所谓船小好掉头。但是,每一个企业管理者也都非常清醒,在波涛汹涌的商海中,大船一定比小船更经得起风浪,也能赚得更多的绝对价值,所以尽快扩展企业规模几乎是每一个经营者的追求。然而，企业在实现销售额从 2 000 万元到上亿元的成长中，一定会面临一道特殊的门槛，这个门槛就是一次系统的管理变革，它是企业成长中必然的管理瓶颈。企业由原先几名创业者管理转变为需要若干部门的管理和控制，由几张简单的单据记录管理过程转变成需要数百种单据才能完成，这就需要更加规范的管理结构和程序，以及更加专业的技能。这是一个不容忽视的挑战，许多企业就因为没有很好地过渡，只能在风浪中迷茫、徘徊，更甚者则在风云变幻的商海中翻了船。

因此，如果你的企业已经有明确的扩展迹象，应该尽早考虑采用 ERP 系统来尽快实行规范化和专业化的管理。ERP 是一种管理工具，当你使用它时，就会迫使你的企业管理逐步规范化和专业化。规范化和专业化管理能够使你从创业初期身先士卒的烦琐事务中解脱出来，成为真正的舵手，为航船把握方向。

面对以上问题，企业可以利用先进的管理方法、通信技术、计算机工具，建立有效的计划与控制系统，并把这些环节准确协调控制起来，这就是企业资源计划（ERP）。

1.1.2 企业运作概述

工业企业生产过程千差万别，不同的企业有不同的生产流程，ERP 系统根据企业类型的不同而提供不同的解决方案。本节先介绍企业生产类型。

1. 生产类型的概念

生产类型就是以生产专业化特征为标志划分的生产种类。

划分生产类型的目的是从众多的企业中找出生产组织的共同特点。不同行业有其不同的特点，从生产过程组织的角度分析，有时同行业之间也会存在着生产组织过程的差别，这种差别可能会大于不同行业之间的差别，而不同行业之间的生产过程组织也可能存在着共同的特点。这些特点具体表现在设备与工艺、生产规模、专业化程度、产品的结构等方面。ERP 系统的一项很重要的任务就是从种类繁多的不同行业中，分析研究其生产组织过程的特点，探索其规律性，把所有行业按照其生产的特点与共同点归纳为几种生产类型，以便开发出匹配的系统，推进系统实施。

2. 生产类型的分类

（1）从生产工艺角度来看，生产企业的生产类型从工艺上分为两大类：工艺过程离散的离散型生产和工艺过程连续的连续型生产。

所谓离散型生产是指产品在结构上是可拆分的，是由零件或元件组成的，如汽车产品等机械设备及电子设备的生产均属于此类。

所谓连续型生产是指企业在生产过程中，原材料从一投入就顺序地经过各个工作地点，直至产品产出。其工艺过程是不可停顿的，产品在物理结构上也是不可分的，如冶炼、造纸、化工等行业均属于此类型。

在离散型制造业中，通常可有多种增加能力的方法。例如，雇用更多的工人，购买或租赁更多的机器，或把某些作业转给外部供应商，可以说有无限能力的计划可能性。

与此不同的是，连续制造业必须在固定能力的限制下工作。除了建立另外的工厂，一个连续制造企业几乎没有办法来增加能力。

离散型制造企业所使用的原材料和采购件具有准确、配套和一致的规格。而连续制造业则经常使用自然资源作为原材料,所使用的物料可能覆盖一个相当大的规格范围,难以控制成分的一致性,食品和饮料行业更是如此(见表1-1)。

表1-1　某物料的物理单位和效能单位

	效能(%)	物理单位(kg)	效能单位(kg)
批号A	20	1 000	200
批号B	25	1 000	250

在表1-1中,同一种物料批号A和批号B的物理单位同样多,但是批号B的效能单位却比批号A多50千克(效能单位是效能百分比与物理单位量的乘积)。如果一个配方要求100个效能单位的物料,那么仓库保管员可以提供500个物理单位的批号A物料,也可以提供400个物理单位的批号B物料。于是,库存分配逻辑必须考虑每批物料的效能,并告诉仓库保管员应当发放多少物理单位。

(2)从生产组织方式或制造环境的角度,生产类型可以分为以下几种:
- 面向库存生产(made to stock,MTS)
- 面向订单生产(made to order,MTO)
- 面向订单装配(assemble to order,ATO)
- 面向订单设计(engineer to order,ETO)

其中面向库存生产仅适用于标准化产品;其他生产方式既适合标准化产品,也适合定制化产品。生产方式的变化反映了物料供应需要预知实际需求的程度,不同的生产方式具有不同的交付提前期,如表1-2所示,有时在一个公司里同时可以存在多种生产方式。

表1-2　不同生产类型交付提前期

产品类型	生产方式	提前期细分				
		设计	采购	生产	装配	装运
标准化产品	面向库存生产					交付提前期
定制产品	面向订单装配				交付提前期	
	面向订单生产			交付提前期		
	面向订单设计	交付提前期				

标准化产品具有一个预先定义好的物料清单及工艺路线。标准化产品经常有重复的市场需求,并且经常保有一定量的库存。

客户化定制产品无法事先确定产品的物料清单,客户需求是确定产品配置的出发点,需要在销售订单明细中确定客户对产品的要求。

面向库存生产(MTS):面向库存生产的企业在接到订单之前就已经开始生产,生产计划依赖于对市场的分析与预测。客户订单抵达后,该企业直接从仓库出货。这样生产出来的产品往往是大众化的产品,客户可以从零售商或分销商那里购买。预测准确性低,订单不稳定,交货期短,有明显的季节性(淡旺季),生产弹性大,材料存货、成品存货及车间库存偏大,是这种类型企业的特征,典型行业有啤酒、日用消费品行业。降低库存对这类企业意义重大。

面向订单生产（MTO）：这类企业只有在接到客户订单时才开始制订生产计划，安排物料采购，并按照订单的设计要求进行生产准备，其生产计划依赖于客户的订单。提供定制化产品的企业往往采用面向订单生产的方式，该方式有利于降低产品库存。客户相对少，预测准确性高，订单相对稳定，交货期长，交货压力非常大，生产弹性完全由订单决定，材料存货和成品存货及车间库存合理，是这种类型企业的特征。典型行业有包装机等大型机械设备企业。缩短交货期对这类企业意义重大。

面向订单装配（ATO）：面向订单装配的企业通常先设计、生产标准零部件，当接到客户订单后，按照客户要求再进行组装，利用这一生产方式可缩短按订单生产定制化产品的交货周期。客户相对少而稳定，预测准确性高，总装作业计划较为可控，但是变化非常频繁，同时配件作业计划和加工计划难度大，材料存货和车间库存偏高，是这种企业的特征。典型行业有计算机、变压器等机电和家具行业。产品配置的方法对这类企业非常重要。

面向订单设计（ETO）：面向订单设计以工程项目来组织生产，适用于复杂结构产品的生产。接到订单后首先要进行产品的工程设计，其中有相当大程度的客户化定制或独一无二的设计，每一份订单会产生一套新的工件号、BOM、工艺路线。对于这样的订单，一般可以按照项目或工程管理来处理客户需求，订单交货周期长，成本控制难度大，库存基本没有积压，但报废率高；BOM 并不固定，版本更新迅速；采购周期长短均有，制造周期相对较长，是这种类型企业的特征。典型行业有造船、锅炉、电梯等大型设备生产企业。

1.2 ERP 带来的变革

ERP 是在制造、分销或服务业公司中，有效地计划、控制和管理企业生产所需的所有资源的一种方法。其中，在制造业中，ERP 是最经典、最充分的应用工具。

1. ERP 的整合管理理念

ERP 的整合原理，能够整合企业资源，解决多变的市场与均衡生产之间的矛盾，下面以一个例子来说明。

假设小王每个月的工资是 7 000 元，家用是 4 000 元。现在是 6 月 10 日，小王手上有现金 2.5 万元，而朋友小李来借 1 万元，说三个月后还，小王能借给他吗？

为了掌握全部的收支信息，我们还知道小王的朋友小张会在下个月还他 1.2 万元，而小王自己要在 8 月还银行的贷款 3.5 万元。此外，没有其他收支。

考虑一个逻辑平衡（见表 1-3）：

表 1-3　逻辑平衡表[①]　　　　　　　　　　　　　　　（单位：万元）

现有 2.5 万元	本月	7 月	8 月	9 月	
每月工资		0.7	0.7	0.7	供应量
小张归还		1.2			在单量
家用	0.4	0.4	0.4	0.4	需求量
还银行			3.5		分配量
月底预计	2.1	3.6	0.4	0.7	在手量

① 掌握供需平衡的关系（计算的逻辑），注意时间的分段。

（月底）预计的在手量＝月初在手量＋当月供应量－当月需求量

供应量是工资加上朋友小张还来的钱，由于小张还钱是预计的，用在单量（on-order quantity）来表示，指这些量只是在单据上的量，并没有发生，是预计的数量。

需求量是家用及小王要还给银行的钱。同样地，还给银行的钱是预计的支出量，用分配量（allocated quantity）来表示。

根据这些数据，可以计算出来月底预计的在手量（on-hand quantity）。

有了上述信息，小王可以进行决策：小李想借 1 万元，若是在 8 月底还钱，将使自己产生现金流为负数的局面，因此不能借给他。若小李想借的时间短一点，可以借给他吗？这就要看小王还银行 3.5 万元的时间是 8 月的哪一天了。换言之，例子中供需平衡关系的计算，即预计在手量的计算，要以更小的时段为单位。例子中是以月为时段的，若改为天，就能更清楚地显示往后每一天的现金变化状况，而轻易地进行有关决策。

ERP 的整合思想便是利用这三个数量来处理供需间的联动关系的（见表 1-4）。

表 1-4 供需联动关系

性质	名称	财务举例	分销举例
供应量	在单量	应收	采购量
需求量	分配量	应付	订单量
现况	在手量	手上现金	库存量

上述案例是 ERP 整合思想的简单化，整合供应和需求时不仅要考虑数量的关系，还要考虑时间的影响。

2. ERP 的作用

在上述业务整合的理论下，ERP 能够帮助企业实现：

（1）ERP 能够解决多变的市场与均衡生产之间的矛盾。由于受生产能力和其他资源的限制，企业希望均衡地安排生产是很自然的事情。使用 ERP 计划生产时可以通过经营规划、主生产计划、物料需求计划、车间作业计划及能力需求计划来实现各部门均衡和稳定的生产计划，以解决如何用均衡的生产应对多变的市场的难题。

（2）ERP 使得企业能够更好地兑现对客户的供货承诺。ERP 系统会自动产生可承诺量数据，专门用来支持供货承诺。根据产销两方面的变化，ERP 系统还会随时更新对客户的可承诺量数据。销售人员只要根据客户订单把客户对产品的订货量和需求日期录入 ERP 系统，就可以得到以下信息。

- 客户需求可否按时满足。
- 如果不能按时满足，那么到客户需求日期可承诺量是多少，不足的数量何时可以提供。

这样，销售人员在做出供货承诺时，就可以做到心中有数，从而可以更好地兑现对客户的供货承诺。

（3）ERP 能解决既有物料短缺又有库存积压的库存管理难题。ERP 的核心部分 MRP 恰好就是为解决这样的问题而发展起来的。在 MRP 模拟制造企业中物料计划与控制的实际过程中,要回答并解决以下四个问题。
- 要制造什么产品?
- 用什么零部件或原材料来制造这些产品?
- 手中有什么零部件或原材料?
- 还应当再准备什么零部件或原材料?

这四个问题是制造企业都要回答和解决的问题,它们构成了制造业的基本方程。如果用 A、B、C、D 分别按顺序表示上述的四个问题,那么这个方程可以表示成一个概念公式:

$$A \times B - C = D$$

MRP 的执行过程就是对这个基本方程的模拟:根据主生产计划、物料清单(即产品结构文件)和库存记录,对每种物料进行计算,指出何时将会发生物料短缺,并给出建议,以最小的库存量满足需求并避免物料短缺。了解了 MRP 的基本逻辑就会发现,ERP 可以解决物料短缺和库存积压的库存管理难题。

(4)ERP 可以提高质量并降低成本。借助 ERP 系统,人们的工作更有秩序,他们把时间花在按部就班地执行计划上,而不是忙于对出乎意料的情况做出紧急反应。在这种情况下,人们的工作士气大大提高了,工作质量提高了,不出废品,一次就能把工作做好。于是,提高生产率、提高产品质量、降低成本和增加利润相伴而来。

(5)ERP 可以改变企业中的部门本位观。ERP 的整体观把生产、财务、销售、工程技术、采购等各个系统整合成一个一体化的系统,各子系统在统一的数据环境下工作。这样,ERP 就成为整个企业的一个通信系统。通过准确和及时的信息传递,把大家的精力集中在同一个方向上,以工作流程的观点和方式来运营与管理企业,而不是把企业看作一个个部门的组合,强化企业整体合作的意识和作用,使每个部门可以更好地了解企业的整体运作机制,更好地了解本部门以及其他部门在企业整体运作中的作用和相互关系,从而可以改变企业中的部门本位观。

可以说任何企业都可以通过 ERP 得到改善,不管一个企业的管理水平有多高,ERP 都可以使它的管理水平更上层楼。

1.3 ERP 的发展和应用现状

ERP 系统是关于企业资料和流程的系统,其中资料记录了企业在经营过程中的各项活动,而流程则是企业活动所遵循的规则和方法。ERP 系统的有效运用和成功运作可以帮助企业合理地整合资源,协调部门间的活动,及时调整经营方向,使企业的生产和销售迎合多变的市场需求,在激烈的市场竞争中立于不败之地。

20 世纪 80 年代,ERP 的前身 MRP II 作为一种信息化管理软件进入我国。早期,ERP 系统主要是在国有大型工业企业中应用。后来随着我国市场经济的发展,ERP 理念逐渐在企业界中传播,加之残酷的市场竞争促使企业决策者寻找更加行之有效的资源管理系统和手段来维持企业的竞争活力,于是我国企业自 20 世纪 90 年代以来普遍重视 ERP 项目的实施。由于信息化导致的市场竞争加剧,我国使用 ERP 的企业不断增多,全球企业也更加倾向于运用 ERP 来应对愈加残酷的市场竞争。据不完全统计,在全球 500 强企业中,有 80% 的企业都将 ERP 软件作为其决策的工具,并用其管理日常工作流程。

从应用行业来看,ERP 系统被广泛应用于生产制造、贸易流通、金融保险、电信服务、能源和交通等,其中制造业是 ERP 的主要应用领域。近年来,电子商务与互联网产业的发展拓展了 ERP 的外延。在中国制造 2025 与工业信息化的背景下,ERP 能够推动制造业的升级以及制造业与其他新兴产业的融合。

1. ERP 软件市场规模变化

自 2011 年以来,尽管整个市场对于 ERP 软件的需求在增速上有所放缓,但从市场总量来看,2018 年我国 ERP 软件市场规模达到了 265.1 亿元,同比 2017 年增长了 11%,增长速度远高于国际平均水平(2017 年全球 ERP 软件市场规模增长 2.3%,2018 年增长 2.5%),但从全国来看,ERP 的普及率仍然较低,说明中国 ERP 软件市场潜力相对于较成熟的世界市场仍有很大的发展空间,如图 1-1 至图 1-3 所示。

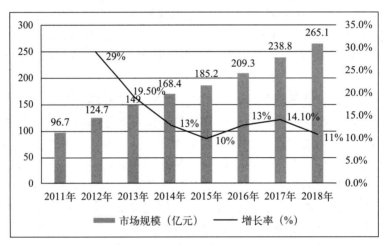

图 1-1　2011～2018 年中国 ERP 软件行业市场规模变化趋势

资料来源:智研咨询,2018。

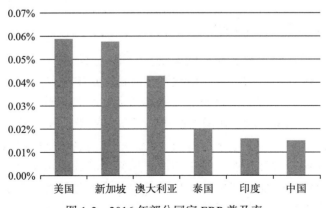

图 1-2　2016 年部分国家 ERP 普及率

资料来源:Gartner,渤海证券,2019。

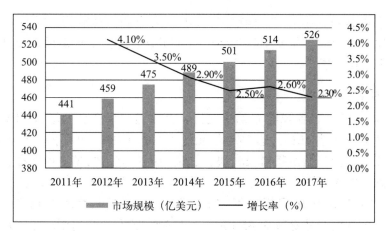

图 1-3 2011～2017 年全球 ERP 软件市场规模及增长

资料来源：中研普华产业研究院，2018。

2015 年供给侧结构性改革开始以来，制造业面临着日益严峻的经济环境压力与竞争，加上交货时间的紧迫和利润的压缩，工业信息化成为渡过难关的一剂良药，而作为制造企业信息化核心的 ERP，其投资额也获得稳定的增长，但增速已较前几年明显放缓。经历了 2014 年、2015 年的低谷后，我国制造业 ERP 已逐渐回暖，是由各大 ERP 软件供应商积极调整企业战略和销售战略，上游工业企业利润回升开启信息化投入大周期，智能制造时代来临使得软件业务迎来新机遇，政府对企业信息化的扶持力度加大等几个原因促成的。2017 年，我国生产制造 ERP 市场规模达到 98.24 亿元，同比 2016 年增长 11.2%，意味着生产制造 ERP 市场规模的增速在制造业寒冬仍能保持相对理性。从 2017 年 ERP 整体市场情况来看，其整体增长幅度是 14%，生产制造 ERP 市场增速稍落后于 ERP 总体市场。随着我国经济转型的进程加快，生产制造 ERP 市场有望回暖，如图 1-4 所示。

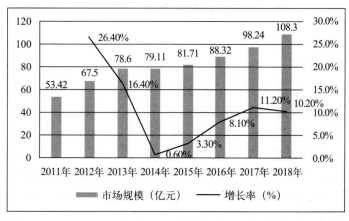

图 1-4 2011～2018 年中国生产制造 ERP 市场销售额与增长率

资料来源：前瞻产业研究院，2018。

供给侧结构性改革"去产能、去库存"与经济结构战略性调整政策使制造业陷入转型的阵痛，竞争的加剧也倒逼 ERP 厂商进一步提高 ERP 的质量。我国需要加大对国内软件产业的扶持，引导 ERP 软件厂商的发展方向，从而提升国内软件产品在企业中应用的比重。同时，需要引导和促进企业积极通过信息化建设来提高企业的核心竞争力，促进企业发展。

2. ERP 市场产品结构

2008 年中国 ERP 市场规模为 37.8 亿元，其中通用型产品份额为 54%，达 20.4 亿元；定制型产品份额为 46%，达 17.4 亿元。当时，中国 ERP 厂商的产品进入更新换代时期，因此定制型产品份额增长较快，这说明用户应用的成熟程度在日益提升，其需求正朝向进一步深入细化发展，ERP 产品有待进一步成熟、完善。

2018 年中国 ERP 市场规模达到 265.1 亿元，其中通用型产品份额为 54.9%，达 145.54 亿元；定制型产品份额为 45.1%，达 119.56 亿元。通用型产品与定制型产品所占市场份额的比例并没有大的变化，但相对而言，通用型产品比定制型产品增长稍快，这体现出 ERP 厂商对于 ERP 的更新换代逐步完善，产品更加成熟和稳定。同时，市场也变得更加理性，企业能够根据自身的实际需要选择不同的 ERP 产品，如图 1-5 所示。

图 1-5　2010～2017 年中国定制型和通用型 ERP 软件市场概况

资料来源：智研咨询，2018。

3. ERP 市场占有率

在当前我国市场中，ERP 软件行业参与者主要分为跨国 ERP 巨头（SAP、Oracle、IBM）、民族 ERP 软件领导层（用友软件、金蝶国际）、国内 ERP 中产阶层（浪潮通软、新中大、金算盘）、国内中小型 ERP 软件厂商（佳软、金航数码、英克）四个层次。在体量上本土企业超过了国外企业，但是在高端市场上还存在差距。

在 2018 年国内 ERP 市场中，用友软件、浪潮、金蝶国际分别以 40%、20% 和 18% 的市场占有率占据前三的位置，国外企业 SAP 和 Oracle 等的总市场份额约占 22%，如图 1-6 所示。

从当前国内 ERP 厂商的整体表现来看，随着厂商的不断耕耘，它们在各自的优势细分子行业有了进一步的发展，更贴近用户的实际需求。除了原先在该领域处于绝对优势的国际厂商 SAP、Oracle 外，国内以用友为代表的管理软件厂商，无论是在市场占有率、产品成熟度还是在品牌知名度方面都有了很大提升，尤其在中小型企业市场中表现得更加明显，这也是中小型企业的信息化建设费用较少所决定的。国内 ERP 软件厂商正在逐步地缩小与跨国巨头的差距，甚至在某些细分领域中已经具有更强的竞争力。

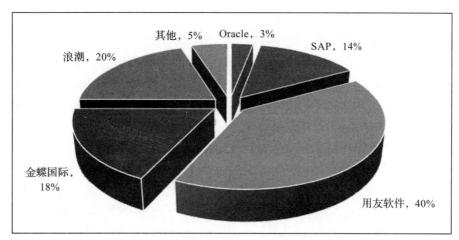

图 1-6　2018 年中国整体 ERP 市场占有率分布

资料来源：中国产业信息网，2018。

2018 年，在高端 ERP 市场中，排在前三名的品牌分别是 SAP、Oracle 和用友软件，它们的市场占有率分别为 33%、20%、14%。在国内品牌中，排在前三位的分别是用友软件、金蝶国际和神州数码，如图 1-7 所示。

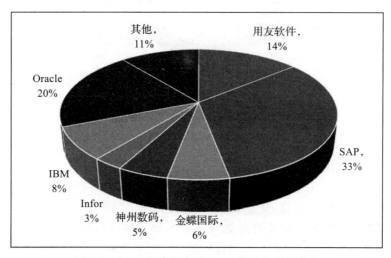

图 1-7　2018 年中国高端 ERP 市场占有率分布

资料来源：渤海证券，2018。

国内 ERP 软件市场呈现出垄断竞争的市场格局。SAP 与 Oracle 牢牢把握高端市场，但近年来，国内 ERP 厂商也取得了长足的进步，与跨国巨头在高端 ERP 市场上的差距不断缩小，给予 SAP 和 Oracle 较大的压力。

如果将 ERP 产品市场分为四个等级（ABCD）的话，目前 A 级（跨国公司，高端市场）基本被跨国公司瓜分，D 级（小企业）由国内软件厂商占据，而中间的极具市场潜力的 B、C 级也就是中型企业 ERP 市场具有广阔的发展空间，是当前 ERP 厂商竞争的主要市场。另外，以用友软件、金蝶国际为代表的国内顶级 ERP 厂商也有机会对 A 级高端市场进行冲击。

4. ERP 市场行业结构分布

从行业应用来看，国内 ERP 软件广泛应用于生产制造、贸易流通、金融保险、电信服务、能源和交通等，其中制造业是应用 ERP 的主要领域，制造业中的机械、电子、冶金、汽车、制药和食品也占有很大的份额。2011～2017 年，制造行业市场份额占总体 ERP 市场份额均超过 40%，远高于其他行业。在我国从制造业大国向制造业强国的发展过程中，生产制造型 ERP 的发展具有重要地位。

另外，中国企业信息化基础仍然较薄弱，各行业信息化覆盖广度不一，信息化建设仍有较大的发展空间。在 2018 年 ERP 软件行业市场中，流通行业快速增长，增速达到 17.44%，已实现连续多年的高速增长。在政府削减制造业产能，促进制造业转型升级的过程中，未来制造行业、流通行业信息化需求将进一步扩大，如图 1-8 所示。

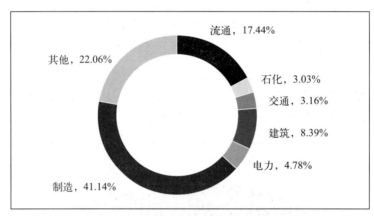

图 1-8　2018 年国内 ERP 市场行业结构分布图

资料来源：前瞻产业研究院，2018。

5. ERP 市场区域销售份额

2008 年时，我国南方企业受冲击的程度远远大于北方企业，这主要是由于我国外销加工制造企业主要集中于华南和华东地区，其中以广东省更为集中，在这些地区企业收入和利润下挫的同时，IT 投资明显收缩，因此，尽管全年其他地区企业保持了一定的 IT 投入增长，华南和华东的大部分企业上半年依然保持惯性投入，但下半年这两大传统的重要区域市场出现了不同程度的 IT 投入增幅下滑，其中以华南地区下滑幅度更大。北方及内陆企业受国际金融危机冲击不明显，投入基本与年初预算投入一致；而华南和华东部分企业倒闭和面临巨大运营压力，或对未来预期缺乏信心，导致下半年或第四季度 ERP 投入暂停或项目实施延缓。2008 年国内 ERP 市场区域销售份额分布如图 1-9 所示。

随着国家对企业信息化建设的引导和推进，ERP 软件的市场分布更趋于均衡，各个区域的市场份额差距正在逐步变小，如图 1-10 所示。可以看出，华东、华北、华南和西南地区仍然是 ERP 产品最大的四个市场。但从 2009 年起，ERP 软件市场在西部地区增长较显著，主要原因是国家在加大西部大开发力度的同时，重视提高西部企业信息化水平,对西部市场有所触动。而在经济波动的影响下,华南市场增速放缓,主要是华南市场小企业众多,经济波动对小企业的业务冲击比较大。

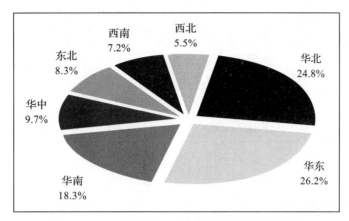

图 1-9　2008 年国内 ERP 市场区域销售份额图

资料来源：CCW Research, 2009/4.

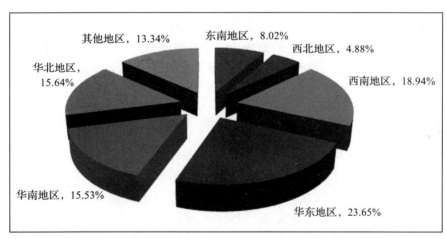

图 1-10　2013 年国内 ERP 市场区域销售份额图

资料来源：2013 年中国 ERP 软件市场调查研究报告。

6. ERP 产品成熟度

产品成熟度可以从以下几个维度进行分析：第一是产品功能模块的覆盖度，第二是产品功能的深度，第三是技术架构的灵活性，第四是稳定性。目前，ERP 软件市场已经处于成熟度模型的第四阶段，也就是稳定发展寻求下一个突破点的阶段。综合这四个方面，2008 年 SAP、Oracle 等国际品牌依然处于市场的领先位置，国内生产制造 ERP 市场虽与发达国家仍有差距，但通过用户的不断应用和厂商的不断开发，国内厂商的产品成熟度与国际品牌的差距正不断缩小，生产制造 ERP 产品也逐步达到了相对成熟的层次。尤其是神州数码的产品成熟度，依靠其二十多年的发展历史和专注于制造领域，在国内本土厂商中处于领先水平。如以上每个方面的分值指数满分是 5 分，各品牌在四个方面的得分之和为产品成熟度最终分值，则结果如图 1-11 所示。

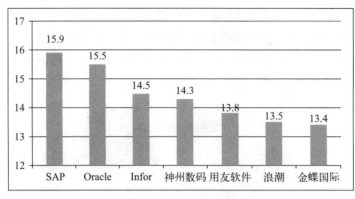

图 1-11　ERP 产品成熟度

资料来源：赛迪顾问，2009。

7. ERP 产业发展新趋势

（1）云 ERP 产品的发展。云 ERP 实质上是传统 ERP 的"升级"：免去了传统 ERP 所需要的大量前期布置和硬件准备（如服务器、操作系统、数据库、带宽、数据备份以及网络信息安全环境等），而将这些前期准备和固定成本转为云服务商的工作。ERP 软件提供商、需求方、咨询商的分工更加明确：对于提供商，它们从提供产品（以前一整套的 ERP 软件）变成提供服务（信息系统服务），所产生的附加值大大增加；对于需求方，免去了机房、硬件等大量固定成本，对资金实力不足的小微企业更是雪中送炭，大幅度降低了企业信息化成本；咨询商则可以更加专业地开展业务。明确分工可谓一举多得。

目前国内 ERP 运用已从传统 ERP 发展到注重云 ERP 的运用，各软件厂商已开发出灵活的云 ERP，不仅将生产制造企业的内部运作进行整合，更拓展到市场、金融等企业上下游业务，适用于制造行业中的更多细分领域。对比 ERP 的总体行业分布，云 ERP 的行业结构更加多样化，不再是制造业一家独大，多种新型的业态也能够占据相当的比例，互联网、新零售实施云 ERP 比重的提升更加说明了云 ERP 对新经济形态的适应性，如图 1-12 所示。

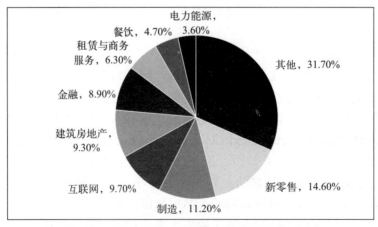

图 1-12　2017 年中国云 ERP 市场行业结构分布

资料来源：中国软件网，海比研究，2018。

从地域来看，经济发达的东南沿海与华北三足鼎立，三大城市群中的许多企业嗅觉灵敏，希望尽早搭上云 ERP 的快车道，西部地区大体维持稳定，东北企业受经济低迷和产业结构的影响，对云 ERP 的重视程度不高，如图 1-13 所示。

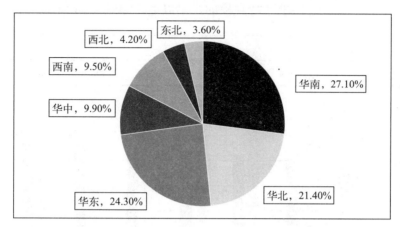

图 1-13　2017 年中国云 ERP 市场区域结构分布

资料来源：中国软件网，海比研究，2018。

各大 ERP 厂商陆续发布基于云的新一代产品，并逐步进入推广期。以国内软件厂商金蝶国际和用友软件为例，金蝶云 ERP 正式升级为"金蝶云"，包括"精斗云""云星空"等产品，用友网络加快布局云服务产品，包括"行业云""领域云"等产品，如表 1-5 和表 1-6 所示。

表 1-5　金蝶云 ERP 产品

云 ERP 分类	主要功能
云之家	移动办公云平台
精斗云	小微企业服务平台
云星空	大中型企业以及成长型企业
管易云	电商行业的云 ERP 服务平台
云苍穹	大企业云服务平台

资料来源：金蝶官网，2019。

表 1-6　用友云 ERP 产品

云 ERP 分类	主要功能
行业云	政务、建筑、医疗、能源等行业的云服务
小微企业云	小微企业云财务、云管理、云协同
领域云	营销、采购、财务、人力、工程、数据、税务等
企业金融云	支付结算、供应链金融、现金管理、企业征信等金融服务

资料来源：用友官网，2019。

金蝶国际从 2012 年开始积极布局金蝶云生态，2018 年上半年，云服务收入为 5.68 亿元，同比增长 25.4%，占营业收入比例达到 27.7%，远远高于其他 ERP 业务增速。

2015～2017 年，用友网络云服务收入占总收入的比重呈逐年增长趋势；在 2018 年半年报中，云服务收入达到 8.49 亿元，占总收入比例为 28.2%。

（2）电商 ERP 产品的发展。新一代电商 ERP 是将企业资源整合于一体，如电子商务、供应链、客户关系管理、生产制造、财务，使 ERP 的功能如虎添翼，拓宽了 ERP 的外延。虽然目前 ERP 软件市场仍以传统 ERP 为主流，但电商 ERP 发展迅猛，2017 年市场规模已达传统 ERP 市场规模的一半以上，如图 1-14 所示。

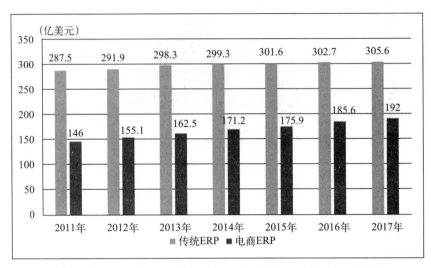

图 1-14　2011～2017 年传统 ERP 与电商 ERP 市场规模对比

资料来源：前瞻产业研究院，2018。

8. 国际 ERP 产品的发展

在过去的几年里，全球 ERP 市场规模一直处于稳步增长中，目前世界上 80% 以上的 500 强企业装备了 ERP 系统，2017 年全球 ERP 市场规模达到 526 亿美元，较 2016 年增长了 2.3%（2016 年市场规模为 514 亿美元）。全球前五位 ERP 厂商列示如下：

（1）SAP 继续保持 ERP 市场领头羊的位置，销售额为 106.8 亿美元；

（2）Oracle 位居第二，销售额为 73.1 亿美元，从 2012 年占 SAP 的一半到如今占七成；

（3）Microsoft 位居第三，销售额为 49.44 亿美元，从 2012 年的第五反超至第三；

（4）Infor 位居第四，销售额为 38.92 亿美元；

（5）Sage 和 Epicor 并列第五，销售额为 18.41 亿美元，其中 Sage 从 2012 年的第三滑落至第五；

同时用友软件以 14.22 亿美元的销售额进入全球 ERP 竞争舞台。

全球主要 ERP 软件开发商都有强大实力，具备丰富的管理领域咨询经验和足够的项目实施/服务能力，也使得 ERP 市场竞争极为激烈。根据 Panorama 咨询公司对 ERP 供应商市场份额、实施成本、实施持续时间、效益实现和软件功能的排名，Epicor 在所有厂商中排名第一，其次是 Infor、SAP、IFS、Oracle、NetSuite、Microsoft、Sage、Syspro 和 IQMS。

当前，SAP 依然是这个行业的绝对霸主，其市场份额仍远高于第二名；以用友软件、金蝶国际为代表的我国 ERP 软件厂商也在快速成长。随着云计算的发展，ERP 市场也逐渐开始出现新局面。Salesforce 是最大的企业应用云服务提供商，被 SAP 和 Oracle

视为竞争对手。Workday 是基于云的 ERP 厂商,当 SAP 和 Oracle 通过收购来弥补其云计算的不足时,Workday 一开始就以云计算为基础,取得了先发优势。虽然 SAP、Oracle 这样的 ERP 巨头仍然占据着较大的市场份额,但是,面对 Workday 和 Salesforce 这些新兴厂商的挑战,如果不及时深耕云战略,那么被市场淘汰也不是毫无可能。

思考与练习题

1. 试讲述目前你对 ERP 的理解。
2. ERP 的经营理论有哪些?
3. 企业运作模式有哪些?
4. 试分析 ERP 国内发展趋势。

案例分析

联想集团的生产管理模式转变

在各行各业中,制造行业的流程最复杂。而在制造行业的信息化建设中,生产管理最复杂。在生产管理中,由于制造业的类型多种多样,因此计划管理又是其中最复杂的部分。为了便于理解,本案例以大家所熟知的计算机行业为例对企业生产类型和计划组织方式给予较深入具体的介绍,以联想集团为例进行分析。

1. 联想集团对 ERP 的需求

许多集团公司都是全国性甚至全球性的企业,一定会有不少分公司、子公司,如果整个集团没有一个统一的财务管理信息系统,那就只能靠层层的数据上报,然后汇总,才能形成整个集团的合并报表。这么多的层次和环节,怎么能保证没有"假"或没有任何"纰漏"呢?

联想曾发生过这样一件事:在对 1998 年全年结算时,联想发现以前的财务核算少计入 2 700 万元的辅料成本,原因是此部分辅料成本被计入了在线存货,由于业务繁忙,生产线又不能停线盘点,以致不断积累,年终盘点时发现了此问题,而不得不冲减当季利润,差点造成当季的亏损。这样的情况当然会使之前各季的报表比较好看,但到了最后却好像抱着个"定时炸弹"一样。这也促成了联想坚定上 ERP、上财务信息化的决心。信息化能够帮助企业加强管理和控制,减少漏洞。

2. 计算机行业生产管理模式的转变

联想虽说算是民营企业,但刚开始还是有很深的计划经济的烙印。与电视机、手机等的生产管理模式相同,公司年初做计划,决定要卖几万台机器,采购部门就去采购,生产部门按计划逐月生产,企划部门决定价格,销售部门负责销售。这种生产管理类型属于 MTS 管理模式,在特定的历史时期是可行的,当时计算机更新换代慢,品种少,销售部门可以按部就班销售,逐步消化库存。这属于典型的按预测生产,即按库存生产 MTS 管理模式。

但随着计算机产业技术的发展,计算机更新换代越来越快,品种变得多样化,客户需求也日益个性化,价格竞争日趋激烈,这导致某些库存可能卖不出去,有的产品还没卖完就已经过时,这就导致更卖不出去,最终陷入一个恶性循环。当时公司一年的库存周转只有 1.7 次,欠款的回款期高达几个月,非材料成本费用率高达 20% 以上,积压损失 5%,也就是产品只有达到 25% 以上的毛利才能盈利。当时国际厂商的材料成本比联想低得多，周转也比联想快，但毛利也只有 25% 左右。也就是说，由于库存成本太高，联想很难盈利。这说明 MTS 的管理模式已经不适用于计算机产业。

计算机行业已经开始更加注重客户导向，强调要满足客户个性化的需求，这就要求企业的业务模式能够适应小批量、多批次的订货需求，这对于传统的流水线生产模式、按库存生产的模式、以产品为中心的营销模式都是极大的挑战。

联想在大规模地调整组织架构，形成产供销一条龙的事业部机制后，开始了彻底的转变，完全以市场为导向，市场能卖多少，企业就生产多少、采购多少。营销理念由企业"推"变为用户"拉"，采用面向订单（MTO）的生产管理模式势在必行。但是在观念转变的同时，如何在手段上保证后端能够准确掌握前端的信息，确保既能快速供货又不产生积压呢？这就需要提前预测对硬盘、内存条等零部件的需求，提前进行采购备库原材料。

MTO 管理模式流程图如图 1-15 所示。

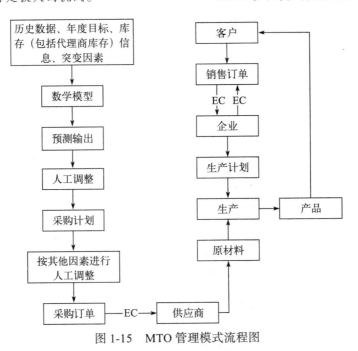

图 1-15　MTO 管理模式流程图

对于当前的计算机产业来讲，客户要求交货的周期比较短，而且客户需求多种多样，因此计算机成品不能预先生产，只有当客户提交订单后才可生产出成品，即采用 MTO 的生产管理模式，这是"拉"式的生产；另外，成品的生产必须保证快速交货，如果有了客户订单再去采购零部件，则无法满足快速交货的需求，因此必须有现成的零部件库存，也就是说对硬盘、内存条等零部件的需求必须提前预测并进行采购，也就是"推"式管理。在这种管理模式下，企业可以满足计算机产业的大规模定制需求，达到提升客户满意度、降低产品成本、提高企业效率的目的。

计算机的组装、硬盘的生产、内存条的生产等并不是在一个企业中完成的，但现在的市场竞争已经不是单个企业之间的竞争，而演变为供应链之间的竞争，计算机行业其实就是供应链竞争的一个典型代表。所以，从计算机整个产业供应链来看，可以看作面向订单装配（ATO）的生产管理模式。

第 2 章

CHAPTER2

ERP 思想的发展历程

企业资源计划是目前企业应用最为广泛的系统之一，是企业生产经营管理信息化的核心内容，也始终是企业关注的重点。本章主要对 ERP 的基本概念、ERP 的发展历程与发展趋势进行扼要的分析与介绍，以使我们能够初步理解 ERP 管理思想的内涵及与企业需求、科学技术发展的关系。

2.1 ERP 基本概念

2.1.1 ERP 的定义

企业资源计划（ERP）这一概念产生于美国，最早出现在 20 世纪 90 年代初期。它并不是理论家的灵感迸发，而是产生于市场竞争的需求和实践经验的总结。由于 IT（information technology）的飞速发展和企业对供应链管理的需要，企业迫切需要对已有的基于管理信息系统架构的企业生产经营管理进行整合、规范，因此诞生了企业资源计划的思想。

ERP 概念是由美国著名的 IT 分析咨询公司 Gartner 提出的，用于描述下一代制造商业系统和制造资源计划（MRP Ⅱ）的概念。它包含客户/服务器的架构、图形化的用户界面和开放式的系统结构，不仅提供了所有 MRP Ⅱ 的标准化功能，还提供了质量过程运营管理、控制管理报告等新的特色。此外，ERP 所采用的基本技术将使用户在软件和硬件上有更强的独立性，使得升级更加容易。ERP 的核心在于所有用户能够定制其特有的应用系统，在本质上实现操作的简易化。

Gartner 公司是通过一系列功能标准来界定 ERP 系统的，包括以下四个方面：

（1）超越 MRP Ⅱ 范围的集成功能

超越 MRP Ⅱ 范围的集成功能包括质量管理、车间管理、流程作业管理、工艺管理、产品数据管理、维护管理、仓库管理和运营报告。

（2）支持混合方式的制造环境

要求既可以支持离散型制造环境，又可支持连续型制造环境；可以根据客户要求进行产品定制，并调整相关业务流程，符合国际范围内的应用标准。

（3）支持能动的监控能力，提高业务绩效

在整个企业内采用计划和控制方法、模拟技术、决策支持能力和图形化表示能力，以此来提高企业决策层的监控能力。

（4）支持开放的客户机/服务器计算环境

要求支持开放的客户机/服务器系统结构、图形用户界面（GUI）、计算机辅助软件工程（CASE）、面向对象技术、关系型数据库、第四代编程语言以及数据采集和外部集成技术（EDI）。

Gartner通过以上四个方面分别从功能范围、应用环境、监控能力、软件支持技术对ERP概念做了界定。这四个方面反映了20世纪90年代的企业（特别是制造型企业）对ERP思想的客观需求。

对于ERP，国外许多协会、商务企业及学者都从各自角度给出了相应的定义，比较典型的有以下几种。

（1）美国运营管理学会（APICS）的定义

ERP系统是一个财务会计导向的信息系统，主要功能为对满足客户订单所需要的资源（包括采购、生产与配销、运筹等项目所需资源）进行有效整合与规划，ERP系统的目标就是扩大企业整体经营绩效、降低成本。

（2）SAP公司的定义

SAP提出了"管理+IT"的概念，即ERP不只是一个软件系统，还是一个集组织模型、企业流程、信息技术、实施方法为一体的综合管理应用体系。ERP使得企业的管理核心从"在正确的时间制造和销售正确的产品"，转移到了"在最佳的时间和地点，获得企业的最大利润"，这种管理方法和手段的应用范围也从制造业扩展到了其他行业。

（3）德勤咨询公司的定义

ERP系统是一个允许公司"对其业务流程的主要环节进行自动化和集成化，让公共数据和业务活动在企业内外得到共享，在实时环境里生成数据并访问信息"的套装软件系统。

（4）学者的定义

David C. Yen、David C. Chou和Jane Chang引用了Gartner公司对ERP系统的定义："ERP是用来管理整个企业业务的应用集合。ERP系统集成了销售、制造、人力资源、后勤、财务和其他功能。ERP系统允许销售、制造、人力资源、后勤、财务等功能共享一个数据库和数据分析工具。"此外，Majed Al-Mashari、Abdullah Al-Mudimigh和Mohamed Zairi等人认为："ERP是一个集成的管理系统，不仅采用了现代信息技术的最新成就，而且是现代企业管理思想、管理模式和信息技术的有机统一。"

简要地讲，ERP是对物流、资金流和信息流三种资源进行全面集成管理的信息系统，是建立在信息技术基础上，利用现代企业的先进管理思想，全面地集成企业的所有资源信息，并为企业提供决策、计划、控制与经营业绩评估的全方位和系统化的管理平台。

2.1.2 ERP 的内涵

了解了 ERP 的定义，我们再来重新审视 ERP 的内涵。"ERP"这三个字母具有非常丰富的内涵和外延。

ERP 中第一个字母"E"（enterprise）是企业的意思，所以我们首先对企业的内涵要有一个清晰的认识。对于社会而言，企业是一个具有经营职能的组织，这个组织应以营利为目的。在市场经济条件下，企业要用尽可能少的代价创造尽可能多的价值，这就要求企业必须具有整合各种资源为社会创造价值的能力，最大限度地发挥和利用好可以掌控的资源，并利用这些资源实现企业的增值经营。ERP 不是管理功能的简单组合，而是从企业的整体利益出发，为企业和全局目标服务的，应用信息技术平台构造起来的一套全新的管理方法和管理模式，是各项管理功能按照 ERP 理念和思想的有机集成，不是一般传统意义的管理业务电子化。

ERP 中第二个字母"R"（resource）代表资源。资源对于企业而言有两个最基本的特征，第一个特征是企业获得资源是要付出代价的，而且是有限的；第二个特征是企业在利用资源的过程中，资源是运动和变化的，而运动和变化是有规律的，并且按照企业的要求来进行，即资源的有效利用和合理配置是企业的核心任务。从生产力的三个要素来分类，资源涵盖：第一，人力资源（包括智力资源），这是企业必不可少的；第二，工具类资源，主要指设备、生产线、土地、车间、房屋、计算机系统技术等；第三，劳动对象，包括原材料、能源、信息等。在商品经济社会里，资源的价值体现是资金，有了资金，在理论上这些资源都是可以获得的，而且企业的价值最终也是通过资金的运作来实现的。对于资源，还有其他的分类方式，如有形的资源和无形的资源、流动的资源和静态的资源等。资源的运动和变化通常是通过数据和信息来反映的。

对于制造类企业，物流是基础，因为物流过程是企业最重要的价值链和增值过程。物流是指原材料从供应商处采购进来，通过运输、仓储、生产、加工形成产品，通过销售与分销，最终到达客户手中的全过程。在物流运动和变化的过程中，伴随着资金和信息的流动。资金是企业的血液，企业的每一项生产经营都在直接或间接地消耗和占用资金，而每一项活动的结果和贡献也都可以用资金来度量。信息是企业的神经，企业组织之间、上下级之间的沟通和企业各项经济活动的结果都是通过数据和信息传播来展现的，各种需求和指令同样通过信息传递到有关部门和生产单元。这就是我们常说的"三流"，即物流、资金流和信息流，也是制造类企业必不可少的三大共生资源，是企业最基础的管理对象。因此，ERP 系统的管理对象便是企业的各种资源及生产要素。通过使用 ERP，企业能及时、高质地完成客户的订单，最大限度地发挥这些资源的作用，并根据客户的需求和生产状况做出调整资源的决策。

第三个字母"P"（planning）代表计划，这是 ERP 理念和思想中最核心的部分。企业要有效利用和整合资源，并使企业的效益最大化，对资源的利用必须是有计划的。这个道理不难理解，但要做好并非易事。第一，这里的计划是指在企业整体层面上的计划，而不是局部或某个别部门的计划。第二，计划是有依据的。那么计划的依据是什么？要回答这个问题，需要对资源做更深入的分析。资源在企业中是运动和变化的，这些运动和变化一定是有规律的，只有充分地认识和掌握企业资源的运动和变化规律，才能有效地控制和合理地使用资源，使其按照企业的意愿和市场的需求来运动和变化，从而实现企业整体效益的最大化。这些规律源于资源本身和企业，源于企业的产品和技术，源于社会环境和市场，因此计划的依据有三个方面：资源的运动变化规律、市场需求和企业自身经营管理。ERP系统正是把资源的运动变化规律、市场和企业的特点不断地引入系统中来，成为其计划的依据，从而有效地计划调度资源，充分发挥资源的价值，为企业增值服务，这就是ERP的精髓所在。

ERP三个字母代表意思之间的关系如图2-1所示。

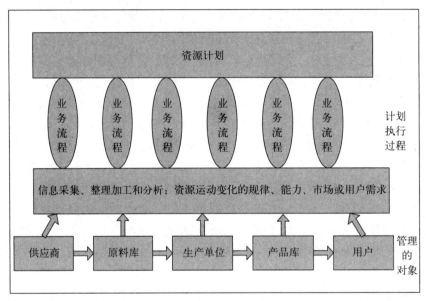

图2-1　ERP三个字母代表意思之间的关系

ERP系统的计划是通过有效的信息技术和信息系统软件工具对企业的经营流程与资源进行管理的过程。由于ERP这种管理思想必须依附于计算机软件系统来实现，所以人们常常把ERP当成一种软件，其实这是一种误解。ERP系统是一种管理理论和管理思想，不仅仅是信息系统。它利用企业的所有资源，包括内部资源和外部市场资源，为企业制造产品或提供服务创造最优的解决方案和计划，最终达到企业的经营目标。ERP是先进的管理思想在企业生产活动中的具体实践，是对企业一切资源的全面计划和控制。

要想理解与应用ERP系统，必须了解ERP的实际管理思想和理念。ERP是一种以客户为中心，基于时间、面向整个供应链的管理思想。它在企业原有信息系统（如MRP Ⅱ）的基础上扩展了管理范围，把企业的业务流程看作一个与外部紧密连接的供应链，整合企业全部资源，将企业内部划分为几个相互协同作业的支持子系统，如生产制造、服务维护、工艺技术、财务会计、市场营销、人力资源等，并对企业内部供应链上的所有环节，如订单、采购、库存、计划、生产制造、质量控制、运输、分销、服务与维护、财务、成本控制、投资决策分析等有效地进行管理，从管理的广度和深度上为企业提供了更为丰富的功能与工具。

2.2 ERP 发展的几个阶段

企业生产经营活动的最终目的是获取利润，为了达到此目的，就必须合理地组织和有效地利用其设备、人员、物料等制造资源，以最低的成本、最短的制造周期、最高的质量生产出满足顾客需求的产品。为此，企业必须采取先进且十分有效的生产管理技术来组织、协调、计划与控制生产经营活动。MRP Ⅱ、ERP 正是为解决上述问题而发展起来的一种科学的管理思想与处理逻辑，它是企业进行现代化管理的一种科学方法。纵观 ERP 的发展过程，它经历了五个大的阶段：库存订货点法（ROP）、MRP、闭环 MRP、MRP Ⅱ 和 ERP。

2.2.1 库存订货点方法（ROP）

企业为了维持均衡的生产，一般会有相应的原材料和产成品库存，作为应付异常变化的一种缓冲手段。但是，库存要占用流动资金，还应该考虑资金的机会成本和库存所需场所及管理费用，以及库存物可能丢失、变质、贬值、淘汰造成的损失。因此，企业在不断地为库存付出代价。如何协调生产与库存的关系、寻求合理平衡呢？

20 世纪 50 年代后期，美国一些企业在计算机的支持下，开始实行库存 ABC 分类管理，根据"经济批量"和"订货点"的原则，对生产所需的各种原材料进行采购管理，以降低库存、加快资金周转速度。订货点法（见图 2-2）依靠对库存补充周期内的需求量预测，保持一定的安全库存储备，来确定订货点，即

$$订货点 = 单位时段的需求量 \times 订货提前期 + 安全库存量$$

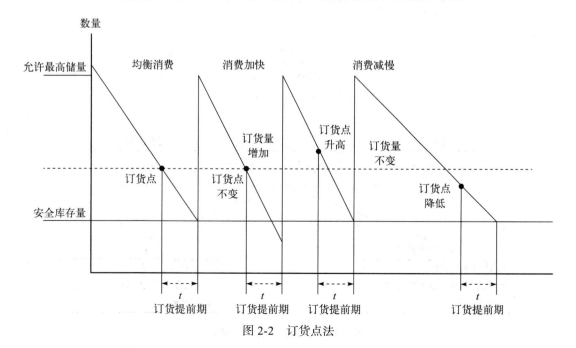

图 2-2 订货点法

在一定的历史时期，订货点法是库存管理方法的一大进步。但是，订货点法假设各种物料的需求是相互独立的，而且物料需求是连续发生和均匀的，这在实际中是不现实的。

2.2.2 物料需求计划（MRP）

20世纪60年代中期，美国IBM公司约瑟夫·A.奥利奇博士（Dr. Joseph A. Orlicky）首先提出物料需求计划（MRP）的方案，把企业生产中涉及的所有产品、零部件、原材料、中间件等，在逻辑上统一视为物料，再把企业生产中需要的各种物料分为独立需求和相关需求。其中，独立需求是指其需求量和需求时间由企业外部需求（如客户订单、市场预测、促销展示等）决定的那部分物料需求，而相关需求是指根据物料之间的结构组成关系，由独立需求的物料产生的需求，如半成品、零部件、原材料等。

MRP管理模式为实现准时生产、减少库存而采用的基本方法是：将企业产品中的各种物料分为独立物料和相关物料，并按时段确定不同时期的物料需求；基于产品结构的物料需求组织生产，根据产品完工日期和产品结构制订生产计划，从而解决库存物料订货与组织生产的问题。

早期的MRP是基于物料库存计划的生产管理系统。MRP系统的目标是：围绕所要生产的产品，应当在正确的时间、正确的地点、按照规定的数量得到真正需要的物料；按照各种物料真正需要的时间来确定订货与生产日期，以避免造成库存积压。

MRP的基本原理是指在已知主生产计划（根据客户订单结合市场预测制定出来的各产品的生产计划）的条件下，根据产品结构或所谓产品物料清单（BOM）、制造工艺流程、产品交货期以及库存状态等信息，由计算机编制出各个时段各种物料的生产及采购计划（见图2-3）。

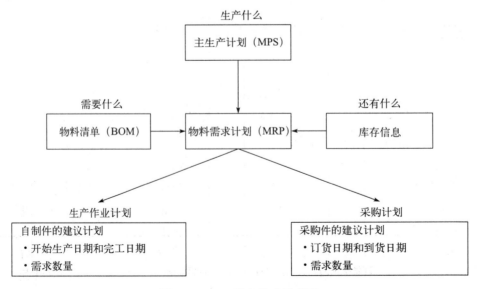

图2-3 MRP基本构成示意图

2.2.3 闭环 MRP

时段式 MRP 能根据有关数据计算出相关物料需求的准确时间与数量，但它还不够完善，其主要缺陷是没有考虑到生产企业现有的生产能力和采购的有关条件约束。因此，计算出来的物料需求日期有可能因设备和工时的不足而没有能力实现，或者因原料的不足而无法实现。同时，它也缺乏根据计划实施情况的反馈信息对计划进行调整的功能。

正是为了解决以上问题，MRP 系统在 20 世纪 70 年代发展为闭环 MRP 系统。闭环 MRP 系统除了将物料需求计划，还将生产能力需求计划、车间作业计划和采购作业计划也全部纳入 MRP，形成了一个封闭的系统。

MRP 系统的正常运行，需要有一个现实可行的主生产计划。它除了要反映市场需求和合同订单以外，还必须满足企业的生产能力约束条件。因此，除了要编制资源需求计划外，企业还要制订能力需求计划（CRP），同各个工作中心的能力进行平衡。只有在采取了措施，做到能力与资源均满足负荷需求时，企业才能开始执行计划。

而要保证实现计划就要控制计划，执行 MRP 时要用派工单来控制加工的优先级，用采购单来控制采购的优先级。这样，基本 MRP 系统进一步发展，把能力需求计划和执行及控制计划的功能也包括进来，形成一个环形回路，被称为闭环 MRP（见图 2-4）。

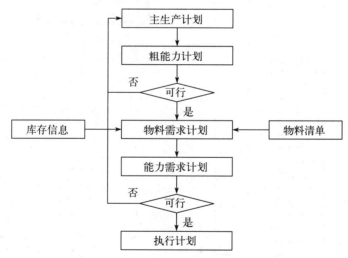

图 2-4 闭环 MRP 逻辑流程图

2.2.4 制造资源计划（MRP Ⅱ）

20 世纪 70 年代末和 80 年代初，物料需求计划 MRP 经过发展和扩充逐步形成了制造资源计划的生产管理方式。制造资源计划（MRP Ⅱ）是指以物料需求计划 MRP 为核心的闭环生产计划与控制系统，它将 MRP 的信息共享程度扩大，使生产、销售、财务、采购、工程紧密结合在一起，共享有关数据，组成了一个全面生产管理的集成优化模式，即制造资源计划。制造资源计划是在物料需求计划的基础上发展起来的，与后者相比，它具有更丰富的内容。因物料需求计划与制造资料计划的英文缩写相同，为了避免名词的混淆，人们将物料需求计划称作狭义 MRP，而将制造资源计划称作广义 MRP 或 MRP Ⅱ。

1. MRP Ⅱ 的原理与逻辑

在闭环 MRP 的基础上，如果以 MRP 为中心建立一个生产活动的信息处理体系，则可以利用 MRP 的功能制订采购计划；生产部门将销售计划与生产计划紧密配合来制定出生产计划表，并不断地细化；设计部门不再孤立地设计产品，而是将改良设计与以上生产活动信息相联系；产品结构不再仅仅只有参考价值，而是成为控制生产计划的重要方面。如果将以上一切活动均与财务系统结合起来，把库存记录、工作中心和物料清单用于成本核算，由采购来建立应付账款，销售产生客户合同和应收账款，应收账款与应付账款又与总账有关，根据总账又产生各种报表……这就形成了总体的 MRP Ⅱ 系统，图 2-5 就是 MRP Ⅱ 的逻辑流程图。

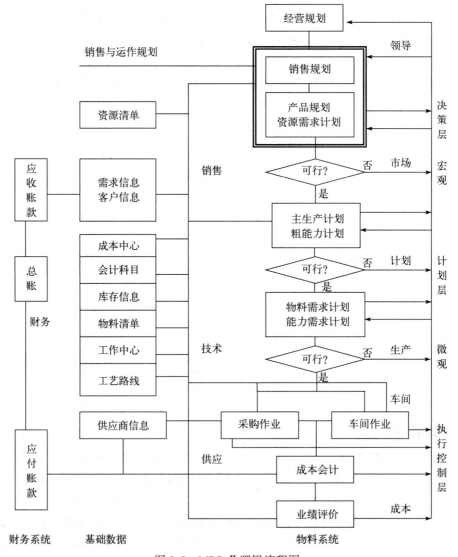

图 2-5 MRP Ⅱ 逻辑流程图

在 MRP Ⅱ 中，一切制造资源，包括人工、物料、设备、能源、市场、资金、技术、空间、时间等，都被考虑进来。MRP Ⅱ 的基本思想是：基于企业经营目标制订生产计划，围绕物料转化组织的制造资源，实现按需按时生产。MRP Ⅱ 主要技术环节涉及经营规划、销售与运作计划、主生产计划、物料需求计划、能力需求计划、车间作业管理、物料管理（库存管理与采购管理）、产品成本管理、财务管理等。从一定意义上讲，MRP Ⅱ 系统实现了物流、信息流与资金流在企业管理方面的集成。由于 MRP Ⅱ 系统能为企业生产经营提供一个完整而详尽的计划，可使企业内各部门的活动协调一致，形成一个整体，提高企业的整体效率和效益。MRP Ⅱ 成为制造业所公认的管理标准系统。

2. MRP Ⅱ 管理模式的特点

MRP Ⅱ 的特点可以从以下几个方面来说明，每一个特点都含有管理模式变革和人员素质或行为变革两方面，这些特点是相辅相成的。

（1）计划的一贯性与可行性。MRP Ⅱ 是一种计划主导型管理模式，计划层次从宏观到微观、从战略到技术、从粗到细逐层优化，但始终保证与企业经营战略目标一致。它把通常的三级计划管理统一起来，计划编制工作集中在厂级职能部门，车间班组只能执行计划、调度和反馈信息。计划下达前，需反复验证和平衡生产能力，并根据反馈信息及时调整，处理好供需矛盾，保证计划的一贯性、有效性和可执行性。

（2）管理的系统性。MRP Ⅱ 是一项系统工程，它把企业所有与生产经营直接相关部门的工作联结成一个整体，各部门都从系统整体出发做好本职工作，每个员工都知道自己的工作质量同其他职能的关系。各部门和每个员工只有在"一个计划"下才能成为系统，条块分割、各行其是的局面应被团队精神所取代。

（3）数据共享性。MRP Ⅱ 是制造企业的管理信息系统，企业各部门都依据同一数据信息进行管理，任何一种数据变动都能及时地反映给所有部门，做到数据共享。在统一的数据库支持下，按照规范化的处理程序进行管理和决策，改变了过去那种信息不通、情况不明、盲目决策、相互矛盾的现象。

（4）动态应变性。MRP Ⅱ 是一个闭环系统，它要求跟踪、控制和反馈瞬息万变的实际情况，管理人员可随时根据企业内外环境与条件的变化迅速做出响应，及时调整决策，保证生产正常进行。它可以及时掌握各种动态信息，保持较短的生产周期，因而有较强的应变能力。

（5）模拟预见性。MRP Ⅱ 具有模拟功能。它可以解决"如果怎样，将会怎样"的问题，可以预见在相当长的计划期内可能发生的问题，事先采取措施消除隐患，而不是等问题已经发生了再花几倍的精力去处理。这将使管理人员从忙碌的事务堆里解脱出来，致力于实质性的分析研究，提供多个可行方案供领导决策。

（6）物流、资金流的统一。MRP Ⅱ 包含了成本会计和财务功能，可以由生产活动直接产生财务数据，把实物形态的物料流动直接转换为价值形态的资金流动，保证生产和财务数据一致。财务部门及时得到资金信息用于控制成本，通过资金流动状况反映物料和经营情况，随时分析企业的经济效益，参与决策，指导、控制经营和生产活动。

以上几个方面的特点表明，MRP Ⅱ是一个比较完整的生产经营管理计划体系，是实现制造业企业整体效益的有效管理模式。

2.2.5 企业资源计划（ERP）

在前面几节中，我们分别介绍了基本MRP、闭环MRP和MRP Ⅱ的理论，这些理论在相应的历史阶段都发挥了极其重要的作用，对传统制造型企业的发展和壮大影响深远。进入20世纪90年代，随着市场竞争进一步加剧，企业的竞争范围变得更加广阔，80年代主要面向企业内部资源的MRP Ⅱ理论也逐渐显示出其局限性，人们迫切需要一种可以帮助企业有效利用和管理整体资源的理论思想来替代MRP Ⅱ，企业资源计划（ERP）随之产生。

1. MRP Ⅱ理论的局限性

MRP Ⅱ思想的局限性主要表现在以下几个方面：

（1）企业竞争范围的扩大，要求在企业的各个方面加强管理，要求企业有更高的信息化集成，要求对企业的整体资源进行集成管理，而不仅仅只是对制造资源进行集成管理。

现代企业都意识到，企业的竞争是综合实力的竞争，这要求企业有更强的资金实力，更快的市场响应速度。因此，信息管理系统与理论仅停留在对制造部分的信息集成与理论研究上是远远不够的，与竞争有关的物流、信息及资金要从制造部分扩展到全面质量管理、企业整体资源（分销资源、人力资源和服务资源等）以及市场信息资源，并且要求能够处理相关的工作流（业务处理流程）。在这些方面，MRP Ⅱ都已经无法满足。

（2）企业规模不断扩大，多集团、多工厂要求协同作战，统一部署，这已超出了MRP Ⅱ的管理范围。

全球范围内的企业兼并和联合潮流方兴未艾，大型企业集团和跨国集团不断涌现，企业规模越来越大，这要求集团与集团之间、集团内多工厂之间进行统一计划，协调生产步骤，汇总信息，调配集团内部各种资源。这些既要独立又要统一的资源共享管理是MRP Ⅱ所无法解决的。

（3）信息全球化趋势的发展要求企业之间加强信息交流和信息共享。不同企业既是竞争对手，又是合作伙伴。信息管理要求扩大到整个供应链的管理，这些更是MRP Ⅱ所不能解决的。

2. ERP同MRP Ⅱ的主要区别

ERP同MRP Ⅱ的区别主要表现在以下几个方面：

（1）在资源管理范围方面的差别。MRP Ⅱ主要侧重对企业内部人、财、物等制造资源的管理；ERP系统在MRP Ⅱ的基础上扩展了管理范围，把客户需求和企业内部制造活动、供应商的制造资源都整合在一起，形成企业一个完整的供应链，并对其上的所有环节进行有效管理，包括订单、采购、库存、计划、生产制造、质量控制、运输、服务与维护、财务管理、人力资源管理、车间管理、项目管理、工艺管理、客户关系管理等全部环节。

（2）在生产方式管理方面的差别。MRP Ⅱ系统把企业归类为集中、典型的生产方式进行管理，如重复制造、批量生产、按订单生产、按订单装配、按库存生产等，对每一种类型都有一套管理标准。而在20世纪80年代末90年代初期，为了紧跟市场的变化，多品种、小批量生产以及看板式生产等则是企业主要采用的生产方式，由单一的生产方式向混合型生产发展。ERP能够很好地支持和管理混合型制造环境，可以满足企业多角色化经营的需求。

（3）在管理功能方面的差别。ERP除了MRP Ⅱ系统的制造、分销、财务管理功能外，还增加了支持整个供应链的物料流通体系——供、产、销、需各个环节之间的运输管理和仓库管理，支持生产保障体系的质量管理、车间管理、设备维修和备品备件管理，支持对工作流（业务处理流程）的管理。

（4）在事务处理控制方面的差别。MRP Ⅱ是通过计划的及时滚动来控制整个生产过程的，它的实时性较差，一般只能实现事中控制。而ERP系统支持在线分析处理（on-line analysis processing，OLAP）、售后服务及质量反馈，强调企业的事前控制能力。它可以将设计、制造、销售、运输等通过集成来并行地进行，为企业提供了对质量、市场变化、客户要求、客户满意度、绩效等关键问题进行实时分析的能力。

此外，在MRP Ⅱ中，财务系统只是一个信息的归集者，它的功能是将供、产、销中的数量信息转变为价值信息，是物流的价值反映。而ERP系统则将财务计划和价值控制功能集成到了整个供应链上。

（5）在跨国（或地区）经营事务处理方面的差别。随着企业的不断发展，企业内部各个组织单元之间、企业与外部的业务单元之间的协调工作变得越来越多，越来越重要，ERP系统可以应用于完整的组织结构中，可以支持满足跨国经营的多国家或地区、多工厂、多语种、多币制的应用需求。

（6）在计算机信息处理技术方面的差别。随着全球信息技术的飞速发展，尤其是Internet的发展和应用，企业与客户、企业与供应商、企业与用户之间，甚至是竞争对手之间都要求对市场信息快速响应，信息共享。越来越多的企业之间靠互联网来进行业务往来，这些都向企业的信息化提出了新的要求。ERP系统实现了对整个供应链信息进行集成管理，并采用客户机/服务器（C/S）体系结构和分布式数据处理技术，支持Internet/Intranet/Extranet、电子商务及电子数据交换。此外，ERP还能够实现在不同平台上的互动操作。

3. ERP系统的主要功能模块

前面我们介绍了ERP的基本概念和发展历程，对ERP有了一个感性的认识，在本节中我们将进一步熟悉ERP系统的主要功能模块，使大家在功能上对ERP有更深一层的理解。

我们都知道，ERP理论是依靠具体的系统软件产品来实现的，但是国内外不同软件生产商的ERP软件产品不尽相同，风格和侧重点也不一样，很多软件供应商更是按照企业的实际情况量身打造ERP软件产品，这就造成了市场上常见的ERP软件产品模块结构相差很大,这给我们学习 ERP 系统的具体功能带来了很大的困难。针对于此,我们撇开具体的软件产品,从企业的角度来描述 ERP 系统的功能,介绍 ERP 系统最主要的功能模块,以方便读者理解。

ERP 将企业所有资源进行整合和集成管理,是将企业的物流、资金流、信息流进行一体化管理的信息系统。区别于以往的 MRP 或 MRP Ⅱ 模块,ERP 系统不仅可以应用在制造型企业中,而且可以用在其他类型的企业中,如在服务型企业中进行资源的计划和管理。我们以制造型企业为例说明 ERP 系统的主要功能模块。

在一般情况下,ERP 系统都会包括三个方面的模块:生产控制、物流管理和财务管理。这三大系统模块各自具有一些子系统模块。作为 ERP 系统的一部分,这些系统模块应该是相互联系的统一整体,各系统模块之间的数据是完全共享和集成的。同时,ERP 系统也可以根据企业的不同需要对各个系统模块进行组合,以符合企业的实际情况(见图 2-6)。

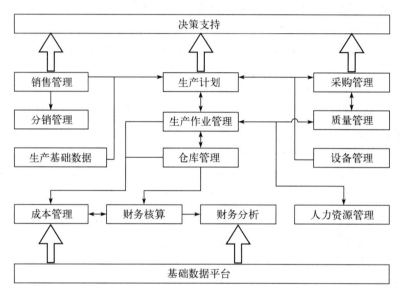

图 2-6　ERP 整体结构图

(1)生产基础数据。ERP 系统的运行必须建立在大量基础数据上。没有这些基础数据,ERP 系统就不能正常运行。同时,从规范企业管理的角度出发,也必须把这些数据进行统一管理,以保证基础数据的准确性和规范性。

基础数据可以分为公用基础数据和业务系统基础数据。公用基础数据是指众多业务系统都会用到的基础数据,需要进行统一管理,如物料、客户、供应商、会计科目等。业务系统基础数据是指和某个业务系统的关系比较密切,而且在该业务系统使用得最多,在其他业务系统中较少使用的基础数据,如物料清单、资源清单等和生产制造管理系统关系比较密切,而在其他业务系统中较少使用,所以一般 ERP 系统都会把这些基础数据放到生产制造管理系统中进行管理。

(2)销售管理。销售管理是企业所有业务活动的源头,没有销售活动就没有企业的其他活动。在企业经营生产活动中,销售预测、销售订单是企业进行生产计划和生产作业活动的源头，企业的生产作业活动必须通过销售管理才能得以实现。

销售管理至少应该包含销售政策管理、销售计划管理、销售预测管理、销售报价、销售订单（合同）管理、发货管理、结算管理、售后服务管理等一系列内容。

（3）生产计划。生产计划在企业中有承上启下的作用。通过对销售预测或者销售订单进行计划，形成企业生产作业计划和采购作业计划；通过对生产作业计划和采购计划的执行，实现产品增值；把增值后的产品通过销售管理销售出去，实现企业利润。

ERP 系统中的生产计划一般包含主生产计划、物料需求计划、粗能力需求计划、细能力需求计划和车间作业排产计划等。

（4）生产作业管理。根据生产计划形成的生产作业计划经过生产计划员确认投放后，形成企业的正式生产任务。企业在 ERP 系统中对这些生产任务的管理就是通过生产作业管理模块进行的。

在生产作业管理中，需要对生产计划形成的生产任务单的生产状态、生产任务单中相关的物料管理以及车间生产任务单的作业排产计划进行管理。车间在生产前必须对各个工序进行生产排产，由各个工序按照排产计划进行领料、生产，同时必须进行及时反馈。在生产完成后，应该及时办理入库手续。在整个生产过程中，企业的质量控制应该贯穿始终，以确保生产的产品符合市场和客户的需求。

（5）采购管理。生产计划不仅派生出企业零部件及其产品的生产计划，同时还派生出企业原材料、包装材料等外购件的采购作业计划。当采购计划下达后，企业采购人员就开始进行采购作业活动。

在 ERP 系统的采购作业活动中，需要进行采购申请调度、采购询价、采购订单（合同）、采购收货、采购结算、采购退货、供应商管理等一系列的活动。

采购到货后，质量部门根据采购到货信息进行质量检验；检验结束后，根据质量检验结果，办理采购收货手续并入库；同时把到货信息和供应商的发票信息传递到财务系统中，作为往来账和付款的依据。

（6）仓库管理。仓库管理是指企业为了生产、销售等经营活动的需要而对计划存储、流通的有关物品进行相应的管理，如对存储的物品进行接收、发放、存储、保管等一系列的管理活动。

在仓库管理中，应该允许用户定义不同的事务类型，如外购入库、生产入库、领料出库、销售出库等。仓库系统应该支持库存高限、安全库存、库存盘点等业务。

仓库管理模块与其他模块有密切的联系：所有物料的收发，都需要通过仓库管理模块进行管理；生产计划模块在进行生产计划计算时，也必须考虑仓库中现有物料的可用库存情况；同时，仓库系统和财务系统管理关系也非常密切，财务系统中的有关存货科目凭证，基本都是通过仓库系统进行核算后直接生成的。

（7）质量管理。质量管理在 ERP 系统中，应该全面支持 ISO 9000 质量管理体系，做到既要有质量保证，也要有质量控制的管理功能。质量控制管理应该包含企业质量检验标准管理、进料检验、产品检验、过程检验控制等；质量保证管理应该包括质量方针目标、供应商评估、质量分析、客户投诉、质量改进等。

质量管理同采购、仓库、销售、生产业务相结合，控制企业物料的质量情况，确保流入和流出企业的物料都是合格的物料。同时，质量管理应该注重生产过程中的质量控制，以免不合格产品流入下一道工序，给企业造成更大的浪费。

（8）设备管理。企业在生产过程中，必须重视生产设备管理。企业可以利用 ERP 系统中的设备管理模块实现设备的检修、润滑、保养等功能，避免因为设备的磨损、故障等影响车间的生产作业活动。

在 ERP 系统中，设备管理同固定资产管理、能力需求计划、车间作业等模块相联系。

（9）成本管理。在产品生产之前，ERP 系统应该进行产品成本模拟；在产品生产过程中，必须对成本进行控制；产品生产完工后，进行成本核算及成本分析，以明确完工产品的实际成本和获得的效益。这些业务都是通过成本管理模块进行的。

ERP 系统根据仓库管理、生产作业管理、财务核算模块提供的数据，对完工产品进行成本计算，并反馈到仓库、生产作业、财务核算等模块中。

成本管理模块与财务、生产、库存、销售等系统密切联系。它可以更准确、快速地进行成本费用的归集和分配，提高成本计算的及时性和准确性；同时通过定额成本的管理、成本模拟、成本计划，有效地进行成本预测、计划、分析与考核，提高企业成本的管理水平。

（10）财务管理。在 ERP 系统中，财务管理一般包含财务核算会计、管理会计、财务分析等多个方面，其中尤以财务核算会计模块的使用最为广泛。

财务核算会计一般包含应收、应付、现金、固定资产、银行、总账等业务，用于管理其他业务系统同财务核算系统的集成，并进行日常的财务记账工作。管理会计通过对企业的预算控制、目标控制等，主要是为满足企业内部管理需求而进行核算统计分析工作。而财务分析则是根据财务核算会计、管理会计以及其他业务系统中的数据，对财务指标、报表进行分析、比较，以满足企业经营决策的需求。

（11）人力资源管理。人力资源成为企业越来越重要的资源。人力资源管理在实现对人员基本信息管理的基础上，还对人员的需求、招聘、培训、考核等过程进行管理，覆盖一个员工在企业的整个生命周期。

人力资源管理的薪资可以来源于企业的车间管理子系统中各人员的绩效情况，同时作为相关账务处理的依据。

（12）决策支持。在 ERP 系统中，决策支持是非常重要的模块。决策支持应该可以对 ERP 所有业务模块的数据进行深度挖掘，从而使企业的管理决策有据可依。

在 ERP 系统中，这些模块应该是必须具备的，但不同的 ERP 系统对这些模块可能有不同的区分。在选择 ERP 系统时，企业应该从各个 ERP 系统本身所处理的问题实质出发进行选择，不能被 ERP 系统本身的模块名称所迷惑。

至此，我们就完成了对整个 ERP 发展历史的介绍。当然，ERP 仍旧处于不断发展变化的过程中。对于它的最新发展，我们还会在以后的系列中给予详尽的介绍。最后，作为一个总结，我们可以通过表 2-1 对 ERP 发展的几个主要阶段进行简要的回顾。

表 2-1 ERP 的演变背景及核心理论

阶段	环境	企业经营状况	待解决的问题	系统及主要计划对象	应用理论
20 世纪 60 年代	市场竞争加剧，计算机技术飞速发展	产、供、销脱节，追求降低成本，手工订货发货	确定订货时间和数量，解决物料不配套问题	时段式 MRP，将物料订货时间纳入计划范围	库存管理、主生产计划、优先级计划、BOM、期量标准
20 世纪 70 年代		没有考虑企业现有生产能力，计划偏离实际，人工完成车间作业计划	保障能力计划实施及时间调度，销、产、供协同运作，及时反馈	闭环 MRP，将设备、人员的产能纳入计划范围	能力需求平衡、生产和采购实行 PDCA 循环
20 世纪 80 年代		资金流与物流分离管理，各子系统缺乏联系，人、财、物系统间冲突很多	实现从订单下达到产品到达最终客户的一体化管理体系，财务与业务集成	MRP Ⅱ，将营销、财务纳入计划范围	系统集成技术、管理会计、物资管理和决策模型
20 世纪 90 年代至今	经济全球化，互联网时代到来	寻找新的企业增长点，适应市场环境的变化	在全社会范围内利用供应链上的资源，合作竞争	ERP，将客户需求、供应商制造资源作为企业内部制造活动的计划对象	供应链管理、约束理论、业务流程重组、精益生产

2.3 ERP 的管理思想与制胜绝技

2.3.1 ERP 的管理思想

ERP 的核心管理思想就是实现对整个供应链的有效管理，主要体现在以下四个方面。

1. 支持整个供应链管理

供应链管理（SCM）是通过前馈的信息流（需方向供方流动，如订货合同、加工单、采购单等）、反馈的物料流和信息流（供方向需方流动的物料流及伴随的供给信息流，如提货单、入库单、完工报告等），使供应商、制造商、分销商、零售商的最终用户连成一个整体的模式。供应链既是一条从供应商到用户的物流链，又是一条价值的增值链。

在知识经济时代，企业仅靠自己的资源不可能有效地参与市场竞争，企业间的合作联盟逐渐形成。现代企业的竞争已经从单个企业之间的竞争发展为供应链之间的竞争，必须把经营过程中的有关各方如供应商、制造工厂、分销网络、客户等纳入一个紧密的供应链中，才能有效地安排企业的产、供、销活动，满足企业利用全社会的一切市场资源快速、高效地进行生产经营的需求，以期进一步提高效率和在市场上获得竞争优势。

ERP 可以使企业内部的信息通行无阻，再加上供应链管理，通过网络与系统的有效结合，使客户与厂商间形成水平或垂直整合，真正实现全球运筹管理的模式。ERP 可以与 SCM 系统整合，利用信息科学的最新成果，根据市场的需求对企业内部和其供应链上各环节的资源进行全面规划、统筹安排和严格控制，以保证人、财、物、信息等各类资源得到充分、合理的应用，从而达到提高生产效率、降低成本、满足顾客需求、增强企业竞争力的目的。

2. 体现精益生产、敏捷制造和并行工程的思想

ERP 支持对混合型生产方式的管理，其管理思想表现在两方面：一是"精益生产 LP"，即企业按大批量生产方式组织生产时，把客户、销售代理商、供应商、协作单位纳入生产体系，企业同其销售代理、客户和供应商的关系已不再是简单的业务往来关系，而是利益共享的合作伙伴关系；二是"敏捷制造"，当企业遇到特定的市场和产品需求时，企业的基本合作伙伴不一定能满足新产品开发生产的要求，这时企业会组织一个由特定的供应商和销售渠道组成的短期或一次性供应链，形成"虚拟工厂"，把供应和协作单位看成是企业的一个组成部分，运用"并行工程"组织生产，用最短的时间将新产品打入市场，时刻保持产品的高质量、多样化和灵活性。

3. 体现事先计划与实时决策的思想

ERP 系统中的计划体系主要包括主生产计划、物流需求计划、能力需求计划、采购计划、销售执行计划、利润计划、财务预算和人力资源计划等，而且这些计划功能与价值控制功能已完全集成到整个供应链系统中。另外，ERP 系统通过定义与事务处理相关的会计核算科目和核算方式，在事务处理发生的同时自动生成会计核算分录，保证了资金流与物流的同步记录和数据的一致性，从而实现了根据财务资金现状可以追溯资金的来龙去脉并进一步追溯所发生的相关业务活动，便于实现事中控制和实时做出决策。

4. 采用计算机和网络通信技术的最新成果

ERP 除了已经普遍采用的图形用户界面技术（GUI）、结构化查询语言（SQL）、关系型数据库管理系统（RDBMS）、面向对象技术（OOT）、第四代语言/计算机辅助软件工程、客户—服务器和分布式数据处理系统等技术之外，还要实现更为开放的不同平台间的相互操作，采用适用于网络技术的编程软件，加强用户自定义的灵活性和可配置性功能，以适应不同行业用户的需要。网络通信技术的应用，使 ERP 易于扩展为供应链管理的信息集成。

2.3.2 ERP 的制胜绝技

ERP 是一个高度集成的信息系统。从管理信息集成的角度来看，从 MRP 到 MRP Ⅱ 再到 ERP，甚至到 ERP Ⅱ，是企业管理信息集成的不断扩展和深化，每一次进展都是一次重大的质的飞跃，然而其又是一脉相承的，MRP Ⅱ 作为核心功能则是永恒的。所有被称为 ERP 的软件都把 MRP Ⅱ 作为其生产与控制模块，这是因为产品结构能够说明制造业生产管理常用的"期量标准"，而且可以通过把工艺流程（工序、设备或装置）同产品结构集成在一起，以把工业流程的特点融合进 MRP Ⅱ 系统中。因此，这里以 MRP Ⅱ 为基础的计划功能在整个供应链的业务处理流程中都发挥着有效的"基础配置作用"，而 ERP 基础的基础是被称为三大制胜绝技的相关需求、时间分割和能

力平衡。奥列弗·怀特先生最早指出："MRP 的目标是按反工艺路线的原理，在最准确的时间（right time）、最准确的地点（right place）获得准确的物料（right material），即 3R 目标。"ERP 正是在这三大法宝的基础上，严格按照计划的运作体系，保证企业的物流畅通，把库存减少到最低限度，以实现企业资源（物料、设备、人力、资金）的最佳利用，即达到 3R 目标，获得最优经济效益。

1. 相关需求

订货点法在处理需求计划上的极大局限使人们陷入了苦苦的思索中。20 世纪 60 年中期，美国 IBM 公司的约瑟夫·奥利奇博士第一次提出物料相关需求的概念，深刻揭示了产品结构的本质特征，反映了产品生产过程中所包含的本质规律。这是一个具有重要历史意义的创举，标志着 ERP 思想的萌芽，蕴藏着一种制造业标准化管理工具的诞生。可以说，"物料独立需求和相关需求"学说是 MRP 诞生的理论基础。

在相关需求的思想下，制造业的产品都可以按从原料到成品的实际加工装配过程划分层次，建立上下层物料的层次从属关系和数量构成关系，从而勾画出反映产品构成特征关系的产品结构图，并以此为基础，对生产过程进行分析，才能抓住生产的本质规律。

MRP 根据最终项目的需求，自动计算出构成这些项目的部件、零件以及原材料的相关需求量。MRP 首先通过物料清单（BOM）文件将主生产计划中的产品需求进行分解，生成对部件、零件、原材料的毛需求计划，再利用毛需求量、库存情况、计划期内各零部件的订购或在制量的数据，确定在 BOM 各层次上的零部件生产（采购）计划，准确计算出为完成生产计划应生产出哪些零部件，生产多少数量，从而回答和解决生产计划中"需要什么样的材料或零部件，需要多少"这一至关重要的问题。

2. 时间分割

时间分割（也称时间分段）就是将连续的时间流划分成一些适当的时间单元，在不同的时间单元反映库存状态数据，按照具体的日期、计划时区准确记录和存储库存状态数据。MRP 计划的主要特点就是说明了物料需求的优先级，这是一种分时段计划，它在时间概念上正确地反映了生产实际。按照时间分段计算物料需求是 MRP 的一个重要特点。

MRP 把产品结构置于时间坐标轴上来考察，则各物料之间的关联线，恰好可以表达出物料的加工周期或采购周期，以此反映各种物料开始的日期或下达计划日期。这样一个时间坐标上的产品结构把企业的"产供销"物料数量和生成物料所需时间的信息集成起来。MRP 通过时间坐标上的产品结构，用一种新的概念说明了制造业生产管理经常提到的"期量标准"。时间坐标上的产品结构是一种简化了的网络计划图，是物料需求计划基本原理的核心。有了"物料和时间坐标上的产品结构"的概念，即使没有应用信息系统，也可以减少许多不必要的差错和混乱，要压缩交货周期，就要在关键路线上下功夫。

在时间分段基础上，ERP 根据最终项目的需求，自动地计算出构成这些项目的部件、零件以及原材料的相关需求量；由项目的交货期计算出各部件、零件的生产进度日程与外购件的采购日程。它不但能计算出为完成生产计划，应生产出哪些零部件，生产多少数量，而且还能准确计算出何时下达零部件生产任务及何时交货。所以，ERP系统地回答和解决了生产作业计划中"材料或零部件何时需要"这一重要问题。

MRP时间分割的特色使得它能有效地克服仅停留于处理市场物料需求总量的局限，从而深入到企业生产管理的核心中去。

客观环境是不断变化的，生产计划应当适应客观变化。控制计划变动是保证计划可执行程度的重要内容。当需求变动时，要分析变动计划的限制条件、难易程度，以及需要付出的代价并确定审批权限，从而谋求一个比较稳定的主生产计划。ERP系统地提出了时区与时界的概念，向主生产计划员提供一个控制计划的手段，保证了计划滚动体系的成功执行。

3. 能力平衡

企业的计划必须是切实和可行的，否则再宏伟的目标也没有意义。任何一个计划层次都包括需求和供给两个方面，即需求计划和能力需求计划。每个层次都要处理好需求与供给的矛盾，要进行不同深度的供需平衡，并根据反馈的信息，运用模拟方法加以调整或修订。

ERP对于生产管理的不同层次，引入不同的能力平衡方法与之相协调，形成包括资源需求计划、粗能力需求计划、细能力需求计划、生产能力需求控制的能力需求计划层次体系，它们分别对应于生产规划、主生产计划、物料需求计划和车间作业管理的不同层次。对计划要做到既落实可行，又不偏离经营规划的目标。

在做能力需求计划时，往往在一个跨度较长的时段中，能力可以满足负荷需求，但是如果把时段划细，就可能在某个时段出现超负荷。MRP计划的主要特点就是说明了物料需求的优先级，是一种分时段计划，在计划展望的全时段上进行能力平衡。所以说，它在时间概念上正确地反映了客观世界。

粗能力平衡计划在制订物料需求计划之前，进行瓶颈预测并调整生产负荷，目的是使交货延迟的可能性减少到最低程度，最终得到一个最佳的生产组合顺序，即一份主生产计划。能力需求平衡计划是以物料需求计划的输出作为输入，根据计划中零部件需求量及生产加工顺序等计算出设备、人力需求。如果发现能力不足，就应调整设备人员安排；若能力无法实现平衡，则可将信息反馈到物料需求计划或主生产计划功能模块，调整生产计划。这样，形成了"计划—执行—反馈"的闭环系统，因此能有效地对生产过程进行计划控制。

ERP正是在相关需求、时间分割和能力平衡这三大制胜绝技的基础上，正确而深刻地反映制造业的生产本质和管理规律，获得出奇制胜的成功和使用效益，使得ERP成为全业界公认的、成功、普遍适用的管理工具。可以说，是否具有"相关需求"和"时间分割"是判别一套软件是不是生产管理软件的标准，是否具有"能力平衡"，是判别一套企业管理软件是否实用的试金石。

◼ 思考与练习题

1. ERP的定义是什么？
2. 简单介绍ERP的内涵。
3. 什么是订货点法？
4. 简要介绍物料需求计划的基本原理。

5. MRP 与订货点法相比，具有什么优势？
6. 闭环 MRP 的主要优点是什么？
7. MRP Ⅱ 的主要贡献是什么？
8. 简要介绍 ERP 与 MRP Ⅱ 的主要区别。
9. 简要解释 ERP 的三大法宝。

案例分析

ERP 应用体会

随着全球市场竞争日益激烈，中国制造业整体面临着严峻考验，不仅是华南一带沿海的出口型企业，连地处内地的企业也无法避免人员工资上涨和原材料上涨所带来的生存压力。每一个制造企业都在边跑边喘着粗气，这些企业相信机会总是留给那些剩下来的企业。

某工厂场景：因受电力部门的影响，工厂限电已进入第 12 天，全厂的职工都休班了，只有公司的中高层管理人员在开一个半年总结会。会议重点讨论内容就是从今年第一季度到现在，在人员、设备都未增加，所用单位工时也未减少的情况下，产量却提高了 1/3，所有中高层管理人员都迫切想知道答案是什么。

1. 旺季带来的矛盾

每一年过完春节，机械行业即进入了黄金季节。该企业每年冬天开足马力准备明年春天的库存，到了旺季，前一年冬天备得满满的仓库库存很快就会销售一空，即使这样有些订单还是无法满足。之所以出现这种局面，公司领导认为，生产能力不足是其中的重要原因之一，另外就是上文所提到的行业季节周期特性。

按常理说，冬季多备些库存，不就可以满足来年的销售需求了吗？可是这样做明显也有弊端：一是库存较大会占压企业资金，二是会增加企业管理成本。本案例中这家企业的产品要求有很高的精度，产品受高温和低温的影响将会产生几微米的公差，在发货之前质检人员必须对所有库存产品进行检查及校正，在保存的过程中还要经常地涂防锈油。这些年来，企业员工从春节后上班开始就像拧足了发条的机器人，一直要到国庆节后才能松口气，这期间除了劳动节和中秋节会休两天假之外，其余时间从不休假。

2. 从库存积压到减少

这一年 3 月一结束，生产部门统计出来的数据就让公司的中高层管理者感到吃惊，比预计的产量高出近 1/3，且突破了历史最高水平，所有管理者认为这个月只是特例。然而在接下来的几个月中，产量开始节节攀升，最高值出现在 6 月，产量比往年最高月份的产量还要高出 40%。这不得不让所有人深思产量上升背后的原因。工厂更是出现了往年不曾有过的现象，不仅没有增加一小时的上班时间，而且以前从来无缘的星期天也有了，且产量和销量在均衡的状态下开始良性循环。

3. 工作模式的新旧对比

因为去年公司搬到了新厂房，三车间的半成品仓库中竟没地方可以放产品，车间主任三番五次去找副总反映情况，在当时虽然没有客观的事实证明仓库太小，副总还是在车间主任的再三要求下，划给了三车间一间新仓库。2008 年出现的情况却是，不仅新仓库被空了出来，就连旧仓库也空了 1/2，且每个仓库的工位器具也闲置了一大部分。可以说这些都发生在公司上线 ERP 之后。

原来销售部经常就某个客户的某张订单尚未完成或某个品种还没完成而天天催生产部，生产部再催车间，车间再反映某种原材料不够，或是组装车间领料的时候反映外购的零件不够，生产再转催采购，材料采购到再进行生产。应收账款的数据掌握在财务手里，但财务不具备管理的职能，因此应收账款的周期在180天以上，管理层却全然不知。

现在的工作模式做到了可以提前采购，建立安全库存，以保证生产连续性。生产不用再事后管理，工单到了哪道工艺，控制环节在什么地方，生产进度到了什么地方，预计哪天可以交货，一切都可以有序进行，本年度产品的生产周期由原先15天缩短到10天，物料短缺情况基本不会出现，应收账款随时可见，高层的监督职能具备了，财务的管理职能也完善了。用一组数字来说，上线ERP后，公司目前库存降低了26.85%，应收账款的收账周期缩短了20天，废品率下降了3%；用于产品的物料消耗下降了20%，资金周转率也随之提高，所以产量也进一步提高了。

再举一个有关生产工具使用的具体小例子，上线ERP以前，生产一个产品要耗费多少钻头都不清楚，后来生产部领导通过报表对比两个工人的工件数量和消耗，发现差别很大。经过调查发现，原来其中一个工人嫌钻头太长不好用，每次使用前都用切割机切去一截再磨，这样比较好定位，结果当然用得就快，而截去这一节当然也就是企业增加的成本。在这之后，根据报表专门有了产品的消耗定额管理，并制定了相关奖罚制度，于是规范的管理开始逐渐向企业的各个角落延伸。

4. 促使ERP实施之源头

之前公司只有三个后勤人员，岁末盘点时发现，除了精密产品6%的废品率一年损失的5 000多套之外，其他四个主打品种竟然比账面上少了近万件。公司的"一把手"不敢相信这是事实，亲自加班加点把数字算了一遍又一遍，从中分析出来的结论就是，在废品率超标、仓库数量又没有严格管控的情况下，这样的损失不足为奇。为了使盘点准确，公司采用了ABC盘点法，并将盘点人员分成三组，为防止出现点数失误，每个品种都要清点三遍，三个组的数量相差不能大于1‰，两组数量相同者过关。这样的现状在该企业中持续了好几年，尽管各种方法都尝试了，但最终在大批量投入又大批量产出的循环生产中，企业还是弄不清究竟丢失多少，职工报工的数量是否和产出相等。

公司的高层细细地算了笔账，一年因这些原因损失的钱足够买上一套ERP系统。基于这种管理现状，企业才走上了ERP之路，但没想到的是，ERP的管理优势却在以后的日子里渐渐体现出来，尤其在外部经济环境较为恶劣的情况下，使公司依然保持了快速的发展。

第 3 章

需求管理

在生产计划编制的过程中,一切活动都是围绕需求来进行的。以客户为核心的业务需要了解准确的需求情况,以此引领整个运营中的生产、库存、采购和配送计划,使得企业能够满足客户对其各种产品的需求。需求管理的目的就是有效地预测和调整客户需求,提高预测准确性,提高及时交付率,以降低库存投资,提高库存周转率。

3.1 基本概念

3.1.1 物料编码

物料编码是以简短的文字、符号、数字、号码来代表物料、品名、规格或类别及其有关事项的一种代码体系。确切地说,物料编码是计算机系统对物料的唯一识别代码,是对各种物料所编制的代码,其用途是识别和检索企业生产经营过程中所需要的各种物料。

系统中往往用一组代码来代表一种物料,如对企业的某型号 A 摩托车产品可以用编码"A001"来表示。这里所说的物料是指所有的物品,如原材料、成品或半成品等,凡是属于物质的东西都可以称为物料。

在具体的应用中,物料编码需要依据特定行业的行业标准进行编制。除此之外,在构建物料编码体系时,还需充分考虑物料编码与会计核算中的各种会计科目的对应关系。在实施 ERP 之前,一定要制定物料编码的规则,也就是要建立物料编码体系,物料编码体系的建立应遵循以下设计原则:

- 信息分类编码体现科学化、标准化、规范化、合理化。
- 参照国家标准中有关分类标准体系。
- 参照企业原有的编码体系,尽量考虑企业的习惯。这样便于企业生产活动的延续性,也有利于数据的整理工作。

- 保证编码的唯一性、可扩展性和方便性。

物料的编码是编码体系中最为重要也最为复杂的，它是工程数据库建立的基础。要确定物料的编码方案，首先必须确定物料的分类。物料一般分为两大类：采购件和自制件。采购件的分类可参照国家制定的有关分类标准，一般可细分为大、中、小类，如 A 大类为钢材，A01 类为型钢，A0101 为大型型钢等，具体编码可采用树式结构或混合式结构，建议采用混合式结构，其优点是编码长度一致，便于扩展。它一般由大、中、小类＋顺序号组成，例如，某种规格的大型型钢的物料编码为 A0101-00007。自制件一般有图纸和加工工艺，可采取与采购件不同的编码方式。由于自制件的图号具有唯一性，为方便生产加工，可带入部分图号的属性，然后加上顺序码。例如，产品包装机的第二个部件的某个零件图号为 BZJ-02.05，其物料编码可定为 BZJ-02-0005，这样物料编码与图号保持了一致性。数据编码中推荐使用的字符为 A-Z、0-9 和连接符"-"，禁止使用的字符为分号、逗号和空格，建议不要使用全角字符，如中文、Φ、II 等。当物料编码完成后，即可形成物料主文件，用于储存和检索企业内部的各种物料资源。

物料编码在 ERP 系统中是由物料主文件来存储的，物料主文件也叫物料代码文件（库），用来在 ERP 系统中存储物料的各种基本属性和业务数据。它所包含的信息是多方位与多角度的，基本涵盖了企业涉及物料管理活动的各个方面。各种 ERP 软件的物料主文件的内容不尽相同。一般来说，物料主文件含有以下信息：

（1）物料的技术资料信息。这类信息提供物料的有关设计及工艺等技术资料，如物料名称、品种、规格、型号、图号／配方、计量单位（基本计量单位与默认计量单位）、默认工艺路线、单位重量、重量单位、单位体积、体积单位、设计修改号、版次、生效日期、失效日期及组成工艺码等。

（2）物料的库存信息。此类信息涉及物料库存管理方面的信息，如物料类型（制造、采购、外加工、虚拟件等）、库存单位、ABC 码、物品库存类别、批量规则、盘点周期、最大库存量、安全库存量、默认仓库、默认货位、物品容差、批次管理（Y/N）、单件管理（Y/N）及限额领料标志（Y/N）、是否消耗件（如图纸可以设置为产品结构的非消耗件）等。

（3）物料的计划管理信息。该类信息涉及物料与计划相关的信息，在进行主生产计划（MPS）与物料需求计划（MRP）计算时，首先读取物料的该类设置信息，如计划属性（MPS、FAS、MRP、订货点等）、需求标志（相关需求和独立需求）、需求时界、计划时界、低层码、工艺路线码、提前期等。

（4）物料的采购管理信息。这类信息被用于物料采购管理，如订货点数量、订货点补充量（即订货批量）、主供应商、次供应商及供应商对应代码等。

（5）物料的销售管理信息。此类信息用于物料的销售及相关管理，主要有信用周期、信用额度、物品销售类型、销售收入科目及销售成本科目等。

（6）物料的财务有关信息。该类信息涉及物品的相关财务信息，一般有物品财务类别（财务分类方法）、增值税代码、标准成本、计划价、计划价币种、成本核算方法等。

（7）物料的质量管理信息。物料主文件还必须有质量管理信息，一般有检查标志（Y/N）、检查方式（全检、抽检）、批号、最长保存期等。

物料编码（物料属性）的内涵是否丰富以及是否对各类行业物料有一定的包容性，在一定程度上可以反映某一 ERP 系统是否有很强的生存力，是否可取得广泛的应用范围，或者说其行业性是否很强。

3.1.2 时间定义

1. 时段

时段是描述计划的时间粒度单位。划分时段的目的是准确说明计划在各个时段上的需求量、计划量和产出量，显示了计划的详细程度。通常采用的时段粒度是天、周、旬、月、季和年等。如果计划的时段粒度是天，则更大的时段粒度（周、旬、月、季和年等）主要用于对计划工作进行监视、统计和输出报表等。

计划中的时段粒度越小，则计划越容易得到准确的描述、执行和控制。在 ERP 系统中，计划是分层次的，基本分为远期、中期和短期计划，远期计划的时段粒度可以用年，中期计划的时段粒度可以用月，而短期计划的时段粒度可以用日或周等。

在统计过程中，跨度比较长的计划往往采用近细远粗的汇总方式呈现出来。例如，如果某个产品的累计提前期是 6 个月，则该产品的计划可以采取当前周按照天时段、当前月按照周时段、计划后期按照月时段的汇总方式提供给相关部门。但是，无论如何汇总，该计划的粒度仍然是天时段。

2. 提前期

提前期是指某一工作的工作时间周期，即从工作开始到工作结束的时间。提前期的概念主要是针对"需求"而提出的，比如要采购部门在某日向生产部门提供某种采购物料，则采购部门应该在需要的日期之前就下达采购订单，否则就不可能即时提供给生产部门，这个提前的时段就是提前期。

从提前期的概念可以看出，它是生成 MPS、MRP、采购计划和生产计划的重要基础数据。提前期的种类主要包括：

（1）生产准备提前期，是从生产计划开始到生产准备完成（可以投入生产）的时段。

（2）采购提前期，是采购订单下达到物料完工入库的全部时间。

（3）生产加工提前期，是生产加工投入开始（生产准备完成）至生产完工入库的全部时间。

（4）装配提前期，是装配投入开始至装配完工的全部时间。

（5）累计提前期，是采购、加工、装配提前期的总和。

（6）总提前期，是指产品的整个生产周期，包括产品设计提前期、生产准备提前期、采购提前期、加工、装配、试车、检测、发运的提前期总和。

一般在 ERP 系统中，提前期是在物料代码中进行维护的，采购件要设置采购提前期，而制造件要设置加工提前期。累计提前期是根据物料清单的结构层次，由系统自动逐层滚动累加而生成的。

ERP 系统在编制生产计划时，最为常用的提前期为生产提前期和采购提前期。企业生产提前期与企业的实际生产能力密切相关，由此可以通过企业的生产能力数据，来对生产提前期进行核算；对于采购提前期而言，无法使用企业内部的能力数据进行核算，故此需要对历史采购数据进行分析，从而获得一个较为合理的采购提前期。

3. 计划展望期

计划展望期（planning horizon）是指计划的时间跨度，其目的是控制产品生产的全过程，提高计划的预见性，它必须大于产品的累计提前期。在传统管理中，没有按不同产品来分别设置不同的计划期，但不同产品的累计提前期是不同的，各自的计划展望期也应有所区别。在 ERP 系统中，各产品的计划展望期一般是在物料主文件中定义的，按不同产品设置不同的计划展望期，而不是一个统一的时间长度，这是 ERP 计划方式与传统计划管理的一个主要不同点。

3.1.3 安全库存

安全库存是为了应对意外事故的发生，保证生产平稳运行而设置的物料库存水平。当库存水平低于或达到安全库存时，企业就必须结合实际情况考虑是否需要进行物料采购或生产（见图 3-1）。

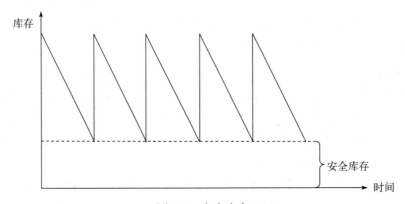

图 3-1 安全库存

安全库存作为 ERP 系统中的一个重要参数，直接影响到生产计划的编制。较高的安全库存固然可以保证订单的按时按量供应，然而也会使企业面临库存量增加、占用大量流动资金的危险，而较低的安全库存虽然可以降低企业所持有的库存量，却会使企业出现缺货情况的概率大大增加。因此，在 ERP 系统的运作过程中，企业需要对安全库存的预测予以足够的重视。而对于安全库存的预测，需要企业在日常的经营过程中，注意收集销售/生产数据以及库存状态数据，并能够针对企业所面临市场环境的特点，选择适当的预测模型来确定最佳的安全库存水平。

3.2 销售预测

企业的计划、执行与控制活动，最关心的还是未来的事情，因为过去的事已经无法控制，所以必须从现状出发为未来做好准备。销售部门事先应明确：谁负责销售？在什么期间完成？销售什么产品和服务？销售数量及金额是多少？客户是谁？

销售预测是指根据市场需求信息进行产品销售的分析与预测。其过程是通过对历史的、现在的销售数据进行分析，同时结合市场调查的统计结果，对未来的市场情况及发展趋势做出推测，用以指导今后的销售活动和企业生产活动。销售预测是企业制订销售计划和生产计划的重要依据。

3.2.1 影响销售预测的因素

在进行销售预测时，企业必须考虑那些会对销售预测产生影响的不可控因素和可控因素。

不可控因素是指那些会对企业未来销售产生影响，但企业又无法采取措施加以控制的因素，主要包括：

（1）需求的动向。需求是外界因素中最重要的一项，比如流行的趋势、生活形态的变化、人口的迁移等，均可成为产品需求在质与量方面的影响因素。

（2）经济形势的变动。销售收入深受经济形势变动的影响，比如近年来石油等资源问题常常造成无法预测的影响。

（3）同业竞争的动向。为了生存，必须掌握竞争对手在市场上的所有活动，比如其市场重心置于何处？产品的组合价格如何？促销与服务体系如何？

（4）政府、消费者团体的动向。这涉及政府的各种经济政策，以及消费者关心的各种问题。

可控因素是指那些会对企业未来产生影响，而且企业本身又可加以控制的因素。例如，营销活动策略，由于产品策略、价格策略、渠道策略、广告及促销策略等的变更，对销售额产生的影响；生产状况，能否与销售收入配合，将来是否会有问题等。

3.2.2 预测分类

销售预测有多种不同的分类方法。我们可按所涉及的期间长短来区分，也可按其预测方法的性质来区分。

1. 根据预测范围不同，可分为宏观市场需求预测、行业需求预测及企业需求预测

（1）宏观市场需求预测是从全社会商品销售或社会消费品零售的角度，对未来一定时期的市场需求总量的预测。从宏观上看，市场需求总量是国民经济发展的结果，也是国民经济发展的标志。宏观市场需求总量表现为全社会总的购买力，因而是全社会商品价值可能达到的最高实现水平。

（2）行业需求预测是指对一定市场上某类产品总需求水平的预测。例如，有关今后十年国内市场对电冰箱的需求总量的预测，就是对整个电冰箱制造行业而言的。行业需求预测可以说明产品需求总量以及产品生命周期的变化。

（3）企业需求预测是企业从合理组织商品生产和经营的角度出发，对未来一定时期具体市场对某类或某种产品的购买量的推测和估计。例如，在开发一种新产品时，市场营销管理者需要了解这种新产品在市场上可能达到的最低的销售水平，以便估计可能实现的销售收入和可能取得的利润，进而判断是否值得去投资开发。在企业考虑进行设备投资以扩大生产能力时，市场营销管理者需要了解这种产品在市场上可能达到的最大销售量水平以及企业能够取得的市场份额，从而测算出能最有效利用的生产能力和最佳投资规模，避免发生生产能力过小而不能满足顾客需要，或者生产能力过大以至于设备经常被闲置的情况。

行业需求预测和企业需求预测都属于微观预测。微观市场需求预测主要是在认真分析消费者的消费需要或用户的生产经营需要的基础上进行的。

2. 按照所涉及的期间长短大致可分为长期预测、中期预测、短期预测及近期预测

（1）长期预测。长期预测用于工厂扩展与添置新的机器设备，以便提前 5 年或更早地去计划资本投资。

（2）中期预测。中期预测用于设备、资金等资源的准备，或制订较长提前期的物料购买或生产的计划，主要关注需要提前一两年考虑季节性或周期性的产品。

（3）短期预测。短期预测用于为采购件、自制件或委外件确定恰当的订货量与订货时机，并计划恰当的制造能力，考虑提前 3～6 个月调整工作负荷的可行性。

（4）近期预测。近期预测用于每周或每日的采购、生产进度与成品库存的分配。

3. 按预测定性定量原则，可以将其分为定性预测和定量预测两类

（1）定性预测。定性预测需要借助专家的经验对未来的需求趋势进行预测。在进行定性分析时，专家需要获得相关产品的基本信息，综合其对市场的了解，以及对企业或相关产业的认识做出市场预测分析。定性分析中有调查研究法、德尔菲法、历史类比法、经验估计法等。

（2）定量预测。定量预测着重于研究事物发展的具体数值变化规律。在使用定量分析的方法进行预测时，需要有足够多的时间序列数据。为此，进行定量分析最重要的一项任务就是收集数据，然后应用相应的预测模型或算法进行处理，以使用历史的数据预测未来的趋势。定量预测分析方法主要有时间序列分析法、因果回归法等。

3.2.3 预测模型

现代预测以概率论和统计方法为基础，探讨客观世界中大量随机事件发生的规律。至今尚未有一个方便和完善的工具能满足预测的全部需要。预测与实际总有差别，总是落后于新的趋势和转折，而且存在精度问题。预测的精度与所用数据的质量和样本大小相关，所用数据越精确，样本数越大，得到的预测结果越准确，反之，则偏差可能越大。

销售预测最明显的特征是"预测将是错误的"，也就是说预测总是有偏差的。所以有些以预测为前提的计划控制系统失败了，归咎于未能得到"精确"的销售预测。这就导致了两种极端的反应：一是停止了对预测的努力而返回到直觉的猜测，二是尝试并努力得到更精确的预测。

更合理的方法是首先承认预测总是有误差的。虽然有许多工具可以改善预测的效果，但是应用这些工具需要投入的资金与努力将迅速达到报酬的递减点。超过了这一点，对预测误差采取灵活的态度，将比试图改善预测要有利得多。最好的办法是，开发一个正式的预测工具与一种发现和度量预测误差的体制，然后快速地反应去校正这些误差。

1. 预测的数据来源

所有的需求预测或计划的基础都来源于数据的分析，因此必须利用系统对大量的历史销售数据进行分析。对于新产品，可以收集市场同类产品的销售数据，从而对性价比等进行分析。没有比较完善的系统分析和保证供应链各环节的良好沟通，任何预测和计划都只能是纸上谈兵。计划工作中进行预测所需要的数据可分为企业内部数据和外部数据。企业内部数据包括市场销售数据、维修件使用及采购数据、生产控制数据等，这些数据来自销售部门、维修服务部门和生产控制部门。外部数据包括与产品需求有关的市场条件和因素数据，如市场调查数据、国内外经济形势和政治条件、国家政策和有关法律、竞争对手的情况等数据，它们来自企业外部。

2. 预测的步骤

预测一般可按以下步骤进行（见图 3-2）。

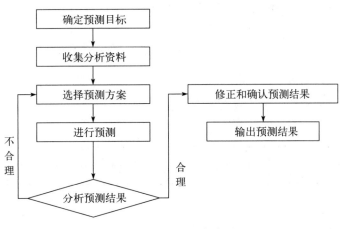

图 3-2 预测的基本步骤

（1）确定预测目标。应明确预测对象，界定问题范围，核实要达到的目标，包括预测量、预测时间期限及数量单位等。

（2）收集分析资料。根据预测目标，尽可能全面地收集与预测目标有关的各种资料和数据，并进行分析、整理和选择，去伪存真，尽可能保证数据的完整性和可靠性。

（3）选择预测方案。根据预测目标的要求及对数据资料的分析，选择合适的预测方案，建立相应的预测模型，并对预测模型在可行性、效率、精度、费用方面进行评价选择。

（4）进行预测。根据所选择的方案及所建立的预测模型，输入数据进行预测。

（5）分析预测结果。根据上述预测所得到的结果，进行分析与评价，看其是否合理，如果不合理则应另选预测方案，重新进行预测。

（6）修正和确认预测结果。如果认为预测结果分析评价合理，仍需要根据过去和现在的有关资料、数据及各种因素条件，对预测结果做必要的修正和调整，使预测结果更能反映实际情况。这也反映出定量预测与定性预测的结合。

（7）输出预测结果。预测这项工作并不是一次性的工作，而是一个反复修正、滚动进行的过程。当外界环境发生变化时，需要根据这些新的变化来对预测模型进行修正或对预测模型中的相关参数进行修正，从而使得预测的结果与实际情况的偏离程度在可接受范围之内。

3. 预测方法

在实际的预测工作中，德尔菲法与时间序列分析法是最为常用的两种预测方法。其中德尔菲法是一种定性预测分析的方法，与其类似的定性分析方法还有头脑风暴法等；时间序列分析法由一系列定量分析模型组成，其最主要的特点就是通过使用时间序列数据进行预测分析。时间序列分析法中所包含的模型和方法有很多种，如移动平均法、指数平滑法等。

（1）移动平均法。移动平均法是用一组最近的实际数据值来进行预测。当产品需求既未快速增长也未快速下降，且不存在季节因素时，移动平均法能有效地消除预测中的随机波动。简单移动平均法的计算公式为：

$$销售量预测值(Q) = 最后 n 期算术平均销售量$$
$$= 最后 n 期销售量之和 / n 期$$

【例 3-1】 已知：某公司 2014 年 1～9 月产品的销售量如表 3-1 所示，用移动平均法预测 10 月的销售量（假设观察期为 3 期）。

表 3-1　1～9 月的销售量　（单位：百台）

月份	1	2	3	4	5	6	7	8	9
销售量 Q	550	560	540	570	600	580	620	610	630

解： $n=3$，则有

10 月的销售量预测 =（7 月销售量 + 8 月销售量 + 9 月销售量）/3
=（620+610+630）/3=620（百台）

（2）指数平滑法。指数平滑法是另一种形式的加权移动平均法。加权移动平均法只考虑最近的 n 个历史数据，而指数平滑法考虑所有的历史数据，而且近期数据的权重大，远期数据的权重小。

一次指数平滑法的计算公式为：

$$销售量预测数(Q_{n+1}) = 平滑指数 \times 前期实际销售量 +（1-平滑指数）\times 前期预测销售量$$
$$= \alpha \times Q'_n +（1-\alpha）\times Q_n$$

对于市场预测来说，还应根据中长期趋势变动和季节性变动情况的不同而取不同的 α 值。一般来说，应按以下情况处理：如果观察值的长期趋势变动接近稳定的常数，应取居中的 α 值（一般取 0.4～0.6），使观察值在指数平滑中具有大小接近的权数；如果观察值呈现明显的季节性变动，则宜取较大的 α 值（一般取 0.6～0.9），使近期观察值在指数平滑值中具有较大作用，使其能迅速反映在未来的预测值中；如果观察值的长期趋势变动较缓慢，则宜取较小的 α 值（一般取 0.1～0.4），使远期观察值的特征也能反映在指数平滑值中。

【例 3-2】 已知：某公司 2014 年 1～9 月产品的销售量如表 3-1 所示。9 月实际销售量为 630 百台，原来预测 9 月的销售量为 608 百台，平滑指数 α=0.4。请用指数平滑法预测 10 月的销售量。

解： 10 月的销售量预测值 =α×9 月实际销售量＋（1−α）×9 月预测销售量
=0.4×630+（1−0.4）×608=616.8（百台）

【例 3-3】 某公司的月销售记录如表 3-2 所示，1 月销售量预测值为 11.00，试分别取 α=0.4 和 α=0.7，计算一次指数平滑预测值。

解： 根据一次指数平滑法计算公式，使用不同权重 α=0.4 和 α=0.7 时的计算结果如表 3-2 和表 3-3 所示，预测结果与实际销售额的变化曲线如图 3-3 所示。

表 3-2　α=0.4 时的销售量预测　　　　　　　　　　　　（单位：千元）

月份	实际销售额	α=0.4			
		α×上月销售额	上月预测销售额	（1−α）×上月预测销售额	本月预测销售额
1	10.00				11.00
2	12.00	4.00	11.00	6.60	10.60
3	13.00	4.80	10.60	6.36	11.16
4	16.00	5.20	11.16	6.70	11.90
5	19.00	6.40	11.90	7.14	13.54
6	23.00	7.60	13.54	8.12	15.72
7	26.00	9.20	15.72	9.43	18.63
8	30.00	10.40	18.63	11.18	21.58
9	28.00	12.00	21.58	12.95	24.95
10	18.00	11.20	24.95	14.97	26.17
11	16.00	7.20	26.17	15.70	22.90
12	14.00	6.40	22.90	13.74	20.14

表 3-3　α=0.7 时的销售量预测　　　　　　　　　　　　（单位：千元）

月份	实际销售额	α=0.7			
		α×上月销售额	上月预测销售额	（1−α）×上月预测销售额	本月预测销售额
1	10.00				11.00
2	12.00	7.00	11.00	3.30	10.30
3	13.00	8.40	10.30	3.09	11.49
4	16.00	9.10	11.49	3.45	12.55
5	19.00	11.20	12.55	3.77	14.97
6	23.00	13.30	14.97	4.49	17.79
7	26.00	16.10	17.79	5.34	21.44
8	30.00	18.20	21.44	6.43	24.63
9	28.00	21.00	24.63	7.39	28.39

(续)

月份	实际销售额	α=0.7			
		α × 上月销售额	上月预测销售额	(1−α) × 上月预测销售额	本月预测销售额
10	18.00	19.60	28.39	8.52	28.12
11	16.00	12.60	28.12	8.44	21.04
12	14.00	11.20	21.04	6.31	17.51

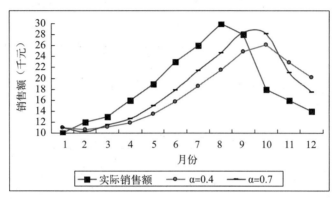

图 3-3　不同权重计算结果的比较

3.2.4　预测与销售订单的关系

企业通常利用合适的预测模型，在产品销售前可做以下预测：接单前的成本、订单的毛利和利润率；订单交货期和生产期；资金回笼情况；企业销售总趋势、盈利趋势；各产品、各地区、各业务员、各客户销售趋势。

按照预测值下达的订单，可以看作一种在接到销售订单之前的"内部订单"，一旦有了实际的销售订单要及时冲销产品的预测值，也同时冲销对相关低层物料的预测值，以避免重复计算增加库存。对于一揽子订单，它其实是一种由客户制定的预测报告和意向，还不是真正意义上的销售合同，只是以合同的形式认定总量，具体的需求预测还须逐期再由销售订单（合同）明确。但无论如何，这种方式提高了对需求预测的可靠性，对供需双方都有利。

预测的模式多是根据历史销售记录来推测未来的需求。但是，一个企业的能力有限，销售量往往小于市场的销售订单总量，因此，在预测时还要根据可能的市场份额进行必要的调整。需要注意的是，潜在客户或正在进行洽商但未定案的交易量，也可以作为预测量的一部分。

预测与实际越接近，对销售订单的把握就越准确，就越有助于企业做好后续规划性的决策，比如销售订单承接、库存管理、交货的承诺（包括制造、采购等供应活动）、生产能力的要求（场地、人工、设备等）、资金的预算、新产品的研发、人力资源的需求等。

3.3　销售管理

销售管理是围绕企业的整个销售过程来进行的，而销售管理的目的就是要使企业能够及时地将客户的需求信息、订单要求传递到整个生产系统中，以针对客户的需求完成整个生产任务，并将客户需求的产品在正确的时间、正确的地点送到客户手中。

在 ERP 系统中，销售管理子模块是企业信息流的源头，也是企业物流的最后一步，主要通过销售报价、销售订货、仓库发货、销售退货、价格管理、信用管理、库存信息及订单执行跟踪等业务过程进行销售业务流程的管理，并根据企业业务及职能管理需要分别提供销售业务管理报表和销售业务分析资料。

3.3.1 销售业务过程

销售业务始于客户，也终于客户。客户将其需求传递到企业的销售部门，销售部门针对客户的需求形成相应的客户订单，并将客户订单移送到计划部门。计划部门根据客户订单中对产品种类、数量、质量、规格等方面的要求将产品分解为原材料和加工件，并根据订单对时间的要求确定整个生产活动或采购活动的时间安排，由此编制出生产计划和采购计划。当计划形成后，生产部门就按照生产计划进行生产，并将按订单生产出来的产品入库，存入成品库内。销售部门按客户订单生成发货单，到仓库提出相应的产品，送到客户手中。客户在质量部门和技术部门的支持下完成验货工作后，即可将相应的货款交付于企业的财务部门。当企业的财务部门接到货款后，整个销售活动才算顺利完成。

企业销售业务过程中的主体由客户、质量部门、技术部门、销售部门、计划部门、生产部门、决策部门、仓库部门、财务部门组成。这些主体与主体之间的协同工作是根据客户的需求而完成的各种活动，如生产管理活动、财务管理活动、质量管理活动等（见图 3-4）。

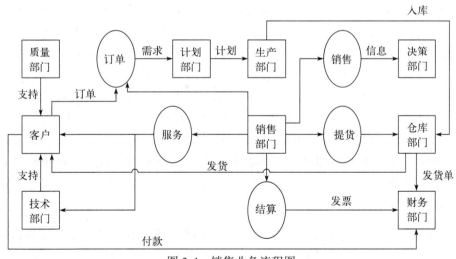

图 3-4　销售业务流程图

销售管理的任务就是通过协调企业内部的各个部门，使客户能够按时获得其所需要的产品。

3.3.2 销售管理的基本内容

销售管理是一项复杂的工作，其基本内容有销售计划管理、产品（销售）定价管理、销售报价管理、销售订单管理、销售收发货管理、销售服务管理以及销售基础数据的维护等基本内容。

1. 销售计划管理

销售计划是各项计划的基础,除了公司的经营方针和经营目标需要详细的商品销售计划外,其他如未来发展计划、利益计划、损益计划、资产负债计划等的计划与实行,无一不需要以销售计划为基础。销售计划大致包括以下几点:

- 商品计划(生产什么产品)。
- 渠道计划(通过何种渠道)。
- 成本计划(用多少钱)。
- 销售单位组织计划(谁来销售)。
- 销售总额计划(销售到哪里,比重如何)。
- 促销计划(如何销售)。

销售总额计划是最主要的。在进行销售计划时,需要综合考虑市场未来的需求情况,为此,在销售计划编制或形成的过程中,最为重要的一项内容就是销售预测。销售预测工作的好坏,直接影响销售计划的成败。对于企业来说,一切生产活动都是围绕销售来进行的,销售计划的制订对于如何安排生产,如何进行生产准备起着非常重要的作用。为此,在制订销售计划时,需要综合考虑各方面的因素,并综合使用企业内外部的信息进行销售趋势分析,从而制订出有指导意义的销售计划。

2. 产品(销售)定价管理

对于已经定型的产品,企业通常会采取一定的价格政策,例如,根据不同的销售区域、客户、批量以及交货期执行不同的价格等。定价管理涉及价格制定的程序和不同角色在此过程中的权限管理(例如,允许或禁止某用户对价格进行制定、审核、查询、修订等操作)等。企业在进行产品定价时,一般需要考虑产品成本、产品给客户带来的价值、市场竞争状况、市场策略和销售策略等影响因素。

产品(销售)定价管理是业务处理中比较麻烦的部分之一,价格的计划、设置、维护需要花费相当多的时间。ERP 的价格管理可以加快价格设置和维护过程,例如,用户可以很方便地调整每次促销或削价处理的力度,然后将这些调整结合原来的价格结构生成新的价格;同时,还可以考虑区域性和季节性的促销计划,以便在计算价格时实现价格的复合调整。

3. 销售报价管理

销售报价管理主要是协助销售部门处理日常报价及报价单的跟踪与审核作业。报价单是一种文件,阐明向某期望中的客户提出的价格、销售条件及产品或服务。从供应商报价到客户最终确认,达成买卖意向的过程,通俗地说就是"讨价还价"的过程,是供应商与客户之间的博弈。对于作为供应商的企业而言,它们为了在这种频繁的博弈中取得先机,既能保证利润,又要提供具有竞争力的价格,就需要大量准确的产品信息。

对于已经定型的产品,通常按照已确定的产品定价政策进行报价即可。但对于新产品，则必须首先准确预计其成本，包括物料、劳务、日常开销等，其中的信息量是相当大的。ERP 系统中的报价管理模块可以根据报价批量、BOM 和工艺路线等资料迅速估算出产品的成本，这对于销售人员是有力的支持。在 OEM（original equipment manufacturer）企业中，由于新产品的订单相当多，这种支持显得尤为重要。

从合同的角度看，报价的过程就是发出邀约的过程，邀约的接受方一旦承诺，则销售合同（即订单）成立，因而报价单可以看作订单的蓝本。在订单载明的合同要素中，除了品种、价格、数量外，对交货期的承诺也是相当重要的。

因此，广义的报价管理不但要关注所报的价格本身，还应该关注该价格的附加条件，包括预期可交货的日期。在传统管理模式下，若要回答这个问题，须对产品涉及的物料供应情况、产品的工艺路线，以及企业当前的生产实时状况等信息有相当程度的掌握。在不借助管理信息系统的传统模式管理下，这对于销售部门及销售人员来说，要求显然是太高了。

而一个较完善的 ERP 系统，则能够在报价阶段就通过主生产计划及物料需求计划的模拟，迅速回答在现行生产情况下，报价产品的预计最早可交货日期。这也是 ERP 模拟预见性的一种体现。

4. 销售订单管理

在进行销售订单管理的过程中，需要综合考虑需求信息、交货信息、产品类型的信息以及其他注意事项来管理销售订单，并通过对企业生产可供货情况、产品定价情况和客户信誉情况的考察来确认与考核是否接受订单。销售订单是企业生产、销售、货款结算的依据，对其的管理是销售工作的核心。销售订单管理的主要业务过程包括：根据客户的需求生成销售订单，记录下客户所需要的产品、数量、规格以及交货的时间、地点；对档案中的客户订单进行查询，并了解订单的执行状态；将销售订单的数据传递到数据库表中，方便库存、MRP 以及 MPS 进行进一步的处理。

5. 销售收发货管理

销售收发货管理不仅包括销售的发货管理，还包括销售退货的管理，其目的就是要保证满足客户的需求；另外，当出现退货时，要使客户能够有途径完成退货或换货。

（1）销售发货管理。对于销售订单，企业可分批出货，也可集中出货。销售发货管理的目的就是要根据客户订单中对产品类型、规格、数量、时间的需求，将正确的产品在正确的时间、正确的地点交付到客户手中。

（2）销售退货管理。在进行销售退货管理的过程中，销售部门还需要对退货的原因进行核实，以确认是退货还是换货。另外，在处理整个退货或换货的过程中，销售部门还需要记录客户退货的原因以及退回货物的信息，并填写销售退货单（包括订单编号、退货单编号、产品型号、数量、退货原因、退货时间）和退货记录单（包括退货单编号、产品型号、数量、退货原因和处理方式）。另外，若退货原因可接受，销售部门还需要及时地为客户办理退货业务，并将货款返还客户。

6. 销售服务管理

销售服务管理业务对客户提供各种相关的服务，其目的是为进一步稳固市场与开拓市场打下基础。在此过程中，企业向客户提供售前、售中和售后服务并进行跟踪。另外，销售部门还需解答售前客户对产品的技术咨询，跟踪合同，了解订单的交货情况和客户对产品质量、交货期的满意程度。此外，它还提供售后服务支持，如产品安装、产品调试、产品维护和产品维修等，然后向质量部门和技术部门提供产品的售后质量记录。

销售服务管理中的一项重要工作是客户信用管理，根据大量的销售数据、客户付款情况数据，制定客户信用等级，从而更好地为客户进行服务。

7. 销售基础数据的维护

销售基础数据包括客户的资料文件、销售员的资料文件、交货方式文件等，为销售部门的整体运作提供基础资料。销售部门除了完成以上业务外，还具有维护销售基础数据的义务。在进行销售的过程中，销售基础数据是开展销售业务最为关键的数据，这些销售基础数据在进行客户分析、订单管理、销售预测方面起着巨大的作用。

3.3.3 信用管理

信用管理是指对信用交易中的风险进行管理，即对信用风险进行识别、分析和评估，通过制定信用管理政策，指导和协调内部各部门的业务活动，以保障应收账款的安全和及时回收，有效地控制风险和用最经济合理的方法综合处理风险，使风险降低到最低程度。企业的信用管理注重对客户信息的收集和评估、信用额度的授予、债权的保障、应收账款的回收等各个交易环节的全面监督。企业的信用政策应包括信用标准、信用额度、信用条件、信用期限和现金折扣等方面的内容。

1. 信用标准

信用标准是指当企业给予客户信用时，对客户资信要求的最低标准，通常以预期的销售变现天数（days sales outstanding，DSO）和坏账损失率作为判别因素。因为信用标准的设置直接影响到对客户信用申请的审批，企业应根据自身的资金情况和当时的市场环境确定适宜的信用标准，这也是企业制定信用管理政策过程中重要的一环。

2. 信用额度

信用额度又称"信用限额"，是指企业授予其基本客户一定金额的信用限度，就是在规定的一段时间内，企业可以循环使用这么多金额。这一方面解决了企业的短期资金周转困难，提高了企业资金流通速度，另一方面也提高了企业资金使用效率。信用额度包括企业发放给客户群的总体信用额度和发放给某一具体客户的信用额度。总体信用额度由企业基于自身的资金实力、销售政策、最佳生产规模和库存量，以及来自外部的竞争压力等因素来确定。给予某客户的信用额度要基于总体信用额度和客户的资信状况来确定。

3. 信用条件

信用条件是企业要求客户支付信用销售货款的条件，它由信用期限和现金折扣两个要素组成。在实践中，经常使用诸如 2/10、n/30 等销售专业术语来表示企业的信用条件，这些信用条件表达了不同的信用期限和现金折扣政策。一般来说，企业的信用条件是遵循本行业的惯例，基于一定的外部经济环境，在充分考虑自身实力的前提下，本着提高最终效益和增强竞争力的指导思想确定的。给予客户的信用条件如何，将直接影响甚至决定企业的应收账款持有水平和规模。

4. 信用期限

信用期限是指在赊销商品时，买卖双方所商定的一个清偿货款的期限，也称清偿期限。信用期限的长短不但在企业间各不相同，甚至在同一企业内部也会因商品的类别而各异。信用期限一般有 15 天、30 天、60 天、90 天、180 天等。合理的信用期限应当着眼于使企业的总收益达到最大，理论上的信用期限最低点应该是损益平衡点。

信用期限的确定与企业的经营战略密切相关，是信用管理中的重要环节。影响信用期限的因素如下。

- 企业的市场份额。
- 销售商从供应商处得到的信用期限。销售商从其供应商处得到的信用期限越长，也就可以提供更长的信用期限。假定销售商 A 从供应商处得到的信用期限是 30 天，销售商 B 从供应商处得到的信用期限是 20 天，销售商 A 向客户提供 30 天的信用和销售商 B 向客户提供 20 天的信用，其成本是相同的。
- 资金融通的便利性和成本大小。资金融通越便利、成本越低的公司就越有能力提供更长的信用期限。
- 市场特征。在垄断型市场中，企业提供的信用期限可以短些；在竞争型市场中，企业为了应付竞争的压力，不得不提供相对较长的信用期限。
- 利润率。利润率越高的产品就越能提供较长的信用期限。
- 竞争压力。信用期限过长，对公司有不利影响，但如果竞争对手提供的信用期限较长，为了赢得竞争，企业也不得不提供较长期限的信用。
- 季节因素和促销手段。销售量特别大的季节，为了促销，信用期限可以长些。

5. 现金折扣

现金折扣是指在信用销售方式下，企业对于客户在短时间内付款所给予的现金折扣，以鼓励客户及早付清货款。企业给予客户的现金折扣包括两个要素：折扣期限和折扣率。折扣期限指的是在多长时间区间内给予客户折扣优惠；折扣率指的是在折扣期限内给予客户多少折扣。例如，5/20、n/60 的现金折扣政策表明，如果客户能够在 20 天之内付清全部货款，将从厂家获得销售总额 5% 的折扣优惠；客户必须在 60 天以内付清全部货款。

在进行信用管理时，客户信用的评价是最为重要的一部分。在进行客户信用评价时，首先，需要大量的销售数据、客户付款情况数据，这些数据和信息是对客户信用评价的依据；其次，需要根据不同的销售经营情况建立相应模型以对信用评价指标进行计算，例如，根据客户的资产负债率、经营能力、供应商的满意程度等指标来对信用进行衡量；最后，当获得了相应的评价指标之后，根据这些指标对客户的等级进行划分，客户等级划分的目的是便于对客户的信用进行管理。

另外，客户信用是不断变化的，有的客户信用在上升，有的客户信用则在下降。如果不对客户信用进行动态评价，并根据评价结果调整销售政策，就可能由于没有对信用上升的客户采取宽松的政策而导致客户不满，也可能由于没有发现客户信用下降而导致货款回收困难。

对于信用管理的意义，我们可以从短期意义和长期意义两方面理解。

（1）短期意义：随时监控客户应收账款的回收，对出现的问题及时处理。为了随时监控客户的应收账款，企业一定要与客户保持密切的联系和及时的沟通。此外，在出现客户无法偿还款项的情况时，企业应当要求其提供担保，减少坏账损失的风险。

（2）长期意义：有效提升客户的质量。企业对资信状况良好的客户可以给予超过市场平均水平的信用额度和信用期，而对于资信状况较差的客户，则进行现款交易或给予较小的信用额度和较短的信用期限。对后一类客户，其本来就存在资金周转的问题，在企业不给予融资机会时，一部分会慢慢退出，而资信状况较好的客户能得到更优惠的信用环境，会不断改变自身的资信状况。最终企业会拥有一个稳定、守信的客户群，企业的形象也会得到很大提高。这对企业而言，是生存环境的改善，是对一个企业的发展起到推动作用的长期有利因素。

对于信用管理，企业可以建立信用部门，帮助企业将自有产品和服务销售给所有合格的客户，提供尽可能好的信用服务和账务追收服务。

3.3.4　销售管理模块与其他管理模块的关系

企业的销售管理模块与其他管理模块的关系如图 3-5 所示。

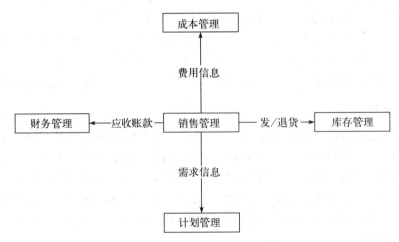

图 3-5　销售管理模块与其他管理模块的关系

企业的销售订单决定了企业的生产任务，是企业编制 MPS/MRP 的数据源头，是计划管理模块的输入数据；企业为完成订单的管理和销售业务，需产生相应的费用，为此，销售管理的费用数据也是成本管理的一个方面。在进行销售管理的过程中，需要处理退货、发货业务，因此，销售部门还需要与库存部门协作。在销售的过程中，会发生应收账款或现金收入,销售部门需要与财务部门协同完成销售结算业务。在企业的各类业务活动中,销售业务带动着其他业务的进行,可以说企业内部的一切活动都是围绕着销售业务来进行的。

3.4 数据驱动下的销售分析

1. 大数据在销售中的作用

随着社会的飞速发展,数据的产生和传播的速度也越来越快,而技术的飞速发展使得数据的处理和储存的速度也越来越快,能够赶得上数据产生和传播的速度。数据本身并不产生价值,海量的数据混乱、无序、价值密度低,而大数据的关键在于如何从中提取出有价值的东西,对这些含有意义的数据进行专业化处理,通过"加工"实现数据的"增值"。

ERP是企业获取数据的核心信息管理系统,是来自多个系统、多条渠道的多种类型数据的集成。大数据可以帮助企业判断销售周期的状况,进行销售预测,改进客户关系,其主要作用包括:

(1)大数据使根据每个客户和每个产品的关系进行等级差别定价策略,最大限度地优化定价变得可能。麦肯锡的分析发现,一家公司75%的收入来源于其标准产品,在成百上千种产品中有30%无法很好地定价。假如销售量不变,价格提高1%即可增加8.7%的利润。因此,定价具有显著的提高盈利能力的作用。

(2)大数据可以带来更大的客户回应率及更深层次的客户信息。Forrester的研究发现,市场营销人员越来越多地使用大数据提高客户的回应率,运用数据分析和数据挖掘,获取更多的深层客户信息,从而策划更准确的关系驱动的市场策略。

(3)客户分析、操作分析、欺诈和合规、新产品与服务创新、企业数据仓库优化是当今最常见的大数据销售和营销案例。大数据联盟的研究发现,客户分析统领大数据在销售和市场营销部门的应用,可用于增加潜在客户、减少客户流失、增加每个客户的投入以及改进现有产品。

(4)大数据分析可以完善客户关系。基于大数据的客户价值分析让营销者能够在各个渠道为客户提供全方位的用户体验。通过大数据分析定义和指导客户发展,在不同的情景营销中,营销人员可以创造更大的客户忠诚度。

(5)大数据分析让企业对自己的每个商业增长点都有更准确的理解。大数据正在增加收益、减少成本和减少运营费用等方面发挥效用,转化成实际的商业价值。当有效利用大数据分析时,企业的价值驱动点就会被更有效地计量。

(6)电商的推荐系统。根据用户的浏览行为、购买行为,同时匹配相同属性的用户的行为进行分析计算,得出用户的兴趣偏好,为用户推荐他们可能感兴趣的商品。经过时间的推移,用户的画像越来越精准,推送得也越来越精准。

(7)广告精准投放系统。分析用户的年龄段、地域、可能的收入水平、性别、爱好、使用的手机类型等数据信息,实现客户广告精准投放。

2. 销售分析的概念

销售分析通过对销售计划、销售产品、销售地区和销售客户的各种业务数据的统计,对历史销售数量、金额、利润和绩效进行全面的定量分析,以便正确评价企业过去的销售经营业绩,准确估计销售业务的潜力,发现销售业务的不足。销售分析是进行销售预测的依据,同时也是改善和提高企业经营管理水平的基础。

企业通过销售分析不仅可以判别实际生产经营是否已到达预算的目标,还可以对市场发展趋势、订货发货状况、价格变动因素等进行分析评价,从中可以发现企业存在的各种问题,如策略是否正确,组织结构是否适应,措施是否得当等。销售分析是对"已有"的销售信息进行汇总统计分析,具体包括以下内容:

- 销售基本情况分析,即按时段、销售机构/业务员所负责的客户和地区某时段产品的订货/发货数量、订货/发货金额、开票数量、开票金额、回款数量、回款金额等进行分析。
- 销售购买能力分析,即按客户、地区、时段的商品发货、开票、回款情况进行分析,通过客户回款情况分析客户的购买能力以及信用情况。
- 销售业绩考核分析,即根据销售员的销售和回款情况,以及各时期的奖惩情况进行销售员业务等级评定,考核其工作业绩。
- 销售成本费用统计分析,即按销售成本费用明细项目统计各项目的计划数、当月数、累计数、同期数、对比数和占收入比例等。
- 应收账款统计分析,即每月按客户对应收账款进行统计分析,反映各客户的期初余额、期末余额、本期增加额、本期减少额和信用等级等信息。

3. 销售分析的目的

销售分析从不同角度对数据进行统计分析,对市场销售产品结构进行分析,帮助企业制定销售规划、预测销售目标;在销售过程中用实际销售数据与预测数据进行比较,有利于企业把握市场方向,制定销售策略,促进其经营目标的实现。

销售分析通过对企业以往销售情况进行定量分析,统计销售员在销售过程中的业绩,提高产品销售的透明度,了解各种资源的利用状况,找出与现实最大利润目标之间的差距,为提高企业的经营管理水平提供依据。

销售分析的依据是销售过程中形成的销售情况记录、销售统计报表、各种销售情况报告等,ERP 系统可为各种信息的收集和维护提供支持。

4. 销售分析的功能

销售分析可以提供多种形式的订单完成统计报告,可用于对应收账款收回情况进行统计分析,对订单生产完成情况进行统计,对货运准时率及退货等情况进行分析;提供按客户、分销商、地区、销售员的销售统计分析,多角度分析销售业绩。

销售分析可以根据需要采取不同的方式进行各类销售费用统计分析及销售成本分析。各类销售费用统计分析是将各种销售费用数据(如差旅费、广告费、邮电费、包装运输费、销售佣金和其他费用等)进行汇总统计,比较各类费用年内变化情况、以往不同年度同时段的情况、同行业的情况、各类费用之间的比例关系等。销售成本分析是将销售费用数据进行分类,根据需要按销售员、销售地区、产品类别、客户类型、订货量大小等对销售成本进行统计分析。

以下列举部分销售分析的内容。

- **客户分析**

分析客户是公司更好地进行客户选择、产品定位。

分析客户的购买类型，发现不同类型客户购买数量的变化，老客户重复购买情况，新出现的客户类型；根据分类情况，设计有针对性的客户促销策略，进行老客户的长期经营，发现新的销售机会。

分析客户购买周期、购买行为的变化，分析客户满意度以及客户保持率、流失率的情况，根据分析情况改变销售人员的销售方法，优化公司的销售流程，完善公司的销售管理，提高客户的满意度，最终留住客户。

分析客户的贡献率，找出符合 20/80 规律的优质客户，做好主动服务，保住优质大客户，归纳优质客户的类型特征，以便发掘出更多的优质客户。

图 3-6 反映了某企业的客户年龄分布，26～30 岁的客户所占比例最高，20 岁以下及 50 岁以上的客户较少，可见其产品或服务主要面向中青年。该企业决策层在制定营销策划时，应着重考虑中青年人群的消费需求，有针对性地设计、宣传。

- **产品分析**

分析各种产品的销售情况、退换货情况，找出导致产品销售变化的原因，分析客户最需要产品的属性和特征，从而帮助改良产品。

分析产品在不同区域、不同季节的销售情况，找出变化规律，便于准确地进行销售预测，更好地安排采购和生产，适应市场的需求变化，提出不同的区域市场销售策略及不同时段的促销措施。

分析产品的销售情况、促销效果、销售价格情况、销售折扣情况、竞争情况，发现售价的变动趋势，以便公司更好地定价，确定不同产品的生命周期。

图 3-7 反映了某 IT 企业 2012 年的销售构成，其中软件与 IT 服务销售额占主要部分，硬件销售额仅占 12%。因此企业在考虑下一年的投入时，可以将更多的资金用在软件与 IT 服务方面，硬件方面的业务可以采用外包的方式以节约成本。

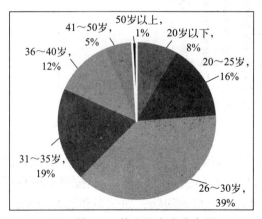

图 3-6　某企业客户分布图

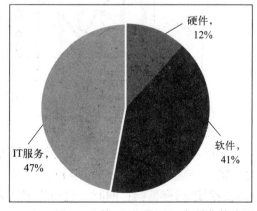

图 3-7　某 IT 企业 2012 年销售构成图

图 3-8 反映了某产品 2013 年下半年销售价格的变动，该产品价格整体持续走低，其中以 8 月和 10 月降幅较大。价格变动一定程度上反映了市场需求，企业应重新调查

市场需求及竞争者情况，及时做出调整，或加大对原产品的宣传力度，或推出新产品。

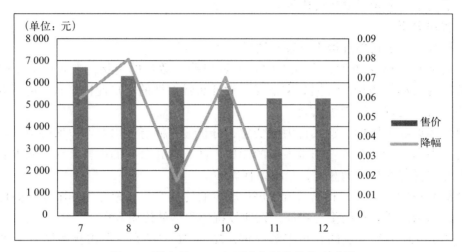

图 3-8　某产品 2013 年下半年销售价格变动图

图 3-9 反映了某公司 2012 年某产品销售量趋势。从图中可分析出，该产品的需求具有明显的季节性。然而与 2011 年比较，3～5 月的销量有所下降，8 月后涨幅较大，12 月时同比增长超过 50%。企业应分析 3～5 月时的营销策略是否出现失误，以便下一年吸取教训，同时也应总结下半年同比增长的策略经验。

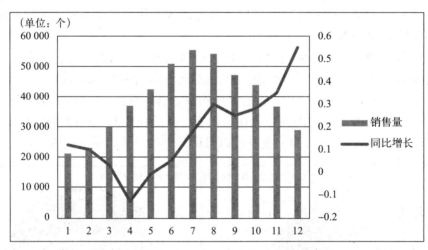

图 3-9　某公司 2012 年某产品销售量趋势图

- **组织分析**

分析各销售组织、销售人员的销售情况，可以勾画出优秀销售机构的特征，包括能力、组织、流程、方法及管理特点，从而可以复制到其他销售机构，或按照这种特征去发展渠道销售机构；同时，也可以发现销售人员存在的问题，如知识和能力的欠缺、方法和技巧的不足，从而进行有针对性的培训和淘汰，提升组织和人员的销售业绩。

图 3-10 反映了某部门销售人员近三年的业绩：销售员赵的业绩明显优于其他四人，并持续上升；销售员王的业绩保持平稳；销售员周和李的业绩也呈上升趋势；销

售员张的业绩先增长后下降。单独从销售业绩上进行评估，销售员赵的能力最强，可以在部门内分享销售经验；销售员周和李在进步中，可以加强培训；销售员王的工作态度可能需要沟通；销售员张则需要更深入的了解和培训。

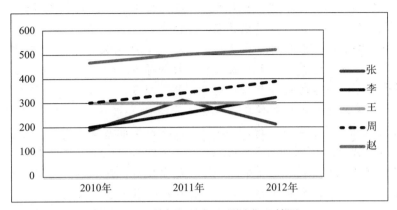

图 3-10　某部门销售人员销售业绩图

思考与练习题

1. 简述物料编码的概念。什么是物料编码的唯一性？物料编码体系的建立遵循什么设计原则？
2. 简述提前期的类别，并阐述如何计算各种提前期。
3. 简述计划展望期的基本概念。
4. 简要阐述预测的基本步骤，并绘制出预测基本流程图。
5. 简述预测的两大类方法及其优缺点。
6. 信用管理需对哪两个方面进行管理？这两个方面管理的主要内容是什么？
7. 简述销售活动与企业其他活动的关系。
8. 简述分销资源管理主要管理哪些内容。

案例分析 3-1

大数据挖掘数据价值的典型案例

1. 亚马逊

如果全球哪家公司从大数据中发掘出的价值最大，截至目前，答案可能非亚马逊莫属。

作为一家"信息公司"，亚马逊不仅从每个用户的购买行为中获得信息，还将每个用户在其网站上的所有行为都记录下来：页面停留时间、是否查看评论、搜索的关键词、浏览的商品等。这种对数据价值的高度敏感和重视，以及强大的挖掘能力，使得亚马逊早已远远超越了它的传统运营方式。长期以来，亚马逊一直通过大数据分析，尝试定位客户和获取客户反馈。在此过程中，数据越大，结果越好。为什么有的企业在商业上不断犯错？那是因为它们没有足够的数据对运营和决策提供支持。而亚马逊的触角已触及更为广阔的领域。

亚马逊推荐：亚马逊的各个业务环节都离不开"数据驱动"。在亚马逊上买过东西的朋友可能对它的推荐功能都很熟悉，"买过 X 商品的人，也同时买过 Y 商品"的推荐功能看上去很简单（却非常有效），但这些精准推荐结果的得出过程非常复杂。

亚马逊预测：用户需求预测是通过历史数据来预测用户未来的需求。对于图书、手机、家电这些硬需求的产品（可以被称为"标品"），预测是比较准的，甚至可以预测到相关产品属性的需求。但是对于服装这样的软需求产品，亚马逊做了十多年都没有办法预测得很好，因为对这类产品产生干扰的因素太多了，比如用户对颜色款式的喜好，穿上去合不合身、爱人、朋友喜不喜欢等。这类产品太易变，买的人多反而会卖不好，所以需要更为复杂的预测模型。

亚马逊测试：你会认为亚马逊网站页面上的某段文字只是碰巧出现吗？其实，亚马逊会在网站上持续不断地测试新的设计方案，从而找出转化率最高的那个。整个网站的布局、字体大小、颜色、按钮以及其他所有的设计，其实都是在多次审慎测试后得出的最优结果。

亚马逊记录：亚马逊的移动应用除了让用户有一个流畅的、无处不在的体验，也通过收集手机上的数据来深入地了解每个用户的喜好信息。更值得一提的是Kindle Fire内嵌的Silk浏览器，可以将用户的行为数据一一记录下来。

以数据为导向的方法并不限于以上领域，亚马逊的企业文化就是冷冰冰的数据导向型文化。对于亚马逊来说，大数据意味着大销售量。数据会显示出什么是有效的、什么是无效的，新的商业投资项目必须要有数据的支撑。对数据的长期专注让亚马逊能够以更低的售价提供更好的服务。

2. 中国移动

通过大数据分析，中国移动能够对企业运营的全业务进行有针对性的监控、预警、跟踪。大数据系统可以在第一时间自动捕捉市场变化，再以最快捷的方式推送给指定负责人，使他在最短时间内获知市场行情。

客户流失预警：一个客户使用最新款的手机，每月准时缴费，平均一年致电客服3次。如果按照传统的数据分析，可能认为这是一位客户满意度非常高、流失概率非常低的客户。事实上，当搜集了包括微博、社交网络等新型来源的客户数据之后，这位客户的真实情况可能是这样的：客户在国外购买的这款手机，手机中的部分功能在国内无法使用，在某个固定地点手机经常断线，彩信无法使用，他的使用体验极差，正在面临流失风险。这就是中国移动大数据分析的一个应用场景。全面获取业务信息，可能颠覆常规分析思路下做出的结论，打破传统数据源的边界，注重社交媒体等新型数据来源，通过各种渠道获取尽可能多的客户反馈信息，并从这些数据中挖掘更多的价值。

数据增值应用：对运营商来说，数据分析在政府服务市场上前景巨大。运营商也可以在交通、应对突发灾害、维稳等工作中使大数据技术发挥更大的作用。运营商处在一个数据交换中心的地位，在掌握用户行为方面具有先天的优势。作为信息技术的又一次变革，大数据的出现正在给技术进步和社会发展带来全新的方向，而谁掌握了这一方向，谁就可能成功。对于运营商来说，在数据处理分析上，需要转型的不仅是技巧和法律问题，更需要转变思维方式，以商业化角度思考大数据营销。

◆ 案例分析 3-2

基于网络浏览行为的小众领域用户：产品推荐

在互联网大数据急速发展的背景下，与用户相关的各类数据量增速迅猛。用户的网络行为数据通常以各种形式被记录，如用户浏览的网页、发表的文本、观看的视频、购买的商品等。这些网络行为数据都能真实地反映用户的个人特征和兴趣，且能刻画出用户各个维度的兴趣偏好及特征。网络行为数据蕴含的信息真实可靠且数据量充足，因此，这类用户数据通常被各大具有数据优势的互联网服务商用来深入分析用户需求，以期为用户提供精准的个性化服务。对于小众领域的服务商而言，同样存在为用户提供个性化服务的需求。但小众领域的服务商由于介入互联网较晚、用户量少、与用户的互动一般是线下行为等原因，难以仅凭自身平台获取大量有效的线上用户网络行为数据，而其自有的线下数据又因信息不足而难以准确刻画用户特征。

1. 数据收集

为了准确刻画小众领域的用户画像并为用户提供个性化服务，我们设法收集了用户浏览网页的行为数据。该类数据主要描述用户在不同时间浏览的网页信息，该数据中蕴含了大量客观的用户信息，可以用于用户行为分析和用户兴趣识别，很好地解决数据不足的问题。因为网页浏览是用户获取信息最普遍的方式，只要用户浏览了网页，行为数据就会存在。

用于分析的数据集包括节目介绍数据、用户网络浏览数据和用户购票数据。用户网络浏览数据共计 423 356 条，包含连续 9 个月的用户行为数据。我们限定了 177 个相关的网页域名，只选取用户在限定域名下的网络浏览行为构成实验所需的网络浏览数据，利用该数据构造用户画像，并得到用户的节目偏好排名。

用户购票数据包含 6 个月的用户购票信息，由于此类节目通常票价不菲，因此客户的购买行为能反映其真实喜好。该数据被用来与预测的偏好排名做比较，以判断画像的准确性。

2. 基于网络浏览行为的用户画像建模

首先构建伪本体来完成用户画像的建模。伪本体的构建较本体的构建更为简单，只需要确定领域内的概念词和词之间的上下级关系即可。领域内概念词的确定可通过收集大量领域内的相关文档，根据词频识别该领域专有词汇，采用半自动化的方法确定词语间的上下级关系。伪本体的构建流程包含四个环节（见图 3-11）。

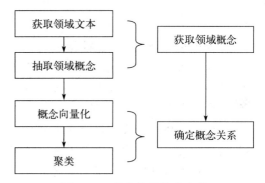

图 3-11　伪本体的构建流程

用户浏览网页的行为蕴含了其兴趣的关注点，故如何将隐藏的用户兴趣映射到伪本体上是考虑的重点。我们采用一种基于词向量的网页映射方法（pages mapping to ontology，PMO），将用户浏览的网页文本内容与伪本体中的实概念词都转换成词向量表示，通过两者的相似度进行映射，从网络浏览行为中精准识别用户兴趣。

其次构建画像优化（profile optimization，PO）算法。假设用户对本体中的底层概念感兴趣，则一定会对其父概念感兴趣。对于前期通过网页映射识别为有效的概念，不做改动，而对于子概念被识别为有效，但是父概念未被识别为有效的情况，需要根据子概念的兴趣度给父概念赋一个兴趣值。当根据用户的网络浏览行为创建完成一个初始画像后，PO 算法框架如图 3-12 所示。

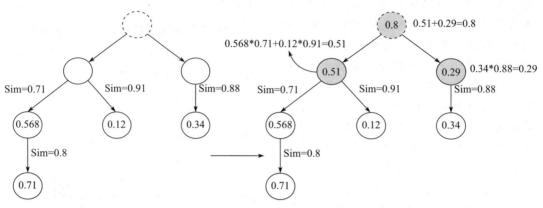

图 3-12 PO 算法框架

3. 基于用户画像的产品推荐

最后采用一种基于偏好度的推荐方法。借助前文构造的伪本体,将节目(项目)转换为与用户画像相同维度的向量。同时,将节目的说明文档用于文本到伪本体的映射。说明文档中应包含对节目特点的描述,从而根据节目与用户偏好的相似度来进行节目推荐。

综上,我们根据网络浏览行为构造用户画像,同时将客户购买节目时所有可购买的节目作为候选推荐集,通过将用户画像与候选推荐集中的所有节目进行相似度量,即可得出用户在该候选推荐集中对各节目的偏好排名,最后根据算法预测的偏好排名为用户进行节目个性化推荐。

由于这个案例比较复杂,涉及多种模型和算法,我们仅简单进行了介绍,从中可以看出不同源头的、多种形式的大数据对产品销售所起到的重要作用。

第 4 章

生 产 规 划

4.1 计划的意义及 ERP 的计划层次

4.1.1 计划的意义

　　计划是企业管理的首要职能，只有具备强有力的计划功能，企业才能指导各项生产经营活动顺利进行。当前企业所面临的市场竞争越来越激烈。在这种情况下，企业要生存和发展，就必须面对市场很好地计划自己的资源和各项生产经营活动。观察、分析那些世界级的企业，我们会发现这些企业一个最显著的特点是，它们都有一个以计算机为工具的、有效的生产计划控制系统。可以肯定地说，一个以计算机为工具的、有效的生产计划控制系统是现代企业生存和发展的必要条件。ERP 软件就是这样一个以计算机为工具的、有效的生产计划控制系统。

　　那么缺乏这样的工具会出现什么问题呢？下面的现象在很多企业中是常见的：

- 在企业高层领导会议上，对于所讨论的产品和生产线，竟然没有一个人能够掌握必需的和足够的信息与数据。
- 库房管理人员手中的数据是上周五的，而今天已经是周四了，并且他们不知道这几天来的变化。
- 采购人员按月制订采购计划，但他们不知道本月有多少物料已经收到或已从供应商那里发出，或供应商将发出而在本月会收到。采购部门需要生产部门向它们提供准确的需求信息，以便向供应商下达采购订单。
- 销售预测按季度进行，但和实际的销售额有很大差别。
- 生产部门按周安排生产计划，已经有几个产品的生产计划超期，但尚未调整。
- 企业有许多产品存放在成品库中，但是企业的许多客户却拿不到货，实际上，企业常常把同一批货承诺给多个客户。

- 企业最大的客户要求从今天开始在一周内发运某种产品300件，企业已经对客户做出了承诺，答应按时发货，但是没有人保证一定能做到。
- 财务部门要求销售、库存和生产部门提供关于未来半年的详细计划，以便确定企业能否满足今年的财务预算。
- 每个人都有自己的一套数据来为自己的工作辩护，而把责任推向别人或别的部门，甚至抱怨客户或供应商。

企业高层领导在这样的环境中指挥企业的运作如同盲人骑瞎马，企业的绩效肯定不会好，而与这样的企业合作的客户，又有谁肯长期地忍受这一切呢？所以，长此下去企业必然失去客户，失去市场，难以生存。

上述现象的出现，主要是因为企业缺乏有效的计划和控制过程，通过有效的计划和控制可以解决或缓解这些问题。

4.1.2 ERP 计划层次

ERP 是计划主导型的生产计划与控制系统。ERP 的计划管理中包括两个方面的计划：一方面是需求计划，另一方面是供给计划。两方面的计划相辅相成，从而有助于实现企业对整个生产经营活动的计划与控制。

ERP 主要包括5个计划层次，即企业经营规划、生产规划、主生产计划、物料需求计划和车间作业及采购作业（见图4-1）。这5个层次的计划实现了由宏观到微观，由战略到战术，由粗到细的深化过程。越接近顶层的计划，对需求的预测成分越大，计划内容越粗略和概括，计划展望期也越长；越接近底层的计划，需求由估计变为现实，计划的内容越具体、详细，计划展望期也越短。

在5个计划层次中，企业经营规划和生产规划具有宏观规划的性质，主生产计划是由宏观向微观的过渡性计划，物料需求计划是主生产计划的具体化，能力需求计划把物料需求转化为能力需求，而车间作业及采购作业则是物料需求计划和能力需求计划的执行阶段。

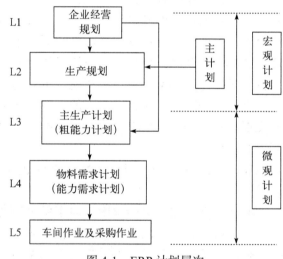

图 4-1 ERP 计划层次

第一层：企业经营规划（又称企业战略规划）。

该规划是企业总目标的具体体现，是企业的高层决策。企业经营规划根据市场调查和需求分析、国家有关政策、企业资源能力和历史状况、同行竞争对手的情况等有关信息，制订企业经营计划，即对策计划。它包括在未来3～5年的时间内本企业生产的产品品种及其在市场上应占有的份额、产品的年销售额、年利润额和生产率等。经营规划的制订要考虑企业现有的资源情况和企业的市场情况，以及未来可以获得的资源情况，其中包含较大的预测成分。经营规划是以下各层计划的基础，其准确性由预测的方法、信息的来源及信息的可靠性决定。

第二层：生产规划（production plan, PP）。

该规划的任务是根据经营规划的目标，确定企业每一类产品在未来 1~3 年内，每年或每月生产多少，需要哪些资源。生产规划总是与资源需求相关，因此，有些文献也将生产规划视为资源需求计划。

第三层：主生产计划（master production schedule, MPS）。

该计划以生产规划为依据，计划企业应生产的最终产品的数量和交货期，并在生产需求与可用资源之间做出平衡。

第四层：物料需求计划（MRP）。

根据主生产计划对最终产品的需求数量和交货期，推导出构成产品的零部件及材料的需求数量和需求日期，再推导出自制零部件的制造订单下达日期和采购件的采购订单发放日期，并进行需求资源和可用能力之间的平衡。

第五层：车间作业及采购作业。

该计划处于 ERP 计划的最底层，也是基础层。它根据 MRP 生成的制造订单和采购订单来编制工序排产计划和采购计划。

供需矛盾是企业最基本的矛盾，ERP 系统正是紧紧抓住了这个最基本的矛盾，用模拟的手段进行计划和调整，充分利用信息反馈，实现供需平衡。每一层计划都要做到：

- 确定生产目标。
- 确定生产（或制造）资源。
- 协调需求和能力之间的差距。

关于需求与能力的协调策略或措施，其通用方法无非是增减产量或增减可用资源。当材料短缺时，可考虑增加材料购买、减少生产总量、用其他供给源和替换材料等策略；劳动力短缺，可考虑安排加班、增加班次、雇用新员工、转包、减少生产总量和重排生产等策略；机器短缺，可考虑购买新的机器、升级现有机器、转包作业、采用不同的工艺过程和减少生产总量等策略。在 ERP 系统中，上层计划是下层计划的依据，下层计划不能偏离上层计划的目标，从而使整个企业遵循一个统一的计划。

4.2 生产规划的概念、内容与作用

生产规划是 ERP 系统中第二个计划层次，是为了使企业的产品系列生产大纲能够体现经营规划的要求。

4.2.1 生产规划的概念

生产规划把战略级的经营和财务规划与主生产计划联结起来。企业通过该规划过程协调高层计划以及销售、财务、工程、生产、采购等部门。销售和生产规划管理得好，可为企业的管理提供更大的清晰度，提高为客户服务的水平。

在大多数企业中，生产规划用于指导微观计划。在这个规划过程中，人们制订并协调高层计划以得到企业整体的对策计划。这个对策计划虽然可能既非最好的市场计划，也非最好的生产计划，但它在市场需求和工厂的生产能力之间做了平衡，可以生成与工厂的生产能力相一致的销售计划，也可以制定支持库存目标和未交付客户订单目标的生产规划。

所有产品年汇总量应与经营规划中的市场目标相适应，最终成果表现为生产规划，它主要包括如下内容：

- 每类产品在未来一段时间内需要制造多少？
- 需要何种资源、多少数量来制造上述产品？
- 采取哪些措施来协调总生产需求与可用资源之间的差距？

4.2.2 生产规划的内容

生产规划是根据企业未来一段时间内预计资源可用量和市场需求量之间的平衡所制定的概括性设想，是根据企业所拥有的生产能力和需求预测，对企业未来较长一段时间内的产品、产出量等问题所做的概括性描述，主要包括以下指标内容。

（1）品种。按照产品的需求特征、加工特性、所需人员和设备的相似性等，将产品分为几大系列，根据产品系列来制订综合生产计划（见表4-1）。

表 4-1　产品系列生产计划

系列	1月	2月	……	12月
产品系列 A	2 000	3 000	……	4 000
产品系列 B	6 000	6 000	……	6 000

（2）时间。生产规划的计划展望期通常是1年（有些生产周期较长的产品，如大型机床，可能是2年、3年或5年），因此有些企业也把生产规划称为综合生产计划或年度生产计划。在该计划展望期内，使用的计划时间单位是月、双月或季。在滚动计划中，还有可能近期3个月的执行计划时间单位是月，而未来9个月的计划时间单位是季等。

（3）人员。生产规划可用几种不同方式来考虑人员安排问题，例如，将人员按照产品系列分成相应的组，分别考虑所需人员水平，或将人员根据产品的工艺特点和人员所需的技能水平分组，等等。生产规划还需要考虑需求变化引起的所需人员数量的变动，决定是采取加班方式，还是聘用更多人员等。

4.2.3 生产规划的作用

生产规划是对应于销售规划的，同属于销售与运作规划（sales and operations planning, SOP）。Oliver Wight 公司认为销售与运作规划的目的是要得到一个协调一致的单一运作计划，使得所有关键资源，如人力、能力、材料、时间和资金都能够有效地利用，用能够获利的方式满足市场的需要。生产规划的主要目标是建立一个集成和一致的运营蓝图，在较高的计划层次上，解决各个核心业务之间的协调问题，也就是市场、销售、产品研发、生产、供应、财务、能力资源、库存等各项业务的供需平衡问题，其核心还是处理需求与供应的矛盾。

由于企业的预算和计划往往是由几个部门制订的，因而每个部门都要知道其他部门的制约因素，同时又要千方百计地减少本部门的制约因素。其中，最关键的是生产部门和销售部门：销售要向生产部门提供准确的需求信息，而生产部门要满足订单的要求。生产规划就是要提出一个单一的、集成和协调一致的计划来作为企业各个部门行动的依据。因此，生产规划一般由企业最高层领导主持，会同各级经理一起协调计划以满足企业的经营规划。

对 MTO 类型的生产企业，销售部门要保证生产部门有足够的提前期，而生产部门要保证产品在提前期内完成并交付；对 MTS 类型的生产企业，销售部门要保证预测的准确性，而生产部门要在保证供应的前提下尽量控制库存。生产规划的主要作用包括：

（1）把经营规划中用货币表达的目标转变为用产品系列的产量来表达，制定出每个月生产哪些产品、销售多少。

（2）制定一个均衡的月产率，以便均衡地利用资源，保持稳定生产。因为需求是有起伏的，而生产能力却是有限和相对稳定的，需要利用库存来保持生产稳定，同时又能满足变动的需求量。

（3）控制拖欠量（对于 MTO 类型）或控制库存量（对于 MTS 类型）。

（4）作为编制主生产计划（MPS）的依据。

生产规划中所有产品的年汇总量反映了经营规划中市场目标的要求，确定了未来时间内各产品类的制造数量和资源需求，更早地预见了生产总需求与可用资源的矛盾，为主生产计划的制订提供了宏观上的指导，保证了主生产计划的合理性和可行性。生产规划还能起到"调节器"的作用，它通过调节生产率来调整未来库存量和未完成订单量。生产规划是所有活动的调节器（它也调节现金流），从而为企业管理者提供可信的控制手段。

4.3 生产规划大纲的编制方法

4.3.1 信息收集

计划必须要做到既现实又灵活。为了做到这一点，所有支持生产规划的信息必须可靠、可信和易于获取。几乎所有的生产规划制定流程都遵循计划、评价、检查和改进这样的循环过程。生产规划涉及的两个最关键的作业是编制需求计划（销售额）和供应计划（产品系列的产量），所有的需求和供应计划除了例外情况需要每周核查外，一般是每月核查一次，从纵向和横向同步协调各个业务部门的工作。其获取的需求和供应信息包括：

（1）计划部门的信息，包括销售目标和库存目标，均以金额表示。

（2）市场部门的信息，包括各时段产品的销售预测（以产品数量表示）。

（3）产品研发部门的信息，产品研发部门确认新产品设计的可能性，包括资源清单和专用设备要求。

（4）生产部门的信息，包括资源可用性，如可用劳动力、可用机时或工作中心小时、当前库存水平、当前未完成订单的数量。

（5）财务部门的信息，包括单位产品的成本和收入、资金可用性和增加资源的财务能力。

计划部门、市场部门和研发部门提出的信息是需求方面的数据,这些需求来自市场和客户,也来自企业自身发展的需要(需求数据的表现形式可以是销售额、产品数量、所需的劳动力、机器和材料);生产部门和财务部门提供的主要是能力方面的数据,关于劳动力、设备、库存及资金方面的可用性。

4.3.2 制定生产规划

生产规划是一个关于产品族的计划过程,这个过程的主要目标是对产品族确定生产率,而不是为单项物料制订生产计划。由于把物料划分成产品族,则必须由高层领导检查和批准的物料分组应尽量精简。根据产品的不同,生产率可以通过每周数量、每月数量、每季度数量等体现。生产率不包括具体生产批量的时间和数量。

用于制定生产规划的因素包括销售规划、供应商、生产能力限制、当前的和所希望的库存量(对于面向库存生产的产品)或当前的和所希望的未交付客户订单量(对于面向订单生产的产品)。对于那些既包括面向库存生产又包括面向订单生产的产品族,生产规划则应考虑库存和未交付客户订单两方面的信息。

生产规划的生产率通常与销售率不同,例如,生产规划可以在一个销售波峰季节来临之前积累库存;或者为了使提前期更具有竞争力,生产规划也可以使未交付的客户订单减少;或者生产规划可以增加一条生产线上的未交付客户订单来解放其他生产线的资源,以利于捕捉意义重大的市场机会。对于不同类型的生产企业,其制定方法会有所区别,现以具体例子来加以说明。

1. 面向库存生产(MTS)的生产规划制订方案

方案一:平均法。

企业在面向库存生产环境下编制生产规划时,可根据当前的和所希望的库存水平来控制生产率。其目标是:在一定的库存水平和平衡的生产率的前提下,决定月产量,以满足预测需求。

$$期末库存量 = 期初库存量 - 销售规划量 + 生产规划量$$

【例4-1】假设一个生产儿童推车的工厂编制生产规划,计划展望期为一年,按月划分时区,年末库存目标是100辆,当前实际库存量为500辆,拖欠订单数量是300辆。儿童推车的年预测销售量是1 200辆。

计算步骤:

(1)把年预测销售量1 200辆按月平均分布,每月为100辆。
(2)计算期初库存。

$$期初库存 = 当前库存 - 拖欠订单 = 500-300 = 200(辆)$$

(3)计算库存变化。

$$库存变化 = 目标库存 - 期初库存 = 100-200 = -100(辆)(库存减少)$$

(4)计算总生产需求。

$$总生产需求 = 预测数量 + 库存变化 = 1 200+(-100) = 1 100(辆)$$

(5)把总生产需求量按时段分配在整个计划展望期内,所得到的生产计划大纲初稿如表 4-2 所示。

表 4-2　面向库存生产的产品类：儿童推车

产品类：M120　　　　　　　当前日期：2008/6/1　　　当前库存量：200　　　　　　　（单位：辆）

月份	1月	2月	3月	4月	5月	6月	7月	8月	9月	10月	11月	12月
销售预测	100	100	100	100	100	100	100	100	100	100	100	100
期初库存 200												
预计库存	190	180	170	160	150	140	130	120	110	100	100	100
生产规划	90	90	90	90	90	90	90	90	90	90	100	100

在表 4-2 中，预计库存采用倒算法：

第 $K+1$ 时段的预计库存＝第 K 时段预计库存＋第 $K+1$ 时段生产规划量
－第 $K+1$ 时段销售预测量（$K=0, 1, \cdots$）

第 0 时区预计库存＝期初库存

方案二：滚动计划法。

滚动计划法是一种编制计划的新方法，是在市场经济条件下，企业对生产计划自觉地进行主动调节的有效方法。滚动计划的编制方法具体来说有如下特点：①整个计划期被分为几个时段，其中第一个时段为执行计划，后几个时段的计划为预计计划。②执行计划较为具体，要求按计划实施，预计计划比较粗略。③经过一个时段，根据执行计划的实施情况以及企业内外条件的变化，对原来的预计计划做出调整与修改，原预计计划中的第一个时段计划就变成了执行计划。比如，2009 年 12 月编制 2010 年的计划，计划期为 2010 年 1～6 月，共 6 个月。若将 6 个月分成 6 个时段，则 2010 年 1 月的计划实施之后，又根据当时的条件编制 2010 年 2～7 月的 6 个月计划。以此类推，修订计划的间隔时间被称为滚动期，它通常等于执行计划的计划期。滚动计划的时段可为年、季、月或更短的时间间隔，视具体情况而定。

滚动计划有两大优点：①计划是动态的，计划的应变能力得到了保证。原来编制的长期计划和年、季、月计划，一经编制完成后，计划量不再变动，计划也不再修订。如果第一期实施结果出现偏差或问题，以后各期计划如不调整，计划就会失去意义。而滚动计划则可以改变上述缺点，无论时间长短，在一个滚动计划期内，计划量要按市场需求不断进行调整和变动，按滚动期不断地编制计划。所以滚动计划能适应市场需要，具有应变性的特点。②计划具有连续性，这样便于建立正常的生产秩序，有利于组织均衡生产，如图 4-2 所示。

假设计划的时间跨度为 5 个月，时间单位为月，即 1 月编制 2、3、4、5、6 月的计划，2 月编制 3、4、5、6、7 月的计划，1 月编制的 4、5、6 月计划和 2 月编制的 5、6、7 月计划为预计计划。执行计划和预计计划应为多长时间，视企业具体情况而定。

在面向库存生产环境下编制生产规划时，如市场需求波动较大，要求库存发挥缓冲器的作用，在更精确的时间内及时协调需求量和生产量。如可以要求每个时段内的库存根据下个时段的预测需求量进行调整，这样更能够在满足市场需求的情况下，降低库存，平衡生产。

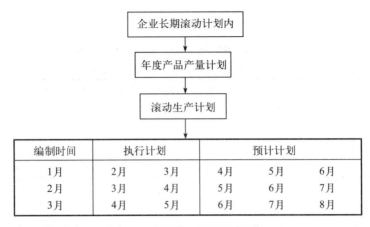

图 4-2 滚动生产计划示意图

【例 4-2】一个生产儿童推车的工厂编制生产规划,各时段内的预测量如表 4-3 所示,期初库存为 400 辆,要求各时段的期末库存为下一时段预测量的 50%,试编制年度生产规划。

每一时段期望库存 = 下一时段预测量 × 50%

每一时段生产规划量 = 该时段的销售预测量 + 该时段预计库存 − 上一时段预计库存量

表 4-3 滚动计划法编制生产规划 （单位:辆）

月份	1月	2月	3月	4月	5月	6月	7月	8月	9月	10月	11月	12月	1月
销售预测	800	700	500	700	600	400	500	600	700	800	700	400	800
期初库存 400													
预计库存	350	250	350	300	200	250	300	350	400	350	200	400	
生产规划	750	600	600	650	500	450	550	650	750	750	550	600	

2. 面向订单生产（MTO）的生产规划制订方案

在面向订单生产环境下编制生产规划,要根据当前的和所希望的未完成订单量来控制生产率。其目标是:在控制未完成订单量和平衡生产率的基础上,满足客户需求。

预计未完成订单 = 当前未完成订单 + 销售规划量 − 生产规划量

【例 4-3】假设一个生产儿童推车的工厂编制生产规划,计划展望期为一年,按月划分时段,年末未完成订单数量为 300 辆,当前未完成订单量为 420 辆,年预测销售量为 1 200 辆。

计算步骤:

（1）把年预测销售量 1 200 辆按月平均分布,每月为 100 辆。

（2）计算未完成订单的改变量。

拖欠订货数变化 = 期末目标拖欠订货数 − 当前拖欠订货数
= 300−420 = −120（辆）（库存减少）

（3）计算总生产量。

总生产量 = 预测销售量 − 拖欠订货数变化 = 1 200−(−120) = 1 320（辆）

（4）把总生产量平均分配到各月。

本例所得到的生产规划如表 4-4 所示。

表 4-4　面向订单生产的产品类：儿童推车

产品类：M120　　　　　　　　　当前日期：2008/6/1　　　　　　　　　（单位：辆）

月份	1月	2月	3月	4月	5月	6月	7月	8月	9月	10月	11月	12月	全年
销售预测	100	100	100	100	100	100	100	100	100	100	100	100	1 200
期初未完成订单 420													期末未完成订单 300
预计未完成订单	410	400	390	380	370	360	350	340	330	320	310	300	
生产规划	110	110	110	110	110	110	110	110	110	110	110	110	1 320

在表 4-4 中，各时段的预计未完成订单量计算方法如下：

第 $K+1$ 时段的预计未完成订单量 = 第 K 时段预计未完成订单量 + 第 $K+1$ 时段销售预测量 – 第 $K+1$ 时段生产规划量（$K=0,1,\cdots$）

第 0 时段预计未完成订单量 = 期初未完成订单量

3. 线性规划法

实际运作过程中还可以采用数学方法编制生产规划，如线性规划、线性决策规则、回归分析模型、仿真、搜索决策规则等。下面介绍一下线性规划方法。

生产规划的线性规划模型是解决资源合理利用和资源合理调配的有效方法，它涉及两个具体方面的问题：一是市场需求已定，如何统筹安排、精心策划，用最少的资源来满足市场需求；二是资源数量已定，如何合理利用、合理调度，以取得最大利润。前者涉及系统的投入问题，求极小值；后者涉及系统的产出问题，求极大值。因此线性规划要解决的问题是用最少的劳动消耗和物质消耗，满足更多的产品需求，获得最好的经济效益。

生产规划线性规划模型由以下四部分组成：

（1）**变量**。变量又称为决策变量，如生产规划中产品的品种和数量等，可以用 X_1，X_2，$\cdots$ 表示不同品种产品的产量。

（2）**目标函数**。它是指系统目标的数学描述。线性规划的目标函数是求系统的极值，如产值、利润、效率极大值或原材料消耗、成本费用的极小值。

（3）**约束条件**。它是指实现系统目标的限制因素，涉及系统内部和外部环境的各个方面，如生产能力约束、原材料能源约束、库存水平约束等。

（4）**变量非负限制**。它是指所有决策变量均大于或等于零。

最后借助计算机求最优解。

线性规划模型法适用于生产多品种产品类型的企业，解决具有多种约束条件的生产规划问题。对于约束条件较少的生产规划问题，可以采用下面介绍的图表法。图表法实际上是线性规划的一种特殊形式，处理的问题相对比较简单，操作起来简便易行，在实践中得到广泛应用，一般以生产能力作为约束条件。此方法一般考虑的成本项目主要有以下四种：

（1）**正常成本**。它是指在正常稳定的生产状况下单位产品的生产成本，主要包括直接材料、直接人工和制造费用。

（2）**加班成本**。它随加班时间和生产率增加而呈指数曲线状急剧上升。

（3）**外协成本**。它是指由自制改为外协时，需要多支出的外协加工费和外协管理费等。对于短期的临时外协加工，其加工费可能大大高于本企业的正常生产成本。

（4）**库存成本**。库存成本包括订货成本和储存成本。订货成本随批量的增加而减少，而储存成本随批量的增加而增加。

图表法在计算过程中存在一些假设：

- 计划期内正常生产能力、加班生产能力以及外协量均有一定限制。
- 计划期的预测需求量是已知的。
- 全部成本都与产量呈线性关系。

在上面假设的前提下，图表法可算出整个计划中每一时段的最优生产计划。当计划问题规模较大时，可用计算机软件来求解。

若采用手工计算，首先要画出一张表格，在表中标出每一时段的生产能力需求计划、需求量、初始库存量以及可能发生的成本。表 4-5 是一个包括 4 个时段的图表法模型的表格。

表 4-5 图表法模型

单位计划期	期初库存	0	h	$2h$	$3h$	I_0
1	正常生产	r	$r+h$	$r+2h$	$r+3h$	R_1
1	加班生产	c	$c+h$	$c+2h$	$c+3h$	OT_1
1	外协	s	$s+h$	$s+2h$	$s+3h$	S_1
2	正常生产	×	r	$r+h$	$r+2h$	R_2
2	加班生产	×	c	$c+h$	$c+2h$	OT_2
2	外协	×	s	$s+h$	$s+2h$	S_2
3	正常生产	×	×	r	$r+h$	R_3
3	加班生产	×	×	c	$c+h$	OT_3
3	外协	×	×	s	$s+h$	S_3
4	正常生产	×	×	×	r	R_4
4	加班生产	×	×	×	c	OT_4
4	外协	×	×	×	s	S_4
需求		D_1	D_2	D_3	D_4+I_4	

表中每一行表示一个计划方案,如第一行表示期初库存,它可以用来满足四个时段内任一时段的需求。第二行是第 1 时段内正常工作时间的生产量,它也可以用来满足四个时段内任一时段的需求。接下来的两行是该期的加班生产量和外协量,余下类推。

表中各列分别表示计划所覆盖的各时间段以及未使用的生产能力和总生产能力。而矩阵中第一格的右上角表示单位产品的相应成本,包括生产成本和库存成本。例如在第 1 时段,正常时间的生产成本是 r,如果在第 1 时段生产出来的产品准备在第 2 时段再销售,则成本为 $r+h$,因为又发生了一个时段的库存成本。第 1 时段生产的产品,若第 3 时段销售,成本则为 $r+2h$,依次类推。"×"表示生产任务不能拖期。

虽然成本最低的方案是当期生产、当期销售,但是由于生产能力的限制,这一点并不总能达到。在图表法中,利用手工计算可求得计划期内总成本最低的最优解。其具体步骤如下:

(1)将总生产能力列的生产能力数字放到"未用生产能力"一列。

(2)在第 1 列(即第 1 时段)寻找成本最低的单元。

(3)尽可能将生产任务分配到该时段,但不得超过该时段所在行的未使用生产能力的限制。

(4)在该行的未使用生产能力中减掉所占用的部分,结果为余下的未使用生产能力(注意,剩余的未使用生产能力绝不可能是负数,如果是负数,就说明在该生产能力的约束条件下无可行解,必须增加生产能力)。如果该列仍然有需求尚未满足,重复步骤(2)~(4),直至需求全部满足。

(5)在其后的各时段重复步骤(2)~(4),注意在完成一列后再继续下一列(不要同时考虑几列)。

在表 4-5 中,h 为该时段内单位产品的库存成本;r 为单位产品的正常生产成本;c 为单位产品的加班生产成本;s 为单位产品的外协成本;I_0 为第 1 时段期初库存;I_4 为所期望的第 4 时段期末库存;R_t 为第 t 时段的正常生产能力;OT_t 为第 t 时段的加班生产能力;S_t 为第 t 时段的外协生产能力;D_t 为第 t 时段的需求量。

【例 4-4】 某厂家生产某品牌冰箱的需求预测、有关成本和生产能力的数据如表 4-6、表 4-7、表 4-8 所示。期初库存为 400 台,所期望的期末库存为 300 台。请用图表法制定生产规划。按照该厂的经营方针,不允许任务拖期和库存缺货。

表 4-6 需求预测 (单位:台)

季度	1	2	3	4
需求	1 600	2 400	3 000	1 500

表 4-7 成本数据

单位产品的正常生产成本(元)	80
单位产品的加班生产成本(元)	130
单位产品外协成本(元)	140
单位产品库存成本(元/季度)	4

表 4-8 生产能力数据 (单位：元)

季度	1	2	3	4
正常生产	1 600	2 000	2 100	1 800
加班生产	250	250	250	250
外协	500	500	500	500

解： 首先将各行生产能力数据填入"总生产能力"及"未用生产能力"单元；将有关单位产品的成本数据填入"成本"单元，将产品各季度需求数据填入"需求"单元（在第4季度的需求中，包括预期的期末库存在内）。然后从第1季度开始，对每一季度重复（2）～（4）的步骤。检查最后制订的方案是否可行的原则是：未用生产能力不能为负数，每一行的生产任务总额（包括未使用的能力）应等于该行的总生产能力，每一列的生产任务总额等于该列的需求。表 4-9 为图表法计算结果。

表 4-9 图表法计算结果

单位计划期	期初库存		0.00		4		8		12		未用生产能力	总生产能力
			400									
1		正常生产		80		84		88		92	0	1 600
			1 200		400							
		加班生产		130		134		138		142	0	250
							250					
		外协		140		144		148		152	500	500
2		正常生产	×			80		84		88	0	2 000
					2 000							
		加班生产	×			130		134		138	0	250
							250					
		外协	×			140		144		148	500	500
3		正常生产	×		×			80		84	0	2 100
							2 100					
		加班生产	×		×			130		134	0	250
							250					
		外协	×		×			140		144	250	500
							150					
4		正常生产	×		×		×			80	0	1 800
									1 800			
		加班生产	×		×		×			130	250	250
		外协	×		×		×			140	500	500
需求			1 600		2 400		3 000		1 800		2 000	10 900

最终得出的生产规划如表 4-10 所示。

表 4-10　冰箱生产规划　　　　　　　　　　　　　　　　（单位：台）

季度	正常生产	加班生产	外协	调节库存
1	1 600	250		650
2	2 000	250		500
3	2 100	250	150	0
4	1 800			300

该计划的总成本是各单元生产任务乘以单元单位成本之和，即

第一季度：1 200×80+400×84+250×138=164 100

第二季度：2 000×80+250×134=193 500

第三季度：2 100×80+250×130+150×140=221 500

第四季度：1 800×80=144 000

总成本为 723 100 元。

4.3.3　资源需求计划

一个企业在制订计划的过程中，确定了各产品系列的生产规划后，还需分析资源是否满足要求。

企业为满足生产规划所需要的资源，具体包括人工、物料、机器设备、资金、加工场地、库存场地等。根据企业生产的产品和生产过程的不同，还可以有许多其他的资源，如电能、废料处理能力等。分析资源需求的过程如下：

- 建立资源清单。
- 计算资源需求。
- 比较可用资源和资源需求。
- 协调可用资源和资源需求之间的差距。
- 撰写生产规划大纲。

一旦确定了生产所需要的所有资源，就可以检查是否有足够的资源来满足生产要求。编制资源需求计划常采用资源清单法和能力需求计划系数法。

1. 资源清单法

（1）建立资源清单。资源清单是生产单位产品类所必需的对材料、标准工时和机器的记录，并标明材料、劳动力和设备工时的数量。资源清单的具体形式随不同的产品和不同的企业而不同。表 4-11 是制造手推车、自行车、四轮车的资源清单，资源清单上的数值是产品类中所有产品的平均值。

表 4-11　资源清单表

产品类	钢（吨）	标准工时
手推车	0.005	0.54
自行车	0.004 3	0.48
四轮车	0.005 6	0.67

（2）计算资源需求。确定资源的单位需求量，就可计算出生产规划中产品所需的

资源总数：
- 每类产品的计划生产量与单位需求资源量相乘。
- 如果资源由几类产品共享，则汇总所有产品类的资源需求。

表 4-12 是手推车、自行车、四轮车所需的资源数量。

表 4-12 资源需求量

产品类	生产规划量	钢材需求量（吨）		工时需求量（标准工时）	
		单位需求量	批需求量	单位需求量	批需求量
手推车	1 000	0.005	5	0.54	540
自行车	500	0.004 3	2.15	0.48	240
四轮车	1 000	0.005 6	5.6	0.67	670
资源需求量			12.75		1 450

该例只考虑了两种资源的需求量，对具体企业来讲，可能会涉及其他很多关键资源的需求。

（3）比较可用资源与资源需求。在企业中经常会有某项设备被认为是"瓶颈"，所以企业在制订资源计划的时候应当对其特别关注，因为瓶颈工作中心的能力限制了企业的最大生产量。

确定资源的可用性时，企业对不同的资源应采取不同的方式。在计算钢的需求量时，应把钢的库存、各时段的可采购量与钢的需求量进行比较。对于工时的可用性，则需按不同的工序、不同的工作中心、不同的设备等来分别考虑，不能混在一起，否则无法做出正确的比较。

（4）协调可用资源与资源需求之间的差距。如果资源计划表明某些资源存在短缺，那么在批准生产规划之前，必须解决这一问题，要么增加资源，要么调整生产规划。如果必须调整生产规划以协调资源短缺，那么这种调整一定要反映在最后的生产规划中，必须满足经营规划的目标要求，通常在实现市场目标时也要留有一定的余地（例如 20%）。

当资源需求超过可用资源时，协调可用资源与资源需求的方案可采取：
- 物料短缺时——增加物料购买，减少生产总量，用其他供给源，用替换物料。
- 劳动力短缺时——安排加班，雇用临时工，转包，减少生产总量，调整生产线。
- 设备短缺时——购买新的设备，升级现有设备，转包作业，改变工艺过程，减少生产总量，调整产品类或生产线。

（5）撰写生产规划大纲。将上述生产规划及中间所做的调整反映在最终的生产规划大纲中。总之，生产规划大纲必须满足经营规划的目标要求，如果生产规划不能和经营规划相一致，经营规划则不能完成，生产规划就必须修改。

生产规划为企业提供了可见的控制手段，通过有效地管理生产规划，可以使企业的高层领导看到问题的焦点，提前发现问题，并提供选择的机会。生产规划会议建议每月召开一次，使之完善。生产规划的制定和管理是企业高层领导者的责任。

经过相关上级部门批准的生产规划大纲则成为下一步主生产计划的基础。

2. 能力需求计划系数法

能力需求计划系数法是通过能力需求计划系数（capacity planning factor, CPF）来制订资源需求计划的。能力需求计划系数是表示单位生产量占用的制造过程中的某种资源数，是利用产量与消耗资源的历史数据进行大致的经验估算。其编制过程如下：
- 利用过去一段时间的经验数据计算 CPF。
- 根据 CPF 和计划产量计算能力需求。

【例 4-5】 假设手机的生产过程包括 4 个主要工序：贴片、测试、压制、成型。在过去 6 个月中，在一条生产线上，有 9 个不同型号使用上述生产制造设备，在这 4 个工序中用了 47 000 个直接工时，完成了 5 800 部手机。生产规划大纲中下两个季度的计划为 7 000 部手机。

在过去 6 个月中，各工序所用工时分配情况如表 4-13 所示。

表 4-13　能力需求计划系数法资源清单

	工时	所占百分比（%）	CPF
贴片	12 000	25.53	2.069
测试	21 000	44.68	3.621
压制	5 000	10.64	0.862
成型	9 000	19.15	1.552
汇总	47 000	100	8.104

生产规划安排下一时段生产 7 000 部手机，所需资源计算如表 4-14 所示。

表 4-14　能力需求计划系数法计算资源需求

	计划量	CPF	所用资源（工时）= 计划量 ×CPF
贴片	7 000	2.069	14 483
测试	7 000	3.621	25 347
压制	7 000	0.862	6 034
成型	7 000	1.552	10 864
总工时		8.104	56 728

最后，比较可用能力资源与能力需求，检查劳动力和机器的可用性，在确定劳动力、机器设备的能力资源需求时，注意不同月份的不同工作时间。

◆ 思考与练习题

1. 试分析 ERP 计划层次有哪些，各自的作用是什么。
2. 生产规划在整个计划体系中起什么作用？
3. 生产规划的基本内容是什么？
4. 生产规划大纲编制方法有哪些？
5. 在 MTS 环境中，简述如何用平均法编制生产规划。
6. 在 MTS 环境中，简述如何用滚动计划法编制生产规划，其优点是什么。
7. 简述在 MTO 环境中如何编制生产规划。
8. 简述如何编制资源需求计划。

第 5 章

主生产计划

5.1 基本概念

5.1.1 物料清单

1. 物料清单的概念

物料清单（bill of material，BOM）是指以数据格式来描述产品结构的文件，体现产品所需零部件明细及其结构。具体而言，物料清单是构成父项装配件的所有子装配件、零件和原材料的清单，也是制造一个装配件所需要的每种零部件的数量清单。

物料清单表明了产品—部件—组件—零件—原材料之间的结构关系，以及每个组装件所包含的下属部件（或零件）的数量和提前期（LT）。这里的"物料"一词有着广泛的含义，它是所有产品、半成品、在制品、原材料、毛坯、配套件、协作件、易耗品等与生产有关的物料的统称。

由于物料清单是一种树型结构，因此又可称之为产品结构树。一个 BOM 文件的数据项包括物料标志（或物料编码）、需求量（每一个父项所需该子项的数量）、层次码（该物料在结构表中相对于最终产品的位置）、损耗率、有效日期等。其中，层次码是系统分配给物料清单上每种物料的数字码，其范围为 0～N，即最上层的层次码为 0，下一层的层次码则为 1，依次类推。

BOM 具体表现形式如图 5-1 所示。

图 5-1 所示是一个 3 级的 BOM 结构，表示产品 A 由 1 个部件 B、3 个部件 C 和 2 个部件 D 组成；每个部件 C 又由 1 个零件 G 和 1 个零件 E 组成；其他部件以此类推。物料清单表明了组装成最终产品的各类组装件、零部件和原材料之间的结构关系以及每一组装件的用量。

MRP 系统要正确计算出物料需求的时间和数量，特别是相关需求物料的时间和数量，首先要使系统知道企业所制造的产品结构和所有要使用到的物料。产品结构列出构成成品或装配件的所有部件、组件、零件等的装配关系和数量要求，它是 MRP 产品拆零的基础。举例来说，图 5-2 是一个简化了的自行车产品结构图，它大体反映了自行车的构成。

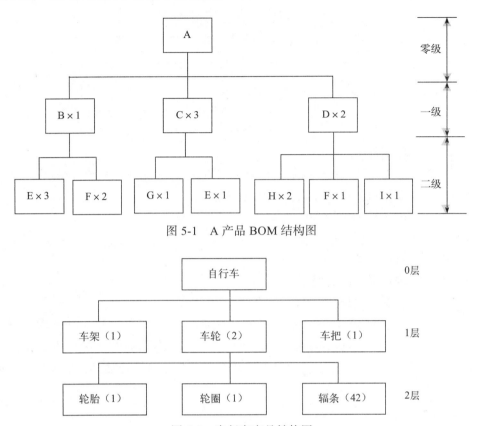

图 5-1 A 产品 BOM 结构图

图 5-2 自行车产品结构图

当然，这并不是我们最终所要的 BOM。为了便于计算机识别，必须把产品结构图转换成规范的数据格式，这种用规范的数据格式来描述产品结构的文件就是物料清单。它说明了组件（部件）中各种物料需求的数量和相互之间的组成结构关系。表 5-1 就是一张与图 5-2 自行车产品结构相对应的物料清单。

表 5-1 自行车产品物料清单

父件号	父件名	子件号	子件名	单位	数量	损耗率	生效日期	失效日期
GB950	自行车	GB120	车架	件	1	0	20020101	20071231
GB950	自行车	CL120	车轮	个	2	0	00000000	99999999
CL120	车轮	LG300	轮圈	件	1	0	20020101	20071231
CL120	车轮	GB890	轮胎	套	1	0	00000000	99999999
CL120	车轮	GBA30	辐条	根	42	0	20020101	20071231
GB950	自行车	II3000	车把	套	1	0	00000000	99999999

2. 物料清单的作用

ERP 的 BOM 是制造用的物料清单，它在 ERP 系统中起着非常重要的衔接作用，其在各个模块中的关系如图 5-3 所示。

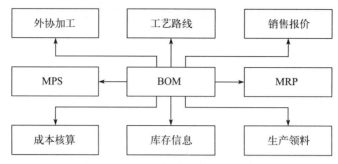

图 5-3 BOM 与其他模块的关系

物料清单的作用如下：

（1）物料清单是生成 MRP 的基本信息，是联系 MPS 和 MRP 的桥梁。
（2）可以根据物料清单来生成产品的工艺路线。
（3）根据它可进行加工过程的跟踪。
（4）为生产配套物料提供依据。
（5）进行物料追溯的依据。
（6）根据它进行成本的计算。
（7）提供制定销售价格的依据。

由此可见，物料清单在 ERP 系统中的影响面非常之广，因此，ERP 软件系统物料清单的灵活性和行业的包容性也成为 ERP 系统生存力强弱的一个标准，是可否取得广泛应用范围的参考标志。实施 ERP 系统后，<u>企业应该努力达到 100% 数据准确率</u>的目标。

3. BOM 的查询

在产品结构的数据（即 BOM）输入系统后，用户可以根据不同的目的进行查询，系统可以相应地用不同格式来显示。在一般情况下，BOM 可以采用自顶向下分解的形式或者自底向上追溯的形式提供信息。分解是从上层物料开始展开成下层物料，追溯是从底层物料查到上层物料。在 ERP 系统中，BOM 一般有如下形式。

（1）单层展开。单层展开可以查询某生产件所使用的下一层物料，只提供直接用于母件的那些物料的单位需求信息，如自行车的单层 BOM（如表 5-2 所示）。

表 5-2 自行车产品的单层物料清单

序号	物料号	物料名称	单位	数量
1	GB120	车架	件	1
2	CL120	车轮	个	2
3	II3000	车把	套	1

采用多个单层展开就能完整地表示产品的多层结构。其实，一般在 ERP 系统中，BOM 的维护也是采取单层的方式来一层层维护的。

（2）缩排法。缩排法查询的表现格式是在每一层物料下以缩行的形式列出它们的下属物料，同一层次的物料号出现在同一列上，表 5-3 就是自行车的缩排物料清单。

缩排展开的格式是以产品制造的方式来表现产品的，它把单层 BOM 连接在一起，表明各层自制零部件及产品的生产加工过程。

表 5-3 自行车产品的缩排物料清单

物料号	物料名称	单位	数量	生效日期	失效日期
GB950	自行车	辆	1	20020101	20071231
• GB120	车架	件	1	20020101	20071231
• CL120	车轮	个	2	00000000	99999999
•• LG300	轮圈	件	1	20020101	20071231
•• GB890	轮胎	套	1	00000890	99999999
•• GBA30	辐条	根	42	20020101	20071231
• II3000	车把	套	1	00000000	99999999

（3）汇总展开。汇总展开的格式列出了组成最终产品的所有物料的总数量，它反映的是一个最终产品所需要的各种零件的总数，而不是每个上层物料所需要的零件数。这种表现方式可用于快速估计出完成一定数量的产品所需要零件的总量，或者估计一个组件或零件的变化对成本的影响。这种格式不表示产品生产的方式，但有利于产品成本的核算。

（4）单层追溯。单层追溯即单级反查表，可显示直接使用某物料的上层物料。这是一种显示物料被用在哪里的清单，指出了直接使用某物料的所有上层物料。

（5）缩行追溯。缩行追溯即多级反查表，显示出某物料在所有高层物料中的使用情况，可查找直接或间接地使用某物料的所有高层物料。采用这种格式，可以针对生成的生产计划或采购计划，追溯查询计划的来源。

4. 物料清单的种类

（1）基本物料清单。基本物料清单又称为普通型物料清单或通用型物料清单。此类物料清单是最为常见和常用的，主要由物品的实际结构组成，有时会考虑计划用的非产品结构物料。常见的物料清单文件结构中包括单位代码、母件代码、物料清单序号、物品代码、子件消耗量、损耗率、有效版本号、生效日期、失效日期、替换物料清单、审核人员及审核日期等。

（2）计划物料清单。计划物料清单是由普通物料清单组成的，只用于产品的预测，尤其用于预测由不同的零部件组合而成的产品系列，有时是为了市场销售的需要，有时是为了简化预测计划从而简化主生产计划。

当产品存在通用件时，可以把各个通用件定义为普通型 BOM，然后由各组件组装成某个产品，这样一来各组件可以先根据预测计划进行生产，下达总装计划后，可以很快进行组装，满足市场要求。

计划物料清单一般为单层，最高层次（产品系列层）不存在实际的产品，最终产品的物料清单仍然是基本物料清单，如图 5-4 所示。各产品在计划物料清单中所占有的比例可任意增减，维护也很方便。

在定义子件时，一般需定义子件的构

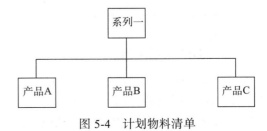

图 5-4 计划物料清单

成比例，比如定义 A 占 40%，B 占 30%，C 占 30%。

计划物料清单包括的数据项主要有父件代码、物料清单序号、物品代码、子件消耗量、子件构成百分比、有效版本、生效日期、失效日期、审核员及审核日期等。

（3）模块化物料清单。它是对通用型的产品组件进行模块化管理的。一般的 ERP 系统中物料清单应支持模块化管理。在产品结构中，子件构成大部分相似，而且这种相似的结构也会在其他的产品中出现，这种结构可以模块化（类似于封装）。

以图 5-5 所示产品为例，该产品的结构如果用基本物料清单管理，则数据重复量很多（重复 D、E、F 零件），会造成数据库庞大，查询速度较慢。在进行模块化管理后，凡是用到 K（通用模块）结构的无须重新输入数据，只需引用该模块即可，但是在实际应用中，往往需同时引入"虚拟件"的概念，这在后面将详细介绍。

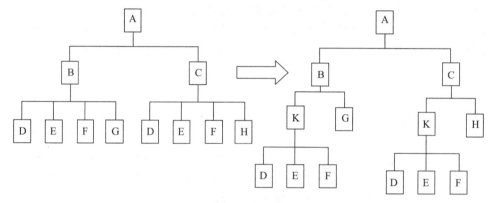

图 5-5 模块 BOM

（4）成本物料清单。成本物料清单主要用于描述产品结构中每种物料的成本构成，如物料的材料费、人工费和间接费用（制造费），这是物料的标准成本，其结构类似于基本物料清单。表 5-4 给出了一个成本物料清单的示例。

表 5-4 圆珠笔的成本物料清单

层次	母件代码	子件代码	子件名称	计量单位	数量	材料费	人工费	间接费用	合计	本层累计
0		B01	圆珠笔	支	1	……	0.05	0.02	0.07	0.39
1	B01	G01	笔盖	个	1	0.02	……	0.02	0.04	0.04
1	B01	T01	笔套	个	1	0.05	……	0.02	0.07	0.07
2	B01	X01	笔芯	支	1	……	0.04	0.02	0.06	0.21
2	X01	XY02	笔芯油	毫升	1	0.02	……	0.02	0.04	0.04
2	X01	XT02	笔芯头	个	1	0.04	……	0.02	0.06	0.06
2	X01	XG04	笔芯杆	个	1	0.03	……	0.02	0.05	0.05

5. BOM 扩展应用

一般产品要经过销售、工程设计、工艺制造设计、生产制造、成本核算、维护等多个阶段，相应地，在这个过程中分别产生了名称十分相似但内容差异很大的物料清单，如设计图纸上的 BOM、PBOM、MBOM、CBOM 等。

（1）设计 BOM（EBOM）。EBOM 是产品在工程设计阶段的产品结构的 BOM 形式，它主要反映产品的设计结构和物料项的设计属性。设计结构区别于装配结构和制造结构，是工程设计人员按照客户订单中的产品功能要求，来确定产品需要哪些零部件，以及这些零部件之间的结构关系。物料项的设计属性是产品功能要求的具体体现，如重量要求、寿命要求、外观要求等。EBOM 是设计部门向工艺、生产、采购等部门传递产品数据的主要形式和手段。工艺部门依据 EBOM 进行工艺分工，编排零件的加工路线，进行零件的工艺设计。因而，EBOM 虽然属于纯技术文件，不能用于生产计划，但它是工艺设计的直接数据源。它包含物料项的图纸信息，即物料项的原始几何信息和结构关系。

（2）计划 BOM（PBOM）。PBOM 是产品工艺计划阶段的 BOM，主要制订工艺计划、工序信息，生成计划 BOM 的数据。PBOM 是由普通物料清单组成的，只用于产品的预测，尤其用于预测由不同的产品组合而成的产品系列，有时是为了市场销售的需要，有时是为了简化预测计划从而简化主生产计划。另外，当组件为通用件时，可以把各个通用件定义为普通 BOM，然后由各组件组装成某个产品。这样一来各组件可以先按预测计划进行生产，当有客户需求时，PBOM 产品可以很快进行组装，满足市场需求。

（3）制造 BOM（MBOM）。MBOM 是制造部门对工艺装配步骤进行详细设计后得到的，对于大型复杂机械产品尤其重要。大型复杂机械产品零部件数据庞大、构型复杂、种类繁多，生产形式各种各样。MBOM 主要描述了产品的装配顺序、工时定额、材料定额，以及相关的设备、刀具和模具等工装信息，反映了零件、装配件和产品的制造方法，也反映了物料在生产车间的合理流动过程。MBOM 也是提供给计划部门的关键管理数据之一。

（4）可选 BOM。这类 BOM 在汽车、摩托车、电子、家具等行业很常用，一般的组成包括通用件、基本组件、可选件。例如，圆珠笔的笔芯有红颜色、蓝颜色等，可以供客户选择，组成不同的圆珠笔。企业需要在接到订单以后，根据客户要求进行装配。在有些地方，这类 BOM 也称为模型 BOM 或超级 BOM，如在 SAP R/3 中就有该类型的 BOM。

（5）客户 BOM（CBOM）。客户 BOM 有两个含义，一个指从所有产品结构中筛选出客户订购的产品结构，另一个指用户订购的具体规格产品的明细表。这对有些按照客户需求来组织产品图纸的企业来说是非常实用的表现形式。这种情况在 PDM 系统中比较常见，到 ERP 系统中由于还考虑到不同的客户订购产品对生产计划的影响，情况更加复杂一些，可能会扩展到计划 BOM 的范畴。

（6）销售 BOM（SBOM）。销售 BOM 是按用户要求配置的产品结构。某些制造行业对销售 BOM 提出了更高的要求，要求每个 BOM 可以跟踪每批订单在全生命周期内的物料信息，而且每个客户订单都有唯一的或者是根据订单产品种类确定的几个销售 BOM，这个时候往往将销售 BOM 称为客户 BOM。

（7）维修 BOM（WBOM）。维修服务部门的 BOM 是按维修要求产生的，对应的文本格式包括消耗件清单、备用件清单、易损易耗件清单等。维修 BOM 的信息来源一般是从设计 BOM 对应记录属性中筛选获得消耗件、备用件、易损易耗件明细。一般在 PDM 软件里完成汇总，同样可以在 ERP 软件里作为基础数据运用。

6. 虚拟件

在物料清单中经常会提到一个名词——虚拟件。下面从两个方面介绍它的概念与用途。

（1）简化产品的结构管理。为了简化对物料清单的管理，可在产品结构中虚构一个物品，如图 5-6 所示。如果对 A 产品 BOM 的定义采用图 5-6a 的方式，那么，子件 B、C 的 BOM 文件定义过程会重复引用到 D、E 与 F 物料，将会加大工作量，并且数据库的存储空间也会增加。采用图 5-6b 的定义方式，增加一个"虚拟件"物料 K，并定义 K 的 BOM 文件，则在 B、C 的 BOM 中只需要加入一个子件 K，无须重复加入子件 D、E 与 F 物料，从而达到简化 BOM 的目的。在多个 BOM 中有大量的相同子件重复出现，这种定义方式的优越性就更加明显了。另外，当虚拟件的子件发生工程改变时，只影响虚拟件这一层，不会影响此虚拟件以上的所有层次。

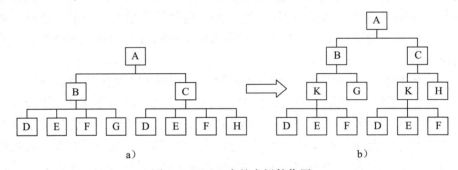

图 5-6 BOM 中的虚拟件作用

必须说明的是，虚拟件不存在任何提前期，在对虚拟件的物料需求计划（MRP）展开时，只会根据虚拟件的 BOM 构成，计算下级子件的计划需求量，而虚拟件对计划的需求时间毫无影响。从这层意义上理解，就好像跳过了虚拟件这一层，直接计算下层的计划需求量。

（2）作为一般性业务管理使用。"虚拟件"表示一种并不存在的物品，在图纸上与加工过程中都不出现，属于"虚构"的物品。其作用只是为了达到一定的管理目的，如组合采购、组合存储、组合发料，这样在处理业务时，计算机查询时只需要对虚拟件操作，就可以自动生成实际的业务单据。这种"虚拟件"甚至也可以查询到它的库存量与金额，但存货核算只针对实际的物料。

5.1.2　独立需求与相关需求

约瑟夫·奥利奇博士把产品中的各种物料按需求性质区分为独立需求和相关需求两种类型，并分别加以处理，据此可以准确确定生产中各种物料的需求量。

如果某项物料的需求量不依赖于企业内其他物料的需求量而独立存在，则称为独立需求项目；如果某项物料的需求量可由企业内其他物料的需求量来确定，则称为非独立需求项目或相关需求项目。如原材料、零件、组件等的需求是根据父件的投入量，然后按 BOM 展开计算得出的，所以它们都是相关需求项目；而最终产品的需求是由市场和客户需求决定的，所以是独立需求项目。

独立需求项目有时也包括维修件、可选件和工厂自用件。独立需求项目的需求量和需求时间通常由预测和客户订单等外在因素来决定，而非独立需求项目的需求量和时间则由 MRP 系统根据 BOM 的展开来决定。

5.1.3 时区和时界

客户需求是不断变化的，生产计划应当对客户需求做出快速响应。但是，如果一味追求快速改变来适应需求，势必造成生产的混乱，而企业生产需要相对稳定的环境。因此，控制计划变动是保证计划可执行性的重要手段，需要对变动计划的限制条件、难易程度、需付出的代价进行分析，并确定审核的权限。MRP Ⅱ/ERP 计划系统引入了时区、时界的概念，作为 MPS 的计划参考点，从而在需求变化时，可根据情况来控制软件系统对主生产计划的改变。

在 ERP 系统中，计划人员在编制完成主生产计划后，生成了产品的总装计划，紧接着会编制物料需求计划，生成各级零部件的生产和采购计划，然后各部分计划按所计划的时间逐次执行。而时区和时界一般只是在编制主生产计划阶段起作用，保证主生产计划的稳定性，从而也保证了物料需求计划的稳定性。

在主生产计划中有两个时界点，即需求时界（demand time fence, DTF）和计划时界（planned time fence, PTF）。需求时界一般与产品的总装提前期一致，可以稍大于总装提前期，以提醒计划人员早于这个时界的计划订单已经在进行最后的总装，除非情况紧急，否则不能改变这个时期内的计划。计划时界一般与产品的累计提前期一致，可以稍大于产品的累计提前期，它提醒计划人员，在这个时界与需求时界之间的某些采购计划或生产计划已经开始执行，资金已经投入，资源已经开始消耗，在这个时间范围的主生产计划的修改只能由计划员来控制。也就是说，当外部需求变化时，在需求时界之前及在计划时界与需求时界之间的主生产计划是不能在系统运行计划编制过程中自动改变的，只能由计划员或管理人员来判断和改变。

时区即时间区间，把整个计划展望期划分成多个阶段。在 ERP 系统中，一般由两个时界把计划展望期分为需求时区、计划时区和预测时区。①需求时区：从编制计划的当前时刻到需求时界之间的时段。②计划时区：从需求时界到计划时界之间的时段。③预测时区：计划时界之后到计划展望期结束之间的时段。

为了便于理解时区与时界的概念及关系，下面从两个不同的角度分别加以描述。

（1）某产品单次生产计划在时间上的时区分布关系。以图 5-7 为例进行说明，图中横坐标为时间，时间单位用时段表示（时段可以是天、周或月等）。假设当前时间（计算机系统时间）是时段 1，A 产品的总装配提前期是 6 个时段，采购提前期为 7 个时段。现订单要求 A 产品在时段 21 完工，那么如果在时段 1～8 这个时间范围内编制计划，则编制计划的时刻是处于该产品需求的预测时区的时间跨度内；如果在时段 9～15 这个时间范围内编制计划，则编制计划的时刻是处于该产品需求的计划时区的时间跨度内；如果在时段 16～21 这个时间范围内编制计划，则编制计划的时刻是处于该产品需求的需求时区的时间跨度内。计划是按周期性进行编制的，随着时间的推移，当再次编制计划时，如果编制计划的时刻位于计划时区和需求时区内，则该产品需求所产生的主生产计划就不能再由计算机根据需求的改变而改变了。

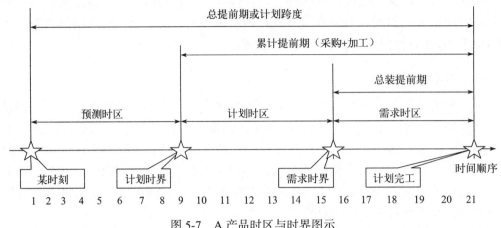

图 5-7　A 产品时区与时界图示

（2）某产品多个订单计划在时间上的时区分布关系。图 5-8 所示为某产品各计划所处的时区分布图。假设图中时段 1 为当前计划开始的时段（系统时间），图中坐标的下方是不同时段的订单交货数量，可见 50 台与 60 台的订单进程已经到了生产总装的阶段，处于需求时区的时间跨度内；30 台与 40 台的订单还未到总装阶段，但已经处在采购的过程中，处于计划时区的时间跨度内；而 15 台与 35 台的订单目前仍未到要求采购的时段，还只是计划期内，处于预测时区。

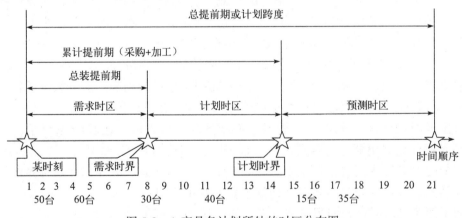

图 5-8　A 产品各计划所处的时区分布图

一般要理解 MPS 报表中的各个计划所处的时段，可以从第 2 个角度去理解。另外，在编制主生产计划之前，主要的外部需求来源包括两个方面：预测和客户订单。究竟需求数据是根据预测还是客户订单，也可以借用时区和时界这两个工具来确定规则。预测是为实际需求服务的，当我们已经确定实际需求时，当然预测也就完成了其使命。一般地，离当前时刻越近，客户订单信息越准确；离现在时刻越远，客户订单信息越缺乏。所以，可以在 3 个时区内，按不同的规则来考虑预测和客户订单，以确定需求量。

通过以上时区与时界概念的详细描述，可以较为清楚地分析得出时区与时界对计划的影响，如表 5-5 所示。

表 5-5 时区、时界对计划的影响

时区	需求依据	订单状况	计划变动代价	计划变动条件
需求时区	客户订单	下达及执行	代价极大，很难变动	产品已经进入总装阶段，变动需厂领导决定，应该尽量避免更改
计划时区	客户订单和预测 • 二者之大者 • 仅客户订单 • 仅预测 • 二者之和	确认及下达	变动代价大，系统不能自动更改 变动更改，只能由人工干预	主生产计划员
预测时区	仅预测 预测与订单的最大值	计划	允许变动，无代价	系统可自动更改，计划员也有权限进行更改

注：在 ERP 系统中我们可以设置各个时区的需求依据，主生产计划的运算根据这个设置去取值，这样比较灵活，可以适应不同的要求。

5.1.4 工作日历

工作日历也称为工厂生产日历或企业日历，它是在自然日历的基础上，考虑企业的生产安排来制定的，包含各个生产车间和相关部门的工作日历，在日历中标明了生产日期、休息日期和利用率等，这样在进行 MPS 与 MRP 的运算时会避开休息日。工作日历的作用包括：

（1）在 MPS、MRP 中，基于提前期计算主生产计划、物料需求计划时，用于确定开工日期、完工日期的依据。

（2）计算工作中心产能负荷的日期基础。

（3）车间根据工作日历进行车间排产。

（4）采购接收日期根据工作日历安排。

例如，MPS 和 MRP 编制生产计划时，会跳过非工作日（提前期中不包含非工作日），而把开工日期和完工日期确定在工作日；对于采购计划，则不考虑工作日历的限制，因为采购周期与企业的工作日历并没有关系，但一般把到货日期确定在工作日。

工作日历文件的一般结构（字段）中包含车间代码、工作中心代码、日期、年度、日期状态（工作、休息、停工）、年有效工作天数及累计有效工作天数，等等。

在有些企业中，不同的工作中心或车间因为生产任务不同、加工工艺不同而受不同的条件约束，因而可能会设置不同的工作日历，一般称为工作中心日历或车间日历，它是在工作日历的基础上，考虑本工作中心或车间的特殊情况来制定的。ERP 系统可以灵活处理工作中心日历，当然这会增加系统的计算量。

5.2 主生产计划的定义、作用与对象

5.2.1 主生产计划的定义

在 ERP 的计划层次中，生产规划是为了体现企业经营规划而制定的产品系列生产

大纲，用以协调满足经营规划所需求的产量与可用资源之间的差距。

主生产计划（master production schedule，MPS）是对企业生产计划大纲的细化，确定每一个具体产品在每一个具体时段的生产计划。计划的对象一般是最终产品，即企业销售的产品，但有时也可能先考虑组件的 MPS 计划，再下达最终的装配计划。主生产计划是一个重要的计划层次，可以说 ERP 系统计划的真正运行是从主生产计划开始的。

企业的物料需求计划、车间作业计划、采购计划等均来源于主生产计划，即先生成主生产计划，其结果作为物料需求计划的输入，再由物料需求计划生成车间作业计划与采购计划。所以，主生产计划在 ERP 系统中起着承上启下的作用，实现从宏观计划到微观计划的过渡与联结；同时，主生产计划又是联系客户与企业销售部门的桥梁，所处的位置非常重要。当然，如果企业的产品生产周期很长，它的重要性就不是很突出了，如一些大型设备、船、飞机等，这些产品往往是一年做一次生产计划安排。

主生产计划必须是可以执行、可以实现的，它应该符合企业的实际情况，其制订与执行的周期视企业的情况而定。主生产计划项目还应确定其在计划期内各时段上的需求数量。需求来源主要有以下几种途径：客户订单、预测、厂际间需求等。

5.2.2 主生产计划的作用

ERP 有 5 个计划层次，即经营规划、销售和生产规划、主生产计划、物料需求计划和车间生产控制及采购作业。但为什么要先有主生产计划，再根据它来制订物料需求计划？直接根据生产规划、销售预测和客户订单来制订物料需求计划可行吗？产生这样的想法和疑问的原因在于不了解 MRP 的计划方式。概括地说，MRP 的计划方式是追踪需求。如果直接根据销售预测和客户订单的需求来运行 MRP，那么得到的计划将在数量和时间上与预测和客户订单需求完成匹配。但是，预测和客户订单是不稳定、不均衡的，根据它们直接安排生产将会出现忽而加班加点也不能完成任务，忽而设备闲置很多人没有活干的现象，这将给企业带来灾难性的后果。而且企业的生产能力和其他资源是有限的，这样的安排也不是总能实现的。如果对 MRP 的结果进行人工干预和调整，由于企业产品、零部件、原材料的种类众多，这样的大规模调整是难以做到的，也是不切实际的。

通过主生产计划这一层次，及人工干预和均衡安排，使得在一段时间内主生产计划量和预测及客户订单在总量上相匹配，而不要求在每个具体时刻上均与需求相匹配。在这段时间内，即使需求发生很大变化，但只要需求总量不变，就可以保持主生产计划不变，从而得到一份相对稳定和均衡的生产计划。由于产品或最终项目（独立需求项目）的主生产计划是稳定且均衡的，据此得到的关于非独立需求项目的物料需求计划也将是稳定且均衡的。

此外，主生产计划在其他方面也给企业生产带来了不可替代的作用：

（1）主生产计划以周或天作为计划周期，从而可以及时地对多变的市场和不准确的预测做出反应。主生产计划使用关键的时界，即计划时界和需求时界，这样既便于计划的维护，又可避免被不可能满足的客户需求所驱使。

（2）以物料单位表示的主生产计划很容易转换成以货币单位表示的成本信息，如生成财务计划。

（3）主生产计划可极大提高物料管理人员的工作效率。它把人从烦琐的数据收集、检查和计算中解放出来，使他们能集中地做好更重要的本职工作，以提高管理水平。

5.2.3　主生产计划的对象

主生产计划把最终项目作为计划对象，所谓"最终项目"就是具有独立需求的物料。主生产计划不一定总是针对产品的，在许多情况下，根据生产计划方式的不同，其最终项目的含义也不完全相同。

（1）在面向库存生产的环境下，最终项目指产品、备品、备件等独立需求项目。

（2）在面向订单生产的环境下，产品是标准设计或专项设计。有两种情况：如果在接受客户订单后才去采购、生产，则最终项目一般就是产品；如果某些零件和原材料是可以备库的，则最终项目可以是零件和原材料。

（3）在面向订单装配的环境下，产品是一个系列，结构基本相同，都是由若干基本组件和一些通用件组成的，每项基本组件又有多种可选件，从而可形成一系列多种规格的变形产品，在这种情况下，最终项目指的是基本组件和通用件。在编制计划时，先根据历史资料确定各基本组件中各种可选件占需求量的百分比，并以此安排生产，保持一定的库存储备；一旦收到正式订单，只要再编制一个总装计划（final assembly schedule，FAS），规定从接到订单开始，直到核查库存、组装、测试检验、包装、发货的进度，就可以选装出各种变型产品，从而缩短交货期，满足客户需求。

由于销售环境和生产类型的影响，主生产计划的对象也有所不同。表 5-6 是各种制造环境下 MPS 的计划对象和计划方法。

表 5-6　主生产计划的对象与方法

生产类型	计划依据	MPS 计划对象	计划方法	举例
面向库存生产 （make to stock, MTS）	主要根据市场预测安排生产，产品完成后入库待销，要进行促销活动	独立需求类型物料	基本 BOM 计划 BOM	生活用品的生产
面向订单生产 （make to order, MTO）	根据客户订货合同组织生产	独立需求类型物料	客户 BOM	客户化产品，如包装机
面向订单装配 （assemble to order, ATO）	产品成系列，有各种变型，根据订单选择装配	通用件、基本组件及可选件	总装计划 FAS 基本 BOM 计划 BOM 可选 BOM	标准系列产品，又有可选项，如计算机产品
面向订单设计 （engineering to order, ETO）	根据客户要求专门设计	独立需求类型物料	基本 BOM	单件或小批生产，如电梯产品

5.3　主生产计划的编制

5.3.1　主生产计划的编制策略

制订主生产计划策略是企业高层领导的责任，主要包括以下几点。

1. 主生产计划的基本原则

主生产计划的基本原则是根据企业的能力确定要做的事情，通过均衡地安排生产实现生产规划的目标，使企业在客户服务水平、库存周转率和生产率方面都能得到提高，并及时更新，保持计划的切实可行和有效性。主生产计划中不能有超越可用物料和可用能力的项目。那种只反映愿望的做法将会搞乱优先级，破坏正常的优先计划，破坏系统生成合理计划的能力。

2. 预测

主生产计划策略应指出预测的负责人、对象和技术，谁负责审查预测的精度及审查的频度，各部门如何就预测的结果进行交流等。预测的责任通常由市场部门承担。

3. 主生产计划的展望期和计划时段

多数企业以 12 个月作为计划展望期，每过 1 个月，增加 1 个新的月计划，也有的企业根据产品的生产周期，将计划展望期扩展到两三年。

主生产计划的时段（即计划的最小时间单位）不应大于周，以便使低层物料有比较好的相对优先级。如果计划时段延长到一个月，那么当知道了整个时段需要什么物料时，也就没有什么价值了。有些企业甚至按天描述主生产计划。

4. 交流

生产部门和采购部门有提供反馈信息的责任，它们应向计划员和主生产计划员提供关于预期延迟的信息，以使计划员和主生产计划员能在问题发生之前做好计划调整，也使他们有时间来估计一项预期延迟的影响。

另外，应有定期的计划会议为市场、销售、生产、采购、计划部门的人员进行交流提供机会。企业高层领导主持的销售与运作规划会议也应定期举行。

对于部门之间的交流应当规定响应时间。例如，如果市场部门要求生产部门做出一种承诺或修改计划，前者应在一至两天内得到答复。如果生产部门向市场部门询问为什么预测未能实现，前者应在一至两周内得到答复，因为市场部门要花比较多的时间来获取这些信息。

5. 确定时界

确定计划时界和需求时界，以便于对主生产计划进行维护。

6. 主生产计划的控制策略

定期按生产规划对主生产计划进行汇总，以确保主生产计划的各项数据与生产规划相吻合。通过缺料单可以反映主生产计划的质量，如果有合理的主生产计划，则没有必要再使用缺料单。企业领导想检查 ERP 运行的有效性，只要看看生产过程中使用的是缺料单还是派工单即可。如果仍使用缺料单，则通常说明主生产计划未得到正确的管理，未能有效地预报未来的缺料情况。

对计划实施过程要进行检测。每月都应检测主生产计划，以确保实现总的财务目标。应检测原计划所有项目中实际完成的百分比，典型的情况应当达到 95%。此时，总的财务目标实现仍可以达到100%，因为当一些项目推迟时，可以把另外一些项目安排到当前月。当然，只有企业的高层领导才有权改变主生产计划的策略。

5.3.2 主生产计划的相关概念

1. 预测量

预测量是指通过销售预测确定的某时段的市场需求量，需求日期为销售预测单上的需求日期。

2. 订单量

订单量是指由客户下达订单确定的需求量，是总的订单量减去已出库或已分配的数量。销售订单的需求日期以销售订单上的交货日期为准。

3. 毛需求量

毛需求量是指未扣除现有库存及预计入库量时的需求，包括销售订单、销售预测对物料的独立需求和上层物料对下层物料的相关需求。如何把预测量和订单量组合得出毛需求量，在各个时区的取舍方法是不同的。一般的方法为：

（1）预测时区，毛需求量 = 预测量
（2）计划时区，毛需求量 = 预测量和订单量两者的较大值
（3）需求时区，毛需求量 = 订单量

在ERP软件中，各时区毛需求量的计算方法可由企业根据自身情况来设置。

4. 计划接收量

计划接收量也称为预计入库量，指前期已经下达的正在执行中的订单，将在某个时段（时间）的产出数量。对计划产出量，经确认，根据软件的设置将显示为计划接收量。最初显示的数量往往是在计划日期前已经执行的，且将在计划日期之后到达的下达订单数量。

5. 预计可用库存量

预计可用库存量指前一时段的期末可用库存量，加上本时段的计划入库量，再扣除本时段的需求数量后的库存量，计算公式为：

$$预计可用库存量 = 前一时段末的可用库存量 + 本时段的计划接收量 - 本时段毛需求量 + 计划产出量$$

另外，期初可用库存量 = 库存量 − 已分配量，即某些物料虽然在库存中，但可能已经分配给了某个订单，那么，这些已分配量就不再是可用量了。

6. 净需求量

毛需求量是为了满足市场预测或客户订单的需求或父项物料的订货需求（可以是多项订货需求）而产生的对该项物料的需求量，这是一个必须提供的需求量。净需求量则是从毛需求量中减去库存可用量和预计入库量之后的差。净需求量如果得不到满足，就是物料短缺。

综合毛需求量和安全库存量，并考虑期初的结余和本期可以计划产出的数量，则

净需求量计算公式为：

$$净需求量 = 本时段毛需求量 - 前一时段末的可用库存量 -$$
$$本时段计划接收量 + 安全库存量$$

7. 计划产出量

当需求不能满足时，系统根据设置的批量策略计算得到的供应数量称为计划产出量。此时，计算得出的是建议数量，不是计划的投入数量。

8. 计划投入量

计划投入量是根据计划产出量、物料的提前期及物料的成品率等计算出的投入数量和投入时间。

9. 可供销售量

在某一个时段内，物料的产出数量可能会大于订单的数量，这个差值就是可供销售量。这个可供销售量即可以用于销售的物料数量，它不影响其他订单的交货，并为销售部门的销售提供了重要的参考依据，计算公式为：

$$可供销售量 = 某时段的计划产出量 + 该时段的计划接收量 -$$
$$下一次出现计划产出量之前各时段合同量之和$$

在一般情况下，销售部门需要的是累计可供销售量。某个时段的累计可供销售量是之前所有时段可供销售量之和。

10. 批量与批量规则

实际计划生产或采购的交付数量和订货数量并非等于净需求量。这是因为在实际生产或订货时，由于加工工艺或订货成本、运输、包装等原因，生产或订货必须按照一定的数量来进行，因此实际净需求量必须要以某种数量来实现，这一定的数量称为生产或订货的批量。物料需求批量过大，占用的流动资金过多，但加工或采购的费用减少；物料需求批量过小，占用的流动资金减少，但加工或采购的费用增加；因此批量的选择是一项非常重要的工作。批量选择的方法称为批量规则，常用方法有：

（1）直接批量法，指物料需求的批量等于净需求，适用于生产或订购数量和时间基本上能给予保证的物料，并且物料的价值较高，不允许过多地生产或保存。

（2）固定批量法，指每次的加工或订货数量是某固定值的倍数，但加工或订货的间隔期不一定相同的批量计算方法，一般用于单次订货费用较大的物料。

（3）固定周期法，指每次加工或订货间隔周期相同，但加工或订货的数量不一定相同的批量计算方法。订货量按照未来期间的净需求量相加而得，固定周期的时间幅度由用户自行选定，一般用于到货周期较长而有规律的物料。

（4）经济批量法，指某种物料的订购费用和保管费用之和为最低时的最佳批量法。一般用于需求均衡、订货和保管成本与订货提前期均是常量和已知的，并且库存能立即补充的情况。

5.3.3 主生产计划的计算流程

主生产计划的计算流程如图 5-9 所示。

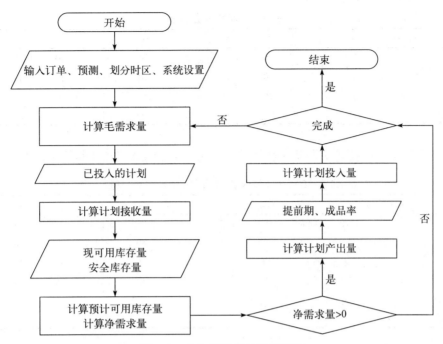

图 5-9 主生产计划的计算流程

设计算主生产计划的条件如表 5-7 所示。

表 5-7 假设条件

物料编码：A009	物料名称：CPU333	型号规格：XS
可用库存：16	安全库存：5	提前期：7 天
批量规则：固定批量	批量：50	
需求时界：时段 3	计划时界：时段 7	
计划日期：2010/3/27		

则计算步骤如下：

（1）设置计划展望期，划分时段、时区。计划展望期为时段 1～10，每个时段均为 7 天，时段 1～3 为需求时区，时段 4～7 为计划时区，时段 8～10 为预测时区。

（2）填写各个时段的预测量和订单量，如表 5-8 所示。

表 5-8 预测量与订单量

类别	时段	1	2	3	4	5	6	7	8	9	10
		4/01	4/08	4/15	4/22	4/29	5/06	5/13	5/20	5/27	6/03
预测量		15	30	10	30	18	30	32	25	30	20
订单量		20	25	20	5	20	26	35	40	28	25

（3）计算毛需求量。1、2、3 时段处于时区 1，毛需求量等于订单数量；4、5、6、7 时段处于时区 2，毛需求量等于订单量与预测量的较大值；8、9、10 时段处于时区 3，毛需求量等于预测量（假定系统按此规则计算，实际中视企业需求而定）。具体如表 5-9 所示。

表 5-9　毛需求量计算

类别 \ 时段	1	2	3	4	5	6	7	8	9	10
	4/01	4/08	4/15	4/22	4/29	5/06	5/13	5/20	5/27	6/03
预测量	15	30	10	30	18	30	32	25	30	20
订单量	20	25	20	5	20	26	35	40	28	25
毛需求量	20	25	20	30	20	30	35	25	30	20

（4）计算计划接收量与期初（预计）库存量，如表 5-10 所示（均为已知量）。

表 5-10　计划接收量与期初（预计）库存量

类别 \ 时段	1	2	3	4	5	6	7	8	9	10
	4/01	4/08	4/15	4/22	4/29	5/06	5/13	5/20	5/27	6/03
预测量	15	30	10	30	18	30	32	25	30	20
订单量	20	25	20	5	20	26	35	40	28	25
毛需求量	20	25	20	30	20	30	35	25	30	20
计划接收量	10									
预计库存	16									

（5）计算预计可用库存量，如表 5-11 所示。如第 1 时段的预计可用库存量 = 期初可用库存 + 第 1 时段计划接收量 − 第 1 时段的毛需求 =16+10−20=6。

表 5-11　计算预计可用库存量

类别 \ 时段	1	2	3	4	5	6	7	8	9	10
	4/01	4/08	4/15	4/22	4/29	5/06	5/13	5/20	5/27	6/03
预测量	15	30	10	30	18	30	32	25	30	20
订单量	20	25	20	5	20	26	35	40	28	25
毛需求量	20	25	20	30	20	30	35	25	30	20
计划接收量	10									
预计库存	16	6								

（6）计算净需求量和计划产出量。表 5-12 中的"预计库存初值"是指各时段在考虑计划产出之前的预计库存量，是一个中间量，为计算净需求提供方便，也是为了更容易理解计算过程。考虑第 1 时段预计库存初值为 6，大于安全库存，因此净需求为 0。而第 2 时段预计库存初值为 −19（=6−25），而且需满足安全库存，所以净需求为 24（=19+5）；由于固定批量为 50，所以计划产出量为 50，而考虑计划产出量之后的预计（期末）库存 = 计划产出量 − 预计库存初值 =50−19=31。

再重新计算下一时段预计库存初值，然后考虑安全库存量，计算出净需求量的大小，根据净需求量计算本时段的计划产出量，之后计算本时段的预计（期末）库存量。

按此方法依次计算各个时段的净需求量、预计（期末）库存量与计划产出量。

表 5-12　计算计划产出量

类别 \ 时段	1	2	3	4	5	6	7	8	9	10
	4/01	4/08	4/15	4/22	4/29	5/06	5/13	5/20	5/27	6/03

（续）

类别	时段	1	2	3	4	5	6	7	8	9	10
预测量			15	30	10	30	18	30	32	25	30	20
订单量			20	25	20	5	20	26	35	40	28	25
毛需求量			20	25	20	30	20	30	35	25	30	20
计划接收量			10									
预计库存初值			6	−19	11	−19	11	−19	−4	21	−9	
预计库存	16		6	31	11	31	11	31	46	21	41	21
净需求量				24		24		24	9		14	
计划产出量				50		50		50	50		50	

（7）根据提前期及成品率计算计划投入量，再计算各时段的可供销售量（见表5-13）。这里的成品率为1，因此计划投入量等于计划产出量；提前期为7天，因此需提前计划产出量一个时段开始投入。需要注意的是，各时段的可供销售量是该时段的计划产出量在满足出现下一个计划产出之前的订单量（不是指毛需求）之和后还剩余的数量。有的时段的可供销售量为负，是因为这些订单还有一部分是由前期的库存来满足的。销售人员关注的是某时段前的累计可供销售量，而非某时段的可供销售量，因此，对于这样的负数，可以逐次向前冲抵。

表 5-13　计算计划投入量

类别	时段	1	2	3	4	5	6	7	8	9	10
		4/01	4/08	4/15	4/22	4/29	5/06	5/13	5/20	5/27	6/03
预测量		15	30	10	30	18	30	32	25	30	20
订单量		20	25	20	5	20	26	35	40	28	25
毛需求量		20	25	20	30	20	30	35	25	30	20
计划接收量		10									
预计库存	16	6	31	11	31	11	31	46	21	41	21
净需求量			24		24		24	9		14	
计划产出量			50		50		50	50		50	
计划投入量		50		50		50	50		50		
可供销售量		6	5		25		24	−25		−3	
可供销售量（调整后）		6	5		21		0	0		0	

5.4　主生产计划模块与其他模块的关系

主生产计划模块与其他模块的关系紧密。简单地说，销售管理模块的销售订单和销售预测是MPS运算的输入数据来源，同时库存管理模块为MPS运算提供了产品可用量。MPS是制订MRP方案的主要依据，MPS将生成最终产品的生产订单传送到生产作业计划模块，具体关系如图5-10所示。

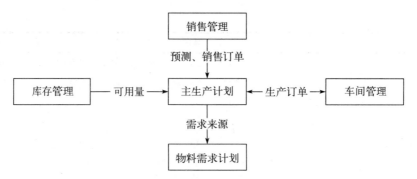

图 5-10 MPS 模块与其他模块的关系

◆ 思考与练习题

1. 什么是 MPS？MPS 在计划系统中处于什么样的地位？
2. 请解释以下概念：时段、时区和时界（计划时界与需求时界）。如何理解它们之间的关系？需求时区、计划时区、预测时区从时间上讲，哪一个在前面？请结合实例说明。
3. 请解释以下概念：毛需求、预计可用库存量、计划产出量、计划投入量、可供销售量、可用库存量。它们如何计算？
4. 请画出 MPS 计算流程图，并举例模拟 MPS 运算过程。
5. 产品 X 和 Y 的毛需求如表 5-14 所示。

表 5-14

	1	2	3	4	5	6	7	8	9	10	11
X 毛需求							100	130		120	170
Y 毛需求								60	70	100	100

各个物料的基础数据如表 5-15 所示。

表 5-15

物料	提前期	安全库存	期初可用库存	固定批量
X	1	0	40	50
Y	1	30	50	1

请分别计算 X 和 Y 的主生产计划。

6. 某公司产品编号为 10002 的激光打印机的相关信息如表 5-16 所示，试编制该产品的主生产计划的初步方案。

表 5-16 激光打印机信息

物料编码：10002	前期可用库存：100 台	计划员编号：J031
物料名称：激光打印机	安全库存量：10 台	计划展望期：10 周
提前期：2 周	需求时界：第 3 周	计划时界：第 7 周
批量规则：固定批量 30 台			

时段	1	2	3	4	5	6	7	8	9	10
预测量	80	50	40	40	10	40	90	50	50	10
订单量	40	50	40	50	10	60	90	50	40	10
计划接收量	30									

7. 已知一个产品的计划展望期为 8 周，需求时界为第 2 周，计划时界为第 6 周，期初库存为 200 台，安全库存为 50 台，第一周计划接收量为 50 台，批量规则为固定批量 50 台，提前期为 1 周。销售预测：第 1～7 周均为 200，第 8 周为 100 台。订单量：第 1～8 周分别为 180、250、150、210、230、170、190、100 台。根据以上条件试编制 MPS 的初步方案。

第 6 章

物料需求计划

在生产制造过程中，企业为满足不断波动的市场需求，要对原材料、零部件、在制品和半成品进行适量的储备，以使生产连续不断地有序进行，然而，原材料、零部件和在制品的库存又会占用大量资金，对企业的资金周转产生影响。物料需求计划（MRP）正是为解决这一矛盾而提出的，它是一种比较精确的生产计划系统，也是一种有效的物料控制系统，在保证满足物料需求的同时，使物料的库存水平保持在最小值范围内，也就是说协调物料需求和库存之间的差距。

6.1 MRP 定义与作用

6.1.1 MRP 的基本思想

MRP 的基本思想是，围绕物料转化组织制造资源，实现按需要准时生产。如前所述，物质资料的生产是将原材料转化为产品的过程。对于加工装配式生产来说，如果确定了产品产出数量和产出时间，就可按产品的结构确定产品的所有零件和部件的数量，并可按各种零件和部件的生产周期，反推出它们的产出时间和投入时间。物料在转化的过程中，需要不同的制造资源（机器设备、场地、工具、工艺装备、人力和资金等），有了各种物料的投入产出时间和数量，就可以确定对这些制造资源的需求数量和需求时间，这样就可以围绕物料的转化过程来组织制造资源，实现按需要准时生产。

按照 MRP 的基本思想，从产品销售到原材料采购，从自制零件的加工到外协零件的供应，从工具和工艺装备的准备到设备维修，从人员的安排到资金的筹措与运用，都要围绕 MRP 的基本思想进行，从而形成一整套新的方法体系，将涉及企业的每一个部门、每一项活动。

MRP 按反工艺顺序来确定零件、部件直至原材料的需要数量和需要时间，并不是什么新思想，一般生产管理人员都可能想到。那么，为什么 MRP 作为一种新的生产方式，只在近二三十年才发展起来呢？

由于现代工业产品的结构极其复杂，一个产品常常由成千上万种零件和部件构成，用手工方法不可能在短期内确定如此众多的零部件及相应制造资源的需要数量和需要时间。据报道，在使用电子计算机以前，美国有些公司用手工计算各种零部件的需要数量和时间，一般需要 6~13 周的时间。人们称这样编制生产作业计划的方式为"季度订货系统"。由于这样制订的计划只能每季度更新一次，计划不可能很细、很准，应变性也很差。

由于企业处于不断变化的环境之中，实际情况必然偏离计划的要求，其原因可能是对产品的需求预测不准确，引起产品的交货时间和交货数量改变；也可能是外协件、外购件和原材料的供应不及时；还可能是其他一些偶然因素，如出废品、设备故障、工人缺勤，等等，使生产不能按计划进行。

当计划与实际执行情况出现了较大偏差，通过主观努力已不可能达到计划的要求，或者计划本身不能完全反映市场需求时，必须修改计划。但是修改计划和制订计划一样费力，计划制订得越细致，修改计划的工作量就越大、越困难。而且，修订计划要求在很短的时间内完成，否则修订的计划将跟不上变化。显然，不使用电子计算机，单靠手工方式是无法及时对计划做出修改和调整的。MRP 的出现，是电子计算机应用于生产管理的结果。

6.1.2 为什么要围绕物料转化组织生产

在生产过程中，物料被不断地改变着原有形态和性质，从原材料逐步转变为产品。企业很大一部分流动资金被物料占用；同时，企业的固定资金主要为设备所占有。因此，管好设备和物料，对于提高企业的经济效益有举足轻重的作用。

是以物料为中心来组织生产，还是以设备为中心来组织生产，代表了两种不同的指导思想。以物料为中心组织生产体现了为顾客服务的宗旨：物料的最终形态是产品，它是顾客所需要的东西，物料的转化最终是为了提供使顾客满意的产品。因此，围绕物料转化组织生产是按需生产思想的体现。以设备为中心组织生产，即有什么样的设备，便生产什么样的产品，是以产定销思想的体现。以物料为中心来组织生产，要求一切制造资源围绕物料转，要生产什么样的产品，决定了需要什么样的设备和工具，决定了需要什么样的人员。以物料为中心可以把企业内各种活动有目的地组织起来，比如，某工艺装备是为满足某零件的某道工序的加工要求而设计制造的，该工艺装备应该在该零件的那道工序开始进行时提供，既不能早，也不能迟。以设备或其他制造资源为中心组织生产，则带有盲目性，比如导致追求所有设备的满负荷，追求每个人每时每刻必须有活干，等等。

既然最终是要按期给顾客提供合格的产品，在围绕物料转化组织生产的过程中，上一道工序应该按下一道工序的要求进行生产，前一生产阶段应该为后一生产阶段服务，而不是相反。MRP 正是按这样的方式来完成各种生产作业计划的编制的。

为什么要按后一生产阶段、后一道工序的要求组织生产呢？因为准时生产是最经济的，它既消除了误期完工，又消除了提前完工。误期完工影响生产进度，是很容易被认识到的。那么，提前完工好不好呢？很多人认为提前完工好，是应该支持与鼓励的。其实，提前完工和误期完工一样，既浪费了资源，也影响了生产，是应该否定的。

假设一个产品由 A、B 两零件构成，按现有生产能力，这两个零件都可以在预定完工期内加工出来。但是，由于没有按生产作业计划的要求进行，造成 A 零件提前完工，这会造成什么后果呢？由于 B 零件还没有加工完，产品不能装配，已完工的 A 零件必须库存一段时间，这会造成资金积压和一连串的浪费，如要修建库房、安排保管人员等。不仅如此，由于 A 零件提前完工，必然占用设备和人工，致使加工 B 零件的生产能力不足。如果不加班，B 零件就会误期完工，这样 A 零件还要增加一段库存时间。所需的其他外协、外购零件如果按预定完工期到达，也需库存一段时间才能用于装配。如果对 B 零件安排加班生产，保证按预定完工期完工，则要支付加班费（见图 6-1）。

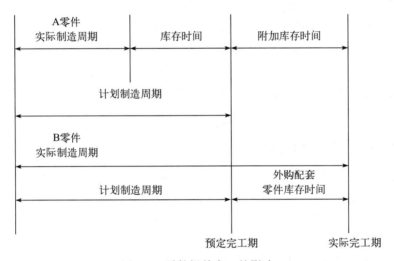

图 6-1　零件提前完工的影响

过量生产更是有害的，它不仅长期积压某些零件，而且影响了急需零件的生产。很多企业只注意考核工人完成的工作量，鼓励超额完成任务，不注意他们是否按计划完成任务，结果造成严重的过量生产，也造成了严重的零件短缺。人们常常感叹，不该加工的加工出来，该加工的没有加工出来，零件的积压与短缺并存。这正是鼓励"提前"与"超额"带来的后果。

部分零件提前完工不好，那么全部零件提前完工同样不好。提早完成若不能提早交货，则要放入成品库存放起来——成品积压是更大的浪费。若能提早交货，虽不影响制造厂的利益，却增加了用户的负担——因为没有到需要的时候，产品必然要存放起来。

6.1.3　MRP 与订货点方法的区别

用传统的订货点方法来处理制造过程中的供需矛盾，有很大的盲目性，结果会造成大量的原材料及在制品库存。传统的订货点方法和 MRP 一样，也是要解决订什么、订多少和何时提出订货三个问题，它是靠维持一定量的库存来保证需要的。为了叙述方便，下面将用"元件"来代表零件、部件、毛坯和原材料。订货点方法用于制造过程有以下缺点。

（1）盲目性。对需求的情况不了解，盲目地维持一定量的库存会造成资金积压。例如，对某种零件的需求可能出现如表6-1所示的三种情况。按经济订货批量（EOQ）公式，可以计算出经济订货批量，比如说为50件。这样，对于情况1，第一周仅需20件，若一次订50件，则余下30件还需存放3周，到第4周再消耗20件，余下的10件还需存放4周，而且还满足不了第8周的需要，因此在第8周前又要提出数量为50件的订货。对于情况2，订货量不足以满足前三周的需要。对于情况3，剩余的30件无缘无故被存放了9周，而且还不满足第10周的需要。靠经常维持库存来保证需要，是对需求的数量及时间不了解所致，盲目性造成了浪费。

表 6-1 零件需求表

周次	1	2	3	4	5	6	7	8	9	10
情况 1	20	0	0	20	0	0	0	20	0	0
情况 2	20	0	40	0	0	0	0	0	0	0
情况 3	20	0	0	0	0	0	0	0	0	40

（2）高库存与低服务水平。用订货点方法会造成高库存与低服务水平。由于对需求的情况不了解，只有靠维持高库存来提高服务水平，这样会造成很大浪费。传统的订货点方法使得低库存与高服务水平两者不可兼得。

服务水平越高则库存越高，而且服务水平达到95%以上时，再要提高服务水平，库存量上升很快。从理论上讲，服务水平接近100%则库存量必然趋于无穷大。如果装配一个部件需要5种零件，当以95%的服务水平供给每种零件时，每种零件的库存水平都会很高。即使如此，装配这个部件时，5种零件都不发生缺货的概率仅为$(0.95)^5=0.774$，即装配这种部件时，几乎4次中就有1次碰到零件配不齐的情况。一个产品常常包含上千种零部件，装配产品时不发生缺件的概率就很低了。这就是采用订货点方法造成零件积压与短缺共存局面的原因。

（3）形成"块状"需求。采用订货点方法的条件是需求均匀。但是，在制造过程中形成的需求一般都是非均匀的：不需要的时候为零，一旦需要就是一批。采用订货点方法加剧了这种需求的不均匀性（见图6-2）。

从图6-2中看，产品、零件和原材料的库存都采用了订货点方法控制。对产品的需求由企业外部多个用户的需求决定。由于每个用户的需求相差不是很大，综合起来，对产品的需求比较均匀，库存水平的变化总轮廓呈锯齿状。当产品的库存量下降到订货点以下时，要组织该产品的装配，于是要从零件库中取出各种零件，这样，零件的库存水平陡然下降一块。而在此之前，尽管产品库存水平在不断下降，由于没下降到订货点，不必提出订货，因而，零件的库存水平维持不变。类似地，当零件的库存水平未降到订货点以下时，也不必提出订货。于是，原材料的库存水平维持不变。随着时间的推移，产品的库存逐渐消耗，当库存水平再降到订货点以下时，再次组织产品装配，这时又消耗一部分零件库存。如果这时零件的库存水平降到零件的订货点以下，就要组织零件加工。这样，就又消耗一部分原材料库存。

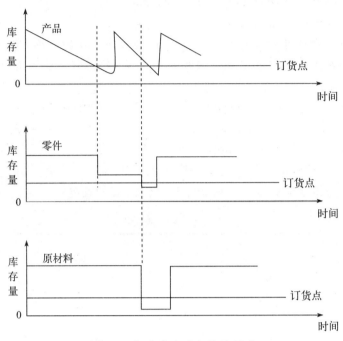

图 6-2 订货点方法与块状需求

由此可以看出，在产品的需求量均匀的条件下，由于采用订货点方法，造成对零件和原材料的需求量不均匀，呈"块状"。"块状"需求与"锯齿状"需求相比，平均库存水平几乎提高一倍，因而需占用更多的资金。

订货点方法是用于处理独立需求问题的，它不能令人满意地解决生产系统内发生的相关需求问题。而且，订货点方法不适于 MTO 企业。于是，人们找到了 MRP。它可以精确地确定对零部件、毛坯和原材料的需求数量与时间，消除了盲目性，实现了低库存与高服务水平并存。

20 世纪 60 年代中期，美国 IBM 公司管理专家约瑟夫·奥利奇博士提出把一个企业内的各种物料分为独立需求（independent demand）和相关需求（dependent demand）两类，并按时段确定不同时期的物料需求，产生了解决库存物料订货的新方法，这就是物料需求计划——MRP。

在 MRP 系统中，独立需求物料的订货计划是根据销售合同或市场预测信息，由主生产计划（MPS）确定；而大量相关需求物料的订货计划是通过 MPS 展开产品结构，根据各个物料的从属关系由 MRP 运算确定的。这里订货计划包括加工计划和采购计划两个方面。MRP 运算除了要依据 MPS 和 BOM 以及物料主文件中有关期和量的参数外，另一项重要的依据是库存信息，不但要知道现有的库存量，还要知道现有量中已分配但尚未出库的数量、预期即将入库的数量、安全库存量和不作为生产使用的库存量。总之，库存信息是一种动态信息。

综上所述，MRP 要回答四个问题，即

- 要生产什么？（根据 MPS）

- 要用到什么？（根据物料清单）
- 已经有了什么？（根据库存信息）
- 还缺什么？何时订货？（MRP 运算后提出的报告）

这四个问题是任何制造业企业，不论其产品类型、生产规模、工艺过程如何，都必须回答的普遍性的基本问题，被称为"制造业的方程式"。MPS、物料清单和库存信息被称为 MRP 的三项基本要素，其中 MPS 起"驱动"作用，它决定 MRP 系统的现实性和有效性；另外两项是最基本的数据依据，它们的准确性直接影响 MRP 运算的结果。物料需求计划的基本原理是根据主生产计划对最终产品的需求数量和交货期，依据产品结构、物料清单、库存信息及其他如工艺、日历等数据，推导出零部件及原材料的需求数量和需求日期，再导出自制零部件的投产日期和完工日期，原材料和采购件的订货日期和入库日期，并进行需求资源与可用资源之间的进一步平衡（见图 6-3）。

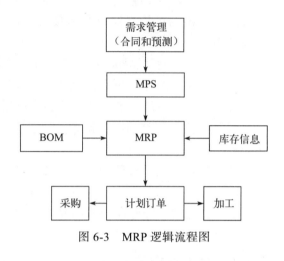

图 6-3　MRP 逻辑流程图

企业生产的主要经济矛盾是需求与供给之间的矛盾。MRP 不仅说明供需之间品种和数量的关系，更重要的是说明了它们之间的时间关系；不但说明了需用的时间，还说明了下达订单的时间。在 MRP 系统中，以零件为计划对象，计划时段（尤其在近期）一般以周或日为单位，只有这样才能清楚地分辨出各个物料供需时间上的优先级。

6.1.4　MRP 与主生产计划的关系

主生产计划只是对最终产品的计划，但产品的结构是多层次的，一个产品可能包含成百上千种零部件和原材料，一种物料可能会用在几种产品上，不同产品对同一种物料的需用量也不相同，如果把企业所有产品的相关需求件汇合起来，则数量更大。另外，不同物料的加工周期或采购周期不同，需求日期也不同。要使每个物料能在需用日期配套备齐，满足装配或交货期的要求，又要在不需要的时期不要过量占用库存，还要考虑合理的生产批量，仅仅依赖人工相当不易。因此，在生产中如何配置和协调，有效地保证产品和零部件的交货期和交货量，使库存量保持在最低水平，同时使企业生产过程的组织和控制规范化，提高企业管理者对生产过程的控制能力，真正实现"以销定产"的目的，这是 MRP 所要解决的问题。

MRP 是 MPS 需求的进一步展开，也是实现 MPS 的保证和支持。它根据 MPS、物料清单和物料可用量，计算出企业要生产的全部加工件和采购件的需求量，按照产品出厂的优先顺序，计算出全部加工件和采购件的需求时间，并提出建议性的计划订单。

如今，人们建立和使用的 MRP 系统已经成了一种标准的形式。这种标准形式包含着系统运行所依据的某些前提条件。

第一是要有一个主生产计划，也就是说，要有一个关于生产什么产品和什么时候产出的权威性计划。该计划只考虑最终项目，这些项目可能是产品，可能是处于产品结构中最高层次的装配件，这些装配件可根据总装配计划装配成不同的产品。主生产计划考虑的时间范围，即计划展望期，取决于产品的累计提前期，即产品装配提前期、所有零部件的生产提前期和采购提前期累计之和。计划展望期的长度应当等于或超过产品的累计提前期，通常为 3～18 个月。主生产计划的形式通常是一个按时区列出的各最终项目产出数量的矩阵。主生产计划是 ERP 的一个非常重要的计划层次。

第二是在计划编制期间必须有一份物料清单（BOM）。BOM 是产品结构文件，它不仅罗列出某一产品的所有构成项目，同时也要指出这些项目之间的结构关系，即从原材料到零件、组件及最终产品的层次隶属关系。

第三是要有完整的库存记录。也就是说，所有在 MRP 系统控制下的物料都要有相应的库存记录。

第四是要求赋予每项物料一个独立的物料代码，这些物料包括原材料、零部件和最终产品。这些物料代码不能有二义性，即两种不同的物料不得有相同的代码。主生产计划、物料清单和库存记录都要通过物料代码来描述。

6.2 MRP 的相关概念

在编制 MRP 时，还有许多因素影响着 MRP 的输出，它们是制造/采购标识码、提前期、安全库存、损耗率、批量政策等，其中提前期、安全库存和批量政策在前面已经介绍过。

1. 制造/采购标识码

制造/采购标识码属于物料主文件中的一个项目，通常用字母 P 表示某物料是采购件，用字母 M 表示某物料是制造件。当运行 MRP 时，这个标志将决定对于某物料是编制采购计划还是生产计划。如果某物料是采购件，则无须产生该物料的生产过程，只需编制采购计划；而对于制造件，就必须利用 BOM 来决定以哪些零件、部件或材料来制造这个物料。

2. 损耗率

在生产的各个环节中，有各种各样的损耗，因此在计算物料需求时，要考虑到各种损耗率系数。

（1）组装废品系数。组装废品系数即装配件在装配过程中的零件损耗。例如，装配产品 A 时，估计有 5% 的玻璃管毁坏，因此在计算 A 所需的玻璃管的毛需求时，要增加组装时的损耗部分，如装配 100 件 A 的订单则要有 105（=100×105%）个玻璃管部件的需求。

（2）零件废品系数。对于一定数量的订单，预计入库时，会有一定百分比的减少，可见零件废品系数是对订单数量而不是对毛需求的调整。例如，产品 A 入库时的零件废品系数为 2%，在组装时的组装废品系数为 5%，则针对该需求制定 MRP 时，首先应考虑 2% 的零件废品系数，计算产品 A 的计划订单数，计划订单数量要比需要的多 2%，如 A 客户的订单需求为 100 时，计划订单数量应为 102；然后根据计划订单数量再考虑组装 A 时的组装废品系数，在这种情况下，产品 A 计划订单数量 102 对玻璃管的毛需求量应为 108（=102×105%）。

（3）材料利用率。材料利用率是有效产出与总投入的比率，即

$$材料利用率 = 有效产出 / 总投入$$

则

$$总投入 = 有效产出 / 材料利用率$$

例如，某装配件的材料利用率是 95%，那么为了生产 100 件产品就要投入生产 106（=100÷95%）个产品的装配件才能保证。

零件废品系数与材料利用率是一个问题的不同表示，都表示预计的生产损耗。

6.3 MRP 的编制

MRP 主要根据 MPS 展开编制相关需求件的计划，也可以通过人工直接录入某些物料的需求量，如录入备品备件的数量。MRP 最终要提出每一个加工件和采购件的建议计划，除说明每种物料的需求量外，还要说明每一个加工件的开始日期和完成日期，说明每一个采购件的订货日期和入库日期，把生产作业计划和物料供应计划统一起来。MRP 的输入信息和处理问题如表 6-2 所示。

表 6-2 MRP 的输入信息和处理问题

处理的问题	需要信息
生产什么、生产多少、何时完成	现实、有效、可信的 MPS
要用到什么	准确的 BOM，实时的设计更改通知
已有什么、已订货量、到货时间、已分配量	准确的库存信息，下达订单跟踪信息，配套的领料单、提货单
还缺什么	批量规则、安全库存、成品率
下达订单的开始日期	提前期

MRP 的输入有主生产计划、物料清单和库存状态。MPS 是针对最终产品的生产计划，计划展望期要视具体行业而定，MPS 的结果包括产品的生产数量和完成时间。BOM 是一种产品结构，表示完成某一最终产品时所需的零件、部件和原材料的数量及相互关系。库存状态表示企业仓库中存有零件、部件和原材料的情况。MRP 的输出有生产计划和采购计划（有时也包括外协计划）。MRP 的运行机制或称算法是根据 MPS 规定的最终产品生产的数量和时间要求，以及零部件库存、在制品数据、前期计划执行情况和生产提前期等决定采购计划与生产计划的。

6.3.1 相关参量

MRP 根据主生产计划来确定与这个计划有关的每一库存项目的净需求和为满足这些净需求所需的库存储备。所有这些需求及库存数量都是按时间分段的，即不仅指出数量，也指出相应的时间。MRP 方法也包括在逻辑上相关的一系列处理步骤、决

策规则以及数据记录（这些数据记录也可看成是系统的输入）。在 MRP 系统中，每当主生产计划或库存状态或产品结构发生变化时，都要重新安排净需求和库存储备计划。在编制计划的过程中，MRP 系统根据各个库存项目的总需求来分配现有库存量，并复查各个已下达的订货时间是否仍有效，以便决定净需求量。为了满足净需求，系统为每个库存项目建立一个计划订货日程表，其中包括即将下达订货的订货数据，也包括今后订货的数据。

MRP 在计算物料需求时主要涉及以下指标数据：

（1）毛需求量 [gross requirement, G（t）]，指某库存项目（物料）在每个时间周期需求的总数量。最终项目的毛需求由市场预测和客户订单确定，相关需求的毛需求由它的高层项目中的计划订单信息和 BOM 结构关系确定。

（2）计划接收量 [scheduled receipts, S（t）]，指通过生产订单或采购订单方式，在本计划期前已经下达订货指令，并将在本计划期内某时段到货的量。

（3）预计库存量 [projected on hand, H（t）]，指某一时段的预计库存量等于前一时间周期的预计库存量加上同期的计划接收量，并减去同期的毛需求量。

（4）已分配量（allocations）和可用库存量（permit available balance），指在仓库中为特定的客户订单、车间订单或维修工作而保留一定的物料量。其特征是物料还在仓库中，但已分配给某一订单，分配的数量称为这个物料的已分配量。

可用库存量是将库存中物料的数量去除已分配量而得到的库存物料数量。

（5）净需求量 [net requirement, N（t）]，指在 MRP 中，一种物料的净需求量等于同期的毛需求量减去同期的可用库存量，再减去安全库存量，如果其值小于零，则净需求为零。

（6）计划完工，指按照所生成的计划订单，物料采购或加工完毕的数量和时间。计划完工时间即为该时段，完工数量由同一时段的净需求量来确定；而且在计算计划完工量时，需要考虑批量策略，计划完工量不能小于净需求量。

（7）计划投入，指按照所生成的计划订单，物料采购计划或加工计划下达的时间和数量。计划下达时间由计划完工时间和该物料的提前期来确定，计划下达数量由计划完工数量及损耗系数来确定。

6.3.2 MRP 的编制过程

物料需求计划的计算步骤如图 6-4 所示，其计算方法如下。

（1）计算物料的毛需求量。根据前文所述，物料的毛需求包括市场对其本身的独立

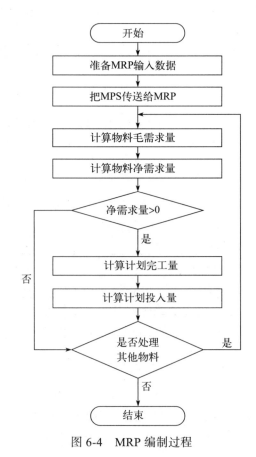

图 6-4 MRP 编制过程

需求量和由其父项根据产品结构展开产生的对该物料的相关需求量。

$$毛需求量 = 物料的独立需求量 + 父项产生的相关需求量$$

（2）计算物料净需求量。其中毛需求量加上已分配量和安全库存量为总需求量，这里的已分配量是尚保存在仓库中但已被分配掉的物料数量。现有库存量加上计划收到量为当前可达到的供给量。总需求量减去可达到的供给量就是真正的需求量。因此，净需求的计算公式如下：

$$净需求量 = 毛需求量 + 安全库存量 - 计划接收量 - 可用库存量$$
$$可用库存量 = 现有库存量 - 已分配量$$

（3）计算计划完工量。根据净需求量，考虑批量规则，生成计划完工量和时间。完工时间即净需求所在时段，如用固定批量策略，则完工数量服从下面公式：

$$(N-1) \times 固定批量 < 净需求 \leq N \times 固定批量$$

（4）计算计划投入量。根据计划完工量，考虑损耗系数，计算计划投入量；考虑提前期，计算计划投入时间。

（5）根据计划完工和计划投入，产生计划订单。编制 MRP 时是先不考虑生产能力约束的，ERP 系统是在编制完 MRP 后，再编制能力需求计划，按生产工艺要求，分类核算各制造件的生产负荷并汇总，以便进行能力与负荷的平衡，指导计划员调整 MRP，最终生成一份可行的物料需求计划。

6.3.3 实例

【例 6-1】 产品 A 的 BOM 结构如图 6-5 所示，物料需求计划中的输入数据如表 6-3a、表 6-3b、表 6-3c、表 6-3d 所示，请编制产品 A 的物料需求计划。

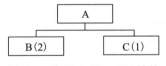

图 6-5 产品 A 的 BOM 结构

表 6-3 a）物料 A 的主生产计划

时段	1	2	3	4	5	6	7	8	9
计划完工		10	10	10	10	10	10	10	10
计划投入	10	10	10	10	10	10	10	10	

表 6-3 b）物料清单

项目	层次	用量
A	0	
B	1	2
C	1	1

表 6-3 c）独立需求

时段	1	2	3	4	5	6	7	8
物料 C	5	5	5	5	5	5	5	5

表 6-3　d) 库存和参数文件

物料	计划接收量（周）								现有库存	已分配量	提前期	订货批量
	1	2	3	4	5	6	7	8				
B				40					65	0	2	40
C			30						30	0	3	30

表 6-4a 是物料 A 的计划投入数据。根据以上输入信息可推导出物料 B、C 的物料需求计划的需求日期、需求数量，并根据提前期确定订单下达的日期。

表 6-4　a) 物料 A 的计划投入

时段	1	2	3	4	5	6	7	8
计划投入	10	10	10	10	10	10	10	10

如表 6-4b 所示，由物料 A 的计划投入，按照 BOM 结构可计算出物料 B 的毛需求。因为每一个 A 需要两个 B，所以 1~8 周，B 的毛需求均为 20（10×2），物料 B 的毛需求时段对应 A 的投入时段。然后，根据毛需求、计划接收量、期初库存、安全库存等信息，可计算物料 B 的净需求。这里物料 B 的安全库存为 0，不予考虑。例如，第 1 时段，期初库存为 65，计划接收量为 0，净需求 = 毛需求 – 可用库存 =20-65=-45，为负数，所以没有净需求。第 4 时段，净需求 = 毛需求 – 可用库存 – 计划接收量 =20-5-40=-25，为负数，仍然没有净需求。第 6 时段，净需求 = 毛需求 – 可用库存 =20-5=15；然后考虑批量策略，物料 B 的固定批量为 40，所以计划完工量为 40；考虑物料 B 的提前期为 2 个时段，所以在第 4 时段应该开始执行物料 B 的生产或采购，计划投入量为 40 个。

表 6-4　b) 物料 B 的物料需求计划

时段	期初	1	2	3	4	5	6	7	8
毛需求		20	20	20	20	20	20	20	20
计划接收量					40				
预计库存	65	45	25	5	25	5	25	5	25
净需求							15		15
计划完工							40		40
计划投入					40		40		

如表 6-4c 所示，由物料 A 的计划投入，按照 BOM 结构可计算出物料 C 的毛需求。因为一个 A 需求一个 C，且物料 C 本身还有独立需求（见表 6-3c），独立需求要与相关需求按相应时段汇总，才是物料 C 总的毛需求，所以 1~8 周 C 的毛需求为 15（=10×1+5），物料 C 的毛需求时段对应 A 的投入时段。然后，根据毛需求、计划接收量、期初库存、安全库存等信息，可计算物料 C 的净需求。这里物料 C 的安全库存为 0，不予考虑。例如，第 1 时段，期初库存为 30，计划接收量为 0，净需求 = 毛需求 – 可用库存 =15-30=-15，为负数，所以没有净需求。第 3 时段，净需求 = 毛需求 – 可用库存 – 计划接收量 =15-0-30=-15，为负数，仍然没有净需求。第 5 时段，净需求 = 毛需求 – 可用库存 =15-0=15；然后考虑批量策略，物料 C 的固定批量为

30，所以计划完工量为 30；考虑物料 C 的提前期为 3 个时段，所以在第 2 时段应该开始执行物料 C 的生产或采购，计划投入量为 30 个。

表 6-4 c）物料 C 的物料需求计划

时段	期初	1	2	3	4	5	6	7	8
毛需求		15	15	15	15	15	15	15	15
计划接收量		0	0	30	0	0	0	0	0
预计库存	30	15	0	15	0	15	0	15	0
净需求						15		15	
计划完工						30		30	
计划投入			30		30				

【例 6-2】 产品 X 和 Y 的 BOM 结构如图 6-6 所示，产品 X 和 Y 的毛需求如表 6-5a 所示，各个物料的基础数据如表 6-5b 所示，请编制产品 X 和 Y 的主生产计划，然后编制物料 B 和 C 的物料需求计划。

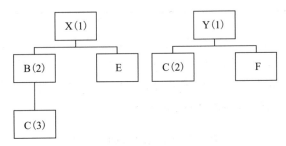

图 6-6 产品 X 和 Y 的 BOM 结构

表 6-5 a）产品 X 和 Y 的毛需求

时段	1	2	3	4	5	6	7	8	9
X 毛需求					100	130		120	170
Y 毛需求						60	70	100	100

表 6-5 b）各个物料的基础数据

物料	提前期	安全库存	计划接收量	期初库存	已分配量	订单批量
X	1	0	0	40	0	50
Y	1	0	0	50	0	1
B	1	15	0	40	0	30
C	2	160	200（时段 3）	300	200	250

解：（1）计算产品 X 和 Y 的主生产计划，如表 6-6a 和表 6-6b 所示。

表 6-6 a）产品 X 的主生产计划

时段	期初	1	2	3	4	5	6	7	8	9
毛需求						100	130		120	170
计划接收量										

（续）

时段	期初	1	2	3	4	5	6	7	8	9
预计库存量（前）						−60	−90	10	−110	−130
预计库存量（后）	40	40	40	40	40	40	10	10	40	20
净需求						60	90		110	130
计划完工						100	100		150	150
计划投入					100	100		150	150	

表6-6　b）产品Y的主生产计划

时段	期初	1	2	3	4	5	6	7	8	9
毛需求							60	70	100	100
计划接收量										
预计库存量（前）							−10	−70	−100	−100
预计库存量（后）	50	50	50	50	50	50	0	0	0	0
净需求							10	70	100	100
计划完工							10	70	100	100
计划投入						10	70	100	100	

（2）根据BOM表，只有产品X对物料B有需求，按照产品X的计划投入量，计算X对物料B的毛需求。由于X：B=1：2，所以把相应时段产品X的计划投入量乘以2就得出物料B的毛需求。如第4时段，产品X的计划投入量是100，则物料B在第4时段的毛需求=100×2=200（见表6-6c）。

表6-6　c）物料B的毛需求

物料	时段	期初	1	2	3	4	5	6	7	8	9
X	计划完工					100	100			150	150
	计划投入				100	100		150	150		
B	毛需求				200	200		300	300		

（3）计算物料B的净需求：净需求=当前时段毛需求量+安全库存量−（当前时段计划接收量+上一时段预计库存量（后）），其中，期初可用库存=期初库存量−已分配量。这里由于物料B没有已分配量，所以不予考虑。如第4时段，物料B的净需求=200+15−（0+40）=175。

（4）根据批量策略和净需求，计算物料B的计划完工量。如物料B在第4时段的净需求是175，但由于B的固定批量是30，所以B在第4时段的计划完工量=30×6=180>175。

（5）考虑物料B的提前期，确定物料B的计划投入时间。如物料B的提前期是1，计划投入时间要比计划完工时间提前1个时段，所以物料B在时段3计划投入量为180。这里简便起见，未考虑计划投入量与计划完工量不同的情况，如实际中可能考虑材料利用率，则投入的数量就会与计划完工量不同。

（6）计算物料B的预计库存量（后），即本时段的期末预计可用库存，也即下一时段的期初预计可用库存。本时段的预计库存量（后）=本时段的计划完工量+上一时段的预计库存量（后）+ 本时段的计划接收量 − 本时段的毛需求。如第 4 时段，物料 B 的预计库存量（后）=180+40+0−200=20。

至此，物料 B 的物料需求计划计算完毕，如表 6-6d 所示。

表 6-6　d）物料 B 的物料需求计划

物料	时段	期初	1	2	3	4	5	6	7	8	9
B	毛需求					200	200		300	300	
	计划接收量										
	预计库存量（前）					−160	−180		−270	−270	
	预计库存量（后）	40	40	40	40	20	30	30	30	30	30
	净需求					175	195		285	285	
	计划完工					180	210		300	300	
	计划投入				180	210		300	300		

（7）根据 BOM 表，物料 B 和产品 Y 对物料 C 都有需求，按照物料 B 和产品 Y 的计划投入量，计算 X 对物料 B 的毛需求。由于 B：C=1：3，Y：C=1：2，所以在相应时段，物料 C 的毛需求 = 物料 B 的计划投入量 ×3+ 产品 X 的计划投入量 ×2。如第 6 时段，物料 B 的计划投入量是 300，产品 Y 的计划投入量是 70，则物料 C 在第 6 时段的毛需求 =300×3+70×2=1 040，如表 6-6e 所示。

表 6-6　e）物料 C 的毛需求

物料	时段	期初	1	2	3	4	5	6	7	8	9
B	计划完工					180	210		300	300	
	计划投入				180	210		300	300		
Y	计划完工							10	70	100	100
	计划投入						10	70	100	100	
C	毛需求				540	630	20	1 040	1 100	200	

（8）计算物料 C 的净需求：这里由于物料 C 有已分配量 200，所以期初可用库存 = 期初库存 − 已分配量 =300−200=100。净需求计算，如第 3 时段，物料 B 的净需求 = 毛需求量 + 安全库存量 −（计划接收量 + 上一时段预计库存量（后））=540+160−（200+100）=400。

（9）根据批量策略和净需求，计算物料 C 的计划完工量。如物料 C 在第 3 时段的净需求是 400，但由于 C 的固定批量是 250，所以 C 在第 3 时段的计划完工量 = 250×2=500>400。

（10）考虑物料 C 的提前期，确定物料 C 的计划投入时间。如物料 C 的提前期是 2，计划投入时间要比计划完工时间提前两个时段，物料 C 在第 3 时段有计划完工量 500，所以物料 C 在时段 1 计划投入量 500。

（11）计算物料 C 的预计库存量（后）。如第 3 时段，物料 C 的预计库存量（后）= 500+100+200−540=260。

至此，物料 C 的物料需求计划计算完毕，如表 6-6f 所示。

最后，合并 MRP 报表，如表 6-7 所示。

表 6-6　f）物料 C 的物料需求计划

物料	时段	期初	1	2	3	4	5	6	7	8	9
C	毛需求				540	630	20	1 040	1 100	200	
	计划接收量				200						
	预计库存量（前）				−240	−370	360	−680	−780	20	
	预计库存量（后）	100	100	100	260	380	360	320	220	270	270
	净需求				400	530		840	940	140	
	计划完工				500	750		1 000	1000	250	
	计划投入		500	750		1 000	1 000	250			

表 6-7　合并 MRP 报表

物料	时段	期初	1	2	3	4	5	6	7	8	9
X	计划完工					100	100		150	150	
	计划投入				100	100		150	150		
Y	计划完工							10	70	100	100
	计划投入						10	70	100	100	
B	毛需求					200	200		300	300	
	计划接收量										
	预计库存量（前）					−160	−180		−270	−270	
	预计库存量（后）	40	40	40	40	20	30	30	30	30	30
	净需求					175	195		285	285	
	计划完工					180	210		300	300	
	计划投入				180	210		300	300		
C	毛需求				540	630	20	1 040	1 100	200	
	计划接收量				200						
	预计库存量（前）				−240	−370	360	−680	−780	20	
	预计库存量（后）	100	100	100	260	380	360	320	220	270	270
	净需求				400	530		840	940	140	
	计划完工				500	750		1 000	1 000	250	
	计划投入		500	750		1 000	1 000	250			

6.4　计划运行的方法

计划的编制是周期性的、动态的。编制计划比较容易，但修改计划却是一项繁重的工作。修改计划是不可避免的、经常性的工作。由于客户需求可能发生改变、产品结构或工艺可能变动、采购计划可能无法按期完成、设备故障、加工件报废等因素，MPS 或 MRP 都需要修改。这就要求计划员非常熟悉 MRP 计划与控制的原理和方法，熟悉产品结构和各种数据参数，并能灵活熟练地判断和运用。为防止计划不稳定，影响计划的执行，修订计划要注意以下事项：

（1）弄清问题的性质，注意问题出现在生产运作过程的哪个层次，明确修订的必要性，例如预测生成的计划不一定要修订。

（2）利用系统的功能，追溯有关计划任务（订单）的来源，查询问题影响的范围，若在需求时界以内的变动要有审批手续。

（3）分清轻重缓急，重新调整优先级。

除了计划员人工修改计划外，在一定的约束和控制机制下，系统具有自动修改计划的功能。在 MRP 系统中，修改 MPS 或 MRP 有全重排法（regeneration）和净改变法（net change）两种方法。

6.4.1 全重排法

全重排法即重新运行计划系统，主生产计划完全重新制订，重新展开物料清单，重新编排物料需求的优先顺序，原有计划订单都会被系统删除并重新编制。

全重排法的好处是将计划全部理顺，避免差错。重排计划的间隔时间，要根据产品结构的复杂程度、物料数量的多少、对计划准确度的要求、计划变动影响面的大小、计算机的运行速度等因素来确定。有的企业产品比较简单，对所有产品的计划全重排一次的时间很短（如几十分钟或几个小时），可根据情况及时运行或在夜班运行，尽早提出修订好的计划，不一定要等到周末。产品复杂企业全重排的运行时间比较长（如十多个小时），可能需要一周才运行一次，但即便如此，也是手工管理无法比拟的。

在一个复杂动态的生产环境中，生产状态处于连续变化之中。在这种情况下，客户需求时时波动，订货每天都可能发生变化，常有需紧急维修的订单，也可能出现报废的情况，产品的设计不断更新——所有这些都意味着每项物料的需求数量和需求时间也要随之迅速改变。由于全重排计划的数据处理量很大，所以计划重排结果报告的生成常有时间延迟，这就使得系统反映的状态总是在某种程度上滞后于现实状态。由于生产环境要求系统有迅速适应变化的能力，当企业产品复杂、数据量过大时，全重排法不能适合生产作业的节奏。

6.4.2 净改变法

净改变法只对计划订单中有变动的部分进行局部修改，一般改动量比较小；如只变动部分产品结构、需求量、需求日期等。运行时，只展开受变动影响的部分物料，修改量小，运算时间快，可以随时进行；一般用于计划变动较多但影响面不大的情况。局部分解是使净改变法具有实用价值的关键，因为局部分解缩小了每次做需求计划运算的范围，可以提高重排计划的频率。这样，当需求或企业发生变化时，系统可以及时对计划进行处理，尽早通知管理人员采取相应的措施。

但是净改变法使系统常常表现得过于敏感，在系统中，每次文件更新都相当于重排计划，系统可能要求管理人员不断修正已经进行的作业。所以，有的系统会采用提示的方式，由人工确定是否改变相应的计划。计划员不立即采取行动，但必须密切关注这些新信息，以适当的频度采取行动，即人为地抑制过度的系统敏感性。

另外，采用净改变法的系统自清理能力较差，大量频繁地局部修改会产生全局性的差错——不完整、不准确的数据对任何形式的 MRP 系统来说，都会导致输出和结果无效。而全重排法具有较好的自清理能力，每次运行都是对新的主生产计划进行处理，原有主生产计划也就自然而然地被完全抛弃，新计划的分解与需求计划编制是从头开始的。因此一般软件都提供两种修订计划的功能，平时使用净改变方式，周期性使用全重排方式进行全面数据清理。

6.5 MRP 与其他模块的关系

企业的 MRP 管理模块与其他管理模块的关系如图 6-7 所示。

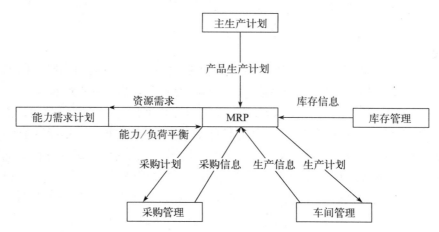

图 6-7 MRP 模块与其他管理模块的关系

主生产计划模块确定了独立需求的生产计划，这是企业编制 MRP 的需求数据来源，是 MRP 管理模块的输入数据；库存管理模块记录了企业可用物料的所有信息，是物料供给数据的主要来源；其他供给数据还包括车间管理模块中的在制品信息和采购管理模块中产生的在途信息。编制的 MRP 将根据物料的类型，产生不同的计划订单，如物料是采购件，则生成该物料的采购计划，采购计划下达后，将自动转到采购管理模块，由采购部门组织采购；如果物料是自制件，则该物料的生产计划下达后，将自动转到车间管理模块，由车间组织生产。为了编制出可行的物料需求计划，还需要通过能力需求计划来进行能力/负荷平衡，根据 MPS/MRP 的结果，能力需求计划模块进行能力分析，其结果将帮助计划员进行 MRP 及 MPS 的调整。在企业的各类业务活动中，以 MRP 为核心，逐步制订各类业务的进度计划，从而驱动着各项业务的进行。所以，企业内部的一切活动都是在以 MRP 为核心的计划管理体系的指导下有条不紊地进行。

◆ 思考与练习题

1. 围绕物料和围绕设备组织生产有什么区别？
2. MRP 与订货点方法的主要区别是什么？
3. MRP 的主要输入数据有哪些？
4. 分析损耗率对 MRP 计算的影响。
5. 批量策略在 MRP 中如何使用？试举三种不同批量策略的影响。
6. 如何理解 MRP 中提前期的应用？
7. 分析 MRP 计算中的供给量和需求量。
8. 净需求与计划产出之间的关系是什么？
9. 试举例描述 MRP 生成的一个物料需求计划。
10. 已知某产品的毛需求如表 6-8 所示，该产品的已分配量为 0，提前期为 2 周，第 2 周计划接收量为 20 件，现有库存量为 20，请用直接批量法编制 MRP 计划。

表 6-8　某产品的毛需求量表

计划周期	1	2	3	4	5	6	7	8
毛需求量	5	10	18	0	10	6	0	14

11. 请计算物料 X 和 Y 的 MPS 与物料 B 和 C 的 MRP。产品 X 和 Y 的毛需求如表 6-9 所示。

表 6-9　X 和 Y 的毛需求

	1	2	3	4	5	6	7	8	9
X 毛需求					100	130		120	170
Y 毛需求						60	70	100	100

各个物料的基础数据如表 6-10 所示。

表 6-10　各个物料的基础数据

物料	提前期	安全库存	期初库存	订单批量
X	1	0	40	50
Y	1	0	50	15
B	1	15	40	30
C	2	160	300	25

BOM 结构如图 6-8 所示。

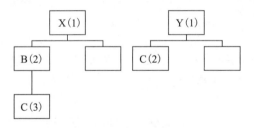

图 6-8　BOM 结构

案例分析 6-1

计算机企业的生产计划解决方案

由于计算机的个性化需求非常典型，计算机生产厂商是按 MTO 方式进行组织；而硬盘、内存条等零部件大都属于标准产品，为了缩短交货周期，快速满足客户的需求，零部件需要提前预测并组织生产备库。

制造业之所以复杂，就是因为制造型企业行业差异很大，生产管理流程各不相同、复杂多变。实际上，在设计企业的生产计划管理方案时，ERP 也是灵活多变的。为了实现计算机总装企业（如联想）的生产计划管理，必须回答三个问题：①如何实现零部件的备库？②如何实现客户定制下单？③如何实现产品组装交货？

1. 零部件的预测备库

从生产工艺角度来看,计算机行业属于离散制造业,离散制造的一个管理重点就是"配套"。如果直接对硬盘、内存条等零部件进行分别预测,面对成百上千的零部件,很难保证它们的配套;如果零部件无法配套,就会造成大量的库存。所以,我们必须从成品展开预测。但是这会存在两个问题:一个是对于 ERP 系统来讲,一旦生成某个物料的预测,就可能生成该物料的生产计划,也就必须生产该物料,而成品是按订单生产的,不能提前生产;另一个是成品的客户化程度太高,一个产品系列会有很多种产品,我们不可能对每种具体产品进行预测;况且产品是客户定制的,我们并不知道将来的客户会如何配置产品需求。

为了解决这两个问题,ERP 引入了计划 BOM,即 PBOM 的概念。图 6-9 是一个计划 BOM 应用的例子。

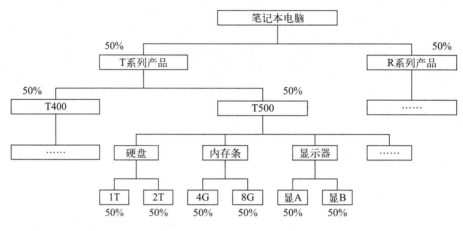

图 6-9 一个计划 BOM 应用示例

图 6-9 中带有百分比的层次即为 PBOM,没有百分比的层次是标准 BOM。显然,这个所谓的 BOM 结构与我们之前学到的 BOM 有很大差异,顶层的"笔记本电脑"并不是一个具体的产品,而各层的结构好像都是包含各种型号的关系,并非生产关系。这个 BOM 结构是专门用来做预测的,而不是为了生成计划。其中的百分比是根据历史数据统计出来的,为了简便起见,这里都设为 50%。如笔记本电脑总共包括 T 系列产品和 R 系列产品两种产品,根据历史数据分析,假设两种产品市场预测各占 50%。另外,各层单位消耗均默认为 1。

假设预测某月市场需求的笔记本电脑为 12 800 台,按图 6-9 中 BOM 结构参数设置,则 T 系列产品需要 6 400 台,其下层 T400 需要 3 200 台,T500 需要 3 200 台;T500 需要 1T 硬盘 1 600 个,2T 硬盘 1 600 个,4G 内存条 1 600 个,8G 内存条 1 600 个,等等。依次一层层展开计算,直到展开到最底层的 PBOM 为止。可以看到,T500 由硬盘、内存条等组成,这一层 BOM 属于基本 BOM,但其下层还存在 PBOM,所以还要向下展开。也许 T400 的某些硬盘与 T500 的某些硬盘相同,对于所有通用件最终要合并。这就预测出了所有零部件的需求量,这些预测量存储到 ERP 系统中,而且系统并不会存储"笔记本电脑"这个物料的预测量,因此后续运行不会生成"笔记本电脑"的生产计划。

虽然有了零部件的预测量,但如何生成其采购计划呢?这里必须将零部件设置为"独立需求",采用 MPS 运行即可生成零部件的采购计划,然后采购部门按计划采购，实现零部件备库。

2. 客户定制产品

按订单生产中，每次的订单 BOM 都不是固定的情况，此时企业不可能为每张销售订单所生产的产品都建立不同的物料编码。按客户需求组装电脑，客户根据需求选择不同的配置，主板品牌、CPU、硬盘容量等参数，选择完毕后组装电脑的 BOM 才确定下来。对于系统来讲，如要实现客户选择的配置，数据库中必须有相应的产品结构的支持，这就需要可选（模型）BOM 的支持。图 6-10 是一个可选 BOM 的示例。

可选 BOM 详细记录了一个物料的所有可选择的下层材料及相关属性，可选物料里含有该产品系列中覆盖到的所有组件的物料。而且，物料与物料间还可能存在依赖关系，这可以通过设定好的相关性来生成最终的 BOM 结构。

3. 客户产品组装

客户选择好以后，即生成一个客户 BOM，体现了用户订购的具体规格产品的明细表。如某客户订单生成的 BOM 如图 6-11 所示。

经系统计算确认原材料可用，即可将此客户订单转为总装生成计划，然后生成总装生产订单，并按客户 BOM 领料组装，最终完成客户订单交货。

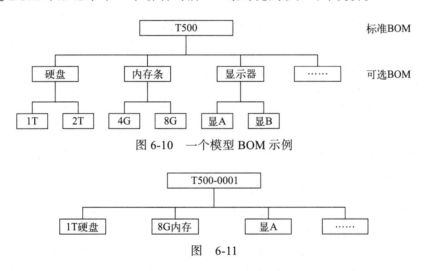

图 6-10 一个模型 BOM 示例

图 6-11

案例分析 6-2

某烟厂的生产计划管理系统实施

某卷烟厂是全国烟草行业大型骨干企业，其 ERP 项目的实施分为两个阶段，第一阶段实施"采购、库存、销售"等模块，第二阶段实施"MPS、MRP、JIT、成本"等模块。在调研和实施的过程中，根据烟草行业的特点，将业务大致分为物流和生产计划制造两个方面。烟草行业的物流和生产制造管理有其非常独特的行业特征。

1. 烟草行业的特点

就物流而言，烟草行业的特点主要包括：

（1）烟叶年度集中采购一次，采购期较长，而且要考虑作物的丰产、歉收等因素，无法准确地确认到货期、等级与数量，只能有一个大致的计划。

（2）烟叶属于农业经济作物，故有收

购季节。在收购季节内烟叶集中到货，因此需要有多个储备仓库。这些仓库的位置可能集中，也可能分散，所以烟叶在各仓库之间的移库操作比较频繁。

（3）烟叶作为农业作物，供应商对烟叶的等级控制较弱，所以需要通过"验级"来确认到货的烟叶等级。同样，因烟叶到货、储备是用捆包的方式，所以在投料之前还存在手工再次挑选的"选叶"工序，以及烟叶等级的"升级""降级"处理。

（4）烟叶在采购入库后到投料使用，其在仓库储存将达一年时间。这期间还要通过"打叶"工序的处理，将采购进的"把烟"切割成片状的"片烟"。由于该工序的存在，经过"打叶"之后，烟叶（把烟）会转变为"片烟"和"烟梗""烟末"等，在物的形态上会发生改变。

（5）烟叶的一年储存期是为了烟叶本身的自然发酵，在投料之前还需进行"复烤"的工序。"复烤"也是发酵工序的一个部分，要去除烟叶中的水分，因此烟叶的储备还存在"加工"的工序，而不单单是纯粹的储存。

（6）烟叶的投料生产，因其品质的差异会影响其投料的数量，因此其出库一般是首先进行质检，由科研所找出一个产品（如××牌号的香烟），根据该产品品质的要求配置出一个"配方"，所以烟叶的每次投料出库，其生产的"配方"是不同的。因此，烟叶在库存管理时，物品的编号须能区分等级和产地。

（7）烟叶作为原料，另类材料就为辅料（不包括其他材料）。辅料包括香料香精、卷烟纸、水松纸、包装纸、塑料薄膜、滤棒等。由于这些辅料在采购时已经印制各不同品牌的标志，因此大多属于专用辅料，能够作为通用件的辅料不是很多。

（8）由于卷烟产量是受国家调控的，存在一定的计划量，因此其消耗和采购量有一个相对的准确数量。因为烟叶是农产品，企业对烟叶的库存数量基本不做控制，包括占用的资金。但是，整个企业的运作资金还是有计划的，因此，辅料的库存资金占用和控制就相当重要。

（9）国家调控与企业效益会存在一定的冲突，如品牌的产量与企业的产值（产值是受控的），品牌的结构与企业的效益（国家需考核效益），等等，因此企业会在一定的时期内，根据综合因素随时调整某几个卷烟品牌的计划产量，这样势必影响其辅料的采购数量和库存数量，原因是辅料大多属于专用的辅料，不能在各品牌之间替换。若某个品牌被取消，则整个库存、采购的辅料都将做报废处理，其中包括"防伪"因素。若是这样，对企业来说，辅料的浪费就无法控制和降低了。

（10）卷烟生产因为存在"配方"的问题，一个配方内的辅料基本库存较为稳定，否则将会影响这个产品的生产，这样，这些辅料的出库基本是在配齐之后进行出库处理，也就是"成套"领料。

在生产计划与制造方面，其特点主要包括：

（1）由于卷烟产品本身的特殊性质，生产受国家限制较严，总产量不能超过国家规定，但生产品种可以自行调整。

（2）生产与销售相连不紧密，基本上销售的流程比较简单，根据销售调节生产的情况比较少，而且一般这种调节是人为的成分居多，生产也是根据预测面向库存生产。

（3）生产计划的制定比较特殊，由于每年产量的规定，一般在制定主生产计划时均不考虑当前生产情况，也不考虑库存。

（4）生产工艺比较复杂，但整个工艺流程自动化程度相当高，目前该卷烟厂内存在几种不同自动化程度的设备并存的局面，这也是系统较难处理的情况之一。

（5）BOM结构比较特殊，香烟的组成成分由于烟叶的质量不同会经常变化，也就是要进行配方管理,而配方数据在厂内是保密的,只有厂内的研究所才知晓,生产部门每天只是从研究所处得到领料数据,然后进行领料和生产,而且配方更换的频度较高,用传统的 MRP 制造理论是很难支持的。

(6) 有特殊的物料需求管理。卷烟的主要原材料烟叶属于国家受控资源,而且每年只有一次收购机会,生产香烟时用到的烟叶必须在库房内已经存放过一年以上。

(7) 由于市场竞争加剧,目前卷烟生产的批量逐渐在减少,生产计划中换牌、换配方的情况慢慢增多,所以对于物料需求管理来讲,除了烟叶以外的辅料采购或生产成了主要问题。因为每种香烟的辅料是事先采购或生产好的,而且如果此品种香烟不生产,其中某些辅料是无法给其他香烟使用的,这就造成了库存水平增高。

由于烟草行业与其他行业在开展业务的过程中存在较大的差异,而且其控制的内容与环节也不同,所以针对其特殊点做了二次开发,使软件系统能够更好地支持烟草行业的应用。

2. ERP 实施方案

(1) 主生产计划制定。计划科负责相关计划的制定。目前企业有两级计划,第一级计划是年度计划,实际上属于生产计划大纲范畴,是每年 10 月根据国家分配给烟厂的年度生产指标,再根据下年度的利润指标,决定不同品牌的生产计划,同时根据生产计划大纲来指定年度的烟叶采购计划和大概的辅料采购计划。目前来讲,年度计划对实际生产只起到指导作用,实际产量、品种与年度计划大纲肯定会有差异。

第二级计划是月度计划,计划科在平时生产时主要通过年度计划大纲和销售公司反馈的信息以及库存信息(辅料),制订当月的生产计划,并且将生产计划细分到每一天。由于香烟的生产提前期比较短,而且带有明显的流程工业特点,所以对于生产计划来讲,提前期已经不是很重要的因素,而产出率是该厂更关心的内容。在计划科安排计划时,主要考虑的是每天的生产能力,只要设备或人员等资源不出现问题,生产就可以保障。而卷烟的生产是连续进行的,不同香烟的生产周期没有什么区别,主要是产出率,所以计划科做出的主生产计划实际已经分解到天。

在这部分流程上,目前该 ERP 系统实际上是根本不支持连续流程生产的,也不支持生产计划大纲。传统的计划是从主生产计划这个层次开始的,而且来源只有预测和订单,该烟厂的销售是先销售后录订单,所以根据订单生成计划是不可能的。但如果使用预测录入来生成主生产计划,也是无法实现的,因为实际上 MPS 理论考虑的各种因素对于该烟厂来讲都没有意义:订单不存在,而且是面向库存生产,所以需求策略就失效了;当前库存和当前生产(确认的车间任务)也不考虑(或者说不能按照 MRP 的逻辑来计算),所以 MPS 里的预计库存也失效了。最主要的问题是目前系统不支持产出率的概念,所以如果还是要求企业录入预测再运行 MPS,那么整个流程会让人感觉在绕圈子,而且结果也不会正确。综上所述,建议该烟厂的主生产计划可以由计划科自己制定,然后按照 MPS 任务的方式录入系统,直接跳过 MPS 这一层。生成月度计划还是按照原来的手工流程进行,生成的月度计划直接通过"MPS 任务维护"程序,录入到系统中去,经过审核批准后在"MPS 任务确认/收回"里将所有的 MPS 任务确认下达。

(2) 物料需求计划的制定。卷烟用到的主要原材料烟叶肯定来源于库存,所以这部分的物料消耗是不用计算的。但是烟叶在使用之前必须经过制丝的过程,实际上卷烟生产时用到的是烟丝,烟丝的生产和卷烟类似,也是自动化的流水线。但是烟丝必须在储丝柜里放一段时间,然后才可以使用。由于该系统不支持连续生产的特点，所以目前只能将烟丝的提前期设为一天，然后根据每天的MPS任务运行MRP，以产生相应的烟丝制造计划。有一些情况需要注意，首先烟丝生产完毕后存放在储丝柜内，是不入库的，如果第二天不使用此烟丝，就换另外一个储丝柜，系统是无法处理这种情况的，只能按照入库处理，在系统内设立的烟丝仓库就必须是不参与物料分配的仓库，即MRP运算时不考虑此量，而且MRP也不应该考虑车间在制的烟丝（由于烟丝的生产周期短，这种情况很少遇到），以上几点是必须考虑到的。但这些因素不能在MRP计划部分考虑，因为如果修改了MRP运行参数，对其他物料需求的计算也会产生影响。另外需要考虑的是辅料采购计划，辅料采购根据MPS任务运行MRP后得到，这一部分计划比较符合MRP理论，可以按照目前系统的流程运作。

原来该烟厂的物料需求计划被割裂成几个部分，辅料采购是供应科根据计划科的月度生产计划进行采购，有一部分辅料是在厂内进行生产的（如滤嘴），这部分生产计划又是由计划科制订的，而烟叶的库存信息是由烟叶科提供的，所以显得比较杂乱，事实上在生产过程中最难以协调的工作也就是各个科室之间互相衔接的工作。

根据ERP系统的功能，计划科将负责所有计划的产生和维护。在生成MRP后，供应科根据生成的请购单进行下一步业务处理，而且所有辅料库存将会由MRP进行计算。至于烟叶，由于配方和其他一些情况，MRP只产生烟丝的车间订单即可，具体烟丝下用到的烟叶量可以定义为0，这样就不会产生烟叶的净需求，而且也绕过了配方问题。供应科和生调科负责具体计划的执行和反馈即可，不再负责计划的制订，如果生产计划有变化，将在车间计划内进行平衡和修改，MRP任务经过下达后将不允许修改。总体来看MRP部分可以符合要求，但最好系统具备有限顺排计划的功能。

第 7 章

能力需求计划

7.1 基本概念

7.1.1 工作中心

1. 工作中心的定义

在 ERP 系统中，进行能力计算和车间作业管理，必须先要进行工作中心的定义。工作中心（working center, WC）是企业直接的生产加工单元，是一组机器设备、人等生产资源的总称。一个工作中心可以由一台或者多台能力相近或相同、功能相同的机器设备组成，也可以由一个或者多个直接生产人员组成。ERP 中的工作中心是一种抽象的组织机构，它可以被灵活地定义为各种实际的工作中心，如一台机器或一组机器、一条生产线、一个装配中心、一个生产班组，或者一个车间（见图 7-1）。

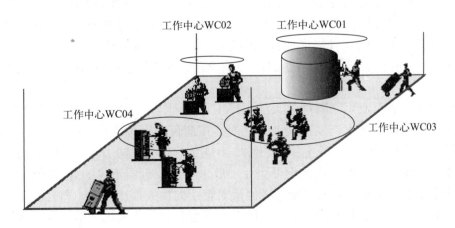

图 7-1　工作中心

工作中心是 ERP 系统中的基本加工单位，其参数是进行能力需求计划运算的基本数据。能力需求是指对某个工作中心的能力需求。同时，工作中心也是成本发生的基本单元和车间作业控制的基本单元。在工艺路线文件中，一道工序或多道工序对应一个工作中心，经过工作中心加工的物品要发生加工费用，产生加工成本，由此可见，可以定义一个或多个工作中心为一个成本中心。需要注意的是，工作中心不同于企业加工中心，如一个车间、一条生产线也可以由多个工作中心组成。

2. 工作中心的作用

工作中心在 ERP 中很重要，它的主要作用包括：

（1）它作为平衡负荷与能力的基本单元，是运行能力需求计划时的计算对象，分析能力需求计划执行情况是通过查看、比较工作中心的生产能力和生产任务负荷来实现的。

（2）它是定义物料工艺路线的前提。工艺路线中的每道工序都需要由相应的工作中心来加工，在定义工艺路线文件前，必须先定义好相关工作中心的数据。

（3）它是车间作业安排和编制作业进度的基本单元，车间的生产任务或作业必须安排到各个加工工作中心。

（4）它是计算加工成本的基本单元，如计算零件的标准加工成本是通过工作中心的单元时间费率乘以工艺路线上该工序占用该工作中心的时间定额计算出来的。

（5）它是完工信息、成本核算信息的数据采集点。

3. 工作中心数据

在 ERP 系统中定义工作中心时，一般需要由以下数据来进行描述：工作中心编码、工作中心名称、工作中心所属生产部门。更重要的是，工作中心必须要有说明该工作中心生产能力的数据，否则 ERP 系统就无法对该工作中心的生产能力进行统计，无法进行能力需求计算。

在 ERP 系统中，工作中心的能力一般用以下数据进行描述：工作中心所属设备数（人数）、每日班次数、每班小时数、工作中心利用率、工作中心效率等。

因为各个工作中心的划分不同，有的工作中心是由设备和直接生产人员组成的，有的工作中心只有生产设备或者只有生产人员。进行能力需求计算时，必须统一成一个标准进行计算，但不同软件供应商提供的 ERP 系统有不同的计算方法。有的 ERP 系统要求在设置工作中心时就制定能力计算的依据——按照设备进行计算或者按照人来计算。

日工作时间是指企业生产部门每天的生产工作时间，一般以小时作为时间单位，不考虑临时加班情况。在生产制造企业，一般是按照班制安排生产。在离散型企业，正常的班制是白班安排生产，晚上停机，除非出现负荷较高、能力不足、需要加班的情况时，才会安排晚上生产。而流程型企业一般采用人停机器不停的方式进行生产，因为在流程企业中，生产机器的启动或者停机对企业的损失都比较大，而且很多生产都是在管道中进行的，根本不适合停机，所以流程型企业一般采用三班、四班运转的方式进行生产，分成早、中、晚三班次或甲、乙、丙、丁四个班次的形式轮流安排生产。

工作中心效率用来表示完成标准批量生产的定额工时数和完成该批量的实际投入

工时数之比，一般用百分比来表示。工作效率一般与个人的技术水平、设备的使用年限和设备的先进程度等因素有关。

$$工作中心效率 = 完成的标准定额小时数 / 实际直接工作小时数$$

工作中心利用率是用来表示在一段时间内实际开工时间和计划开工时间之比。工作中心利用率一般和设备的完好程度、停工率等情况有关。

$$工作中心利用率 = 实际直接工作小时数 / 计划工作小时数$$

$$工作中心能力 = 每日班次 \times 每班工作时数 \times 工作中心效率 \times 工作中心利用率$$

工作中心能力是指在一段时间内可以持续保持的能力。在测算时，一般采用一段时间内的平均数据，不能取比较极端的情况，否则会导致能力数据不准确。为保持工作中心能力数据的准确性，应该对工作中心能力数据进行定期检查核实，并对其进行重新统计分析，根据情况对工作中心能力数据进行调整。

作为成本归集的一种方式，工作中心数据也需要包括单位成本数据，即加工一个单位的产品所消耗的标准人工成本信息。

7.1.2 关键工作中心

在工作中心设置过程中，有一类工作中心是比较重要的，即关键工作中心（critical work center）。关键工作中心在 ERP 系统中能被专门标识出来，它有时也被称为瓶颈工序（bottle neck）。在 ERP 系统中，关键工作中心是运行粗能力需求计划的计算对象。根据约束理论（theory of constraints，TQC），企业的有效产出都要受到瓶颈的制约，这些工作中心在企业生产过程中，经常满负荷甚至超负荷工作，或者这些工作中心的工作不能被其他工作中心替代、不能委外生产等。企业只有在关键（瓶颈）工作中心的能力满足生产需求后，才能进一步安排详细的生产计划，否则，将造成在制品积压和生产现场管理混乱。关键工作中心一般具有以下特点：

（1）经常加班，满负荷工作。

（2）操作技术要求高。工人操作技术要求熟练，短期内无法自由增加工人（负荷与产量）。

（3）使用专门设备，而且设备昂贵，如多坐标数控机床、波峰焊设备等。

（4）受多种限制，短期内不能随便增加负荷与产量（通常受成本、场地等约束）。

企业应该尽量保证关键工作中心的利用率和效率，避免因为关键工作中心的利用率、效率下降，而导致企业整个生产效率的下降。同时应该保证流入关键工作中心的物料不能出现废品、次品，避免无谓地占用关键工作中心的作业时间。

注意，关键工作中心会随着加工工艺、生产条件、产品类型和生产产量等条件而变化，并非一成不变，不要混同于重要设备。

7.1.3 工艺路线的概念和作用

1. 工艺路线的概念

工艺路线（routing）主要说明物料实际加工和装配的工序顺序，每道工序使用的工作中心和各项时间定额（如准备时间、加工时间和传送时间），其中传送时间包括排队时间与等待时间，以及外协工序的时间和费用。工艺路线是一种计划管理文件，而不是企业的工艺文件，不能简单地使用工业部门的工艺卡来替代。工艺卡主要用来制定人工在加工过程中的各种操作规范和工艺要求。工艺路线则强调加工的先后顺序和工时定额情况，主要用来进行工序排产和车间成本统计。

在 ERP 系统中，工艺路线文件一般用以下内容进行描述：物料编码、工序号、工序说明、工作中心代码、排队时间、准备时间、加工时间、等待时间、传送时间、最小传送量、外协标志（Y/N）、标准外协费和工序检验标志（Y/N）等字段。

物料编码用来表示该工艺路线是针对何种物料的工艺路线。工序号用来表示该物料加工时需要经过多少个工序，该工序号应该按照加工顺序进行编排。工序号之间应该保留一定的空号，以便工序之间增加或者拆分出新的工序。工作中心代码用来表示该工序所对应的工作中心。排队时间、准备时间、加工时间、等待时间、传送时间 5 种作业时间，主要是描述工序的作业周期，以进行能力计算和车间作业排产。外协标志、标准外协费是指如果该工序（如电镀）对企业来说是要外协加工的，需要在工艺路线中进行指定。表 7-1 是一个简易的工艺路线。

表 7-1 某产品的工艺路线

加工物料：M10101　　物料名称：YD101 面板　　生效日期：2009/07/18　　失效日期：2020/07/31

工序号	工序名	工作中心编码名称	工序单位标准时间			传送时间	人工数	设备数
			准备时间	加工工时	设备台时			
1	下料	下料班	0.01	0.02	0.02	0.01	1	1
2	冲大旋钮孔	冲床 1	0.02	0.01	0.01	0.01	1	1
3	冲 6 孔	冲床 2	0.02	0.03	0.03	0.01	1	1
4	磨光	钳工组	0.01	0.05	0.05	0.01	1	
5	电镀	电镀班	0.05	0.05	0.05	0.01	1	

在工艺路线整理时应该注意以下一些问题。

（1）首先应该先确保工艺路线的准确性，必须对涉及时间概念的数据进行验证。

（2）每道工序应该对应到相应的工作中心。可以多个工序对应一个工作中心，即反复利用该工作中心进行加工。但一个工序不应该同时对应多个工作中心，如果出现该情况，应该对工序进行细分或者对工作中心进行划分，重新调整。

（3）如果某个工序需要外协加工，也应该在工艺路线中体现出来，因为外协影响总提前期和产品生产成本。

（4）工艺路线可以根据工艺部门的工艺卡片来制定，但不需要把工艺卡片上的众多加工操作说明等信息在 ERP 系统中进行描述。

（5）当工艺发生变更时，应该及时对工艺路线进行修改，以满足企业生产的需要。

在定义工艺路线时，可以根据需要制定工艺路线中的关键工序。根据 TOC 理论，当生产能力不足时，即使其他的资源充分，也不能整体提高企业的生产能力；相反，可能会导致在制品积压、库存增加、生产周期变长等。通过定义关键工序，对关键工序进行排产，同时对关键工序的前道工序采用倒排方式排产，而后道工序则采用顺排方式排产，以保证企业整体生产节奏的均衡。

在企业的实际生产过程中，企业部分工序之间在一定条件下，可以相互替代加工。在能力需求计划和车间作业排产时，当原工序生产能力不能满足生产负荷时，可以进行工序替代，来进行生产。ERP 系统应该支持工序替代处理，通过在工艺路线中指定相应的工序替代关系，ERP 系统在进行能力需求计划计算和车间作业排产时，根据各替代工序的能力和负荷情况，给出工序替代的建议。

2. 工艺路线的作用

工艺路线是 ERP 生产制造管理系统中重要的基础数据之一，主要有以下作用：

（1）用于能力需求计划的分析计算与平衡各个工作中心的能力。工艺路线文件说明了在各个工作中心消耗的工时定额，用于工作中心的能力运算。

（2）用于计算自制件的生产提前期。根据工艺文件的准备时间、加工时间和传送时间计算提前期。

（3）用于下达车间作业计划。根据加工顺序、各种提前期进行车间作业安排。

（4）用于计算加工成本。根据工艺文件的工时定额（外协费用）及工作中心的成本费率可以计算出标准成本。

（5）根据工艺文件、物料清单及生产车间、生产线完工情况生成各个工序的加工进度整体情况，对在制品的生产过程进行跟踪和监控。

对于 ERP 系统来说，工艺路线和物料清单都是非常重要的。没有工艺路线，则无法进行能力需求计划计算，也就无从按照工序进行生产安排。

7.2 粗能力需求计划

粗能力需求计划（rough cut capacity planning, RCCP）是与主生产计划相伴运行的能力需求计划。粗能力需求计划仅对主生产计划所需的关键生产能力进行粗略的估算，给出一个能力需求的概貌。粗能力需求计划的处理过程是将成品的生产计划转换成相关工作中心的能力需求。由于能力需求计划的编制过程直接表达了主生产计划与执行这些生产任务的加工和装配工作中心的能力供求关系，所以它可以在能力的使用方面评价主生产计划的可行性。

7.2.1 粗能力需求计划的对象和特点

粗能力需求计划的编制忽略了一些基本信息，以便简化和加快能力需求计划的处理过程。粗能力需求计划通常是对生产中所需的关键资源进行计算和分析。关键资源通常是指：

- 关键工作中心，其处于瓶颈位置。
- 特别供应商，其供应能力有限。
- 自然资源，其可供的数量有限。
- 专门技能，属稀有资源。
- 资金。
- 仓库。

- 运输。
- 不可外协的工作等。

由于粗能力需求计划一般只考虑关键工作中心等关键资源的能力，所以它是一种计算量较小，比较简单、粗略、快速的能力核定方法。关键工作中心在工作中心文件中定义，随产品结构而变化。

粗能力需求计划配合主生产计划的处理过程，在主生产计划之后和物料需求计划之前编制，一般仅考虑计划订单和确认订单，而忽略近期正在执行的和未完成的订单，也不考虑在制品库存。但对关键资源的能力核算，则既要考虑计划订单和确认订单，也要考虑近期正在执行和未完成的订单。做好粗能力需求计划是运行能力需求计划的先决条件，会减少大量反复运算能力需求计划的工作。

粗能力需求计划的优点如下：
- 可用粗能力需求计划进行生产计划初稿可行性的分析与评价。
- 不是面面俱到，而是重点关注关键资源，以提高计算效率。
- 根据工艺路线和工作中心的数据，进行粗略计算。
- 能力需求计划的编制比较简单，计算量少。
- 实施所要求的前提条件较少。
- 减少后期能力需求计划的核算工作。

粗能力需求计划的缺点如下：
- 忽略了现有库存量和在制量的影响，无法反映计划的动态实际变化。
- 平均批量和生产提前期是假设值，与实际值将产生执行偏差。
- 只包含关键资源，无法彻底保证计划的可信度。
- 对短期计划只是起指导作用。

编制粗能力需求计划时，关键工作中心的负荷表现于能力报表，通常也用分时段的直方图来对比直观表示，时段的长度与主生产计划一致。超出工作中心可用能力的负荷，在直方图上用特殊方式（如加粗、变色、闪烁等）表示。

能力同负荷有了矛盾必须调整，超出能力的任务是不可能完成的。调整后主生产计划由主生产计划员确认，以确认后的 MPS 作为 MRP 运行的依据。对于企业只有一条装配流水线的情况，只需以它为关键工作中心运行粗能力需求计划，不再需要运行能力需求计划，可大大减少能力核算的人力、物力消耗或时间拖延。

7.2.2 资源清单

主生产计划的计划对象主要是产品结构中 0 层的独立需求型物料，但是这个独立需求件的工艺路线中往往并不一定直接含有关键工作中心，因为关键工作中心往往是在它下属低层的某个子件的工艺路线上才出现的。所以编制粗能力需求计划，首先要确定关键工作中心的资源清单（能力清单）。

主生产计划的资源清单是根据物料清单（BOM）和工艺路线文件得到的。物料清单列出了项目所用物料的结构和数量。工艺路线文件包括了在工厂安排生产任务时确定能力需求所要用到的信息，包括每个制造件和装配件的信息，如每个工件在哪儿加工、所需工装、每道工序所用的单件定额工时和生产准备时间等。资源清单则描述了项目生产制造所需的生产资料及生产地点（见表 7-2）。

表 7-2 资源清单样式

关键工作中心		产品计划数量及月负荷（小时）					月能力（小时）		
编码	名称及能力（单位）	A	B	C	D	E	需用	可用	最大
		15	60	20	10	30			
1100	数控冲（小时）	25	30	30	5	40	130	140	160
4230	大立车（小时）	30	80	40	10	50	210	256	320
5200	装配（小时）	300	100	50	30	20	500	500	500

7.2.3 粗能力需求计划的编制方法

粗能力需求计划是对生产中所需的关键资源进行计算和分析。运行粗能力需求计划可分为两个步骤：首先，建立资源清单，说明每种产品的数量及各月占用关键工作中心的负荷小时数，同时与关键工作中心的能力进行对比；其次，在产品的计划期内，对超负荷的关键工作中心要进一步确定其负荷出现的时段。

编制粗能力需求计划，首先要建立资源清单（能力清单）或分时间周期的资源清单。因此，粗能力需求计划的编制有两种方法：资源清单法和分时间周期的资源清单法。

1. 用资源清单法编制粗能力需求计划

利用资源清单法编制粗能力需求计划通常按下列步骤进行：

（1）定义关键资源。

（2）从主生产计划中的每种产品系列中选出代表产品。

（3）对每个代表产品确定其单位产品对关键资源的需求量。其依据包括主生产计划、物料清单、工艺路线、定额工时、平均批量等。

（4）对每个产品系列，确定每月的主生产计划产量。

（5）将主生产计划中的计划产量与资源清单中定义的单位资源需求量相乘。

（6）按关键资源，将每个产品系列所需求的能力加起来，得到对应计划的总能力需求。

下面举例来说明根据 BOM 和工艺路线文件如何得到能力清单，进而如何根据能力清单编制粗能力需求计划。

【例 7-1】某产品 A 对应的产品结构、主生产计划、工艺路线文件如图 7-2、表 7-3 和表 7-4 所示。在图 7-2 中，零件 D、G、H、I 为外购件，不消耗内部的生产能力，无须在能力需求计划中考虑。

表 7-4 为产品 A 的工艺路线文件，表中给出了单件加工时间、平均批量

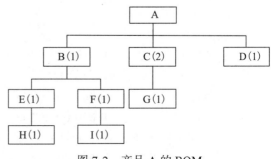

图 7-2 产品 A 的 BOM

和单件准备时间，时间单位为定额工时。这里，生产准备时间的分配应基于每个零件的订货批量，从"平均批量"得到单件生产准备时间：

$$单件准备时间 = 生产准备时间 \div 平均批量$$

例如，零件 A 的单件准备时间为 $0.40 \div 20 = 0.020\ 0$。

表 7-3　产品 A 的主生产计划

周次	1	2	3	4	5	6	7	8	9	10
主生产计划	25	25	20	20	20	20	30	30	30	25

有了产品结构 BOM 和工艺路线文件，就可以编制能力清单，其过程如下。

（1）首先计算出在每一个工作中心上全部项目的单件加工时间：

$$加工件数 \times 单件加工时间$$

表 7-4　产品 A 的工艺路线文件

零件号	工序号	工作中心	单件加工时间	生产准备时间	平均批量	单件准备时间	单件总时间
A	110	30	0.09	0.40	20	0.020 0	0.110 0
B	210	25	0.06	0.28	40	0.007 0	0.067 0
C	310	15	0.14	1.60	80	0.020 0	0.160 0
	320	20	0.07	1.10	80	0.013 8	0.083 8
E	410	10	0.11	0.85	100	0.008 5	0.118 5
	420	15	0.26	0.96	100	0.009 6	0.269 6
F	510	10	0.11	0.85	80	0.010 6	0.120 6

在 WC-10 中，有 1 件 E 和 1 件 F，所以工作中心 10 的单件加工时间为：

$$1 \times 0.11 + 1 \times 0.11 = 0.22（定额工时 / 件）$$

在 WC-15 中，有 2 件 C 和 1 件 E，所以工作中心 15 的单件加工时间为：

$$2 \times 0.14 + 1 \times 0.26 = 0.54（定额工时 / 件）$$

由此，计算出其他工作中心的单件加工时间为：

WC-20　　$2 \times 0.07 = 0.14$（定额工时 / 件）
WC-25　　$1 \times 0.06 = 0.06$（定额工时 / 件）
WC-30　　$1 \times 0.09 = 0.09$（定额工时 / 件）

（2）计算每一个工作中心上全部项目的单件生产准备时间为：

$$加工件数 \times 单件准备时间$$

由此，计算出各工作中心的单件准备时间为：

WC-10　　$1 \times 0.008\ 5 + 1 \times 0.010\ 6 = 0.019\ 1$
WC-15　　$2 \times 0.020\ 0 + 1 \times 0.009\ 6 = 0.049\ 6$
WC-20　　$2 \times 0.013\ 8 = 0.027\ 6$
WC-25　　$1 \times 0.007\ 0 = 0.007\ 0$
WC-30　　$1 \times 0.020\ 0 = 0.020\ 0$

（3）计算出每个工作中心单件总时间：

$$单件加工时间 + 单件准备时间$$

这样，就得到了单件成品对所有工作中心所需求的用定额工时数表示的产品 A 的能力清单，如表 7-5 所示。

表 7-5　产品 A 的能力清单

工作中心	单件加工时间	单件生产准备时间	单件总时间
10	0.22	0.019 1	0.239 1
15	0.54	0.049 6	0.589 6
20	0.14	0.027 6	0.167 6
25	0.06	0.007 0	0.067 0
30	0.09	0.020 0	0.110 0
合计	1.05	0.123 3	1.173 3

最后，根据产品 A 的能力清单和主生产计划，计算出产品 A 的粗能力需求计划，即用产品 A 的主生产计划表（见表 7-3）中每个周期的计划产量乘以能力清单中各工作中心的单件总时间值，就得到了用能力清单编制的以总定额工时表示的能力需求计划。计算出的产品 A 总定额工时的能力需求计划结果如表 7-6 所示。这里假设对工序用开工日期表示，而不是用需要日期表示。例如，第 7 周各个工作中心总定额工时计算为：

WC-30　　30 × 0.110 0 = 3.30
WC-25　　30 × 0.067 0 = 2.01
WC-20　　30 × 0.167 6 = 5.03
WC-15　　30 × 0.589 6 = 17.69
WC-10　　30 × 0.239 1 = 7.17

表 7-6　产品 A 的能力需求计划

工作中心	拖期	\multicolumn{10}{c	}{周次}	总计
		1	2	3	4	5	6	7	8	9	10	
30	0	2.75	2.75	2.20	2.20	2.20	2.20	3.30	3.30	3.30	2.75	
25	0	1.68	1.68	1.34	1.34	1.34	1.34	2.01	2.01	2.01	1.68	
20	0	4.19	4.19	3.35	3.35	3.35	3.35	5.03	5.03	5.03	4.19	
15	0	14.74	14.74	11.79	11.79	11.79	11.79	17.69	17.69	17.69	14.74	
10	0	5.98	5.98	4.78	4.78	4.78	4.78	7.17	7.17	7.17	5.98	
合计	0	29.34	29.34	23.46	23.46	23.46	23.46	35.20	35.20	35.20	29.34	287.46

用资源清单进行粗能力需求计划编制，资源清单的建立与存储比较简单。一旦建立了资源清单，则可对不同的主生产计划重复使用。只有当它们所依赖的信息变化很大时，才需要修改这个清单。用这种方法，仅对关键资源（瓶颈环节）建立和使用资源清单，简化了能力需求计划的编制、维护和应用。

但是这种方法也存在缺点和不足。首先，它忽略了提前期，即与累计的制造提前期相比，如果主生产计划的计划周期越长，那么所生成的负荷图就越可靠。如果主生产计划的计划周期短，而制造提前期长，那么粗能力需求计划在时间性上的精度就差。其次，用这种方法在编制能力需求计划的过程中，没有考虑半成品的库存，所以对负荷的估计偏高。为了克服资源清单没有考虑提前期的缺点，又可采用分时间周期的资源清单。

2. 分时间周期的资源清单法

用资源清单来编制粗能力需求计划的方法没有考虑制造提前期，为了克服这一缺点，可以采用分时间周期的资源清单法。分时间周期的资源清单法与资源清单法基本类似，差别只在于把对资源能力的需求按时间周期分配，将各种资源需求分配在对应的一段时间内，因此称为分时间周期的资源清单法。分时间周期的资源清单法编制的关键点如下：

- 画出某类代表产品的工序网络图。
- 计算该产品的分时间周期的能力清单。
- 根据主生产计划和每个代表产品的能力清单，求出分阶段的能力需求计划。

用时间周期把能力需求量和工序网络图进行时间划分，就构成了按时间周期编制粗能力需求计划的基础，它表明按照制造工序，在整个提前期范围内，资源需求量是如何分布的。

时间周期应该与主生产计划相对应，如果时间周期是周，那么主生产计划也应当按周给出；如果时间周期是月，那么生产的计划量就应当按月给出。但不论选择哪种时间周期，它必须小于累计的提前期，否则时间周期就没有意义了。

由于划分了时间周期，所以建立和维护资源清单需要付出更多的努力，计算粗能力需求计划要花费更多的计算时间，但最后生成的粗能力需求计划比未考虑时间因素的粗能力需求计划更加可信。对于工艺和工序生产制造周期长，而计划周期相对较短的企业，如重型机器制造厂，其粗能力需求计划采用分时间周期资源能力清单法比较合适。

现在仍用上例来说明分时间周期资源清单和粗能力需求计划的建立和使用，其过程如下：

（1）建立分时间周期资源清单。这里以周作为时间单位，假设产品 A 的累计制造提前期为 4 周，每道工序的提前期为 1 周。在物料需求计划（MRP）从毛需求到净需求的物料需求分解过程中，对项目 C 和 E 计划提前期为两周，对项目 A、B 和 F 计划提前期为 1 周。其情况可用工序网络图来表示，如图 7-3 所示。

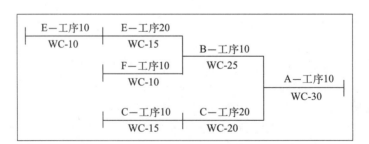

图 7-3 产品 A 的工序网络图

假设产品 A 的主生产计划给定了最后一道工序的开工日期，最后的装配工序用 1 周，这道工序所需的能力也恰好落在对应主生产计划数量的同一周。生产子装配件 B 的装配工序 10 和零件 C 的最后一道工序 20，都需求 1 周的计划制造时间，对这些工序的加工正好安排在最终装配前的这一周,即这些负荷的提前期是 1 周。在图 7-3 的工序网络图中,对所有的工序都给出了各自的提前期值。例如,对零件 E 的加工,第 1 道工序 10 将在主生产计划出现的 3 周前,而第 2 道工序 20 则在主生产计划出现的 2 周前。

根据产品 A 的产品结构(见图 7-2)、工艺路线文件(见表 7-4)和工序网络图(见图 7-3),可以确定它的分时间周期的资源清单如表 7-7 所示。

例如,对于零件 C 而言,根据产品结构,零件 C 的用量数为 2;根据工艺路线文件,零件 C 的加工需要两道工序,第 1 道工序 10 在工作中心 15 加工,单件加工时间为 0.14,单件准备时间为 0.02,则加工时间 RT=2×0.14=0.28,准备时间 ST=2×0.02=0.04。第 2 道工序 20 在工作中心 20 加工,单件加工时间为 0.07,单件准备时间为 0.013 8,则加工时间 RT=2×0.07=0.14,生产准备时间 ST=2×0.013 8=0.027 6。由于假设产品 A 的累计计划提前期为 4 周,每道工序的提前期均为 1 周。如果以产品 A 的生产计划需求日期定为 0 计算相对周期,则零件 C 的第 1 道工序 10 应在相对周期 –2 时开工,第 2 道工序 20 应在相对周期 –1 时开工,这样才能满足在相对周期 0 时产品 A 的加工需要。以同样的方法可以确定出其他每个项目的加工时间和生产准备时间。

表 7-7 产品 A 的分时间周期资源清单

工作中心	对某一主生产计划数量的相对周期			
	–3	–2	–1	0
30				项目 A,工序 10 RT=1×0.09=0.09 ST=1×0.020=0.020
25				项目 B,工序 10 RT=1×0.06=0.06 ST=1×0.007 0=0.007 0
20				项目 C,工序 20 RT=2×0.07=0.14 ST=2×0.013 8=0.027 6
15		项目 C,工序 10 RT=2×0.14=0.28 ST=2×0.02=0.04		
15		项目 E,工序 20 RT=1×0.26=0.26 ST=1×0.009 6=0.009 6		
10	项目 E,工序 10 RT=1×0.11=0.11 ST=1×0.008 5=0.008 5	项目 F,工序 10 RT=1×0.11=0.11 ST=1×0.010 6=0.010 6		

(2)计算主生产计划的单件资源需求。有了分时间周期资源清单和主生产计划,就可以计算主生产计划某个周次的计划量所引发的能力资源需求。

为了说明用分时间周期的资源清单编制能力需求计划的方法,假设以产品 A 的主生产计划(见表 7-3)周期的计划量引起的能力需求为例,表 7-7 是产品 A 的分时间周期资源清单,其计算过程如下。

在主生产计划周期的第 7 周，产品 A 的计划量为 30，相应的工作中心 30 的能力需求为：

零件 A：$30 \times 0.11 = 3.30$

在第 6 周，有零件 B 和 C，分别在工作中心 25 和工作中心 20 中加工。其能力需求为：

零件 B：$30 \times 0.067\,0 = 2.01$

零件 C：$30 \times 0.167\,6 = 5.028 \approx 5.03$

在第 5 周，有零件 E、C 和 F，其中零件 E 和零件 C 在工作中心 15 加工，零件 F 在工作中心 10 加工。其能力需求为：

零件 E：$30 \times 0.269\,6 = 8.088$

零件 C：$30 \times 0.320 = 9.6$

则工作中心 15 的负荷能力为：$8.088 + 9.6 = 17.688 \approx 17.69$

而在工作中心 10，在这一周能力需求为：

零件 F：$30 \times 0.120\,6 = 3.618$

在第 4 周，零件 E 在工作中心 10 中加工，则能力需求为：

零件 E：$30 \times 0.118\,5 = 3.555$

至此，第 7 周主生产计划引发的能力需求的计算过程结束，其结果如表 7-8 所示。可以看出，对于产品 A 在第 7 周的主生产计划需求量，根据工序网络图，要计算第 7 周、第 6 周、第 5 周、第 4 周的有关工作中心的负荷能力。这也是用分时间周期的资源清单与用资源清单编制粗能力需求计划的主要差别。

表 7-8 单个计划量产生的能力需求计划

工作中心	拖期	周次										总计
		1	2	3	4	5	6	7	8	9	10	
30								3.30				
25							2.01					
20							5.03					
15						17.69						
10					3.555	3.618						
合计					3.555	21.308	7.04	3.30				

（3）计算全部主生产计划量的粗能力需求计划。全部主生产计划量所产生的粗能力需求计划，就是把上面各个单个计划量所产生的能力需求分时段对应累加而成，如表 7-9 所示。

表 7-9 用分时间周期资源清单产生的粗能力需求计划

工作中心	拖期	周次										总计
		1	2	3	4	5	6	7	8	9	10	
30	0	2.75	2.75	2.20	2.20	2.20	2.20	3.30	3.30	3.30	2.75	
25	1.68	1.68	1.34	1.34	1.34	1.34	2.01	2.01	2.01	1.68	0	

（续）

工作中心	拖期	周次										总计
20	4.19	4.19	3.35	3.35	3.35	3.35	5.03	5.03	5.03	4.19	0	
15	29.48	11.79	11.79	11.79	11.79	17.69	17.69	17.69	14.74	0	0	
10	14.33	4.78	4.78	4.78	5.97	7.17	7.17	6.58	3.02	0	0	
合计	49.68	25.19	24.01	23.46	24.65	31.75	34.10	34.61	28.10	9.170	2.75	287.46

例如，对于工作中心 10，在第 5 周既有第 7 周计划量的 30 件 F，也有第 8 周计划量的 30 件 E，则能力需求为：

零件 F：30×0.120 6=3.618

零件 E：30×0.118 5=3.555

因此工作中心 10 的第 5 周负荷能力为：3.618+3.555=7.173≈7.17。

同理，在第 4 周既有第 6 周计划量的 20 件 F，还有第 7 周计划量的 30 件 E，则能力需求为：

零件 E：30×0.118 5=3.555

零件 F：20×0.120 6=2.412

因此工作中心 10 的第 4 周负荷能力为：3.555+2.412=5.967≈5.97。

所以，用主生产计划表的数量乘以每个工作中心的单件加工时间和单件准备时间，把落在同一周的能力需求量相加，就得到用分时间周期的资源清单而产生的粗能力需求计划。

编制完粗能力需求计划后，在产品的计划期内，对超负荷的关键工作中心要进一步确定负荷出现的时段，找出超负荷时段。由于 MPS 的计划对象为最终物品，它的加工装配过程不一定用到关键工作中心，因而根据工艺路线计算时，要确定子件使用关键工作中心的时间与最终装配物品完工时间的时间差，这个时间差就是偏置时间或提前期偏置。在 ERP 系统中显示计算结果的方式有两种：表格与图形，用图形表示比较直观。

找出超负荷时段后，再确定各时段的负荷由哪些物品引起，各占用资源的情况如何，然后平衡工作中心的能力，同时要总体平衡 MPS 最终产品的各子件的进度，采取的方法是提升扩充关键工作中心的能力或者进行主生产计划调整。常用的分析图有直方图、饼图和产品进度平衡图。

主生产计划员要对主生产计划和关键资源的能力之间的矛盾进行协调和平衡。一般从两个方面来解决这类矛盾。

（1）改变负荷：重新制订计划、延长交货期、取消客户订单、减少订货数量等。

（2）改变能力：更改加工路线、加班加点、组织外协、增加人员和机器设备。

主生产计划员应尽可能解决这些矛盾，若确有难以解决的严重问题，应把分析的情况及提出的建议报告给上级，协调有关部门工作，与有关部门一起商讨解决办法。

7.3 能力需求计划

能力需求计划（capacity requirements planning, CRP）即细能力需求计划，把 MRP 的

计划下达生产订单和已下达但尚未完工的生产订单所需求的负荷小时，按工厂日历转换为每个工作中心各时区的能力需求。运行能力需求计划是根据物料需求计划中加工件的数量和需求时段，它们在各自工艺线路中使用的工作中心及占用时间，对比工作中心在该时段的可用能力，生成能力需求报表的。

这个过程可用图7-4来表示，它与MRP有类似之处，也要回答以下几个问题。

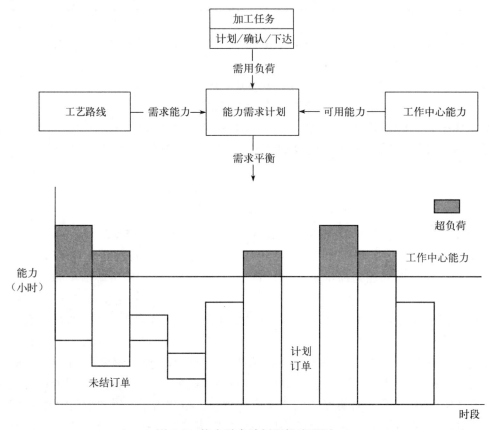

图7-4 能力需求计划逻辑流程图

- 生产什么？何时生产？
- 使用什么工作中心？负荷（即需用能力）是多少？
- 工作中心的可用能力是多少？
- 分时段的能力需求情况如何？

能力需求计划同粗能力需求计划一样，可以用直方图显示，也可以用报表方式，说明每个时段的负荷小时、若干时段累计负荷小时及累计可用能力。如果个别时段负荷超过能力，但在某个时期的累计负荷没有超过累计能力，说明是有可能调整的。

7.3.1 能力需求计划的对象和特点

能力需求计划是对具体物料需求计划所需能力进行核算的一种计划管理方法。物料需求计划的对象是物料，物料是具体的、形象的和可见的；能力需求计划的对象是能力，能力是抽象的，且随工作效率、人员出勤率、设备完好率等的变化而变化。

能力需求计划是将物料需求转换为能力需求，估计可用的能力，并确定应采取的措施，以便协调能力需求和可用能力之间的关系。因此，生产计划能否顺利实施，生产任务能否按计划完成，能否达到既定的生产指标，都需要在能力需求计划中进行平衡。

在 ERP 系统中，主生产计划阶段和物料需求计划阶段都要求进行能力平衡，编制能力平衡计划。由于 MRP 和 MPS 之间内在的联系，所以 RCCP（粗能力需求计划）和 CRP（能力需求计划）之间也是一脉相承的。实际上，MRP/CRP 的运算是建立在 MPS/RCCP 的基础上的，CRP 是 RCCP 的深化。它们之间的区别如表 7-10 所示。

表 7-10 能力需求计划和粗能力需求计划的区别

项目	粗能力需求计划（RCCP）	能力需求计划（CRP）
计划阶段	MPS	MRP、SFC
计划对象	独立需求件	所有物料
主要面向	主生产计划	物料需求计划
计划参照	资源清单	工艺路线
能力对象	关键工作中心	全部工作中心
现有库存量	不扣除	扣除
提前期计算	计划提前期	准备、加工提前期
工作日历	企业通用日历	工作中心日历

CRP 分时间将物料需求计划转化为能力需求，并考虑制造过程中的排队、准备、搬运等时间消耗。此外，CRP 考虑了现有库存和在制库存，使能力估计更加切实可行。

能力需求计划只说明能力需求情况，提供信息，不能直接提供解决方案。处理能力与需求矛盾，还是要靠计划人员的分析与判断，通过模拟功能寻找解决办法。能力需求计划有追溯负荷来源的功能，可查明超负荷的现象是由什么订单引起的，便于计划人员调整计划时分析参考。

7.3.2 能力需求计划制订方式

从 CRP 的编制方式来看，可以把 CRP 分为两种类型，即无限能力计划和有限能力计划。无限能力计划和有限能力计划在是否考虑 CRP 时是一样的，两者的主要差别在于处理超负荷时采取的方式不同。

无限能力计划不考虑能力限制的 CRP 方式。由于不考虑能力限制，工作中心的负荷是所有消耗该工作中心的负荷相加，因此，这是一种更加自然的处理能力需求的方式。超负荷状态是一种不可避免的现象。当工作中心处于超负荷状态时，可以采取两种措施。第一种是增加能力工时，例如，可以采购新的加工设备、招聘新的员工等；第二种措施是采取调度手段，例如，延长工作中心的工作时间，采用替代工作中心，将超负荷转移到其他工作中心，变加工为采购以及采用外协加工等。实际上，还有一种更为极端的管理措施，即延长订单的交货期或者干脆取消订单。但是，这种极端管理措施是与企业经营宗旨相违背的，只能是在特殊情况下的解决方案。当前，市场上的许多 ERP 系统都采用这种无限能力计划的 CRP 编制方式。

有限能力计划是考虑能力限制的 CRP 编制方式。由于考虑了能力限制,某个工作中心的负荷工时是不会超过该工作中心能力工时的,即不会出现工作中心超负荷现象。按照处理超负荷的方式,有限能力计划又可以分为优先级计划和有限顺排计划。这里主要介绍优先级计划。优先级计划是根据订单状况等因素为计划负荷指定一个优先级,按照各个计划负荷的优先级为工作中心分配计划负荷。当工作中心满负荷时,优先级较高的计划负荷被执行,而优先级较低的计划被推迟。在一般情况下,优先级最高的计划负荷总是有一个处理的顺序,无序的处理方式对于生产管理来说是一种不负责任的粗放管理方式,因此,优先级计划实际上是一种理性管理方式的表现。从实践上来看,优先级计划反映了市场和客户的需求状况,也因此具有更大的应用价值。

7.3.3 能力需求计划的编制方法

能力需求计划是用图形或表格形式表示的各工作中心计划承担负荷的大小。CRP 的编制过程主要是收集数据、编制工序计划和编制负荷图。

1. 收集数据

能力需求计划是在物料需求计划(MRP)运行之后,对 MRP 进行验证的处理过程。它利用从车间控制模块来的已发工单,再加上对工作中心所输入的负荷量,而产生对工作中心相适应的能力需求。因此,CRP 编制的第一步是收集数据。用于 CRP 的输入数据包括以下内容:

- 物料需求计划。
- 已下达的车间订单。
- 工艺路线文件。
- 工作中心文件。
- 车间日历。

2. 编制工序计划

编制工序计划有以下步骤:
(1)根据订单、工艺路线和工作中心文件计算每道工序的负荷。
(2)计算每道工序在每个工作中心上的负荷。
(3)计算每道工序的交货日期和开工时间。
(4)按时间周期计算每个工作中心的负荷。

MRP 用倒序排产方式确定订单下达日期。倒序排产方式即从订单交货期开始,以时间倒排的方式编制工序计划,从而确定工艺路线上各工序的开工日期。如果倒序排产方式得到的是一个负的开工日期,这意味着该工件开工时间已过期。为了按预定的交付期完工,最好的办法是重新计划订单并压缩提前期。如果这是不可能的,那就必须将交货期推迟。

3. 编制负荷图

在 ERP 中,能力需求计划运行之后,一般可用负荷图来直观表示能力与负荷的匹配情况。当收集了必要的数据之后，就能够开始处理订单、编制负荷图、分析结果、调整能力。

7.3.4 计划调整方法

超负荷和负荷不足都是应该解决的问题。如果超负荷，则必须采取措施解决能力问题，否则不能实现能力需求计划；如果负荷不足，则作业费用增大，由于流程工业的设备不易关闭，负荷不足则问题更显得严重。因此，必须对负荷报告进行分析，并反馈信息，调整计划。

根据工作中心负荷报告或负荷图，可以对工作中心的负荷和能力进行对比分析。在进行校正之前，必须分析其原因，可能是主生产计划的问题，也可能是其他问题。

在制订主生产计划的过程中，已通过粗能力需求计划从整体的角度进行了能力分析，因此在制订能力需求计划之前就会发现主要问题。但对计划进行详细的能力检查时，还会发现有些在粗能力需求计划中不曾考虑的问题。例如，主要的维修件订单未反映在主生产计划中，忽略了拖期订单，粗能力需求计划没有包括所有的工作中心，粗能力需求计划未考虑零部件库存，等等。

如果因为在主生产计划中忽略了一项影响能力的因素而造成能力不平衡，首先应做的事情就是调整负荷或能力以满足主生产计划对能力的需求，而不是修改它。只有在必要时，即没有办法满足能力需求时，才修改主生产计划。其他因素，如提前期，也可引起能力问题。例如，在能力需求计划中考虑了提前期，而在粗能力需求计划中不曾考虑；提前期增大将影响到负荷的分布。

如果在消除了以上各种因素之后，能力和负荷仍不能平衡，那么就要调整能力或负荷了。

调整劳力。如果缺少劳力，则根据需要增加工人；如果劳力超出当前需要，则可安排培训，提高工人技术水平，或重新分配劳力，把负荷不足的工作中心劳力分配到超负荷的工作中心。

安排加班。加班只能是一种应急措施，经常加班绝对不是一种好方法。

重新安排工艺路线。一旦某个工作中心承担的任务超负荷，则可把一部分订单安排到负荷不足的替代工作中心上去，这可以使两个工作中心的负荷水平都得到改善。

转包。如果超负荷的时间相当长，可以考虑把某些瓶颈作业转包给供应商。

重叠作业。为了减少在工艺路线中两个相连的工作中心的总加工时间，可以在第一个工作中心完成整个批量的加工任务之前，把部分已完成的零件传给第二个工作中心。

分批生产。将一批订单的批量细分成几个小批量，在多台同样的机器上同时安排生产。这种调度方法不能降低负荷，而是将负荷集中在更短的时间内。

减少准备提前期。将准备过程规范化，可以减少准备时间，从而降低负荷，把节省下来的能力用于实际的加工过程。

调整订单。考虑可否把一份订单提前或拖后安排；或者可否先完成一份订单的一部分，其余部分拖后安排；有些订单是否可以取消，等等。

7.3.5 CRP 编制实例

本小节将通过一个具体的实例，详细介绍如何编制 CRP。假如自行车 ZXCA-F2 的 BOM 结构如图 7-5 所示，每个 ZXCA-F2 由 2 个物料 A 和 1 个物料 B 组成，每个物料 B 由 1 个物料 C 和 2 个物料 D 组成。

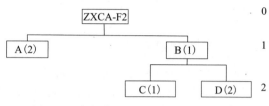

图 7-5 自行车 ZXCA-F2 的 BOM 结构

自行车 ZXCA-F2 的 MPS 如表 7-11 所示。其装配提前期是 1 周，计划产出量和计划投入量如表 7-12 所示。

表 7-11 ZXCA-F2 的 MPS

物料名称：自行车					物料编码：ZXCA-F2					提前期：1	
时段	当期	1	2	3	4	5	6	7	8	9	10
计划产出量			90	90	90	120	120	120	120	150	150
计划投入量		90	90	90	120	120	120	120	150	150	

根据表 7-11 中的 MPS 对 ZXCA-F2 进行分解，计算其他物料的 MRP，计算过程和计算结果如表 7-12 所示。其中，物料 A 的有关属性是：计划接收量为 150，期初库存为 60，订货批量为 150，安全库存量为 30，提前期为 1 周。物料 B 的有关属性是：计划接收量为 100，期初库存为 50，安全库存量为 25，订货批量为 100，提前期为 1 周。物料 C 的有关属性是：计划接收量为 120，期初库存为 80，安全库存量为 80，订货批量为 200，提前期为 1 周。物料 D 的有关属性是：计划接收量为 300，期初库存为 150，安全库存量为 120，订货批量为 300，提前期为 1 周。

表 7-12 ZXCA-F2 的 MRP

物料	时段	当期	1	2	3	4	5	6	7	8	9	10
ZXCA-F2	计划产出量			90	90	90	120	120	120	120	150	150
	计划投入量		90	90	90	120	120	120	120	150	150	
A	毛需求量		180	180	180	240	240	240	240	300	300	
	计划接收量		150									
	预计库存	60	30	150	120	30	90	150	60	60	60	60
	净需求量			180	60	150	240	180	120	270	270	
	计划产出量			300	150	150	300	300	150	300	300	
	计划投入量		300	150	150	300	300	150	300	300		
B	毛需求量		90	90	90	120	120	120	120	150	150	
	计划接收量		100									
	预计库存	50	60	70	80	60	40	120	100	50	100	100
	净需求量			55	45	65	85	105	25	75	125	
	计划产出量			100	100	100	100	200	100	100	200	
	计划投入量		100	100	100	100	200	100	100	200		
C	毛需求量		100	100	100	100	200	100	100	200		
	计划接收量		120									

（续）

物料	时段	当期	1	2	3	4	5	6	7	8	9	10
	预计库存	80	100	200	100	200	200	100	200	200	200	200
	净需求量			80		80	80		80	80		
	计划产出量			200		200	200		200	200		
	计划投入量		200		200	200		200	200			
D	毛需求量		200	200	200	200	400	200	200	400		
	计划接收量		300									
	预计库存	150	250	350	150	250	150	250	350	250	250	250
	净需求量			70		170	270	170	70	170		
	计划产出量			300		300	300	300	300	300		
	计划投入量		300		300	300	300	300	300			

假如 ZXCA-F2 的加工、装配共涉及 5 个工作中心，每个工作中心每天工作 8 小时，每个工作中心都有一位操作人员。每个工作中心的利用率、效率都不完全一样，具体参数如表 7-13 所示。如，WC02 每天可用能力为：$8 \times 1 \times 0.98 \times 0.99 = 7.76$ 额定小时。其他工作中心的计算过程与此类似。

表 7-13 工作中心和工作中心的可用能力

工作中心编码	每天工作小时	利用率（%）	效率（%）	可用能力（额定小时/天）
WC02	8	98	99	7.76
WC07	8	98	99	7.76
WC15	8	95	98	7.45
WC23	8	95	95	7.22
WC39	8	95	90	6.84

各个物料的工艺路线和额定工时如表 7-14 所示，工序编码一般采用 5、10 和 15 的样式。从表中可以看出，不同物料的工序有可能采用相同的工作中心，例如，物料 A 的工序 5 与物料 C 的工序 5 采用了 WC07，这是符合实际情况的。

根据表 7-14 中的额定工时数据可以计算出每一个工作中心上的工序负荷：

工作中心的工序负荷 = 加工件数 × 单件加工时间 + 准备时间

有关工作中心的工序负荷的计算过程及其结果如表 7-15 所示。例如，在 WC07 工作中心上，物料 A 的工序 5 和物料 C 的工序 5 都在这里加工。物料 A 计划投入量的订单数量分别为 150 和 300，物料 C 计划投入量的订单数量为 200。物料 A 工序 5 的订单数量 150 的工序负荷为：$150 \times 0.01 + 0.35 = 1.85$ 小时。工序负荷也称为能力负荷。

表 7-14 ZXCA-F2 的工艺路线和额定工时

物料编码	工序编码	工作中心编码	单位加工时间（小时）	准备时间（小时）
ZXCA-F2	5	WC02	0.03	0.52
A	5	WC07	0.01	0.35
	10	WC15	0.04	0.35

（续）

物料编码	工序编码	工作中心编码	单位加工时间（小时）	准备时间（小时）
B	5	WC02	0.02	0.65
C	5	WC07	0.03	0.65
	10	WC23	0.03	0.65
D	5	WC39	0.05	0.55

表 7-15　工作中心的工序负荷计算结果

物料编码	工序编码	工作中心编码	订单数量	能力负荷（小时）
ZXCA-F2	5	WC02	90	90×0.03+0.52=3.22
			120	120×0.03+0.52=4.12
			150	150×0.03+0.52=5.02
A	5	WC07	150	150×0.01+0.35=1.85
			300	300×0.01+0.35=3.35
	10	WC15	150	150×0.04+0.35=6.35
			300	300×0.04+0.35=12.35
B	5	WC02	100	100×0.02+0.65=2.65
			200	200×0.02+0.65=4.65
C	5	WC07	200	200×0.03+0.65=6.65
	10	WC23	200	200×0.03+0.65=6.65
D	5	WC39	300	300×0.05+0.55=15.55

下面计算各个工序占用工作中心的时间，即生产作业时间。在一般情况下，生产作业时间的单位采用小时。能力负荷除以可用能力即可得到作业天数，然后按每天 8 小时工作制转换为小时（小数向上取整），计算结果如表 7-16 所示。

表 7-16　ZXCA-F2 的生产作业时间

物料编码	工序编码	工作中心编码	可用能力（小时/天）	订单数量	能力负荷（小时）	生产作业时间（天）	生产作业时间（小时）
ZXCA-F2	5	WC02	7.76	90	3.22	3.22÷7.76=0.41	4
				120	4.12	4.12÷7.76=0.53	5
				150	5.02	5.02÷7.76=0.65	6
A	5	WC07	7.76	150	1.85	1.85÷7.76=0.24	2
				300	3.35	3.35÷7.76=0.43	4
	10	WC15	7.45	150	6.35	6.35÷7.45=0.85	7
				300	12.35	12.35÷7.45=1.66	14
B	5	WC02	7.76	100	2.65	2.65÷7.76=0.34	3
				200	4.65	4.65÷7.76=0.60	5
C	5	WC07	7.76	200	6.65	6.65÷7.76=0.86	7
	10	WC23	7.22	200	6.65	6.65÷7.22=0.92	8
D	5	WC39	6.84	300	15.55	15.55÷6.84=2.27	19

为了计算各个工序在工作中心的开工日期和完工日期，还需要得到物料在各个工

作中心的等待时间、移动时间和排队时间。这些基础数据如表 7-17 所示，时间的单位为小时。需要注意的是，表 7-17 列出了从库房到生产加工地点的移动时间，不考虑其等待时间，这是因为物料只在需要时才出库。

下面采用倒序排产法计算物料的能力需求编制过程。假如表 7-12 中计算 MRP 的时段为周。倒序排产法是用工序的完工时间减去等待时间、移动时间、排队时间和生产作业时间（准备时间和加工时间）从而得到工序开工时间的方法。

表 7-17 工作中心的等待时间、移动时间和排队时间

工作中心编码	等待时间	移动时间	排队时间
WC02	0	1	2
WC07	1	1	2
WC15	1	1	1
WC23	1	1	1
WC39	1	1	1
库房	0	1	0

首先研究物料 C 的工艺路线和制造时间。根据表 7-14 可知，物料 C 的加工工艺路线依次是 5（WC07）、10（WC23）。物料 C 的加工经过了三个不同的位置，即库房、工序 5 和工序 10，这些位置之间的顺序图（工艺路线）和相应的时间如图 7-6 所示。

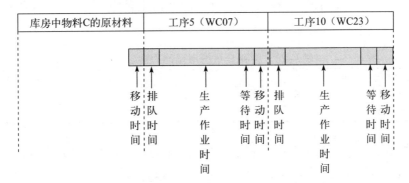

图 7-6 物料 C 的工艺路线和时间之间的关系

根据表 7-16 和表 7-17 可以得到物料 C 的各种制造时间数据，将这些时间数据进行汇总，结果如表 7-18 所示。

表 7-18 物料 C 的制造时间（小时）

工序	工作中心编码	排队时间	生产作业时间	等待时间	移动时间
库房	—	0	0	0	1
5	WC07	2	7	1	1
10	WC23	1	8	1	1

下面分析物料 C 的开工时间和完工时间。首先假设每周工作 5 天，每天工作 8 小时，每天开始上班的时间是 8 点，下班时间是 16 点。

如表 7-12 所示，由于物料 C 的提前期是 1 周，其在第 2 周的计划产出量 200 件是用于第 2 周物料 B 的装配。这 200 件的最晚完工时间是第 1 周的最后一个工作日的结束。也就是说，工序 10 必须在第 1 周的周五 16 点之前完成。由于从工序 10 的 WC23 工作中心转移到其他工作中心的等待时间和移动时间都是 1 小时，因此工序 10 在 WC23 工作中心的加工操作最晚必须在周五 14 点之间完成；由于工序 10 在 WC23

工作中心的加工时间是 7 小时，因此物料最晚必须在周四 15 点开始在 WC23 工作中心加工；又因为物料在到达 WC23 工作中心能够加工之前，需要排队 1 小时，因此该物料必须在周四 14 点之前到达 WC23 工作中心。按照上述过程，物料 C 最晚必须在周四 12 点完成 WC07 工作中心的加工，最晚必须在周三 13 点开始在 WC07 工作中心加工，最晚必须在周三 11 点到达 WC07 工作中心，最晚必须在周三 10 点离开库房。由于采用了倒序排产法，所以，得到的时间需求都是最晚时间，即最晚开工时间和最晚完工时间。至此得到了物料 C 的工序 5 和工序 10 的最晚开工时间和最晚完工时间，如表 7-19 所示。需要注意的是，这里把最晚开工时间和最晚完工时间简称为开工时间和完工时间。

表 7-19　物料 C 的开工时间和完工时间

工序	工作中心编码	能力负荷	开工时间	完工时间
5	WC07	6.65	第 1 周周三 13 点	第 1 周周四 12 点
10	WC23	6.65	第 1 周周四 15 点	第 1 周周五 14 点

按照上述步骤可以求出物料 C 的分时段能力需求计划，如表 7-20 所示。注意将同一时段（周）中的能力负荷汇总在一起。

表 7-20　物料 C 的分时段能力需求计划

物料	工作中心	当期	1	2	3	4	5	6	7	8	9	10
C	WC07		6.65		6.65	6.65		6.65	6.65			
	WC23		6.65		6.65	6.65		6.65	6.65			

基于上述计算过程，针对物料 D、B、A 和 ZXCA-F2 重复上述过程，得到如表 7-21 所示的自行车 ZXCA-F2 的能力需求计划表。

表 7-21　分时段能力需求计划表

物料	工作中心	当期	1	2	3	4	5	6	7	8	9	10
ZXCA-F2	WC02		3.32	3.32	3.32	4.12	4.12	4.12	4.12	5.02	5.02	
A	WC07		3.35	1.85	1.85	3.35	3.35	1.85	3.35	3.35		
	WC15		12.35	6.35	6.35	12.35	12.35	6.35	12.35	12.35		
B	WC02		2.65	2.65	2.65	2.65	4.65	2.65	2.65	4.65		
C	WC07		6.65		6.65	6.65		6.65	6.65			
	WC23		6.65		6.65	6.65		6.65	6.65			
D	WC39		15.55		15.55	15.55	15.55	15.55	15.55			

根据表 7-21 中的能力需求数据，按照工作中心汇总在一起，即可得到如表 7-22 所示的 CRP 数据，即工作中心需求能力计划表。

表 7-22　工作中心需求能力计划表

工作中心	当期	1	2	3	4	5	6	7	8	9	10
WC02		5.97	5.97	5.97	6.77	8.77	6.77	6.77	9.67	5.02	
WC07		10.00	1.85	8.50	10.00	3.35	8.50	10.00	3.35		

(续)

工作中心	当期	1	2	3	4	5	6	7	8	9	10
WC15		12.35	6.35	6.35	12.35	12.35	6.35	12.35	12.35		
WC23		6.65		6.65	6.65		6.65	6.65			
WC39		15.55		15.55	15.55	15.55	15.55	15.55			

得到工作中心的能力需求计划表之后，即可绘制能力负荷直方图。如果可用能力大于负荷，则表示能力多余、闲置；如果可用能力等于负荷，即表示能力和负荷一致，这是最理想的状态；如果可用能力小于负荷，则表示能力不足。能力不足或过剩时，需要采取合理有效的措施来解决这些问题。

7.4 能力需求计划管理与其他模块的关系

能力需求计划是对生产过程中所需要的能力进行核算，以确定是否有足够的生产能力来满足生产需求的计划方法。能力需求计划将生产需求转换成相应的能力需求，估计可用的能力并确定应采取的措施，以协调生产负荷和生产能力的差距。

能力需求计划协调能力需求和可用能力之间的关系，用于分析和检验主生产计划和物料需求计划的可行性。生产计划能否顺利实施，生产任务能否按计划完成，是否能达到既定的生产指标，都需要在能力需求计划中进行平衡。

在能力需求计划中，对于生产管理的不同层次，有不同的能力需求计划方法与之相协调，形成包括资源需求计划、粗能力需求计划、细能力需求计划、输入/输出控制运作顺序的层次体系，它们分别对应生产规划、主生产计划、物料需求计划和生产作业控制的不同层次，如图 7-7 所示。

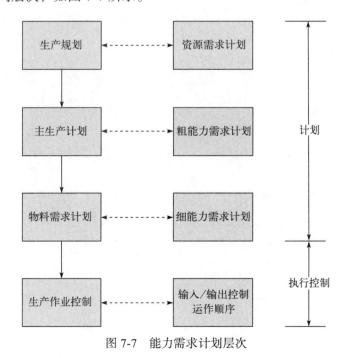

图 7-7 能力需求计划层次

思考与练习题

1. 工作中心是什么？有何作用？
2. 如何计算工作中心的定额能力及实际能力？
3. 粗能力需求计划的对象主要指哪些？
4. 粗能力需求计划有何优缺点？
5. 简述利用资源清单法编制粗能力需求计划的步骤。
6. 简述利用分时间周期的资源清单法编制粗能力需求计划的步骤。
7. 简述能力需求计划和粗能力需求计划的区别。
8. 能力需求计划的制订有哪两种方式？
9. 无限能力需求计划法就是不考虑能力的约束吗？
10. 编制能力需求计划时需要哪几个方面的信息？
11. 简述能力需求计划的编制步骤。
12. 如何确定工序的开工日期和完工日期？
13. 如何计算工作中心的负荷？
14. 在能力需求计划中能力不平衡时应如何处理？

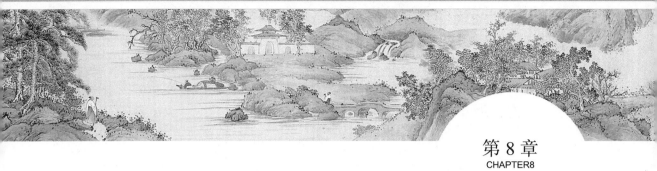

第 8 章
CHAPTER8

采 购 管 理

企业生产经营中的成本控制是关键的一环——成本乃生存之道，经营效益的好坏与生产成本能否有效控制密切相关。企业物料种类繁多，原材料、零配件的采购成本相当可观，若采购成本高，生产成本必然也高。采购工作主要是为企业提供生产与管理所需的各种物料，任何企业要向市场提供产品或服务，都离不开采购原材料或消耗品，可见对采购的管理必然在企业经营管理中占据着非常重要的位置。科学的采购管理可以大大降低企业的生产经营成本，给企业带来很大的经济效益和利润空间。

8.1 采购管理的定义

采购管理是对整个企业采购活动的计划、组织、协调和控制的管理活动，面向企业全体采购员，也面向企业其他人员（进行有关采购的协调配合工作），调动整个企业的所有资源，保证整个企业的物资供应。

采购管理的目标可以归纳为以下几个方面：

（1）为企业提供所需的物料和服务，以使整个组织正常运行。原材料和零部件的缺货可能需要支付固定成本，导致运营成本提高，无法兑现客户的交货承诺，给企业造成极大的损失。例如，缺少零件，企业不可能生产出整个产品。

（2）争取最低成本。采购部门的资金用量相对比较大，在确保质量、配送和服务的前提下，采购部门还应尽量以最低的价格获得所需的原材料和服务。

（3）降低存货和损失。保证物料供应不间断的一个方面是保持大量的库存，保持库存必然占用资金，一般库存成本占库存商品价值的20%～50%。如果可以用100万元的库存（而不是原来的200万元）来保证企业的正常运作，那么库存减少100万元不仅意味着节省了100万元的流动资金，而且节省了20万～50万元的存货费用。

（4）提高产品或服务的质量。为了保障产品生产或提供服务，任一物料的投入都要达到一定标准的质量要求，否则会影响最终产品或服务的质量。若想挽回低质量物料投入生产造成的损失，所花费的成本可能是巨大的。

8.2 采购管理主要业务

采购过程是采购工作中的重要一环，从确定待购的产品、服务的要求，供货源的选择到确定价格和采购条件，以及对货物的接收、检验等一系列过程，是采购流程需要注意的关键内容。采购管理主要包括以下五方面业务：采购计划管理、请购管理、采购订单管理、收退货管理、采购结算和结清。

8.2.1 采购计划管理

制造业在自购原料、物料后，经过加工制造或经过组合装配成为产品，再通过销售过程获取利润。其中如何获取足够数量的原料、物料，即是采购数量计划的重点所在。因此数量计划是为维持正常的产销活动，在某一特定时期内，应在何时购入何种材料的估计作业，这是采购计划的主要目的。采购计划管理主要实现采购计划的生成以及采购计划信息的维护等功能。

1. 生成采购计划

采购计划是采购管理作业的源头，以需求计划的处理为采购系统的业务起始点。采购计划根据 MRP 的物料需求计划及库存子系统生成的物料需求（订货点控制、订货周期控制等生成的请购计划）来生成采购计划（或采购建议订单）。采购计划的信息包括物品名称、规格、型号、数量、需求日期等。为保证生成数据的合理性和采购可行性，计划员还可以修改其中的数量、日期等信息，并综合考虑物料的订货批量、采购提前期、库存量、运输方式以及计划外的物料申请，进行系统自动物料合并或人工干预和修改。对于采购提前期很长的原材料，采购计划应经过销售、财务与计划等部门的综合讨论与评估来确定所需的数量和时间，然后制订原材料的中期或长期采购计划。

2. 生成用款计划

完善的采购计划是生成用款计划的前提。生成采购计划后，根据采购原料的价格信息，生成用款计划，并根据询价结果进行维护；然后提交财务部门，由其对用款计划进行确认，以判断用款计划是否合理，并由上级领导进行批示，再由财务部门将意见反馈给采购部门。若通过则形成正式的用款计划，并下达采购计划。

8.2.2 请购管理

请购管理主要是根据下达的采购计划，自动生成请购单或者手工输入请购单，填写限价信息，确定供应商及采购单价，最后经主管审核通过后，合并请购并下达，生成采购订单。可将一项请购拆成不同供应商、交货日期及交货地点的多项请购。对于没有通过审批的请购单，可以将其置为待定状态，暂停生成订单。

8.2.3 采购订单管理

根据通过审核的请购单生成采购订单，执行采购工作，并跟踪采购订单执行的全过程。对于已经到期或即将到期的订单，生成催货单，并对过期订单记录催货次数。对于供应商送来的物资，生成到货单，下传到收退货管理业务。生成采购订单和订单跟踪管理是采购订单管理的两个主要内容。

1. 生成采购订单

根据订货数量、采购提前期、库存量、运输方式、用款计划以及计划外的物料申请进行物料合并，生成采购订单，经过确认后即可进行订单输出，最后下达给供应商，也可以在网上发布订单。对于临时追加的采购任务，可以通过与供应商协商直接下达采购单。

2. 订单跟踪管理

采购单跟踪主要是指跟踪、查询供应商加工进展情况，控制采购进度，从而保证订单按期、按质、按量交货。采购业务人员对下达的采购订单按计划进行跟踪，可以设置跟踪的时间周期。在跟踪的过程中，要了解供应商的生产进度及质量情况，并及时对供应商给予支持。

采购订单的生成过程如图 8-1 所示。

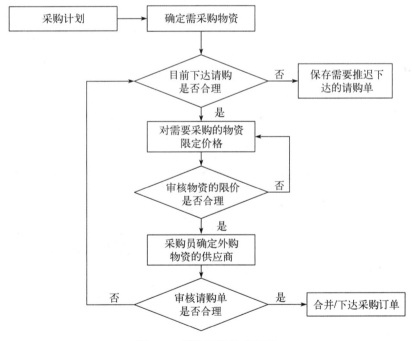

图 8-1 采购订单生成过程

8.2.4 收退货管理

收退货业务的处理用于记录有关收到产品的数量、单价、成本及标准成本的差异，建立收货单、退货单、装箱单、货运单等单据，并对这些单据进行处理。其组成部分如图 8-2 所示。

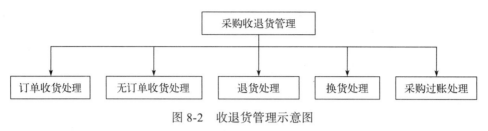

图 8-2　收退货管理示意图

采购收退货管理的最主要的两项业务为收货检验作业和退货管理。

1. 收货检验

采购检验指由专门的质检部门根据采购单编号直接查找未收完料的采购单，对货物进行质量检验。收货检验分为抽检和全检，检查合格则收货入库，否则退货或换货。

2. 退货管理

由采购人员对采购的货物按订单与发票进行验收，并录入收货单与发票，也可以根据企业的实际流程，直接由货物检验人员（或物料管理员）对来料按订单验收。

对于有订单的到货，可按订单生成到货单；对于没有订单的到货，人工录入到货单与供应商相关的信息。经过质检部门验收货品后，在到货单上填写合格品数量，主管对到货产品的价格和质量进行审核，不合格品生成退货单经审核退货，并维护供应商管理中的供货情况记录。退货时先根据发票建立一个退货请求，待货物出库后再根据出库结果建立退货说明并相应修改收货、付款情况。

8.2.5　采购结账和结清

1. 结账与费用核算

结账付款工作应由采购部门配合财务部门来完成，并根据物料的采购结算单据对采购各种费用进行分摊，计算出物料的采购成本。

2. 采购单结清

在采购订单交货、收货、入库、付款和考核后，要及时结清采购订单。可以设置结算的类型：交货、收货、入库、付款、考核等结算方式，一般按付款结清的方式处理，也可以进行强制结算。

8.3　供应商管理

供应商管理是采购管理中一个很重要的问题，因为采购工作的好坏从根本上来说取决于供应商提供的产品质量、价格、性能等。它在实现准时化采购中有很重要的作用，因此在本节单独介绍。在采购管理中，企业与供应商的关系是一种战略性合作关系，提倡一种双赢机制。从传统的非合作性竞争走向合作性竞争，合作与竞争并存是当今企业关系发展的一个趋势。

8.3.1 供应商细分

供应商细分是供应商管理的先行环节，只有在供应商细分的基础上，采购方才有可能根据细分供应商的不同情况实行不同的供应商关系策略。

从不同的角度出发，可以将供应商细分为以下几种类型。

（1）根据供应商与企业的关系可分为公开竞价型、供应商网络型、供应链管理型。

（2）根据供应商对企业的重要程度可分为战略供应商和普通供应商。

（3）根据供应商与企业合作时间的期望可分为短期目标型、长期目标型、渗透型、联盟型、纵向集成型。

（4）根据供应商在企业内部所处地位可分为商业型、重点商业型、优先型、伙伴型。

在对供应商细分时，常使用定性分析的方法，通过对各个公司的调查，并根据历史采购数据完成供应商的细分工作。

8.3.2 供应商评估

在对不同的供应商类型进行细分以后，我们需要对其进行一定的评价，以确定需要选择的供应商。通常对供应商评估选择是一个多指标的综合评价问题。有关此类问题的决策已经建立起了多种数学模型，它们的基本思路是相似的，先对各个评估指标确定权重，权重可以用数字 1～10 之间的数值表示；然后对每个指标进行评分，再用所得的分数乘以该项指标的权重，进行综合处理后得到一个总分；最后根据每个供应商总得分进行排序、比较和选择。

供应商分析评估的主要内容包括：

（1）产品的品种、规格和质量水平是否符合企业需要，价格水平如何。

（2）企业的实力、规模如何，产品的生产能力如何，技术水平如何，管理水平如何。

（3）企业的信用度如何，指企业对客户、对银行等的诚信程度，表现为供应商对自己的承诺和义务履行的程度，特别是产品的质量保证、按时交货、往来账目处理等方面能够以诚相待、一丝不苟地履行自己的责任和义务。

（4）产品是竞争性商品还是垄断性商品。如果是竞争性商品，则调查供应商的竞争态势如何，产品的销售情况如何，市场份额如何。

（5）供应商相对于本企业的地理、交通如何，如运输方式分析、运输时间分析、运输费用分析，运输成本是否合适。

8.3.3 供应商的绩效考核

供应商的绩效考核，是对已经通过认证的、正在为企业提供服务的供应商进行的。其目的是了解供应商的表现，促进供应商提升供应水平，并为供应商奖惩提出依据，确保供应商供应的质量。同时在供应商之间选择同优秀的供应商进行合作，而淘汰绩效差的供应商。在对供应商进行绩效管理的同时，也了解到供应商存在的不足之处，将不足之处反馈给供应商，可以促进供应商改善其业绩，为日后更好地完成供应活动打下良好的基础。供应商的绩效考核是一个十分烦琐而又必须公正、完备的事务，如果考核不公正就会引发供应商的不满，其结果将适得其反。因此，要实施供应商绩效考核就必须制定一整套严格完整的供应商考核工作程序，有关部门或人员严格按照文件实施，实施过程中要对供应商的表现（如质量、交货、服务等）进行监测登记，为考核提供量化的依据。

为了科学、客观地反映供应商供应活动的情况，应该建立与之相适应的供应商绩效考核指标体系。在制定考核指标体系时，应该突出重点，对关键指标进行重点分析，尽可能地采用实时分析与考核的方法，将绩效度量范围扩大到能反映供应活动过程中的信息，这比做事后分析更有价值。评估供应商绩效的因素主要有质量、交货时间、价格、服务水平等，如表8-1所示。

表8-1 供应商的绩效考核指标

指标范畴	内容
质量指标	质量指标是供应商考评的最基本指标，包括来料批次合格率、来料抽检缺陷率、来料在线报废率、供应商来料免检率等
供应指标	供应指标又称企业指标，是同供应商的交货表现以及供应商企划管理水平相关的考核因素，其中最主要的是准时交货率、交货周期、订单变化接受率等
经济指标	供应商考核的经济指标总是与采购价格和成本相联系。与质量及供应指标不同的是，质量与供应考核通常每月进行一次，而经济指标则相对稳定，多数企业是每季度考核一次。此外，经济指标往往都是定性的、难以量化的
支持、配合与服务指标	同经济类指标一样，考核供应商在支持、配合与服务方面的表现，通常也是定性的考核，每季度一次。相关的指标有反应与沟通、表现合作态度、参与本公司的改进与开发项目、售后服务等

1. 产品质量

产品质量是最重要的因素，因此加强对产品质量的检查。检查可分为两种：一种是全检，一种是抽检。全检工作量太大，一般采用抽检的方法。质量的好坏可以用质量合格率来描述。如果在一次交货中一共抽检了 n 件，其中有 M 件是合格的，则质量合格率为 P，其公式为

$$P = \frac{M}{n} \times 100\%$$

显然，质量合格率 P 越高越好。如果在 N 次的交货中，每次的质量合格率 P 不同，则可以用平均合格率 $\bar{P}$ 来描述，即

$$\bar{P} = \frac{\sum_{i=1}^{N} P_i}{N}$$

在有些情况下，企业对不合格产品采取退货的措施，这时质量合格率也可以用退货率来描述。所谓退货率，是指退货量占采购进货量的比率。如果采购进货 n 件，其中退货 r 件，则退货率可以用公式表示为

$$退货率 = \frac{r}{n} \times 100\%$$

显然，退货率越高，表明其产品质量越差。

2. 交货期

交货期也是一个很重要的考核指标。考察交货期主要是考察供应商的准时交货率。准时交货率可以用准时交货次数与总交货次数之比来衡量，即

$$准时交货率 = \frac{准时交货次数}{总交货次数} \times 100\%$$

3. 交货量

考察交货量主要是考核按时交货数完成量。按时交货数量可以用按时交货量率来评价。按时交货量率是指给定交货期内实际完成交货量与期内应完成交货量的比率，可用公式表示为

$$按时交货量率 = \frac{期内实际完成交货量}{期内应完成交货量} \times 100\%$$

也可以用未按时交货量率来描述，即

$$未按时交货量率 = \frac{期内实际未完成交货量}{期内应完成交货量} \times 100\%$$

如果每期的交货量率不同，则可以求出 N 个交货期的平均按时交货量率，即

$$平均按时交货量率 = \frac{\sum 按时交货量率}{N}$$

4. 工作质量

考核工作质量，可以用交货差错率和交货破损率来描述，即

$$交货差错率 = \frac{期内交货差错量}{期内应完成交货量} \times 100\%$$

$$交货破损率 = \frac{期内交货破损量}{期内应完成交货量} \times 100\%$$

5. 价格

价格就是指供货的价格水平。考核供应商的价格水平，可以和市场同档次产品的平均价和最低价进行比较，分别用市场平均价格比率和市场最低价格比率来表示，即

$$平均价格比率 = \frac{期内供应商的供货价格 - 市场平均价格}{市场平均价格} \times 100\%$$

$$最低价格比率 = \frac{期内供应商的供货价格 - 市场最低价格}{市场最低价格} \times 100\%$$

6. 进货费用水平

考核供应商的进货费用水平，可以用进货费用节约率来考核，即

$$进货费用节约率 = \frac{本期进货费用 - 上期进货费用}{市场平均价格} \times 100\%$$

7. 信用度

信用度主要考核供应商履行自己的承诺、以诚待人、不故意拖账的程度。信用度可以用公式来描述

$$信用度 = \frac{期内失信的次数}{期内交易总次数} \times 100\%$$

8. 配合度

配合度主要考核供应商的协调精神。在和供应商合作的过程中，可能会由于某种客观情况的变化，需要进行调整变更，这样会导致供应商工作上的变更，有时可能影响相互的利益，在这样的过程中可以考察供应商积极配合的程度。配合度主要根据人的主观判断来评分。

不同企业生产范围不同，供应商供应的商品也不同，因此针对供应商表现的考核要求不尽相同，考核指标设置也不一样。一般来说，最简单的方法就是衡量供应商的交货质量和及时性。较先进的供应商考核系统，则要进一步扩展到供应商的支持服务、供应商参与本公司产品开发的表现等，也就是将考核订单、交单实现过程延伸到产品研发过程。

8.4 采购模式

采购在现代社会已经有了很大的发展，如果仅凭原有的观念和知识来采购是远远不够的。现代采购的模式主要有 JIT 采购模式、MRP 采购模式和供应链采购模式三种，不同的采购模式都有其各自不同的特点。

8.4.1 JIT 采购模式

JIT 采购，也称为准时制采购，源于准时化（just in time，JIT）生产方式，追求无库存的生产系统，或是趋向于无库存的生产系统。其基本思想是在需要的时候，按需求的量生产所需的商品。为此，"看板"管理方法成为准时制生产独具特色的生产系统。

1. JIT 采购的作用

JIT 采购是关于物料采购的一种全新的思路，企业应用 JIT 采购具有重要的意义。根据资料统计，JIT 采购在以下几个方面已经取得了令人满意的成果。

（1）大幅度减少原材料和外购件的库存。根据国外一些实施 JIT 采购策略企业的经验，JIT 采购可以使原料和外购件的库存降低 40%～85%。原材料和外购件库存的降低，有利于减少流动资金的占用，加速流动资金的周转，同时也有利于节省原材料和外购件库存的空间，从而大大降低库存成本。

（2）提高采购物料的质量。一般来讲，采用 JIT 采购方式，可以提高原料和外购件质量，又会降低质量成本。据统计，JIT 采购可使质量成本减少 26%～63%。

（3）降低原料和外购件的采购价格。由于供应商和制造商的密切合作以及内部规模效益，加上消除了采购过程的一些环节（如订货手续、装卸环节、检验手续等），使得购买的原料和外购件的价格降低。美国施乐公司便通过实施 JIT 采购策略，使其采

购物料的价格下降了 40% ~ 50%。

此外，推行 JIT 采购策略，不仅缩短了交货时间，节约了采购过程所需的资源（人力、资金、设备等），而且提高了企业的劳动生产率，增加了企业的竞争力。

2. JIT 采购的特点

JIT 采购与传统采购的区别如表 8-2 所示。

表 8-2　JIT 采购与传统采购的区别

项目	JIT 采购	传统采购
采购批量	小批量，送货频率高	大批量，送货频率低
供应商选择	长期合作，单源供应	短期合作，多源供应
供应商评价	质量、交货期、价格	质量、价格、交货期
检查工作	逐渐减少，最后消除	收货、检货、质量验收
协商内容	长期合作关系，质量和合理价格	获得最低价格
运输	准时送货，买方负责安排	较低成本，卖方安排
文书工作	文书工作少，重要的是有能力改变交货时间和质量	文书量大，改变交货期和质量的采购单多
包装	小包装，标准化容器包装	普通包装，无特别说明
信息交流	快速可靠	一般要求

8.4.2　MRP 采购模式

所谓 MRP 采购，就是利用 MRP 技术进行的采购。MRP 的结果，一方面是生成生产计划，一方面是生成采购计划。实施 MRP 采购的基础是企业实施了 MRP 管理系统。

如果企业没有 MRP 系统，就谈不上 MRP 采购。不运行 MRP 系统，没有 MRP 系统生成的计划订货量，MRP 采购就失去了依据。在 MRP 采购中，购货的时间性要求比较严格，如果没有严格的时间要求，MRP 采购也就失去了意义。MRP 采购管理必须要有良好的供应商管理作为基础，如果没有良好的供应商管理，不能与供应商建立起稳定的客户关系，则供货的时间性要求很难保证。

MRP 采购的特点是：需求的相关性、需求的稳定性、计划的精细性和计算的复杂性。

8.4.3　供应链采购模式

供应链采购是指供应链内部企业之间的采购，供应链内部的需求企业向供应商企业采购订货，供应商企业将货物供应给需求企业。供应链各个企业之间的战略合作伙伴关系，使采购观念和采购的操作都发生了很大变化，如表 8-3 所示。

供应链采购是基于需求的采购，需要多少就采购多少，什么时候需要就什么时候采购，在这点上与 JIT 采购相同。

供应链采购是供应商主动型采购，由于供应链中需求者的需求信息随时传给供应商，供应商能够随时掌握用户需求信息，所以可以根据需求状况、变化趋势，及时调整生产计划、补充货物，主动跟踪用户需求，适时适量地满足用户需求。此外，供应双方是友好合作的利益共同体，供应商也会主动关心产品质量，保证需求方的产品质量（见表 8-3）。

表 8-3　供应链采购与传统采购的特点

项目	供应链采购	传统采购
基本性质	基于需求的采购	基于库存的采购
	供应方主动型，需求方无采购操作	需求方主动型，需求方进行采购操作
	合作型采购	对抗型采购
采购环境	友好合作环境	对抗竞争环境
信息关系	信息传输，信息共享	信息不通，信息保密
库存关系	供应商掌握库存	需求方掌握库存
	需求方可以不设仓库，零库存	需求方设立仓库，高库存
送货方式	供应商小批量多频次连续补充货物	大批量少频次进货
双方关系	供应双方关系友好	供应双方关系敌对
	责任共担，利益共享，协调性配合	责任自负，利益独享，互斥性竞争
货检工作	免检	严格检查

双方在采购过程中互相协调配合，提高采购工作的效率，最大限度地降低采购成本，最好地保证供应。供应链采购的根本特征是处于一种友好合作的环境，这是它根本的特点，也是它最大的特点。

供应链采购的一个重要特点是供应链企业之间实现信息连通、信息共享。供应链各个企业可以通过计算机网络进行信息沟通和业务活动。供应链采购的基础就是企业的信息化，要建立企业内部网络（Intranet）、企业外部网络（Extranet），并且和互联网（Internet）连通。

供应链采购是由供应商管理客户的库存，客户没有库存，即零库存，这样客户可以大大节省费用、降低成本，专注于提高核心竞争力，从而提高供应链的整体效益。除此之外，供应商掌握库存自主权，可以根据需求变动情况，适时调整生产计划和配送计划，避免了盲目生产造成的浪费和库存积压产生的风险。由于这种机制把供应商的责任（产品质量）与利益（销售利润）相联系，因此增强了供应商的责任感，促使其主动提高客户服务水平和客户满意度，供需双方都将从中获益。

8.5　订货批量

订货批量是指根据需求数量和各项成本因素而确定的每次进货量。由于进货量与仓储量之间亦即进货成本与储存费用之间存在矛盾，如何确定订货批量，合理平衡进货量和供货量，是人们关心的重点。控制订货成本是企业各相关部门的责任，毕竟所有部门控制成本的努力都是为了使企业整体成本降到最低水平。当订货批量太大时，过多的存货要占用较多的资金，占用资金是有成本的，而且存货增加还会增加仓储费、保险费、维护费、管理人员工资等费用，这些费用的增加会直接导致储存成本的上升。如果订货批量过小，订货次数就要增多，订货成本也要升高，同时库存过少还可能因特殊原因导致库存中断，影响生产经营。在有些环境中，采购包装或生产工艺对采购或生产的批量也有强制性要求。另外，在采购活动中，零星采购在价格剧烈波动时可能被迫支付高价，也不能获得批量采购所带来的商业折扣和现金折扣。因此，企业各部门应相互配合，共同决定最优采购批量。

8.5.1 订货批量的方法

常用的确定订货批量的方法有如下几种：固定订货批量法、经济订货批量法、按需订货批量法、批量增量法、固定周期法等。其中，前两种方法是面向需求率的，特别是第二种方法，是基于需求连续、需求率稳定前提下的。这两种方法均是确定一个固定的批量，每次都按这个批量订货。其余方法则是所谓间断批量确定方法。间断的订货批量是变动的，它们根据一个或几个后续计划时区内的净需求量来确定批量，使订货批量满足净需求量。

下面分别讨论这些确定订货批量的方法。

1. 固定订货批量法

固定订货批量法（fixed order quantity）为物料的订货规定了一个固定的订货批量，每次订购或生产这种物料时都按这个批量订货。

固定批量的订货方法可用于 MRP 控制下的所有物料，但在实践中，通常只限于订货费用比较大的部分物料。对这些物料，根据净需求量的大小变化而不断发出订货是不经济的，所以常采用固定批量的形式订货。订货的数量可以根据需求的特点来决定，如考虑采购物料的包装、生产设备的可利用能力、模具的工艺特性、仓库的可用面积等。假设固定批量为 100，表 8-4 中给出了一个例子。

表 8-4　固定订货批量法

时段	1	2	3	4	5	6	7	8	9	总计
毛需求	40	50		70		20	40	60	50	330
净需求	40	0		60		0	20	0	30	
计划订货量	100			100			100		100	400

2. 经济订货批量法

经济订货批量法（economics order quantity，EOQ），又称整批间隔进货 EOQ 模型，早在 1915 年就开始使用，是目前大多数企业最常采用的货物订购方式。经济订货批量是固定订货批量模型的一种，可以用来确定企业一次订货（外购或自制）的数量。当企业按照经济订货批量来订货时，可实现订货成本和储存成本之和最小化。这种处理方法可以调整适应各种不同的需要，可以扩充延伸以便在复杂的情况中使用，比如考虑数量折扣、缺货成本等。

确定经济订货批量 EOQ 的公式如下：

$$EOQ = \sqrt{\frac{2RS}{IC}}$$

式中，R 为年需求量；S 为一次订货费用；I 为年保管费用占平均库存值的百分比；C

为物料单价。表 8-5 给出了一个例子。

表 8-5 经济订货批量法

时段	1	2	3	4	5	6	7	8	9	总计
毛需求	40	50		70		20	40	60	50	330
净需求	40	10		0		20	0	40	10	
计划订货量	80	80				80		80	80	400

假定例中的时区单位是月,并假定各种有关的费用数据如下:
$S=100$,$C=125$,$I=0.11$,年需求量可从 9 个月的需求量推算出来:

$$\frac{9}{330} = \frac{12}{R}$$

求得 $R=440$。
将这些数据代入公式,求得:

$$EOQ = \sqrt{\frac{2 \times 440 \times 100}{0.11 \times 125}} = 80$$

在现实中,并不是所有的再补给情况都适合于 EOQ 的计算方法。在许多场合下,具体零部件需求的产生在间隔时间上趋向于没有规律性,且需求量也变化较大,需要一种经调整过的方法来确定订货批量,这种批量称作"间断订货批量"(discrete lot sizing)。由于零部件需求此起彼伏,使用间断订货批量的数量将会在订货之间发生变化。

3. 按需订货批量法

按需订货批量法(lot for lot)也称为直接批量法,它直接将净需求量定为计划订货量,需要多少订多少。这是最简单的一种批量确定方法,能大大降低库存保管成本,但会由于订货频繁而造成较大的订购成本或生产成本。

如表 8-6 所示,每当净需求量改变时,相应的订货量也随之动态调整。采用这种方法可以降低物料存储费用,因而常用于价值较高和需求极不连续的外购件及制造件。

表 8-6 按需订货批量法

时段	1	2	3	4	5	6	7	8	9	总计
毛需求	40	50		70		20	40	60	50	330
净需求	40	50		70		20	40	60	50	
计划订货量	40	50		70		20	40	60	50	330

4. 批量增量法

批量增量法(batch increment)多用于采购订单管理,算法包括固定批量和批量增量两个参数。这里的固定批量是指每次订货量不能低于此值,批量增量是指物料的最小包装单位,计算公式为

$$计划订货量 \leqslant 净需求量 \leqslant \max\{净需求量 + 批量增量, 固定批量\}$$
$$计划订货量 = 固定批量 + n \times 批量增量$$

假设固定批量为 35，批量增量为 7，表 8-7 给出了一个例子。

表 8-7　固定订货批量法

时段	1	2	3	4	5	6	7	8	9	总计
毛需求	40	50		70		20	40	60	50	330
净需求	40	48		69		19	24	49	50	
计划订货量	42	49		70		35	35	49	56	336

5. 固定周期法

固定周期法（fixed period requirements）首先要确定每批订货所要覆盖的时段数，然后由所覆盖的几个时段内的需求量确定批量。在这里，时间间隔是常数，而批量是变数，这与固定订货批量法正好相反。表 8-8 给出了一个例子，假设到货周期为 3 个时段。

表 8-8　固定周期法

时段	1	2	3	4	5	6	7	8	9	总计
毛需求	40	50		70		20	40	60	50	330
净需求	40	0		70		0	40	0	0	
计划订货量	90			90			150			330

8.5.2　订货批量的影响

订货批量会对库存和计划产生较大的影响，下面以固定批量来说明这个问题。

假定生产 A 要用到物料 B、C、D，其中，物料 B 是产品 A 的子项，每个 A 用到 1 个 B；物料 C 是物料 B 的子项，每个 B 用到 1 个 C；物料 D 是物料 C 的子项，每个 C 用到 1 个 D。A、B、C、D 的订货批量分别是 100、300、400 和 600。如果接到产品 A 的客户订单为 200 件，且 A、B、C、D 的库存量均为 0，那么，A、B、C、D 的订单量分别为 200、300、400 和 600。满足客户需求后，A、B、C、D 的库存量分别为 0、100、100、200。

如果再下一个客户订单的数量为 100 件，那么，只对产品 A 下达订单 100 件即可。满足客户需求后，A、B、C、D 的库存量分别为 0、0、100、200。

如果第二客户订单的数量不是 100 件而是 200 件，则情形就大不相同了。这时必须对 A、B、C、D 分别下达订单，数量分别为 200、300、400、600。满足客户需求后，A、B、C、D 的库存量分别为 0、200、200、400。

由此可以看出，当考虑固定批量时，不但会导致库存剩余，而且使得库存的管理变得复杂。因此，以手工作业的方式很难做好，MRP 系统是不可或缺的管理工具，MRP 系统不但很容易将这些数据计算清楚，而且可以快速将库存剩余分配给后续的毛需求量。所以，虽然由于考虑固定批量造成的库存剩余是难免的，但不必担心它们会越积越多。

在确定批量规则和调整批量时，还应当注意物料在物料清单的层次。对处于上层的物料，要特别慎重，以免形成连锁反应，造成太多的库存剩余。

8.6 委外加工管理

8.6.1 委外加工概述

委外加工是指由于本单位生产能力不够,而委托其他厂家进行生产的一种加工方式。一般来说,委外加工有两种情况:原材料(半成品)委外加工与工序委外。它们在原料、加工成品、加工费以及业务执行过程中信息的流转方面具有不同的特点。

1. 原材料(半成品)委外加工

半成品或原材料的委外加工处理,一般由企业负责部分材料(如主要材料),其他材料(如辅助材料、包装材料)可以由委外厂商自行采购,或者根据企业核定的材料供应商目录进行采购(或指定供应商采购),也有负责供应全部材料的,不过这种情况比较少见。

这种情况一般要制定标准委托加工采购合同,在委托加工采购合同中,指定加工费、委外原料组件及加工消耗定额;原料发到外协厂家处,以委外库存的特殊形式进行管理;加工完成后,在执行采购收货的同时按定额消耗原料,实际消耗的差异通过后续调整的方式进行处理;加工费通过采购合同与加工商进行结算。

2. 工序委外

工序委外一般主要由于自身产能有限,部分工序需要委外加工,同时该委外工序较难固定,会根据生产计划而发生变动。另外,此委外工序直接由生产线发委外生产,不必像半成品入库那样,需要经过半成品仓库,并且停留时间较短;对成品加工进行生产订单管理,委外原料作为订单组件维护;加工过程作为生产订单中的一道工序进行管理,直接触发加工服务的采购,生成采购申请。原料发加工商对应于生产订单投料,加工费按加工服务采购合同单独进行结算,并计入生产订单成本;成品加工完成后对生产订单收货。

有些工序委外的主要原因是企业本身不具备相应的机器设备、工人、技术。委外工序相对固定,比如金属的电镀,一般机械加工厂没有经济实力,也没有必要去购买电镀设备,"电镀"工序必然要委外生产。

8.6.2 委外加工流程

委外加工流程如图 8-3 所示。

具体的委外加工流程可表述如下。

1. 选择委外加工单位

委外加工最重要的一个步骤就是选择委外加工单位,企业需要根据其期望委外加工的产品类型选择最合适的委外加工单位。在进行筛选的时候,需要对委外加工单位的生产状况进行调查,调查的目的是确保委外加工单位的生产状况是符合企业产品生产标准的,以确保产品的质量。

2. 形成委外加工产品订单

当委外加工单位选定后,可针对需要委外加工的产品或加工件形成相应产品加工订单。该订单中需要包括所期望加工的产品类别、规格、技术标准、质量标准、数量、模板等信息。

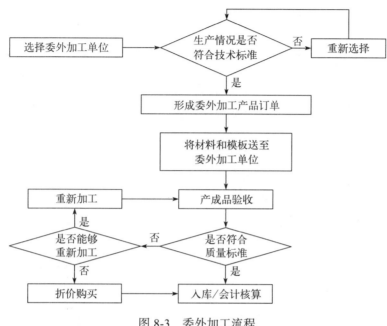

图 8-3 委外加工流程

3. 将材料和模板送至委外加工单位

该加工订单形成后，与模板和原材料一起传送到委外加工单位，以便委外加工单位按照技术标准和质量标准完成加工任务。委外加工单位完成加工后，将产成品运送到委托企业。

4. 产成品验收

企业接到委外加工的产成品后，需要对其进行质量和技术鉴定，以确保产品的质量符合本企业的质量标准。若符合本企业产品的质量标准，则将产成品登记入库；若不符合，能够重新加工的要求委外单位重新加工，不能够重新加工的则折价购买或根据合同中的条款不予接受。

5. 入库 / 会计核算

当产成品入库后，企业财务部门则根据委外加工的成本核算生产成本，完成成本核算工作和记账工作。

8.7 采购管理系统与其他模块的关系

采购管理系统与其他模块的主要关系及相互之间的信息传递过程如图 8-4 所示。

1. 采购管理系统与系统管理的关系

采购管理系统需要的基础数据既可以在系统管理中统一设置，也可以在采购管理系统中自行录入，最终都是由各模块共同使用的，实现基础数据的共享。

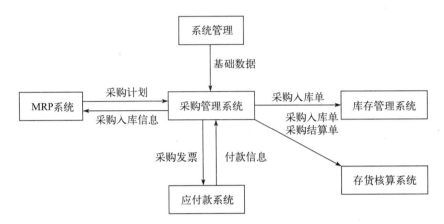

图 8-4　采购管理系统与其他系统的主要关系

2. 采购管理系统与 MRP 系统的关系

MRP 计划系统为采购管理系统的运行提供了一个参考标准，采购管理系统参考 MRP 提供的采购计划，生成采购订单；反过来，采购管理系统向 MRP 系统提供采购入库信息，以便统计采购计划的执行情况，并作为改进采购计划制定的基础。

3. 采购管理系统与库存管理系统的关系

采购管理系统中录入的采购入库单，可以在库存管理系统中审核确认，以证明入库单上的货物已经入库。

4. 采购管理系统与存货核算系统的关系

采购管理系统中录入的采购入库单，需要在存货核算系统中记账，以确认存货的入库成本，并生成入库凭证。

5. 采购管理系统与应付款系统的关系

采购管理系统中录入的采购发票，在进行采购结算处理后，自动传递到应付款系统，以记载应付款明细账；在应付款系统完成付款处理和编制记账凭证的同时，反馈付款信息。

思考与练习题

1. 采购管理的主要业务有什么？
2. 如何对供应商进行细分？
3. 供应商的绩效考核主要考虑哪些方面？
4. 采购管理模式包括哪些？有何特点？
5. 订货批量有哪些方法？
6. 举例说明订货批量会对库存和计划产生什么影响。
7. ERP 中的采购管理流程与传统的采购流程有何主要区别？
8. 简述采购管理与其他模块的关系。
9. 工序委外与半成品委外的过程有何不同？
10. 任选一种商品，研究其供应商选择和评价体系，并进行实证分析。

案例分析

某烟草公司采购流程案例分析

案例的背景

某省烟草公司暨某省烟草专卖局隶属于中国烟草总公司暨国家烟草专卖局,是某省烟草行业的省级管理机构,具有烟草专卖市场的行政管理职能;同时作为企业,依法承担烟草产品购进、生产、调拨、营销及行业管理工作,具有半行政(计划)半企业(市场)的特点。目前管辖有地市烟草(分)公司、县公司等独立核算单位,同时对省内烟厂进行行业管理和指导。另外,各级市县公司拥有近千家批发部,具体承担卷烟批发销售工作(批发部不作为独立核算单位)。

某省烟草公司营销管理信息系统是由某省烟草公司立项,省公司销售处牵头,省公司信息中心配合实施的服务于各级烟草公司,尤其是省烟草公司的管理和决策以及面向全省商业环节的营销管理信息系统。

项目分为业务流程改进、营销管理信息系统客户化及实施等几个阶段。本案例主要介绍业务流程改进中的采购流程在营销管理信息系统基础上的改进。

目前的采购业务流程及存在的问题

在各级烟草公司及各相应批发部调研报告的基础上,整理出某省烟草行业目前的基本采购流程。该采购流程涵盖了省公司、分公司和县公司。其中,大部分公司按此流程开展采购业务,有些公司可能只是执行了大部分流程。下面描述一下各公司的基本采购流程,这里的供应商分为省内外烟厂、调拨站、烟草公司等。某公司可以向省内外烟厂及调拨站采购卷烟,同时,它也可以从省外烟草公司采购。

1. 省外卷烟的采购流程

(1)签订合同。某公司业务部门根据市场变动情况,结合历史销售业绩和上级公司下达的购销指标,做出销售预测,在每年的5月和10月与全国主要供应商进行业务洽谈,形成购销意向。然后,某公司在一年两次的全国订货会上和供应商签订合同。由于运输中存在专卖检查问题,一般需要按每次发货的实际运输能力签订数个合同,每个合同明确到品牌、数量、价格、运输方式等。在购销总指标内,某公司经过与省外供应商协商可以调整合同的执行,如推迟发货时间、取消合同执行等。如果需要临时或追加采购,某公司可以到中国烟草交易中心批发市场进行交易,重新签订合同。

(2)供应商通知发货并开出发票。省外供应商在发货之前与业务部门协商,确定是否执行合同。一般是按合同执行,但也有不执行、变更合同或推迟执行等情况。确定执行合同后,省外烟厂根据合同安排发货,同时该供应商开出销售发票递交到业务部门。

(3)验收入库。货到达仓库以后,仓库保管员根据"随货同行联"验收入库,填写卷烟入库验收单,一式四联,其中第一联存根、第二联交业务部门、第三联交财务、第四联统计。其中,第三联送交财务科做账,第二联送交业务部门,以便业务员根据库存情况开展销售业务。同时,仓库保管员在送货回单上签字交给送货人。

(4)申请付款。业务员收到供应商转来的发票,核实无误后填写付款申请单,经业务主管签字后将发票和付款申请单一并交财务部门。另外,如供应商要求先付款后发货,业务员填写预付款申请单后,经业务主管同意签字后交财务部门。

(5)财务付款。财务部门收到业务部门转来的付款申请单、采购发票以及库管部门转来的入库验收单,审核无误后付款,或者根据预付款申请单审核付款。付款方式有汇票和托收承付两种。

2. 省内卷烟的采购流程

省内卷烟的采购业务流程与省外的情况基本相同。只是在省内的两次订货会上签订的不是合同，而是计划衔接书。在计划衔接书中没有细化到品牌，只明确购进总量。在总量不变的情况下，以省内供应商（中央直属烟厂）为主确定每月安排发货的卷烟品牌及数量。

3. 现在采购流程存在的问题

由于烟草行业是一个半市场半计划的行业，其业务流程不太规范，管理也有待于加强。目前采购流程主要存在的问题概述如下：

- 存在代签的情况。有些县级公司没有与某些省外烟草公司签合同的权限，所以由其上一级分公司代签合同。
- 县级公司或分公司向其上级公司购进卷烟。由于市场行情好，县级公司可能出现某种品牌短缺，这时可以向其上级分公司要货，如果分公司同意则成交，但没有正式的采购合同。分公司同样存在向省公司要货的情况，但也没有正式的采购合同。这给以后营销信息系统的录入造成了麻烦。
- 向省外烟草公司购进卷烟。省公司或分公司可以从省外烟草公司购进卷烟，但必须在国家烟草交易中心签合同，这势必造成公司的开支增大。目前，在采购的过程中存在一些违规行为，上级公司的规定下面不执行，如从平级公司购进。
- 单据不统一。这不利于统计和日后此营销系统的实施。例如，仓库验收入库的单据在有些地方称为入库验收单，有些地方称为商品验收单，这些内部单据应在名称、格式和联数上做到统一规范。
- 缺少明确的采购订单，采购合同严肃性差。
- 对地方烟厂缺乏管理，对其限区销售执行不严，这样，有些公司从不允许购进的地方烟厂也可购进卷烟。
- 计划衔接书没有明确品牌和相应的数量，只有总数控制，给采购工作带来很大不确定性，同时也给以后的营销系统采购订单的录入带来困难。
- 烟厂调拨站给市县公司开具的随货同行联不是发票的随货同行联，这样给财务记账和处理带来麻烦。

对采购流程的改进

在某省烟草公司现有流程基础之上，结合IT的最新发展，提出改进的采购流程。出发点是依托IT，最大限度地实现信息的共享。

1. 供应商管理

收集整理有关当前市场信息，了解市场上供应商的信息，如规模、实力、市场份额、产品品种、价格（进价和销售价）、付款条件、供货能力等，从中筛选出候选的供应商以便进一步联系。

2. 询价和交易

有了候选的供应商后，业务员输入必要的信息如采购数量、品种、批次等，会由系统自动生成询价单。业务员将询价单以传真或电子邮件形式发往供应商处以了解其供货意向，进行业务交易。

3. 采购计划管理

将询价结果处理后可以由系统自动生成或手工录入生成采购计划；采购计划通过工作流方式传递到本级公司主管做初步审核，并汇总采购计划报上级公司平衡；然后根据上级公司确定的总量指标调整、确定采购计划。

4. 签订合同

业务员根据批准的采购计划在每年两次的全国订货会或省内衔接会上与供应商签署合同或计划衔接书（为简便起见，以后把合同和计划衔接书统称为合同）。对省外购进业务来讲，由于运输中存在专卖检查问题，一般需要根据每批次的运输能力，签订多个明确到品牌、数量、运输方式等信息的合同；对省内购进业务来讲，合同只规定了总量，需要供应商进一步分解。但省内外购进数量之和不能超过采购计划指标，这步工作在系统外执行。

5. 合同管理

对省外购进业务，签完合同后，业务员将一个或多个合同直接输入系统中；对省内购进业务，需要按供应商分解的计划安排表作为合同输入系统中。然后由系统自动汇总所有合同的合计数，判断是否超过采购计划指标，如果超过，系统给予提示或禁止进一步处理。在合同管理中，可以对合同进行更新、暂挂和终止等处理，如货物入库后，系统自动根据验收入库单上的实收数（应收数－差异数）核实合同数量和金额。

6. 生成采购订单

供应商发货前通知业务员做发货计划，业务员如果同意执行，则在系统中根据合同自动生成采购订单。对于有些购进业务可以从手工输入采购订单开始对采购流程的处理。

7. 订单审核确认

采购订单审核确认后，自动生成入库通知单和电子发票。其中，入库通知单和电子发票存储在中央数据库中，以便仓库调用入库通知单和财务部门调用电子发票。

8. 匹配发票

业务员收到供应商转来的实物发票后，将该发票的票号补入系统生成的电子发票有关字段中。

9. 仓库验收入库

库管员根据供应商转来的随货同行联的合同号（或订单号）从系统中调入对应的入库通知单，审核无误后由系统根据入库通知单自动生成（也可以手工录入）验收入库单。如入库数量和随货同行联上的数量有差异，可由库管部门与业务部门判明原因，如果是供应商的责任，则可以由验收入库单上的"差异"字段反映出来，同时按实收数核减合同数量和金额，由供应商下次补发或做其他处理。如果是承运方的责任，则按零售价的销售方式销售给对方，由对方承担损失，同时按应收数核减合同数量和金额。如果没有对应的入库通知单，库管员应与业务部门联系，明确这批货物的处理意见。

10. 财务做相应处理

财务部门可以在系统内根据合同号调出相应的验收入库单、电子发票，结合供应商的实物发票进行财务处理。如根据电子发票票号字段判断是做正常财务处理（有票号信息）还是做暂估处理（无票号信息），然后经过主管审批后向供应商付款。

对采购流程改进的总结

从上述的采购流程及改进后的采购流程中，我们可以看出目前烟草企业的行业特殊性，其中的问题不是一两个烟草公司所能解决的，需要国家调整烟草行业运作模式及相应的政策法规，而这里提出的方案是在现行管理体制下进行改进的解决方案。

（1）在改进的方案中，增加了电子商务的某些模式，如业务员根据系统储存的供应商主页地址，登录到供应商的主页了解其最新信息。

（2）在供应商管理模块中，业务员可以充分掌握供应商的信息，以及交易的记录。

（3）合同管理模块对合同进行有效的管理，如用入库验收单核减合同数量等。

（4）增加了入库通知单和电子发票，仓库保管员通过入库通知单、随货同行联和实际的到货情况填写入库验收单，并在此入库验收单中包含了合同信息和采购订单信息；电子发票和供应商的实物发票相关联，关联后在电子发票上同样包含了合同信息和采购订单信息，这样方便了相应的财务处理。

（5）建议加强计划衔接书的严肃性，烟厂调拨站要把分解的发货计划及时通知烟草公司，以便烟草公司的采购流程顺利进行。

（6）通过使用此营销系统，单据名称、格式都规范化了，便于管理工作开展。

（7）业务人员可以及时查询库存情况，进行合理的采购安排和销售业务。

在研究项目的解决方案中，一定要把一个行业的最佳做法与该企业的实际情况相结合，制订出切实可行的方案，这样既能保证以后项目的顺利进行，又能真正提高企业的效益，这也正是解决方案的真正意义。

第 9 章

库存管理

传统上对库存管理的理解通常是指对物料的收入、发出、结存的业务管理，但这种理解在 ERP 系统中是不全面的。不能以狭义的仓库保管物料的观点来理解库存管理，必须从企业 ERP 系统的全局角度来理解库存管理，库存管理与 ERP 系统中的其他管理模块紧密联系在一起：以支持生产、维护、操作和客户服务为目的而存储的各种物料，包括原材料和在制品、维修件和生产消耗、成品和备件等。库存管理工作应该包括物料的存储、收发、使用、计划与控制等相关的各个方面。本章将对库存管理的基本概念、库存事务、库存成本、库存管理策略以及库存管理与其他模块之间的关系进行详细的讨论。

9.1 库存管理概述

9.1.1 库存管理的概念

库存是为物料的储存而建立的，是对产成品或原材料以及其他相关资源进行管理，使其库存储备保持在经济合理的水平上。它是企业资产存放的重要基地，库存量过大会增加仓库面积及其相应的库存保管费用，提高成本，造成企业资源的浪费。库存量过小会影响销售利润与企业信誉，造成服务水平的下降。因此，设置一个合理的库存水平，对一个企业来说非常重要。库存资产一般占用企业总资产的 5%～40%。库存可以吸收销售量的起伏，便于生产调整，提高机器设备的利用率，防止由于不稳定的物流所引起的人员与设备的停工。因此，库存管理在企业生产经营管理中起着重要的作用，库存管理也就成为企业物料管理的核心了。

库存管理中涉及大量的物料收入、检验、发料、计算库存、核算库存成本等工作，存在大量的业务原始数据，如原材料入库单、原材料出库单、验收单等，并且还要进行大量的计算，才能及时掌握库存信息，如库存数量、库存成本等,从而为库存管理提供决策依据。

9.1.2 库存管理的作用

1. 库存的作用

库存普遍存在于国民经济的各个领域,但持有库存的理由在不同情况下、不同企业内会有所不同。作为暂时闲置的有价值的资源,库存应具有相关的作用,主要表现在以下几个方面。

(1) 维持销售产品的稳定。销售预测型企业对最终销售产品必须保持一定数量的库存,其目的是应付市场的销售变化。在这种方式下,企业预先并不知道市场真正需要什么,只是按对市场需求的预测进行生产,因而产生一定数量的库存是必需的。但随着供应链管理的形成,这种库存也在减少或消失。

(2) 维持生产的稳定。企业按销售订单或销售预测安排生产计划,并制订采购计划,下达采购订单。由于采购的物品需要一定的提前期,这个提前期虽然是根据统计数据或者是在供应商生产稳定的前提下制定的,但存在一定的风险,有可能会拖后而延迟交货,最终影响到企业的正常生产,造成生产的不稳定。为了降低这种风险,企业就会增加原材料的库存量。

(3) 平衡企业物流。企业在采购材料、生产用料、在制品及销售物品的物流环节中,库存起着重要的平衡作用。采购的材料会根据库存能力(资金占用情况等),协调来料收货入库。同时生产部门的领料应考虑库存能力、生产线物流情况(场地、人力等)来平衡物料发放,并协调在制品的库存管理。另外,对销售产品的物品库存也要视情况进行协调。

(4) 平衡流通资金的占用。库存的材料、在制品及成品是企业流通资金的主要占用部分,因而,库存量的控制实际上也是在进行流通资金的平衡。例如,加大订货批量会降低企业的订货费用,保持一定量的在制品库存与材料会节省生产准备次数,提高工作效率,但这两方面都要寻找最佳控制点。

(5) 应对不确定因素。企业在经营过程中往往要面对许多不确定因素,如需求的不确定、供应商交货期的不确定、产品质量的不确定,现实中这些不确定因素是难以把握的。当市场产生了需求而企业无法及时满足,可能会导致需求的损失。因此,企业为了不失去更多的客户,一个可行的办法是预备一定量的库存来应对这些不确定因素。

2. 高库存水平带来的问题

以上是库存有益的一面,但是这些作用都是相对的。客观地说,任何企业都不希望存在任何形式的库存,无论原材料、在制品还是成品,企业都想方设法降低,最好能实现零库存。库存的弊端主要表现在以下几个方面。

(1) 占用企业大量资金,增加了企业的产品成本与管理成本。大量库存的存在,不仅提高了企业的各项成本,还增加了企业的经营风险。特别是在市场竞争日趋激烈的今天,市场的需求瞬息万变,企业产品升级换代的速度也在不断加快,由此造成了商品价格与需求量的时效性不断增强。商品的库存量越大,面临贬值、淘汰的危险就越大。我国的电子产品市场如手机（电视机、空调等也相似），各种型号手机的市场价格下滑十分迅速，大量的库存积压必然导致时间上的风险损失，所以许多厂家都采取小批量、多批次的生产方式以适应风云变幻的市场竞争，对零库存的需求也更加迫切。同时，风险成本的另一种表现形式是商品折旧的存在，大幅度地降低库存可以将企业的相关折旧损失有效地转移出去，这也是一条降低企业成本的有效途径。库存材料的成本增加直接增加了产品成本，而相关库存设备、管理人员的增加也加大了企业的管理成本。大量库存掩盖了企业众多的管理问题，如计划不周、采购不力、生产不均衡、产品质量不稳定及市场销售不力。用比较形象化的比喻来说，这就好像涨潮掩盖了水底的礁石，但如果海水退去，这些礁石就暴露出来了，容易造成触礁事故。

（2）市场价格波动风险。如果原材料价格下降，那么过高的库存将承担价格下降的风险，并且使资金的流动性变差。

（3）技术进步带来的风险。随着科学技术的进步，生产产品所承担的成本越来越低，而成品的技术含量却越来越高，过去的产品也越来越难以满足市场需求。如果库存过高，会导致产品销售不出去，同样占用资金，并且增加管理成本。

3. 库存管理的重要性

库存是企业用于暂时存放准备生产或准备销售的材料或者产成品。所有的商业或非商业机构都需要库存，库存的目的主要是保证生产和销售的正常进行，维持销售产品的稳定，维持生产的稳定，平衡企业物流，平衡流通资金的占用。如果库存没有目的或作用也就没有存储的必要，这是控制库存时第一个要注意的问题。但是，大量库存又会给企业带来各种各样的问题。因此，我们必须对库存进行管理，使之保持在一个合理的水平上，既能满足生产需要，又不占用过多的资金。

库存是生产的重要组成部分，库存管理在企业经营管理中的地位非常重要，因为库存资产在总资产额中所占比率相当可观，不仅影响着某节点企业的成本，也制约着供应链的综合成本、整体性能和竞争优势，并占用企业的流动资金，使削减库存的压力越来越大。因此，降低库存是实质性地减少流动资金需求的最快方式之一。从而，适当的库存量管理也就成为物料仓储管理所要实现的目标之一。由于物料的长期搁置，占用了大量的流动资金，实际上造成了自身价值的损失。如果对库存不进行控制，可能既满足不了经营的需要，还可能造成大量的存货积压，占用大量的库存资金。因此，在正常情况下企业应该维持多少库存量也是物料仓储管理重点关心的问题。一般来说，在确保生产所需物料量的前提下，库存量越少越合理。要实现库存的目标，必须对库存成本进行详细的分析，使库存水平既能满足经营的需要，又能使库存成本最小化。在库存中要涉及哪些成本，将在后面的内容里进行详细的讨论。

9.1.3 库存管理的内容

库存管理的基本内容包括对库存事务处理完整而准确的报告、确保准确率并通过循环盘点查找差错来源。企业的库存管理主要由仓库部门（或仓储部门）完成，其主要业务就是企业物料的收发以及管理工作,根据物料的物理与化学属性做好物料存储与防护工作,降低各种库存管理费用,分析并提供库存管理所需的各种数据报表等。库存业务主要包括如下几方面的内容。

1. 物料的入库

物料入库包括采购订单收货入库、生产完工入库、生产剩余物料入库以及销售退货入库。对各种入库方式都可以通过自定义来实现。完工的物品有半成品与成品之分。对采购订单的收货入库根据采购单接收物料（安排检验）,办理入库手续,开具收料入库单（收货单、入库单）,分配材料库存货位,同时监督来料是否与订单相符;生产完工入库后进行生产成本的计算,数据转入财务子系统处理;销售退货有不同的处理方式,例如扣减货款、换货等处理,相关数据都转入财务子系统。

2. 物料的出库

物料出库有生产计划的领料、非生产领料与销售提货。生产计划的领料按车间订单（加工单、工票或组装计划,它们都来源于生产计划子系统）与分工序用料,并可根据物料清单与工艺路线自动生成工序领料单;非生产领料有多种形式,系统都可以自由定义领料的类别;销售提货按销售订单或合同生成出货单据,并可自动生成销售订单与合同的出货单。上述过程都可以给财务子系统传递相关数据及生成财务记账凭证。

3. 物料的移动管理

物料的移动是库存之间的物料调拨,有时可能是分厂之间或分公司之间的物料调拨。这种物料可以通过设置系统参数进行控制而无须检验,但是物料需要长途运输的话则需进行检验,也可以根据系统参数设置要求生成凭证。

4. 库存盘点

库存盘点是企业财务会计的一项重要工作。它是对物料的清查,是对每一种库存物料进行数量清点、质量检查及盘点登记的库存管理过程,主要目的是清查库存的实物是否与账面数相符以及库存物资的质量状态,即通常所说的可用库存量。对于实物数与账面数有出入的,要调整物料的账面数量,做到账物相符,而且应遵照相应的处理流程。每种库存物料都设立相应的盘点周期,并可通过系统自动输出到期应盘点的物料。

5. 库存物料信息分析

可从各种角度对库存物料信息做分析,如可以对物料的日常进库或出库的数据进行分析,对物料占用资金情况进行分析,对物料的来源与去向进行分析等,以便为高层决策提供相应的数据及依据。

9.1.4 库存成本管理

1. 库存成本的细分

库存费用是指库存管理中发生的一切费用。好的库存管理可以有效降低库存,从而节约库存资金的占用。除此之外,与库存管理有关的库存费用包括以下内容。

（1）物料本身的费用。它包括物料的单位标准成本、计划价格或实际采购价格。

（2）订购费用。订购分为向供应商外部采购和向生产部门下达生产订单，前者的订购价格为采购单价加上运费；后者的订购价格为单位成本，即直接劳力、直接材料和管理费用之和。

（3）保管费用。库存保管费用所含项目较多，它包括报废费用、损坏费用、税金、保险金、管理费用，以及库存投资所占用的资金等多项费用。

（4）缺货费用（缺货损失成本）。这是由于供不应求，即库存小于需求量，不能满足客户订单时，导致延期交货、取消订货的费用、利润的损失、生产线停工、造成市场机会损失以及客户罚款等费用。

（5）补货费用。补货费用是当客户买货时，仓库没有现货供应，为不丧失销售机会，仍希望客户在这里订货，进行欠账经营，进货后立刻补货给客户所发生的费用。

一般地，存货短缺成本的发生概率和发生额越高，企业需要保持的安全库存量就越大。增加安全库存量，尽管能减少存货短缺成本，但会给企业带来储存成本的额外增加。在理想条件下，最优的订货和储存模式可以求得，但在实际操作过程中，订货成本与储存成本反向变化，不确定性带来的风险使得这个自商品流通以来就出现的问题一直没有得到有效的解决。

2. 降低库存成本的方法

企业要降低库存，只靠某一部门是绝对不行的，协作减少库存周期、库存品种与库存数量才是关键，主要有以下几种方法。

（1）正确确定库存物料。对一个企业来说，其所经营或生产的产品少则几十种，多则成千上万种，并且在大多数情况下，不需要也不可能对所有产品都做库存准备，所以企业的首要任务就是正确确定库存和非库存的物料。

（2）减少不可用库存。在很多情况下，企业必须有库存，但并不是所有库存都能随时发挥作用以满足生产或交货的需要，或者说这些库存在一定时间内是不能用的。降低库存成本的一个重要方面就是要尽可能降低这些不可用库存的存储量。对于一个企业来说，在途库存、淤滞库存、预留库存、在制品或待检品，都是不可用的库存。通过库存管理，企业可以降低这些不可用库存，提高可用库存在总库存中的比重。

（3）适时处理积压库存。可以通过供应商及时供货的方式降低积压库存，甚至实现零库存。如果积压库存太多，也可以通过退货、代销、清仓或报废等方法来处理。

9.2 库存管理模式

企业要有效缓解供需矛盾，尽可能均匀地保持生产，都必须持有一定的库存。但是库存常常掩盖生产经营过程中不确定的需求与预测、不可靠的供应商、产品与服务的质量问题以及生产能力不足等诸多问题，因此企业必须尽力减少库存来暴露上述潜在问题,从而提高企业的经营管理水平和快速应变能力。供应链中存在的不确定性和由此造成的"牛鞭"效应,增加了供应链体系中的整体库存,给供应链中各节点企业带来了不必要的成本负担。

供应链的库存管理不是简单的需求预测与补给,而是通过库存管理获得客户服务与利润的优化。其主要内容包括采用先进的商业建模技术来评价库存策略、提前期和运输变化的准确效果;决定经济批量时考虑供应链企业各方面的影响;在充分了解库存状态的前提下确定适当的服务水平。通过对客户、生产、运输等资源的平衡利用,企业对供应链中不确定性产生的缺货、延迟等风险进行有效的识别、缓解与控制。根据供应链中的库存管理主体及内涵的不同,可将库存管理分为以下四种模式。

1. 传统的库存管理模式

传统的库存管理侧重优化单一的库存成本,从存储成本和订货成本出发确定订货量和订货时间。各节点企业的库存管理是各自为政的,物流渠道中的每一个部门都各自管理自有库存,都有自己的库存控制策略而且相互封闭。传统库存管理模式是基于交易层次之上的由订单驱动的静态单级管理库存的方式。从单一的库存角度来看,这种库存管理有一定的适用性,但是从供应链整体的角度看,该管理方法显然是不够的。

2. 供应商管理库存模式

供应链管理库存(vendor managed inventory,VMI)模式是战略贸易伙伴之间的合作性策略,是一种库存决策代理模式。它以系统的、集成的思想管理库存,使供应链系统能够同步化运行。在这种库存控制策略下,允许上游组织对下游组织的库存策略、订货策略进行计划与管理,在一个共同的框架协议下以双方都获得最低成本为目标,由供应商来管理库存,由供应商代理分销商或批发商行使库存决策的权力,并通过对该框架协议经常性的监督和修正使库存管理得到持续的改进。VMI 的管理模式如图 9-1 所示。

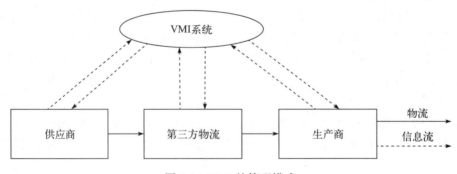

图 9-1 VMI 的管理模式

VMI 的好处是可以提高客户服务水平,增加公司的竞争力,提供更精确的预测,降低营运成本,计划生产进度,降低库存量与维持库存成本,以及实施有效的配送。

VMI 能够在一定程度上消除"牛鞭"效应。VMI 要求供应链上的各个企业共享生产、销售、需求等信息,由此加强供应链上下游企业之间的合作,减少由于信息不对称或不完全带来的风险,优化供应链。需求信息能够真实、快速地传递,信息的透明度增加,可以缓解下游企业的库存压力,避免"牛鞭"效应。

通过几年的实施,VMI 被证明是比较先进的库存管理办法。VMI 由上游企业拥有和管理库存,下游企业只需要帮助上游企业制订计划,从而使下游企业实现低库存或零库存,上游企业库存大幅度减小。但 VMI 也有以下局限性:

(1) VMI 中供应商和零售商协作水平有限。

(2) VMI 对于企业间的信任度要求较高。

(3) VMI 中的框架协议虽然是双方协定,但供应商处于主导地位,决策过程中缺乏足够的协商,难免造成失误。

(4) VMI 的实施减少了库存总费用,但库存费用、运输费用和意外损失(如物品毁坏)不是由用户承担,而是由供应商承担。由此可见,VMI 实际上是对传统库存控制策略进行了"责任倒置",这无疑加大了供应商的风险。

3. 联合库存管理模式

联合库存管理(joint managed inventory,JMI)模式是一种基于协调中心的库存管理模式,更多地体现了供应链节点企业之间的协作关系,能够有效解决供应链中的"牛鞭"效应,提高供应链同步化程度。这种模式强调供应链节点企业同时参与、共同制订库存计划,从而使供应链管理过程中的每个库存管理者都能从相互的协调性来考虑问题,保证供应链相邻两节点之间的库存管理实体对需求预测水平的高度一致,从而消除需求变异放大。任何相邻节点需求的确定都是供需双方协调的结果,库存管理不再是各自为政的独立运营过程,而是供需的联结纽带和协调中心。JMI 的管理模式如图 9-2 所示。

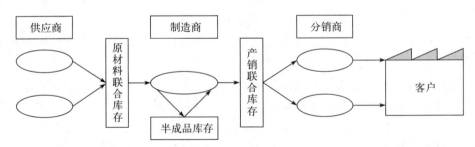

图 9-2 JMI 的管理模式

JMI 把供应链系统管理进一步集成为上游和下游两个协调管理中心。库存联结的供需双方从供应链整体的观念出发,共同制订库存计划,实现供应链的同步化运作,从而部分消除了由于供应链环节之间的不确定性和需求信息扭曲导致的供应链的库存波动。JMI 在供应链中实施合理的风险、成本与效益平衡机制,建立合理的库存管理风险的预防和分担机制,合理的库存成本与运输成本分担机制,以及与风险成本相对应的利益分配机制,在进行有效激励的同时,避免供需双方的短视行为及供应链局部最优现象的出现。通过协调管理中心,供需双方共享需求信息,因而起到了稳定供应链运作的作用。其优点包括:

(1) 联合库存管理将传统的多级别、多库存点的库存管理模式转化成对核心制造企业的库存管理，核心企业通过对各种原材料和产成品实施有效控制，达到对整个供应链库存的优化管理，简化供应链库存管理运作程序。

（2）联合库存管理在减少物流环节、降低物流成本的同时，提高了供应链的整体工作效率。在传统的库存管理模式下，供应链上各企业都设立自己的库存，随着核心企业的分厂数目的增加，库存物资的运输路线将呈几何级数增加，而且重复交错，这显然会造成物资的运输距离和在途车辆数目的增加，其运输成本也会大大增加。联合库存管理可简化供应链库存层次简化，优化运输路线得到优化。

（3）联合库存管理把供应链系统管理进一步集成为上游和下游两个协调管理中心，从而部分消除了由于供应链环节之间不确定性和需求信息扭曲导致的库存波动。通过协调管理中心，供需双方共享需求信息，提高了供应链的稳定性。

从供应链整体来看，联合库存管理减少了库存点和相应的库房设立费及仓储作业费，从而降低了供应链系统总的库存费用。供应商的库存直接存放在核心企业的仓库中，不但保障核心企业原材料、零部件供应，取用方便，而且核心企业可以统一调度、统一管理、统一进行库存控制，为核心企业的快速高效的生产运作提供了强有力的保障条件。

JMI 的缺点是：联合库存管理的建立和协调成本较高，双方在实现过程中很难建立一个协调中心顺利运作。

供应链联合库存管理有两种模式：

（1）各个供应商的零部件都直接存入核心企业的原材料库中，就是变各个供应商的分散库存为核心企业的集中库存。集中库存要求供应商按核心企业的订单或订货看板组织生产。产品完成时，供应商立即实行小批量多频次的配送方式，向核心企业的仓库中补充库存。在这种模式下，库存管理的重点在于核心企业根据生产的需要，保持一个合理的库存量，既能满足需要，又要使库存总成本最小。

（2）无库存模式。核心企业实行无库存的生产方式，此时供应商直接向核心企业的生产线上进行连续小批量多频次的补货，并与之实行同步生产、同步供货，从而实现"在需要的时候把所需品种和数量的原材料送到需要的地点"的操作模式。这种准时化供货模式，由于完全取消了库存，所以效率最高、成本最低，但是对供应商和核心企业的运作标准化、配合程度、协作精神要求也高，操作过程要求也严格，而且二者的空间距离不能太远。

4. 协同式供应链库存管理模式

通过几年的实施，VMI 和 JMI 被证明是比较先进的库存管理办法，但也有各自的局限性。现代科学技术和管理技术的不断提升促生了新的供应链库存管理技术，即协同式供应链库存管理模式（Collaborative Planning Forecasting & Replenishment, CPFR），有效地解决了 VMI 和 JMI 的不足。

CPFR 是一种协同式的供应链库存管理技术，建立在 JMI 和 VMI 的最佳分级实践基础上，同时抛弃了二者缺乏供应链集成等主要缺点，能同时降低分销商的存货量，增加供应商的销售量。它应用一系列处理过程和技术模型，覆盖整个供应链合作过程，通过共同管理业务过程和共享信息来改善分销商与供应商的伙伴关系，提高预测的准确度，最终达到提高供应链效率、降低库存和提高客户满意度的目的。CPFR 的最大优势是能及时准确地预测由各项促销措施或异常变化带来的销售高峰和波动，从而使分销商和供应商都做好充分的准备，赢得主动。CPFR 采取了多赢的原则，始终从全局的观点出发，制定统一的管理目标以及实施方案，以库存管理为核心，兼顾供应链上其他各方的管理。因此，CPFR 更有利于实现伙伴间更广泛深入的合作，帮助制定面向客户的合作框架、基于销售报告的生产计划，进而消除供应链过程约束等。它主要体现了以下思想：

（1）协同式供应链库存管理最大的特点就是协同，即合作双方应该信息公开透明、互相信任以确立其协同性的经营战略，这是买卖双方取得长远发展和良好绩效的唯一途径。合作伙伴构成的框架及其运行规则主要基于消费者的需求和整个价值链的增值。

（2）供应链上各企业的生产计划基于同一销售预测报告。销售商和制造商对市场有不同的认识，在不泄露各自商业机密的前提下，销售商和制造商可交换信息和数据，来改善它们的市场预测能力，使最终的预测报告更为准确可信。供应链上各企业则根据这个预测报告来制订各自的生产计划，使供应链管理得以集成。

（3）消除供应过程的约束限制。这个限制主要就是企业的生产柔性不够。一般来说，销售商的订单所规定的交货日期比制造商生产这些产品的时间要短。在这种情况下，制造商不得不保持一定的产品库存，但是如果能延长订单周期，使之与制造商的生产周期相一致，那么生产商就可真正做到按订单生产及零库存管理，大大提高企业的经济效益。

CPFR 的优点包括降低库存、减少成本，改善缺货、提高服务水平，缩短提前期、提高库存周转率，提高需求预测的精确度，配送最优化。

CPFR 的缺点包括缺乏系统集成、协作水平有限，对供应商依存度较高、要求高度信任。

9.3 库存事务

库存事务是指库存管理的日常工作，主要包括如下几个方面。

1. 外购入库业务管理

外购入库业务的原始单据是外购入库单，又称收货单、验收入库单等，是确认货物入库的书面证明。外购入库单的作用如下：

（1）外购入库单是体现库存业务的重要单据，它不仅表现了货物转移，同时也是所有权实际转移的重要标志。

（2）外购入库单是货币资金转为储备资金的标志。外购入库单一方面表现了实物的流入，形成储备资金，另一方面预示着货币资金的流出或债务的产生。

（3）外购入库单也是财务人员据以记账、核算成本的重要原始凭证。

2. 生产领料业务管理

生产领料单是确认货物出库的书面证明，它是体现库存业务的重要单据。生产领料单也是财务人员据以记账、核算成本的重要原始凭证。生产领料单确认后，需要继续出库成本的计算。生产领料单还是企业生产成本核算的重要单据。

3. 产品入库管理

产品入库单是处理完工产品入库的单据，也是财务人员据以记账、核算成本的重要原始凭证。产品入库确认后，需要填入或引入入库成本。

4. 生产退料管理

生产退料是生产部门将剩余的不合用的物料送回仓库的过程，仓库审核后验收入库。

5. 受托加工的管理

"受托加工"是"委外加工"的相反业务，是指企业接受其他企业的"委外加工"业务。将受托加工功能与销售、仓储、生产等环节的相关功能相集成，可实现对受托加工生产和物料的管理和控制。

受托加工管理包括以下几部分：

（1）受托加工材料入库的管理，指对委托方送来的加工材料的入库管理。

（2）受托加工生产的管理，在系统中可以通过受托加工生产任务单进行处理，如果是领取客户的材料则通过受托加工领料单处理，若领取自己的材料则通过生产领料单处理，产品入库和正常的产品入库一样进行处理。

（3）受托加工产品出库的管理，与正常的销售出库一致。

6. 仓库调拨管理

仓库调拨是指物料从一个仓库转移到另一个仓库。调拨单则是确认货物在仓库之间流动的书面证明。调拨单的作用如下：

（1）体现库存业务的重要单据。工业供应链的最大特色是以独立于企业物流的有形单据的流转代替业务中无形的存货流转轨迹，从而将整个物流业务流程统一为一个有机整体。

（2）调拨单是财务人员据以记账、核算成本的重要原始凭证。调拨单确认后，需要手工填入调拨成本，从而为正确进行成本核算和结账打下基础。

7. 销售出库管理

销售出库单又称发货单，是确认产品出库的书面证明，是处理包括日常销售、委托代销、分期收款销售等各种形式的销售出库业务的单据。与仓储管理系统的外购入库单一样，销售出库单的作用如下：

（1）它是体现库存业务的重要单据。销售出库单不仅表现了货物转移，同时也是所有权实际转移的重要标志。

（2）销售出库单是储备资金转为货币资金的标志。销售出库单一方面表现了实物的流出，另一方面则表现为货币资金的流入或债权的产生。

（3）销售出库单也是财务人员据以记账、核算成本的重要原始凭证。在许多 ERP 系统中，销售出库单确认后，需要继续处理销售发票与销售出库单的核销、销售出单的拆单、自动生成记账凭证、出库成本的计算，从而为正确地进行成本核算和结账打下基础。

8. 库存盘点

库存盘点是处理库存实物与库存数据相关的日常操作，主要记录盘点数据、与仓库账面数据核对。许多ERP系统可以打印盘点表，输入盘点数据，编制盘点报告表等，实现对盘点数据的备份、打印、输出、录入、生成盘盈与盘亏单据等。库存盘点是对账面数据和实际库存数据进行核对的重要工具，是保证企业账实相符的重要手段。盘点报告单则是确认货物在仓库中盘盈、盘亏的书面证明。

9. 在计算机辅助库存管理系统中查询库存账与报表

为了更及时、更全面、更真实地反映企业现有库存情况，目前许多企业使用ERP系统进行库存管理，ERP系统中专门提供了即时库存查询功能和库存状态查询。仓库管理的报表分析是处理与仓储业务相关的报表，包括对库存台账、出入库流水账、物料收发汇总表、物料收发明细表、收发业务汇总表、生产领料汇总表、物料收发日报表、生产任务执行情况明细表、其他入库分类表、其他出库分类表、安全库存预警分析表、超储/短缺库存分析表、库存账龄分析表、库存ABC分析、库存配套分析表、保质期预警分析表等报表进行查询。

9.4 库存管理策略

库存对企业的经营、市场的发展、企业的正常运作起了非常重要的作用。库存管理的好坏，直接影响整个ERP的运行。库存管理是以企业物料管理为核心，它的任务就是在保证一定物流服务水平的条件下，尽量提高库存管理水平，减少多余库存，降低物流成本。

为了实现上述目标，库存管理对库存量的控制需要建立在合理的库存控制策略上。一般ERP具有独立需求库存控制和相关需求库存控制，同时还提供衡量库存管理的评价指标，以供库存管理人员了解库存状况，支持库存管理决策。

好的库存管理方法和管理策略，可以减少企业的成本，支持企业均衡生产，充分利用市场，给企业带来实在的经济效益。

9.4.1 库存分类和安全库存

1. 库存的分类

库存管理是企业物料管理的核心，是指企业为了生产、销售等经营管理需要而对计划存储、流通的有关物品进行相应的管理。因此，在了解库存前，需先了解库存的分类。

按库存物资存在状态可以分为原材料库存、成品库存、部件库存、备件库存、在制品库存等。

按库存用途可以分为经常性库存、安全库存、季节性库存、战略性库存、在途库存等。

经常性库存是指在正常的经营环境下,企业为满足日常需要而建立的库存。这种库存随着每日消耗而不断减少,当库存降低到某一水平时,就要进行订货来补充库存,这种库存补充是按一定规则反复进行的。

季节性库存是指为了满足特定季节中出现的特定需求而建立的库存,或指对季节性出产的原材料(如粮食、蔬菜、水果等)在出产的季节大量收购所建立的库存。

战略性库存是指当预测原材料要大幅度涨价时,如果库存成本低于涨价成本,则进行大批量储备的库存。战略性库存决策问题是宏观的管理决策问题,纯粹用传统的、微观的、基于算法求解的方法不能解决战略库存决策问题。

在途库存又称中转库存,指尚未到达目的地,正处于运输状态或等待运输状态而储备在运输工具中的库存。在途库存的大小取决于需求和生产的配送周期。从企业物流管理的角度来看,在途库存给供应链增添了两种复杂性:第一,虽然在途库存不能使用,但它代表了真正的资产;第二,在途库存存在高度的不确定因素,因为企业不知道运输工具在何处或准确的到达时间。

2. 安全库存

企业和供应链中存在存货需求量的变化、订货间隔期的变化以及交货延误期的长短,为了保证生产,企业需要建立安全库存。预期存货需求量变化越大,企业应保持的安全库存量就越大;同样,在其他因素相同的条件下,订货间隔期、订货提前期的不确定性越大,或预计订货间隔期越长,则存货的中断风险也就越高,安全库存量也应越大。

一般地,厂商要处理两种流:物流和信息流。公司间的信息隔阂影响了信息的有效流通,信息的成批处理使得公司内"加速原理"生效,需求信息经常被扭曲或延迟,从而引起采购人员和生产计划制定者的典型反应——前置时间或安全库存综合征。该效应继续加强,直到增加的存货过量,相应的成本同时随之上升。

过剩的生产力不断蔓延至整条供应链,扭曲的需求数据开始引起第二种效应——存货削减综合征,厂商不得不选择永久降低产品的销售价格,侵蚀企业的盈利。前一种效应引起过量的存货,公司为求出路又导致了后一种结果,如果不进行流程改变,这两种效应将持续存在并互相推动。

在市场成长期,两种效应的结合所带来的后果常被增长的需求所掩盖,厂商可以生存甚至兴旺而不顾及震荡周期的存在:在一段时间内,全力处理存货;另一段时间内却又不顾成本地加速生产。当市场进入平稳发展或下降期后,厂商开始一步步走向衰亡。可以说,在目前企业与企业存在隔阂甚至企业内部门之间也存在隔阂的情况下,信息传递滞后、反应缓慢、成批处理和不确定性是造成上述两种效应的深层原因,应对的根本也在于减少组织隔阂、加强信息疏导并能做到迅速反应。

3. 安全库存的制定方法

(1)基于平均测量误差

安全库存一般可通过统计分析法来确定,具体步骤为:

1)确定统计周期,并确定该周期内的预测量和实际需求量,计算预测误差和绝对误差。

2）根据绝对误差计算平均预测误差（MAD）。
3）确定客户服务水平及对应的安全因子。
4）计算安全库存量。

其计算公式为：

$$MAD = 各周期预测的绝对误差总和 / 预测周期数$$

$$安全库存 = MAD \times 安全因子$$

安全库存数量的多少取决于需求或提前期的客观存在和预测的变化程度。由于预测偏差的存在不可避免会引起缺货，需要在满足提前期库存的基础上再考虑不可预测的变化，也就是测量误差，以减少实际需求超过预测值与安全库存之和的可能性。平均预测误差是测量不确定程度的一种方法，并用于计算安全库存。图 9-3 给出了利用 MAD 计算安全库存的过程。表 9-1 是一个安全因子值样本表的例子。

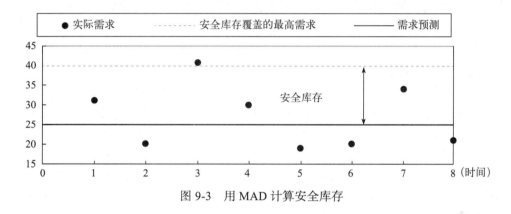

图 9-3 用 MAD 计算安全库存

表 9-1 安全因子值样本表

服务水平（%）	50	75	80	90	94	95	96	98	99
安全因子	0.00	0.84	1.05	1.60	1.95	2.06	2.19	2.56	2.91

安全库存的设定一般说来很复杂，虽然有理论公式，但是没有一个标准的设定方法。在实际操作中，主要是根据企业以往的历史数据，结合采购员的经验进行设置的，而且需要在实践中不断探索和完善，最终确定出合理的库存量。

（2）基于提前期内需求量的分布

假设提前期固定，需求的变化服从正态分布。由于提前期是固定的数值，因而可以直接求出提前期内需求分布的均值和标准差。或者可以通过直接的期望预测，以过去提前期内的需求情况为依据，确定需求的期望均值和标准差。

$$安全库存量 = z\sigma\sqrt{L}$$

式中，σ 表示提前期内需求量的标准差；L 表示提前期；z 表示一定客户服务水平下的安全因子。

4. 安全提前期

安全提前期和安全库存的作用是类似的，都是为了缓冲供需的不平衡性。为了确保某项订货在实际需求日期之前完成，而在通常提前期的基础上再增加一段提前时间作为安全提前期。如果采用安全提前期，MRP 系统将按安全提前期，将订单的下达日期和完成日期设置得比采用安全库存法的相应日期更早。一般来说，安全库存是针对数量不确定性比较大的物料，如备品备件，以及面向订单装配产品的公用件和可知选件。对供需时间的不确定性，如受运输或其思想因素影响，不能如期抵达的采购件或完工产品，则应采用安全提前期。

同安全库存相比，安全提前期占用的资金比较少，但是如果提前的日期设置不当，有时会因提前期的误差影响优先级的计算。在库存资金占用相近的情况下，安全库存对满足客户服务水平更有保证，系统的处理也更简单。

9.4.2 ABC 库存分类

在一些工业企业中，库存物料的品种、规格繁多，如果都按照相同的标准来管理所有物料，库存事务工作就会变得十分庞杂，并且对重要物品管理不到位。在这种情况下，可以先按照一定的分类标准对物料进行分类。库存的 ABC 分类是源于我们都知道的 20/80 原则，对于库存来说，20% 的物料占有了库存 80% 的资金，所以在物流管理中要特别关注这 20% 的物料库存。

按照这个原则，库存零件可以分为 ABC 三类：对于 A 类物资，要重点监控，经常盘点，允许误差低，采用频率高的采购办法；对于 B、C 两类，可以对 B 类采用批量采购，每月或每周盘点，对于 C 类则可以尽量减少采购次数和盘点次数。

ABC 库存分类管理法就是以库存物资单个品种的库存资金占整个库存资金的累计百分数为基础进行分级，按级别实行分级管理。A 类物品是指品种少、占用资金多、采购较难的重要物品，应采取最经济的办法，实行重点管理，定时定量供应，严格控制库存。此类物品的库存品种约占总库存品种的 10%～20%，但是占用的库存资金却约占总库存资金的 70%～80%。

C 类物品是指品种多、占用资金少、采购较容易的次要物品；应采取简便方法管理，固定订货量。此类物品的库存品种约占总库存品种的 60%～70%，占用的库存资金却一般控制在总库存资金的 10% 以下。

B 类物品是指处于上述两者之间的物品；应采用一般控制，用定期订货、批量供应的方法。此类物品的库存品种约占总库存品种的 20%～30%，占用的库存资金约占总库存资金的 20% 左右。

【例 9-1】 某企业库存品种共有 30 700 种，每年占用资金 11 530 万元，各类存货及资金占用情况如表 9-2 所示。

表 9-2 某企业库存品种与资金占用情况

存货编号	存物料种	占用资金（万元）	存货编号	存物料种	占用资金（万元）
1 001	1 230	1 600	1 007	900	80
1 002	2 600	3 000	1 008	8 000	900
1 003	2 000	1 600	1 009	300	850
1 004	3 900	300	1 010	4 370	400
1 005	3 600	2 100	合计	30 700	11 530
1 006	3 800	700			

根据表 9-1 中所列数据，对各类存货按其资金占用多少从大到小排序，分别计算各编号的资金占用存货总金额的百分比和每个品种占总品种数的百分比，将存货分为 ABC 三类，并编写 ABC 分析表，如表 9-3 所示。

表 9-3 ABC 分析表

类别	存货编号	存物料种	占用资金（万元）	品种比重（%）	资金比重（%）	类别比重（%）	类资金比重（%）
A	1 002	2 600	3 000	8.47	26.02	30.72	71.99
	1 005	3 600	2 100	11.73	18.21		
	1 001	1 230	1 600	4.01	13.88		
	1 003	2 000	1 600	6.51	13.88		
B	1 008	8 000	900	26.06	7.81	39.42	21.25
	1 009	300	850	0.98	7.37		
	1 006	3 800	700	12.38	6.07		
C	1 010	4 370	400	14.23	3.47	29.86	6.76
	1 004	3 900	300	12.70	2.60		
	1 007	900	80	2.93	0.69		

ABC 库存分类管理法的作用：①压缩库存总量；②解放占用资金；③合理管理物料；④节约管理投入。

9.4.3 库存盘点

库存管理是物料管理的重点，库存周转把资产转变为利润，库存周转越快，收益率越高。而物料盘点是库存快速周转的基本保证，随着订货周期的缩短，物料出入仓库的频率越来越高，物料发生的漏记、错记和丢失的概率越来越大。在长期的累积下，库存账面容易与实际数量产生不符的现象。或者有些产品因存放过久、存储方式不恰当，致使物料质量受影响，难以满足客户的需求。为了有效地控制物料数量，而对各储存场所进行数量清点作业，称为盘点作业。盘点结果的盈亏往往差异很大，若公司未能多加注意且适时、确实施行，对公司的损益将有重大影响。而且，如不提高企业物料盘点的质量和效率，企业会出现虚盈实亏的情况，严重影响企业的生存和发展。

1. 盘点作业的目的

首先，盘点作业是为了确定现存量，并修正料账不符产生的误差。通常物料在一段时间的不断接收与发放后，容易产生误差，这些误差的形成主因有：

（1）库存资料记录不确实，如多记、误记、漏记等。

（2）库存数量有误，如损坏、遗失、验收与出货清点有误。

（3）盘点方法选择不恰当，如误盘、重盘、漏盘等。

这些差异必须在盘点后察觉错误的原因，并予以更正。

其次，盘点是为了计算企业之损益。企业的损益与总库存金额有相当密切的关系，而库存金额又与库存量及其单价成正比。因此，为了能准确地计算出企业实际的损益，就必须针对现有数量加以盘点，一旦发觉库存太多，即表示企业的经营受到压迫。

最后，盘点是为了稽核物料管理的绩效，使出入库的管理方法和保管状态变得清晰。如，呆、废品的处理状况，存货周转率，物料的保养维修，均可在盘点时发现问题，以便改进。

2. 盘点时机

一般性物料就货账相符的目标而言，盘点次数愈多愈好，但因每次实施盘点必须投入人力、物力、财力这些成本，所以也很难经常实施。事实上，导致盘点误差的关键原因在于出入库的过程，可能是因出入库作业单据的输入，检查点数的错误，或是出入库搬运所造成的损失，因此一旦出入库作业次数多时，误差也会随之增加。所以，对一般生产厂家而言，因其物料流动速度不快，半年至一年实施一次盘点即可。在物流较快的情况下，我们既要防止盘点过少对公司造成的损失，又要降低可用资源的消耗量，最好能视物料的类别制定不同的盘点时间。例如，已建立 ABC 分类管理的企业可以采用：

- A 类主要物料，每周盘点一次。
- B 类物料，每月盘点一次。
- C 类较不重要的物料，半年盘点一次即可。

而未实施 ABC 分类管理的企业，至少也应对较容易损耗毁坏及高价值的物料增加其盘点次数。另外需注意，当实施盘点作业时，应尽可能快速执行。盘点时机一般选择在：

（1）财务决算前夕，以便决算损益以及表达财务状况。

（2）淡季进行，淡季储货量少，盘点容易，人力的损失相对降低，且调动人力较为便利。

3. 盘点的种类与方法

就像账面库存与现货库存一样，盘点也分为账面盘点及现货盘点。

账面盘点又称为永续盘点，就是把每天入库及出库物料的数量及单价，记录在电脑或账簿上，不断地累计加总，算出账面上的库存量及库存金额。

账面盘点的方法是将每一种物料分别设账，然后记录每一种物料的入库与出库情况，不必实地盘点即能随时从电脑或账册上查询物料的存量，通常量比较少、单价比较高的物料较适合采用这种方法。

现货盘点也称为实地盘点或实盘，也就是实际去点数、调查仓库内的库存数，再根据物料单价计算出实际库存金额的方法。

现货盘点按盘点时间频度的不同又分为期末盘点和循环盘点。期末盘点系指在期末一起清点所有物料数量的方法。循环盘点则是在每天、每周即做少种少量的盘点，到了月末或期末则每项物料至少完成一次盘点的方法。

如要得到最正确的库存情况并确保盘点无误，最直接的方法就是确定账面盘点与现货盘点的结果要完全一致。一旦存在差异，即料账不符，究竟是账面盘点记错或是现货盘点点错，则须再多费一层工夫来找寻错误原因，才能得出正确结果及确定责任归属。

（1）期末盘点法。由于期末盘点是将所有物料一次盘完，因而必须要全体员工一起出动，采取分组的方式进行盘点。一般来说，每组盘点人员至少三人，以便能互相核对减少错误，同时也能彼此牵制避免作弊。其盘点程序如下：

- 将全公司员工分组。
- 由一人先清点所负责区域的物料，将清点结果填入各物料的盘存单的上半部。
- 由第二人复点，填入盘存单的下半部。
- 由第三人核对，检查前二人之记录是否相同且正确。
- 将盘存单交给会计部门，合计物料库存总量。
- 所有盘点结束后，再与电脑或账册资料进行对照。

（2）循环盘点法。循环盘点即是将每周或每月当作一个周期来盘点，其目的除了减少过多的损失外，对于不同物料进行不同的管理也是主要原因。就如同前述 ABC 分类管理的做法，价格越高或越重要的物料，盘点次数愈多；价格越低、越不重要的物料，就尽量减少盘点次数。循环盘点因一次只进行少量盘点，因而只需专门人员负责即可，不需动用全体人员。

循环盘点法最常用的单据为现品卡，即每次出入库一边查看出入库单，一边把出入库时间、出入库数量、入库单编号、库存量登记在现品卡上，主要目的在于：

- 使作业者对出入库数量及库存量有具体的数字认知。
- 可协调进行出入库的分配管理，并在错误发生时能立即调查。
- 随时掌握库存物料的流动性及库存量控制的情况。

然而，现品卡的必要与否见仁见智。若不采用现品卡，只以单纯点数核对的方式进行循环盘点，其步骤如下：

- 决定当天要盘点的物料。
- 由专门人员负责，利用空当至现场清点这些物料的实际库存数。
- 核对盘点物料的电脑库存数。
- 对照结果，如发现两个库存数没有差异，则维持原状；若发现有差异，则调查原因，并马上修正。

循环盘点法的优点是：

- 能周期性地发现问题所在并采取措施。在一年内连续地找出出现问题的地方，而不是等到年终才进行盘点，这样就可以保证出现问题能及时解决。
- 可以完全或部分地消除由于盘点而造成的停产。工厂或库房不应为盘点而让生产停下来，停止生产会造成人力的浪费和经常性的加班。
- 提高循环盘点人员的素质。通过周期盘点，循环盘点人员能熟练地识别零件，获得准确的记录，调整偏差，找出解决系统错误的方法，使得库存记录更准确。

而使用现品卡，除了在每一次物料出入库时都要予以记录外，对于在盘点时的点数核对工作也较详细，虽做法上较麻烦，但对于盘点差异原因的追溯却更为快速、正确。

企业应以本身情况选择较适用的盘点方式，但大体而言，循环盘点能针对各物料进行适时管理，成效明显。事实上，有些公司是将两种盘点同时使用，平时针对重要物料做循环盘点，而期末再对所有物料进行期末大盘点，这样不仅循环盘点的误差能渐渐减少，就算是期末的大盘点，其误差率也会因循环盘点的配合而大幅降低，同时期末盘点所需时间也会因平时循环盘点的整理与管理改善而缩短许多。

4. 差异因素追查

当盘点结束，发现所得数据与账面资料不符时，企业应追查差异的主因。其着手的方向有：

（1）是否因记账员素质不足，致使物料数目不准确。
（2）是否因料账处理制度的缺点，导致物料数目经常出现差异。
（3）是否因盘点制度的缺点导致料账不符。
（4）盘点所得的数据与账面的资料差异是否在容许误差内。
（5）盘点人员是否尽责。
（6）是否产生漏盘、重盘、错盘等情况。
（7）盘点的差异是否可事先预防，是否可以降低料账差异的程度。
（8）盘盈、盘亏的处理。

差异原因追查后，应针对主因进行适当的调整与处理，对于呆废品、不良品产生的可用物料减少，与盘亏一并处理。物品除了盘点时产生数量的盈亏外，有些物料在价格上会产生增减，这些变化在经主管审核后，必须利用物料盘点盈亏进行修改。

9.4.4 库存补充方法

1. 定量库存控制模型

定量库存控制模型控制库存物品的数量。当库存数量下降到某个库存值时，立即采取补充库存的方法来保证库存的供应。这种控制方法必须连续不断地检查库存物品的库存数量，所以有时又称为连续库存检查控制法。该模型的前提假设是每次订货的订货批量是相同的，采购的提前期也是固定的，并且物料的消耗是稳定的。

2. 定期库存控制模型

定期库存控制模型按一定的周期 T 检查库存，并随时进行库存补充，补充到一定的规定库存 S。这种库存控制方法不存在固定的订货点，但有固定的订货周期。每次订货也没有一个固定的订货数量，而是根据当前库存量 I 与规定库存量 S 比较，补充的量为 $Q=S-I$。但由于订货存在提前期，所以还必须加上订货提前期的消耗量。这种库存控制方法也要设立安全库存量。该模型主要需确定订货周期与库存补充量。

3. MRP 的物料计划管理方法

MRP 系统就是用于制订可靠的生产计划的一种方法，它把计算机化的订货技术应用于库存控制中，其最突出的表现是提高了整个企业的生产与库存管理水平，它的技术经济效益在库存中得到了最好的证实。

这个问题涉及一些基本的管理原则，要向有关人员提供恰当的工具，通过教育和培训教会人们去使用这些工具，并明确人们的职责。一般来讲，这些基本的管理原则包括一丝不苟的工作态度、访问受限的库房、好的事务处理方法和周期盘点制度。

9.5 库存管理与其他模块的关系

库存管理子系统通过对库存物品的入库、出库、移动和盘点等操作，对库存物品进行全面的控制和管理，帮助企业的仓库管理人员管理库存物品，以达到降低库存、减少资金占用、杜绝物料积压与短缺现象、提高客户服务水平、保证生产经营活动顺利进行的目的。库存管理子系统从级别、类别、货位、批次、单件、ABC 分类等不同角度来管理库存物品的数量、库存成本和资金占用情况，以便客户可以及时了解和控制库存业务各方面的准确数据。库存管理子系统与采购、生产、销售、成本及总账等子系统有密切的数据传递管理。例如，采购物料通过库存接收入库，生产所需原材料和零部件通过仓库发放，销售产品由成品仓库发货，库存物料成本及占用资金由成本和总账管理来核算等。库存管理与 ERP 其他模块之间的关系如图 9-4 所示。

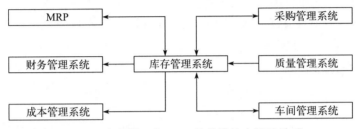

图 9-4　库存管理与 ERP 其他模块之间的关系

思考与练习题

1. 仓库管理有哪些业务？
2. 请概要说明库存的分类。
3. 你觉得库存对一个企业来说重要吗？为什么？如何考虑零库存管理？
4. 如何用统计法制定安全库存？
5. 什么是定期库存控制模型？请联系实际举个例子。
6. 请描述一下 ABC 库存控制法。
7. 请绘制库存管理子系统的业务处理流程。
8. 请绘制库存子系统与其他子系统的关系图并描述。

案例分析 9-1

戴尔公司的库存管理

戴尔公司（简称戴尔）成立于1984年，主要从事电脑组装和生产，经过多年的发展，成为第一家根据客户需求组装电脑的公司，其生产和库存管理模式成为行业的经典，改变了整个行业的管理模式。戴尔将重点放在成本控制和制造流程优化方面，提出了直销模式，减少中间渠道，面向大规模定制的供应链管理策略可有效促进与供应商合作，推行零库存管理，降低库存周期及成本。

1. 库存管理模式的改进

原来的库存管理模式是：戴尔在制造基地有自己的存储仓库，由戴尔自行负责，一旦缺货，即通知供应商4小时送货入库。供应商需要及时供货，也须建立仓库。这导致供应商和企业双重设库，降低了整个供应链的资源利用率，也增加了制造商的成本。

零库存管理模式为：戴尔在制造基地不设仓库，由供应商直接根据生产制造过程中物品消耗的进度来管理库存。该模式中供应商完全了解电脑组装厂的生产进度，参与到戴尔的生产经营活动之中，同时承担零部件库存的风险。尤其在 PC 行业，原材料的价格下降很快，供应商至少要保持二级库存，即原材料采购库存和面向制造商所在地进行配送而必须保持的库存，这使供应商处于不利的地位。因此，戴尔需要在利润上补偿供应商的物流成本，还要避免因库存导致采购成本上升，从而调动供应商的积极性，发挥整个供应链的效力。

2. 库存管理策略的实施

为了实现零库存战略，戴尔推行了供应商管理库存 VMI 和联合库存管理 JMI。供应商管理库存 VMI 是：戴尔放弃原材料库存控制权，由供应商掌握其库存动向，依据戴尔提供的每日物料需求，结合库存情况，及时为戴尔补货，从而实现对客户需求的快速反应。联合库存管理 JMI 为：戴尔和供应商共同制订库存计划，利益共享、风险共担，实现战略供应商联盟的合作关系。

基于以上库存管理模式，戴尔的"零库存"需要供应商、库存管理、流程管理各个方面的协调才能完成。因此，供应商必须严格遴选，库存需严格控制，流程管理需要信息管理系统 ERP 的支持。

首先，戴尔有一个组织严密的供应商网络，其 95% 的物料来自这个供应网络，其中 75% 来自 30 家最大的供应商，另外 20% 来自略小的 20 家供应商。所有供应商需要通过严格的供应商考核和认证过程。

其次，戴尔由过去的按库存生产改进为按订单进行生产，根据生产计划提出对原材料的需求，保证准确的需求与供应平衡，保证充分的供应，并减少剩余货底。戴尔的库存管理不仅仅着眼于低库存，而且通过双向管理供应链，通盘考虑用户需求与供应商的供应能力，使二者的配合达到最佳平衡点。

另外，戴尔的电子化贯穿始终，以 ERP 为核心，电子化的供应链系统为处于链条两端的用户和供应商分别提供了网上交易的虚拟平台，90% 的采购过程通过互联网完成。依赖 ERP 和 SCM、CRM 等信息管理系统，戴尔的电子化贯穿了从供应商管理、产品开发、物料采购一直到生产、销售乃至售后等的全过程。

3. 库存管理改进后的效果

改进的库存管理策略使戴尔平均物料库存缩为 5 天，高效率的物流配送使戴尔的过期零部件比例保持在材料成本的 0.05%～0.1% 之间。当时其竞争对手平均物流库存为 20 天左右，因库存贬值导致的损失高达 2%～3%。

案例分析 9-2

某食品公司库存管理

某食品有限公司拥有先进的生产设备和技术，主要产品为曲奇等烘烤食品，几种主要产品在国内都占据领先的市场份额，现有 300 多名雇员正为成为中国领先的食品制造企业而努力工作。

经过市场调研，公司领导决定对该食品有限公司的仓库实施基于条码的无线仓储管理系统，工程目前已实施完毕，并正式上线运行。

企业的产品决定了其原料的复杂性，

与一般的企业仓库不同,该仓库存储的物料既有箱式包装,也有料罐式存储的流体型原料,出入库的方式也存在常规栈板出入库和管道出入库两种方式。

实施无线仓储管理系统前,仓库只简单进行分区,种类繁多、形式各异的物料也未按照固定的区域存放,经常出现仓库员工不能准确找到和区分物料的现象。物料入库后也没有严格按照批次进行管理,有的原料因长时间没有使用甚至过期变质,造成了一定的资源浪费。

生产中使用的物料种类、规格繁多,传统的手工出入库记录和不准确的库位限制了出入库操作的速度,与先进的高速生产线形成强烈的反差,并成为企业内部物流的瓶颈。

该仓库还存在一个重要问题,车间生产是三班倒,24小时连轴转,这就要求仓库同步工作。因此,仓库根本不能进行准确的盘点,只能利用生产线休息时盘点,或由员工在出入库操作的同时进行粗略清点,仓库库存数据与实际值一直都有较大偏差。库存数据是 ERP 系统的重要基础数据,不准确的库存数据会造成 ERP 的一些功能形同虚设,企业各级领导也为之大伤脑筋。

针对该仓库的具体情况,经过实施人员近两个月的现场调查和多次的座谈,最终确定了两种物料形式(箱式、流体)兼容、统一分区编码、动态盘点的无线仓储管理系统方案。

系统在标准仓库管理系统的基础上进行了部分客户化的功能定制,利用无线数据采集终端和条码打印设备,统一物料的条码和格式,对原料、成品建立批次,实现物料的全面条码管理,原料严格按批次先进先出。

对仓库进行区位划分,物料与仓位严格对应,规范管理。出入库和盘点操作都采用无线手持终端进行,实际操作的同时,出入库和盘点的数据也自动录入系统中,提高了操作速度。系统按发料单对要发的物料批次、位置进行指定,既提高了发料速度,也减少了发料的错误。

与 ERP 集成,建立从采购到生产的连续物流体系,可将仓库库存数据和出入库、移库数据及时反馈到 ERP 系统,并建立库存预警机制,使企业信息系统的功能得到全面发挥。

系统为实现仓库不停工的动态盘点,设计了精巧缜密的算法,基于自动识别技术的动态盘点功能,使得盘点操作不再需要停工,而是与其他出入库操作同时进行。该仓库切实实现了 7×24 的连续运转,与生产线的节奏保持了一致。

对于管道出入库的物料,实施中建立起设备数据自动采集功能,并根据管道流体的特点,设计了相应的解决方案。

系统实施以后,企业的库存准确率提高到 99.8%,并通过与 ERP 数据交互,保证了 ERP 中的实时库存数据的准确性。出入库采用条码扫描方式,速度快,数据准确,使用一年多来,未出现以前人工操作时物料出入库错误的现象。同时,采用批次管理后,实现了先进先出,并且加快了库存周转率,减少了库存资金的占用。

第 10 章
CHAPTER10

车 间 管 理

车间管理处于 ERP 的计划执行与控制层，其管理目标是按照物料需求计划的要求，按时、按质、按量与低成本地完成加工制造任务。车间管理的过程主要是依据 MRP、制造工艺路线与各工序的能力编排工序加工计划，下达车间生产任务单，并控制计划进度，最终完工入库。

10.1 车间管理概述

10.1.1 车间和车间管理

车间是企业内直接从事生产活动的场所，是企业组织生产的基本经济单位、行政管理和经济核算单位，是执行层的管理组织机构。车间一般是按照生产的专业性质设置的，拥有一定的厂房或场地，拥有完成一定生产任务所必需的设备和设施，并配备一定数量的工人、技术人员和管理人员。每个车间运用这些生产条件，担负着完成某种产品、产品的某些工艺、某些零部件或辅助物料等的生产任务。车间的特点如下：

（1）车间必须具备一定规模，一个或几个工作地不能成为一个车间。

（2）车间必须具有一定的管理职能，不具备相对完整管理职能的生产单位充其量只能是班组或工段，而不是车间。

（3）车间必须具有相对明确的生产对象和一定的生产条件，无明确生产对象，不具备生产条件，或流动性很大的室外、野外作业场所不能称为车间。

（4）车间是企业生产活动的第一线，其生产活动的科学合理与否，直接决定着企业的生产效果和经济效益。因此，车间必须加强管理，以保证完成生产任务和提高生产效率，使车间成为企业管理系统中的一级行政管理单位。为了贯彻经济利益原则、调动职工积极性，也应把车间作为一级经济核算单位。

车间管理就是车间根据厂部制定的目标、计划、指令、命令和各项规章制度，运用车间拥有的资源条件和管理权限，对车间的生产经济活动进行计划、组织、指挥、控制、调度和考核，包括对职工进行激励、教育和生活福利的管理工作。

按照管理层次的划分，企业管理位于管理的最高层，车间管理位于管理的中间层，班组管理位于管理的作业层。对于最高管理层来说，车间管理属于执行型；对于作业管理层来说，车间管理又属于指令型。车间既要执行厂部下达的指令，并且为厂部提供信息，又要对工段、班组下达指令，以便协调整个车间的生产活动。

车间管理是企业整体管理的基础，是生产第一线的管理工作，是执行性的效率管理。这表现在车间管理是企业以生产为中心的主要管理环节，搞好车间管理，保证企业有正常的生产秩序，才能全面完成企业计划，实现企业目标。

10.1.2 车间管理的内容

车间管理的目标是按物料需求计划的要求，按时、按质、按量完成加工制造任务，并且花费最低的劳动成本。车间管理的具体任务是根据 MRP、制造工艺路线与各工序的能力数据，编排工序加工计划，下达车间生产任务单，并控制计划进度，最终完工入库。

1. 根据 MRP（或 MPS）计划生成车间任务

MRP 计划提供的是各种物料的计划需求日期（也可以有开始投入日期）。有的物料可由多条加工路线、多个车间完成。车间接收的 MRP 订单是生产计划员根据标准状态的资料制定的，所以在投放前要仔细地核实车间的实际情况，要检查工作中心、工具、物料及生产提前期等的有效性，解决计划与实际间存在的问题，最后建立和落实车间任务，做出各物料加工的车间进度计划（加工单），并根据物料短缺报告说明物料在任务单上的短缺量，帮助管理人员及时掌握有关情况，采取相应措施，及时加以解决。

2. 生成各工作中心的加工任务并进行作业排序

工作中心的加工任务也称为工作中心进度表，它是根据工作中心的在加工情况、已经进入该工作中心（排队等候）的情况、上道工序的加工情况（即将到达的加工任务），做出工作中心的任务计划，以控制生产过程中任务的流动和优先级。它说明了在某个工作中心将要或正在生产什么订单的物品，已完成的数量和未完成的数量，计划生产准备和加工时间与订单的优先级。

3. 下达生产指令，进行生产调度、生产进度控制与生产作业控制

常见的生产指令有生产工单或生产工票。每个任务可以下达一张工票，也可以分开用多张工票下达，可以对应一个工序或多个工序。通常是一个任务对应一张工票，再流经多道工序。

生产进度控制贯穿了整个生产过程，有的企业进度控制的主要对象是客户需求产品的最终完工进度，但完整的进度控制包括投入进度控制、工序在制进度控制和产出进度控制。

生产控制活动在制造业的生产管理中占非常重要的位置。车间生产管理人员的大部分工作都在从事生产的控制活动。生产计划一旦下达并实施，生产制造的控制活动

就同时开始运作。生产控制的主要内容是进度控制、质量控制、车间物流控制与成本控制。影响生产经营活动的主要因素有人、设备、物料、计划、资金与过程的各种信息流,车间管理子系统的集成为企业的生产控制提供了良好的管理平台与解决方案。

4. 能力的投入产出控制

调度与控制投入、产出的工作量,平衡、充分地发挥各工序能力,同时控制投入、产出的物品流动,控制在制品库存量,保持物流平衡、有序。

5. 在制品管理

在制品管理也是车间管理的一项重要工作内容。由于物料占用了企业的大量资金,是生产成本的主要构成部分,车间必须对车间原材料、半成品及成品加以严格的管理,要有科学合理的管理方法。对车间物料要定期组织盘点,对盘盈或盘亏的物料和在制品,得到有关部门确认后要及时进行调整,并要总结分析,加以预防控制。

6. 登记加工信息

根据加工任务、工票记录加工的信息。一般加工工票记录说明了任务单在工艺路线中每道工序的情况:发放到工序上的数量,在工序上加工的数量,已经加工完成的数量,已转下道工序的数量,在工序中报废的数量,工序计划开始与结束的时间,实际加工的开始与结束时间,物料的计划和实际发放量,以及加工工作中心、加工人员或班组、台时和费用等。收集车间数据有助于计划和控制生产活动,保证产品质量,记录实际生产成本。车间数据包括人工数据、生产数据、质量控制数据和物料移动数据。数据收集的频率取决于企业具体的生产方法。

7. 统计分析

对车间生产过程的各种信息进行统计与分析,用以改进车间管理工作。统计分析的数据有进度分析、在制物流分析、投入产出分析、工作效率分析、车间成本分析及车间人员考勤分析等。

10.2 车间生产任务管理

10.2.1 生产任务管理概述

生产任务管理就是根据物料需求计划、工艺路线、工作中心等编制出车间生产计划,产生生产指令,对需要下达的车间任务,可以进行模拟下达,检查物料、能力能否满足生产计划要求。依据任务优先级数,生成工作中心派工单,分配物料和下达生产指令,并通过车间调度管理实现从计划到实施的闭环控制,使各级管理人员及时掌握车间生产情况。其主要内容如下:

(1)根据主生产计划、物料需求计划形成的生产计划,由生产计划员根据能力计算情况下达给生产车间进行生产。

(2)车间接到下达的生产任务后,首先对任务细分,并编制作业计划,然后下达生产指令。

（3）工作中心接到生产指令后，进行生产领料，开始生产，并在生产完工后进行产品入库登记。

（4）在生产过程中，必须与质量部门保持紧密的联系，以确保所生产的产品满足质量要求，避免出现浪费。

在 ERP 生产管理系统中，生产任务管理应该至少包括生成生产任务单、加工单、作业排产计划、派工单、在制品单、生产完工入库、投入/产出控制等内容，如图 10-1 所示。

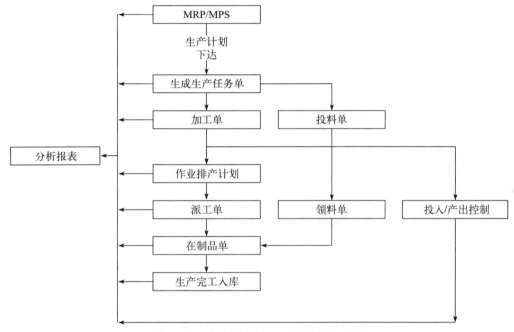

图 10-1　生产任务管理系统业务流程图

实际业务是在不停地变化的，所以，在生产任务管理系统中，必须能对原来的生产任务进行调整和变更。

10.2.2　生产任务单

生产任务单是生产系统唯一的需求来源，可以手工输入，也可由 MRP/MPS 系统自动生成。通过任务单的拆分，将一个任务单拆分成不同数量和不同加工单位的任务单。系统应允许用户直接根据销售订单生成任务单，这一功能特别适合严格按照销售订单生产的企业。它能够提供对指定任务单可用物料及可用能力的分析和任务单拆分功能，便于用户随时调整并安排任务单。

建立车间任务就是要把 MRP 中的物料制造任务下达到车间。有时车间还会涉及一些临时任务，如返工、翻修和改装等。表 10-1 是一份典型的生产任务单。

表 10-1　生产任务单

生产任务单号	生产任务单状态	计划员	下达人	下达日期	生产车间
G09110056	下达	王伟	王伟	2009-11-5	总装车间
产品编码	产品名称	单位	生产数量	计划开工日期	计划完工日期
KGB093201	M95 型计算机主机	台	100	2009-11-6	2009-11-10

10.2.3 生产投料单

生产任务建立、确认后，要对任务的物料再次进行落实，也就是对车间任务进行物料分配，完成物料分配后就可以下达任务，确保任务的执行。物料分配后会影响库存物料的可分配量（已分配量），当然各种 ERP 软件的处理流程与方式会有些差别。

生产投料单是一个生产任务单的领料计划表，它根据所要生产物料的物料清单生成，能够控制物料的领用数量。生产任务单确认后，由投料员根据库存的实际情况，确定所需物料的领料仓库和库位，也可以修改物料的投料数量（有时，各批次的物料质量不同，物料损耗也就不同，可能影响投料数量）。表 10-2 是一份典型的生产投料单。

表 10-2 生产投料单

生产任务单号	生产任务单状态	计划员	审核人	审核日期	生产车间
G09110056	下达	王伟	投料员	2009-11-5	总装车间
产品编码	产品名称	产品单位	生产数量	计划开工日期	计划完工日期
KGB093201	M95 型计算机主机	台	100	2009-11-6	2009-11-10
物料清单					

序号	子件	子件名称	单位	倒冲	单位用量	损耗率(%)	应发数量	计划发料日期	工序	仓库	备注
1	02001	机箱	个	否	1	0.00	100	2009-11-6	装配	半成品	
2	02002	主板	个	否	1	0.00	100	2009-11-6	装配	原材料	
3	02003	CPU	个	否	2	0.00	200	2009-11-8	装配	原材料	
4	02004	硬盘	个	否	1	0.00	100	2009-11-9	装配	原材料	

表 10-2 指明了编号为 G09110056 生产任务单所需物料的清单，并指明了这些物料的计划发料日期、发料仓库、应发数量、发料方式等。

投料员对投料单修正并审核无误后，车间才可以根据投料单进行领料，安排生产。

10.2.4 加工单

当确认生产任务单后，即可将其作为可行的生产任务来实施，其表现形式是加工单，加工单有时也称为制造令、工令等。

加工单是在编制车间工作任务后，系统生成该任务的工序作业计划，即面向被加工件的说明文件，它说明该任务（加工该工件）的加工工序，所使用的工作中心，工作进度及使用的工装设备等。加工单是针对物料的加工计划，可以跨车间甚至厂际协作。这里的工序作业计划主要根据 MRP 要求的计划产出日期，以及各工序的生产时间来确定。加工单生成流程如图 10-2 所示。

加工单的格式与工艺路线报表很相似，表 10-3 是一种典型的加工单报表。

加工单一般与生产任务单、投料单配合使用，确定了生产任务的目的、用料、加工进度，以及工序与用料的关系。

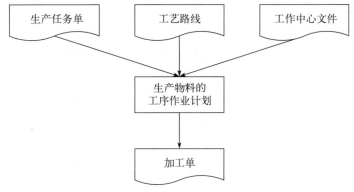

图 10-2 加工单生成流程

表 10-3 加工单

加工单号：D0911001
物料编码：AB021　　　　　物料名称：电工工具　　　　　计划日期：2009-11-5
需求数量：20　　　　　　　需求日期：2009-11-11　　　　计划员：王宏

工序	工序名称	工作中心		标准时间/小时			本工序总时间	计划进度	
		编码	名称	准备	工时	台时		开工日期	完工日期
10	成型	1010	车床车间	2.0	0.5		12	2009-11-6	2009-11-7
20	冲压	2010	冲床车间	3.0	0.1		5	2009-11-8	2009-11-8
30	打磨	3020	磨床车间	3.0	0.5		13	2009-11-9	2009-11-10

10.2.5 工序派工单

生成物料的加工单后，根据各个工作中心的当前在加工任务与排队任务等生产情况，进行各个工序的作业安排，下达派工单，即面向工作中心（工序）的任务说明文件。计划员进行派工时，应充分考虑各个任务的优先级、工序能力（工作中心能力）、任务所用物料的分配等情况，进行作业排序与派工。

当工序排产计划和工序优先级确定后，就需要及时下达派工单，按照车间派工单进行生产作业。

派工单是说明某时段工作中心的加工任务与各任务优先级别的文件。它的作用是安排加工任务，使任务的执行状态转为"开工"。它的形式也是多种多样的，表 10-4 是一种派工单报表形式。

表 10-4 派工单

车间代码：P01　　　　　　　车间名称：插件车间
工作中心：G01　　　　　　　工作中心名称：数控加工中心　　　　派工日期：2009-11-5

物料代码	物料名称	生产任务单号	数量	最早开工时间	最早完工时间	最迟开工时间	最迟完工时间	剩余/拖后天数[1][2]	优先级别[3]
R015	工具A	D0911001	10	2009-11-6	2009-11-7	2009-11-6	2009-11-8	1	3
M023	工具B	D0911054	20	2009-11-6	2009-11-7	2009-11-6	2009-11-7	1	1
T056	工具C	D0911021	10	2009-11-6	2009-11-6	2009-11-6	2009-11-7	1	2

[1] 剩余天数：如果最早开工日期＞系统日期，则剩余天数＝最早开工日期－系统日期。
[2] 拖后天数：如果最晚开工日期＜系统日期，则拖后天数＝系统日期－最晚开工日期。
[3] 优先级别：说明加工物料的加工先后顺序，数字越小，一般说明加工级别越高。计算方法也较多，一般考虑优先级别时主要看订单的完成日期、至完成日期剩余的时间、剩余的工序数等。

车间任务单的对象是车间，加工单的对象是物料，派工单的对象是工作中心。加工单是说明完成一个物料的加工任务所需要的工序，各工序生产所在工作中心，以及各工序的计划进度时间；而派工单是在作业计划生成后，针对具体的工作中心，由车间调度员开出的，用于指导具体的生产人员进行生产作业。

派工单是最基本的生产凭证之一。它除了有开始作业、发料、搬运、检验等生产指令的作用外，也是对工人从事生产活动的原始记录，还是控制在制品数量、检查生产进度、核算生产成本的凭证。

10.2.6 领料单

当生产任务单下达到车间后，车间就需要开始进行生产准备并安排生产。对于 ERP 系统来说，生产准备中需要考虑的重要一环就是生产领料业务。企业的生产领料可以分为两种方式：一次全部领料和按照工序进行领料。前者是指在生产准备前，把所有需要用到的物料全部从仓库领到车间；后者是指按照生产进度的不同，在需要的时候进行领料。按照工序领料对于企业车间和仓库的管理水平有较高的要求。

1. 全部领料

仓库应该对领料进行控制，不允许车间不按照生产任务单直接领料，同时应根据投料单的额定数量进行发料。如表 10-5a 和 10-5b 是根据生产投料单，按仓库生成的两张领料单。

表 10-5 领料单

a) 领料单 1

领料单号	生产任务单号	领料车间	领料日期		
LL091106001	G09110056	总装车间	2009-11-6		
产品编码	产品名称	领料人	发料人		
KGB093201	M95 型计算机主机	李强	高猛		
序号	子件	子件名称	单位	应发数量	实发数量	仓库	备注
1	02001	机箱	个	100	100	半成品	

b) 领料单 2

领料单号	生产任务单号	领料车间	领料日期		
LL091106001	G09110056	总装车间	2009-11-6		
产品编码	产品名称	领料人	发料人		
KGB093201	M95 型计算机主机	李强	李兰		
序号	子件	子件名称	单位	应发数量	实发数量	仓库	备注
1	02002	主板	个	100	100	原材料	
2	02003	CPU	个	200	200	原材料	
3	02004	硬盘	个	100	100	原材料	

2. 工序领料

如果企业是按照工序进行领料的，在开出派工单的同时，应根据工序作业计划，开出领料单进行领料。进行工序领料时，首先要确定每个工序需要领用的物料，然后再下达派工单，根据工序作业计划和已定义的应领物料进行领料业务。

通过工序领料，可以减少仓库库存资金的积压。在生产过程中，各个物料并不都是在开始生产时就必须用到的，多数物料是在加工过程中陆续投入的，没有必要在生产开始时就领用到车间去。

但是，使用工序领料，需要企业具有较高的车间生产管理水平，每道工序能够在正确的时间准确获得所需物料，否则很可能出现停工待料的情况。

3. 倒冲法领料

在生产领料时，有一种特殊的领料方式——倒冲法领料（也称反冲领料），这种方法是针对某些物料，先把物料批量地移动到车间（虚拟）仓库，在生产完工入库时，根据入库数量，按照 BOM 中的单位定额耗用数量，自动生成领料单或生成物料耗用量。这种方法一般适用于一些低值易耗品，或难以个别领料的物品，比如螺丝钉、胶水、油漆等。在进行倒冲领料时，首先需要在物料主文件中标明需倒冲领料的物料、倒冲的仓库和库位，并在 BOM 中准确确定单位定额耗用量。在生产前，要确保相应的倒冲仓库中有足够数量的物料，以使倒冲领料能够自动实现。

在很多企业中，车间和仓库之间经常会出现相互借料的情况，应坚决予以制止。比如车间需领用 100 个 A 物料，但仓库只有 95 个，但很快就会再有 A 物料到达仓库，结果仓库为了做账方便，可能会直接先记账发给车间 100 个，当另 5 个到达仓库时，就直接由仓库送到车间。或者有时候由于特殊原因，车间可能在计划部门未下达计划前就安排某产品的生产，先从仓库借料进行生产，当生产任务单下达后，再办理领料手续。由于存在这样的情况，其直接后果就是导致仓库的账物不一致，直接导致 MRP 计划的错误，造成整个 ERP 系统的失败。所以，企业应用 ERP 系统前，一定要规范企业内部特别是企业的仓库管理业务。

10.2.7 工序在制品

车间在制品管理一般是按照工序进行管理的，因为工序之间的转移、报废等原因，每个工序结存的在制品数量是不同的。

工序在制品数量 = 期初结存数量 + 移入数量 – 报废数量 – 移出数量 + 盘盈数量 – 盘亏数量

在工序在制品管理中，对于生产周期较长的企业来说，应该进行定期的盘点，以使工序在制品的账物保持一致。当账面数量与实际数量不一致时，应采取措施，查清原因，避免再次发生同类问题。同时，应实时控制各工序的投入产出，控制工序在制品数量。

通过工序在制品管理可以帮助企业从多个角度了解工序在制品的存量水平和变化趋势，有效降低工序在制品库存，减少资金积压，提升车间物料管理水平。

10.2.8 完工入库单

车间生产完工后，必须把经过检验合格的物料送入仓库，办理入库手续。入库后的物料可用于销售或被其他部门领用。表 10-6 是根据生产任务单生成的产品入库单。仓库根据实际收到的数量填写实收数量。

表 10-6 产品入库单

产品入库单号	生产部门	入库日期	验收人	保管员	审核人
RK09111001	总装车间	2009-11-10	李明	陈琳	陈琳
产品编码	产品名称	应收数量	实收数量	生产任务单号	入库仓库
KGB093201	M95 型计算机主机	100	100	G09110056	成品仓库

需要注意的是，在 ERP 系统中，当完工数量等于或者超过生产任务单的数量时，系统可以自动关闭生产任务单，表示已经完工。但如果生产中出现了废品，实际完工数量小于生产任务单数量，则系统不能自动关闭生产任务单，需要手工及时关闭，然后手工补新生产任务单，或者忽略不足数量，这样可避免 MPS、MRP 计算时出现数据错误。因为在 MRP 计算中，会把已经下达但尚未完工的数量作为计划接收量，从而会减少净需求量。

10.3 作业排序[一]

运用 MRP 确定了各项物料的生产、采购计划之后，下一步，还需要把企业自加工工件的生产计划转变为每个班组、人员、每台设备的工作任务，即具体地确定每台设备、每个人员每天的工作任务和工件在每台设备上的加工顺序，这一过程就称为作业排序。作业排序要解决先加工哪个工件、后加工哪个工件的加工顺序问题，还要解决同一设备上不同工件的加工顺序问题。在很多情况下，可选择的方案都很多，而不同的加工顺序得出的结果差别很大。为此，需要采用一些方法和技术，尽量得出最优或令人满意的加工顺序。

10.3.1 作业排序的基本概念与分类

1. 作业计划与排序

一般来说，作业计划（scheduling）与排序（sequencing）不是同义语。排序只是确定工件在机器上的加工顺序，而作业计划不仅包括确定工件的加工顺序，还包括确定机器加工每个工件的开始时间和完成时间。因此，只有作业计划才能指导每个工人和生产活动。

在编制作业计划时，有时一个工件的某道工序完成之后，执行它下一道工序的机器还在加工其他工件，这时，工件要等待一段时间才能开始加工，这种情况称为"工件等待"。有时，一台机器已经完成对某个工件的加工，但随后要加工的工件还未到达，这种情况称为"机器空闲"。

由于编制作业计划的关键是要解决各台机器上工件的加工顺序问题，而且在通常情况下都是按最早可能开（完）工的时间来编制作业计划，因此当工件的加工顺序确定之后，作业计划也就确定了。所以，人们常常将排序与编制作业计划这两个术语不加区别地使用。在本章里，只有在需要的情况下，才将这两个术语区别使用。在一般情况下，只使用排序这个术语。同时，本章中所用的"工作地""机器""人员"等均

[一] 本节为选修内容。

抽象地表示"提供服务者",而"工作""工件""顾客"等均抽象地表示"接受服务者",这些名词不过是应用的场合不同而已。

2. 作业排序问题的分类

排序问题有不同的分类方法。在制造业领域和服务业领域中,有两种基本形式的作业排序:①劳动力作业排序,主要是确定人员何时工作;②生产作业排序,主要是将不同工件安排到不同设备上,或安排不同的人做不同的工作。在制造业和服务业企业中,有时两种作业排序问题都存在,在这种情况下,应该集中精力注意其主要的、占统治地位的方面。在制造业中,生产作业排序是主要的,因为要加工的工件是注意的焦点。许多绩效度量标准,如按时交货率、库存水平、制造周期、成本和质量,都直接和排序方法有关。除非企业雇用了大量的非全时工人或是企业一周7天都要运营,否则劳动力作业排序问题就是次要的。反过来,在服务业中,劳动力作业排序是主要的,因为服务的及时性是影响公司竞争力的主要因素。很多绩效标准,例如顾客等待时间、排队长度、设备(或人员)利用情况、成本和服务质量等,都与服务的及时性有关。

在制造业的生产作业排序中,还可进一步按机器、工件和目标函数的特征分类。按照机器的种类和数量不同,作业排序问题可以分为单台机器的排序问题和多台机器的排序问题。对于多台机器的排序问题,按工件加工路线的特征,作业排序问题可以分成单件车间排序问题和流水车间排序问题。工件的加工路线不同是单件车间排序问题的基本特征;而所有工件的加工路线完全相同,则是流水车间排序问题的基本特征。

按工件到达车间的情况不同,作业排序问题可以分成静态排序问题和动态排序问题。当进行排序时,所有工件都已到达,可以一次性对它们进行排序,这是静态排序问题;若工件是陆续到达,则要随时安排它们的加工顺序,这是动态排序问题。

按目标函数的性质不同,也可划分不同的排序问题。例如,同是单台机器的排序,目标是使平均加工时间最短或目标是使拖期完工的工件数最少,实质上是两种不同的排序问题。按目标函数的情况,作业排序问题还可以划分为单目标排序问题和多目标排序问题。

由此可见,由于机器、工件和目标函数的不同特征以及其他因素上的差别,构成了多种多样的排序问题及相应的排序方法。

10.3.2 作业排序的方法

1. 约翰逊法

这是一种适合于 $n/2/P/F_{min}$ 排序问题的静态排序方法。约翰逊法的目标是要求得到全组零件具有最短生产周期的生产进度表。

(1)约翰逊排序规则。如果满足 $\min\{t_{1k}, t_{2h}\} < \min\{t_{2k}, t_{1h}\}$,则将 k 工件排在 h 工件之前。式中,t_{1k}, t_{2k} 为 k 工件第一工序、第二工序的加工时间;t_{1h}, t_{2h} 为 h 工件第一工序、第二工序的加工时间。

(2)约翰逊排序法的进行步骤如下。
- 列出零件组的工序矩阵。

- 在工序矩阵中选出加工时间最短的工序。如果该工序属于第一工序，就将该工序所属工件排在前面。反之，最小工序是第二工序，则将该工序所属工件排在后面。若最小工序有多个，可以任选其中一个。
- 将已经排序的工件从工序矩阵中消去。
- 继续按照以上两步骤进行排序，直至所有工件排序结束。

【例 10-1】 请看表 10-7 和表 10-8。

表 10-7 零件工序矩阵

工件号	1	2	3	4	5
第一工序 M1	8	9	5	2	6
第二工序 M2	6	5	4	8	3

表 10-8 按约翰逊法排序后的新工艺矩阵

工件号	4	1	2	3	5
第一工序 M1	2	8	9	5	6
第二工序 M2	8	6	5	4	3

对于同顺序排序问题，通过表上作业，按零件工序和零件加工顺序，计算全组零件的最大流程时间 F_{max}，如表 10-9a 所示。零件在各工序的加工时间和顺序如表 10-9b 所示。

表 10-9

a）最大流程时间 F_{max} 计算表					
工作号	4	1	2	3	5
第一工序 M1	2/2	8/10	9/19	5/24	6/30
第二工序 M2	8/10	6/16	5/24	4/28	3/33

b）零件加工时间表

M1	4		1		2			3		5			
M2			4		1			2	3			5	
	1 2	3 4 5 6 7 8 9 10	11 12 13 14 15	16	17	18	19	20 21 22 23 24	25 26 27 28	29	30	31 32 33

表中斜线右方的数字是到该工序结束时的流程时间，计算方法如下：

　　该工序结束时的流程时间 = 该工序的开始时间 + 该工序的加工时间

在生产过程中，一个工序的开始时间取决于两个因素：

（1）该工序前一道工序的结束时间。
（2）该工序所用设备上紧前工件的加工结束时间。

该工序的开始时间应取上述两数中之大者。

2. 关键工序法

用关键工序法进行排序的步骤和方法如下：

（1）按工序汇总各零件的加工工作量，定义加工工作量最大的工序为关键工序。

（2）比较各零件首尾两道工序的大小，并把全部零件分成三组：若首＜尾，分在第一组；若首＝尾，则分在第二组；若首＞尾，分在第三组。

（3）各组分别对组内零件进行排序。

第一组：每一零件分别将关键工序前的各工序相加，根据相加后的数值按递增序列排队。

第二组：当第一组的零件数少于第三组时，本组零件按第一组的规则排列，反之，按第三组的规则排列。

第三组：每一零件分别将关键工序后的各工序相加，根据相加后的数值按递减序列排队。

（4）全部零件的排序按第一组排在最前，第二组排在中间，第三组排在最后。

【例10-2】 请看表10-10。

表10-10 产品—工序时间

零件	A	B	C	D	E	F	合计
M1	3	8	6	9	1	2	29
M2	13	2	2	4	7	5	33
M3	7	16	10	9	6	0	48
M4	15	7	8	10	11	14	65
M5	6	4	7	12	5	11	45

（1）确定关键工序为M4。

（2）分组。第一组：ACDEF；第二组：无；第三组：B。

各组组内排序：

第一组：把关键工序前的工时相加（M1+M2+M3）

A：23；C：18；D：22；E：14；F：7。递增顺序排列：F，E，C，D，A

第二组：无

第三组：B

总投产顺序为：F，E，C，D，A，B。

（3）求F_{max}，全组的生产进度表，如表10-11所示。

表10-11 生产进度表

零件	F	E	C	D	A	B
M1	2/2	1/3	6/9	9/18	3/21	8/29
M2	5/7	7/14	2/16	4/22	13/35	2/37
M3	0	6/20	10/30	9/39	7/46	16/62
M4	14/21	11/32	8/40	10/50	15/65	7/72
M5	11/32	5/37	7/47	12/62	6/71	4/76

3. 优先规则法

在进行作业排序时，需要用到优先调度规则。这些规则可能很简单，仅需根据一种数据信息对作业进行排序。这些数据可以是加工时间、交货日期或到达的顺序。其他的规则尽管也同样简单，但可能需要更多的信息。通常是需要一个指标，比如最小松弛时间规则或关键比率规则。下面列出了 10 个常用的优先调度规则。

（1）FCFS（first come first served）规则：先到先服务，优先安排最先到达的工件。

（2）SPT（shortest processing time）规则：优先选择加工时间最短的工件。

（3）LPT（longest processing time）规则：优先选择加工时间最长的工件。

（4）EDD（earliest due date）规则：优先选择加工期限最近的工件。

（5）SCR（smallest critical ratio）规则：优先选择紧迫系数最小的工件，紧迫系数为工作允许停留时间与工件余下加工时间之比。

（6）MWKR（most work remaining）规则：优先选择余下加工时间最长的工件。

（7）LWKR（least work remaining）规则：优先选择余下加工时间最短的工件。

（8）MOPNR（most operations remaining）规则：优先选择余下加工工序最多的工件。

（9）RANDOM 规则：随机挑选下一个工件。

（10）LCFS（late come first served）规则：后到先服务，优先安排后到达的工件。

迄今为止，人们已经提出了上百种优先调度规则，上面仅介绍了其中最常见的 10 种。这 10 种优先规则各有特色。有时，运用一个优先规则还不能唯一地确定下一个应选择的工件，这时可使用多个优先规则的组合。

按照这样的优先调度方法，可赋予不同工件不同的优先权，可以使生成的排序方案按预定目标优化。当然，以上这些优先调度规则的简单性掩饰了排序工作的复杂性。实际上要将数以百计的工件在数以百计的工作地（机器）上决定加工顺序是一件非常复杂的工作，需要有大量的信息和熟练的排序技巧。对于每一个准备排序的工件，计划人员都需要两大类信息：有关加工要求和现在的状况。加工要求信息包括预定的完工期、工艺路线、标准的准备时间、加工时间、各工序的预计等。现状信息包括工件的现在位置（在某台设备前排序等待或正在被加工），现在完成了多少工序（如果已开始加工），在每一工序的实际到达时间和离去时间，实际加工时间和准备时间，各工序所产生的废品（它可以用来估计重新加工量）以及其他有关信息。优先顺序规则就是利用这些信息的一部分来为每个工作地决定工件的加工顺序，其余的信息可以用来估计工件按照其加工路线到达下一个工作地的时间和最初计划使用的机器正在工作时是否可使用替代机器，以及是否需要物料搬运设备等。这些信息的大部分在一天中是随时改变的，所以，用手工获取这些信息几乎是不可能的或效率极低的。从这个意义上来说，计算机是用来进行有效的、优化的作业排序的必要工具。

【例 10-3】 5 根长轴在车削车间等待加工。它们的生产时间和到期时间如表 10-12 所示，分别根据 FCFS、SPT、EDD 和 LPT 规则来决定其操作顺序。

表 10-12　产品加工信息表

工件	A	B	C	D	E
加工时间/天	6	2	8	3	9
交货期/天	8	6	18	15	23

（1）按 FCFS 规则排序的结果是 A-B-C-D-E，如表 10-13 所示。

表 10-13　FCFS 规则排序表

工作顺序	A	B	C	D	E	合计
加工时间	6	2	8	3	9	28
完工时间	6	8	16	19	28	77
交货期	8	6	18	15	23	
拖期量	0	2	0	4	5	11

FCFS 规则有以下效率测算结果：

　　平均流程时间 = 总流程时间 / 工作数 =77/5=15.4（天）

　　使用率 = 总加工时间 / 总流程时间 =28/77=36.4%

　　平均在制品库存 = 总流程时间 / 总加工时间 =77/28=2.75（件）

　　平均拖期量 = 总拖期量 / 工作数 =11/5=2.2（天）

（2）按 SPT 规则排序的结果是 B-D-A-C-E，如表 10-14 所示。

表 10-14　SPT 规则排序表

工作顺序	B	D	A	C	E	合计
加工时间	2	3	6	8	9	28
完工时间	2	5	11	19	28	65
交货期	6	15	8	18	23	
拖期量	0	0	3	1	5	9

SPT 效率指标测算结果如下：

　　平均流程时间 =65/5=13（天）

　　使用率 =28/65=43.1%

　　平均在制品库存 =65/28=2.32（件）

　　平均拖期量 =9/5=1.8（天）

（3）按 EDD 规则排序结果为 B-A-D-C-E，如表 10-15 所示。EDD 效率指标计算结果为：

　　平均流程时间 =68/5=13.6（天）

　　使用率 =28/68=41.2%

　　平均在制品库存 =68/28=2.43（件）

　　平均拖期量 =6/5=1.2（天）

表 10-15　EDD 规则排序表

工作顺序	B	A	D	C	E	合计
加工时间	2	6	3	8	9	28
完工时间	2	8	11	19	28	68
交货期	6	8	15	18	23	
拖期量	0	0	0	1	5	6

（4）按 LPT 规则排序结果为 E-C-A-D-B，如表 10-16 所示。

表 10-16　LPT 规则排序表

工作顺序	E	C	A	D	B	合计
加工时间	9	8	6	3	2	28
完工时间	9	17	23	26	28	103
交货期	23	18	8	15	6	
拖期量	0	0	15	11	22	48

LPT 效率指标计算结果如下：

平均流程时间 =103/5=20.6（天）

使用率 =28/103=27.2%

平均在制品库存 =103/28=3.68（件）

平均拖期量 =48/5=9.6（天）

以上四个规则的结果汇总如表 10-17 所示。

表 10-17　排序总汇表

规则	FCFS	SPT	EDD	LPT
平均流程时间（天）	15.4	13.0	13.6	20.6
使用率（%）	36.4	43.1	41.2	27.2
平均在制品库存（件）	2.75	2.32	2.43	3.68
平均拖期量（天）	2.2	1.8	1.2	9.6

10.3.3　作业排序的评价标准

一般来讲，对于 n 种工作，每一种要在 m 台机器上加工，则可能的排序方案共有 $(n!)^m$ 种。例如，在上例中，三种零件在两台机器上加工，共有 36 种可能的排序方法。由于工艺的限制以及零件间的相互关系，有些排序方案是不可行的。但即使如此，也仍然有相当数量的可能方案。而如前所述，不同方案可导致相当不同的结果，为此，必须慎重选择。但在选择之前，首先需要确定选择、评价的标准。有许多标准可以用来评价作业排序方案，下面是一些最常用的标准。

（1）工件流程时间：从可以开始加工（不一定是实际开始时间）至完工的时间。它包括在各个机器之间的移动时间、等待时间、加工时间以及由于机器故障、部件无法得到等问题引起的延迟时间。

（2）全部完工时间：完成一组工作所需的全部时间。它是从第一个工件在第一台机器上开始加工时算起，到最后一个工件在最后一台机器上完成加工时为止所经过的时间。

（3）延迟：可以用比预定完工时间延迟了的时间部分来表示，也可以用未按预定时间完工的工件数占总工件数的百分比来表示。

（4）在制品库存（WIP）：一个工件正从一个工作地移向另一个，由于一些原因被拖延加工、正在被加工或放置于零件库中，都可看作在制品库存。它与在途库存类似，但其物料项目是制造出来的，而不是购买来的。这种度量标准可以用工件个数、其货币价值或可供应的周数来表示。

(5)总库存:计划入库量和现有库存量的总和为总库存量。

(6)利用率:一台机器或一个工人的有效生产时间占总工作时间的百分比。

上述这些标准都能用具有平均值和偏差的统计分布来表示,但这些标准彼此之间并不完全独立。例如,使工件流程时间的平均值较小,也就是要减少在制品库存和提高利用率。在流水车间(所有工件的加工路线都一致)中,使一组工件的全部完工时间最小也意味着要提高设备利用率。

10.4 生产作业控制

如果车间的日常生产很正常,完全与计划相符,那么就无须对生产情况进行控制了。但实际并非如此,总会出现一些问题,如生产拖期、加工报废、设备故障等,因此要对车间的生产过程进行经常性的监视、控制和调整。顾名思义,生产作业控制(production activity control,PAC)是对整个产品生产过程的控制和管理工作。它涉及生产计划的执行、现场物料管理、人员管理、质量控制等。在整个企业的计划层次(ERP 管理思想)中,生产作业控制处于计划执行与控制层。生产作业控制的过程主要是根据 MRP、制造工艺路线与各工序的能力编排工序加工计划,下达车间生产任务单,并协调与控制计划进度,最终完工入库。

10.4.1 生产作业控制的重点

生产作业计划是指导企业日常生产活动的行动纲领,它在空间上,把企业生产计划的各项指标,具体详细地层层落实到各车间、工段、班组,直至职工个人;在时间上,把生产计划各项指标细分为月、旬、周、日甚至小时的具体计划;在计划单位上,把整个产品细分到部件、零件和工序。这样,就可以保证企业生产活动的各个环节、各个时点之间的衔接配合,使生产能够协调运作。

但是,无论是生产计划还是生产作业计划都是预先制订的,虽然制订计划时已充分考虑了各种条件和因素,但计划在实施过程中由于各种原因,往往造成实施情况与计划要求偏离。而生产作业控制就是在生产作业计划执行过程中,对有关产品(零部件)的数量和生产进度进行的控制。造成计划出现偏差的原因是多方面的,或者是产品设计有缺陷、工艺方案不成熟,或者是受随机因素的影响,甚至企业环境的动态性都会对实际生产发生影响,这些都使得实际生产难以按计划进行。

当实际情况与计划发生偏离时,就要采取措施,要么使实际进度符合计划要求,要么修改计划使之适应新的情况。这就是生产控制问题。

在不同的生产类型中,由于组织方式和生产技术具有不同的特点和运行状态,因此生产作业计划应根据不同生产类型,分别确定其控制的重点。如大量生产的基本特点是在工作地上连续生产相同的产品,重复加工一、二道工序,专业化程度比较高,多采用流水生产线生产。因此,大量生产中作业计划所要解决的主要矛盾是如何保证整个生产过程及其各个环节按规定的节拍进行生产。

良好的生产控制,可以大大加快生产作业的速度,简化产品制造的程序,减少物料和在制品的存储量,加速资金的周转,降低生产制造成本,提高企业生产的经济效益。所以，生产控制工作必须要运用科学的管理方法，在产品制造的各个环节上，对各项生产因素，如人员、机器设备、物料和资金等，都必须进行合理的调配，以发挥最大的生产效能。

10.4.2 生产作业控制的要素和内容

生产作业控制包括三个方面的要素：

（1）控制标准。标准就是生产计划和生产作业计划及其依据的各种标准。没有标准就无法衡量实际情况是否发生偏离。生产计划规定的产品产出期，MRP 系统生成的零部件投入产出计划，通过排序方法得出的车间生产作业计划，都是实行生产控制的标准。

（2）信息。要取得实际生产进度与计划偏离的信息。控制离不开信息，只有取得实际生产进度偏离计划的信息，才知道两者发生了不一致。ERP 生产管理信息系统能有效地提供实际生产与计划偏离的信息。通过生产作业统计模块，每天都可以取得各个零部件的实际加工进度和每台机床负荷情况的信息。

（3）措施。措施即对将要产生或已经产生的偏差做出纠偏措施。纠正偏差是通过调度来实行的。

上述三个要素是密切相关、缺一不可的。没有标准，就不可能衡量生产作业计划实际执行的结果；没有事先测定和事后衡量的信息，就无法了解和评价作业计划的执行情况；而不制定纠正偏差的措施，生产控制活动也就失去了其意义。

10.4.3 生产进度控制

生产进度控制是指从生产前的准备到制成品的入库，从时间和数量上对作业进度进行控制，检查分析已经发生或可能发生的脱离作业计划的偏差，从而采取措施加以解决，保证生产均衡进行的活动。做好生产进度控制工作，可以避免造成计划外生产和产品积压现象，保持在制品的正常流转，保证生产的连续性和均衡性。

生产进度控制包括投入进度控制和产出进度控制两方面的内容。投入/产出控制（input/output control）或称为输入/输出（I/O）控制是衡量执行情况的一种方法。通过投入/产出报告了解生产进展的情况，分析出现的问题，对失控的状况进行纠正。另外，还可以通过投入/产出报告来控制计划以及排队时间和提前期。I/O 报告的数据一般有计划投入、实际投入、计划产出、实际产出、计划排队时间、实际排队时间和偏差等。

投入进度控制是指按计划要求控制产品开始投入的日期、数量和品种。投入进度控制是预先性控制，投入不及时或数量不足，必然造成生产忙闲不均，产品不能按期交货，甚至生产中断；投入过多，又会造成积压、浪费、等待加工等，降低经营效果。

产出进度控制是对产品（零、部件）出产的日期、生产提前期、产出的均衡性和成套性的控制。它是保证生产过程中各个环节之间的衔接，各零部件生产的配套，实现均衡生产，按时按量完成生产计划的有效手段。

投入产出进度控制主要是从生产实际进度与计划进度的偏离中观察生产运行状

态。偏离不大，可以不管；偏离超过一定范围，就要调查原因，采取适当的措施加以调节。

由于企业的生产类型不同，投入/产出进度控制的方法也不相同。表 10-18 是一种常见的投入/产出报表形式。

表 10-18 给出了如下信息。

- 计划投入：工作中心的计划订单与已下达订单所需的工时（台时）。
- 计划产出：计划要求完成任务的工时（台时）。
- 实际投入：工作中心实际接收任务的工时（台时）。
- 实际产出：实际完成任务的工时（台时）。
- 累计投入偏差：等于实际投入减计划投入。
- 累计产出偏差：等于实际产出减计划产出。
- 计划排队：工作中心的任务计划排队工时（台时）。
- 实际排队：工作中心的任务实际排队工时（台时）。

在表 10-18 中，第 5 时段计划投入与实际投入的偏差是 –3h，计划产出与实际产出偏差 –5h，说明实际生产能力比投入的工作负荷落后 2h，在这种情况下必须采取纠正措施。

在生产中将计划投入与实际投入、实际投入与实际产出及计划产出与实际产出进行比较，可分析出计划和生产中出现的问题（见表 10-19）。

表 10-18 投入/产出报表

工作中心：B01　　　　名称：解码板调试　　　　生成日期：2009 年 4 月 6 日
能力标志：工时　　　　能力数据：20h/日
投入允许偏差：10h　　产出允许偏差：10h

项目	时段				
	1	2	3	4	5
计划投入 /h	100	100	100	100	100
实际投入 /h	98	96	110	98	95
累计投入偏差 /h	–2	–6	4	2	–3
计划产出 /h	100	100	100	100	100
实际产出 /h	98	97	102	100	98
累计产出偏差 /h	–2	–5	–3	–3	–5
计划排队 /h	15	15	15	15	15
实际排队 /h	16	15	13	11	8

表 10-19 投入/产出分析

对比结果	说明什么	对比结果	说明什么
计划投入 > 实际投入	加工件推迟到达	实际投入 < 实际产出	在制品减少
计划投入 = 实际投入	加工件按计划到达	计划产出 > 实际产出	工作中心落后计划
计划投入 < 实际投入	加工件提前到达	计划产出 = 实际产出	工作中心按计划
实际投入 > 实际产出	在制品增加	计划产出 < 实际产出	工作中心超前计划
实际投入 = 实际产出	在制品维持不变		

投入/产出控制是衡量能力执行情况的一种方法。投入产出报告是关于计划与实际投入以及计划与实际产出的控制报告。投入产出计算可以生成某一时段内各工作中心的计划投入工时、计划产出工时等信息，而实际投入工时和产出工时由车间按实际进行统计。比较实际投入与产出可以看出工作中心是否正在加工所有到达的工件，可以显示出工作中心的实际拖欠及排队情况等，即得到工作中心执行计划的情况。

因此，控制投入产出量可以控制车间物流的排队时间，避免物料积压、排队时间过长。如果预计将要出现物料短缺或拖期现象，则应采取措施，通过加班、转包或分解生产订单来改变能力及负荷。如果仍不能解决问题，则应给出反馈信息、修改物料需求计划，甚至修改主生产计划。

10.5 作业信息收集

信息收集是指通过各种方式获取所需要的信息。信息收集是信息得以利用的第一步，也是关键的一步。信息收集工作的好坏，直接关系到整个信息管理工作的质量。

在整个车间作业管理过程中，都需要大量的加工信息作为决策依据。工序安排需要上道工序、等待件、在制品以及完工日期要求等许多数据；进度控制需要投入产出等数据；成本控制需要工作中心、加工班组、工时台时、完工数量、废品数量和物料利用率等数据。一般来说，车间作业过程中的信息可以分为人工数据、生产数据、质量控制数据和物料移动数据四类。对这些数据的加工分析是完成车间管理的手段，可以运用统计方法进行进度分析、物料分析、投入产出分析、工作效率分析、成本分析。

及时准确地采集生产作业现场的数据是提高生产作业控制效率的基础。例如，如果生产调度人员不知道昨天的生产作业状况，就很难合理地安排今天的生产作业。生产计划管理部门、质量管理部门、成本核算部门和绩效考核部门等如果不能及时准确地掌握生产现状，就无法顺利地开展相应的工作。生产作业数据采集需要明确下面几个问题：

- 采集数据的手段是什么？也就是说，用什么方法和工具采集数据？
- 采集数据的对象是什么？也就是说，采集哪些数据？
- 采集数据的频率是什么？也就是说，多长时间采集一次？
- 采集数据的粒度是什么？也就是说，数据的详细程度是什么？
- 采集数据的责任者是谁？也就是说，谁负责采集？

从采集的手段来看，可以分为完全手工采集处理方式、完全计算机采集处理方式和混合采集处理方式。在完全手工采集方式中，数据以文档形式存放，一般采用表格、卡片、台账和票据等方式记录生产作业数据，然后再对这些数据进行汇总、统计和分析。完全计算机采集方式依靠联机终端采集实时的信息，进行储存和传送。其特点是数据采集和数据处理全部是自动完成的，可以采用扫描器、磁性笔和传感器等手段采集，并且进行自动汇总和分析。在混合采集处理方式中，生产作业数据采集是手工采集和自动采集的混合，但是数据的处理则是自动化的。

从采集的数据对象来看，可以把生产数据分为四个方面：人工数据、生产数据、质量控制数据和物料流动数据。每种数据提供的信息如表 10-20 所示。

表 10-20　车间数据提供的信息

人工数据	生产数据	质量控制数据	物料流动数据
雇员数量	作业数 / 机器数	订单号 / 零件号	接收
上 / 下班时间	零件 / 批量 / 流水号	试验结果	储存
各订单 / 作业 / 部门的时间	加工时间	废品率	检验
	准备时间	返工	发放工作中心
	停工时间		工作中心间传输
	生产统计		包装与发运
	废品统计		完成返工
	工具使用量		
	拖期原因		

从采集数据的频率来看，不同的企业有不同的设置，即使同一种数据也有不同的考虑。如果企业生产作业环境变化较大，应该采用高频率的采集方式，否则，可以采用低频率的采集方式。例如，大多数企业采用每天或每周采集数据的方式，甚至有些企业每月统计一次。在基于计算机辅助管理的 ERP 系统中，倾向于实现高频率的数据采集功能。在确定数据采集频率时，不仅要考虑生产方式、作业环境等因素，而且要考虑数据采集的方式、工作量以及将要得到的数据量等因素。

从采集数据的粒度来看，如果按照工序来采集数据，频率比较高，可以得到非常详细的生产作业状况。如果按照生产状况监测点，数据采集的频率相对来说就比较低，得到的生产作业数据也比较小。数据采集的粒度越细，则频率高、数据量大，生产作业中的问题易于及早暴露出来。数据采集的粒度越粗，则频率低、数据量小，但是生产作业中问题的暴露时间也比较晚。从汇总的角度来看，在大多数企业中，与月报、周报相比，日报的粒度是比较精细的。但是，在金融企业中，日报的粒度常常是不足的。如何确定数据采集的粒度，需要综合考虑生产性质、管理方式和管理能力等因素（见表 10-21）。

表 10-21　数据采集方式

方式	频率	详细程度	注释
按工序报告	高	很高	+ 控制严格 + 纠正迅速 − 大量书面工作 − 手工系统劳动力费用高
订单报告	高	很高	+ 控制严格 + 纠正迅速 − 大量书面工作
检测点报告	中等	可能很高	+ 书面工作量小，费用低 + 适用于多道作业 − 问题不易察觉
日报告	低	在高和低之间变化	+ 费用和书面工作量低 + 适用于小公司 − 信息反馈后，较难采取措施

（续）

方式	频率	详细程度	注释
例外报告（提供与计划的明显偏差）	只有出现偏差时	分布在低和中之间	＋费用和书面工作量最低 －很难采取措施 －问题隐蔽

谁负责数据采集工作呢？从 ERP 系统的使用现状来看，有两种形式。第一，数据采集点的作业人员直接采集生产作业数据，加工人员负责采集生产作业数据，质量检验人员负责采集质量检验结果的数据，库存管理人员负责采集物料流动数据等。这是最及时、有效的数据采集形式。第二，设置数据管理人员，由数据管理人员负责采集相应的数据采集点中产生的各种生产作业数据。显然，前一种采集方式是分散式采集，后一种采集方式是集中式采集。每一种采集方式都有自己的特点。

10.6 车间管理模块与其他模块间的关系

车间管理模块帮助车间管理人员监督和控制车间生产活动，同时帮助企业提高劳动生产率，减少车间在制品，提高产品质量。车间管理类型大致有两类：单件小批生产和大批量流水生产。单件小批生产指产品品种规格较多，生产数量较少，生产作业按照任务单所下达的批量在不同的生产车间和工作中心移动，即离散型生产管理。大批量流水生产也叫连续式生产，指产品品种规格较少，产品系列的生产数量较多，生产作业按照生产节拍以固定的顺序流动，企业中的设备常是按加工顺序（生产线）组织的。

为了更好地理解车间管理子系统，图 10-3 描述了车间管理模块与其他模块的关系。

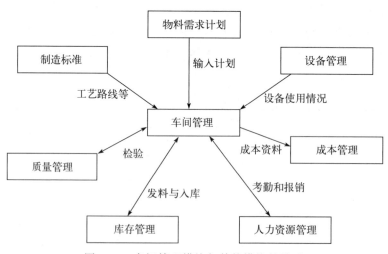

图 10-3 车间管理模块与其他模块的关系

思考与练习题

1. 什么是车间管理？车间管理的主要任务是什么？
2. 车间管理处于 ERP 系统的什么层次？
3. 请绘制车间生产任务管理的业务处理流程。

4. 生产任务下达时包括哪些单据，各有什么作用？
5. 派工单如何生成？加工单与派工单有何不同？
6. 什么是任务优先级？
7. 简单描述约翰逊法的基本步骤。
8. 描述关键工序法的基本步骤。
9. 有哪些标准可以用来评价作业排序方案？
10. 生产进度控制包括哪些内容？
11. 车间管理系统与其他子系统的关系是怎样的？

案例分析

某企业的 ERP 系统生产管理

1. 企业介绍

某企业主要产品为电子类及汽车行业的金属冲压件，其特点包括：

- 企业规模不大，约 100 人。
- 主要以订单驱动生产，生产大部分来自客户订单，小部分来自预测备货。
- 产品种类多而杂，大多数是小型金属件。
- 一次订单的数量从千到万不等。
- 某些产品会重复生产。
- 工人基本上是计件制。
- 工序包括冲压、折弯、单冲、电镀、清洗、分盘包装等。
- 可能有组装工序。

企业实施 ERP 系统，最直接的目的是为了组织生产，实现精益化生产，提升生产管理水平；还希望通过 ERP 系统来整顿内部，堵住平时不易察觉的漏洞，以节约成本，提高市场竞争力。

类似客户一般会重点关注下面几个问题：

- 生产进度：什么产品生产到哪里，经过哪些工人、哪些机器。
- 材料的控制：耗用率、浪费率如何。
- 人工效率的控制：达成计件工资计算。
- 节省人工：减少统计对人工的占用。
- 追溯：当客户投诉时，可以反向追查生产过程、用料、采购方面的记录。

2. 解决方案

下面分析一下 ERP/MES 系统是如何达成上面五个关注点的。

（1）生产进度：什么产品生产到哪里，经过哪些工人、哪些机器。

ERP/MES 系统是一套生产管理系统，生产管控是重点。生产管控有三个方面最重要，其中一个就是生产进度。图 10-4 为 ERP/MES 业务流程，首先根据客户订单编制生产计划，然后设计工艺、排程、下发派工单，各工序/工作中心按派工单进行生产并报工，整个过程需要物料管理的协同。

生产进度跟踪就是依靠上述"工序报工"完成的。工序报工的数据是报表的基础，各种生产报表都是从报工数据统计出来的，系统会把报工的数据自动汇总并形成报表。典型如"生产进度表"，其中包括生产计划、完成数量、工序完成情况等内容。

（2）材料的控制：耗用率、浪费率如何。

在生产成本中，材料成本是很重要的部分。当客户订单下达后，首先计算所需要的材料并将其和库存做比对，确定是否需要采购以及备货。

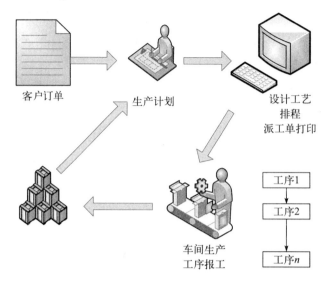

图 10-4 ERP/MES 业务流程

生产计划的作用是确定实际生产数量和交期，成品库存会影响实际生产数量，内部计划和物流会影响内部的交期，而工艺设计和排程的作用是：确定工艺路线和定义材料需求。一个单子需要多少材料，要看模具和产品数量，企业往往有自己的计算公式。然后可以通过系统的材料运算，根据需要直接采购或者备货。

对领用材料的统计如下。

材料的耗用统计对企业来说非常重要，乱用材料或者浪费材料，就是直接增加成本。系统对材料耗用的统计主要有两个，都是用报表实现统计的。一种是对人的统计，也就是每个人、每个组、每个部门，在一段时间内的领用情况统计，包括领用成本的计算。另一种是对工单领用材料的统计，主要看材料耗用和预测的区别，看是否有多用或少用，以及是否有"漏"领用的情况发生。

（3）人工效率的控制：达成计件工资计算。

该企业生产是典型的批量生产过程，所以大多数工厂实行计件，多劳多得。ERP/MES 系统支持计件和计时两种方式，这里仅介绍计件制的实现。首先需要定义"单价"，由于这里工艺都是自定义（设计）的，在定义工艺的同时定义各工序的单价。生产完毕后，从平时的"工艺报工"记录计算得到"工人生产报表"，然后根据该报表计算工人工资。

（4）节省人工：减少统计对人工的占用。

如果企业实施 ERP 系统后，反而要增加几个员工操作系统，无疑是比较"悲剧"的。实施 ERP 的目的当然是为了减少人，减少工作量。那么，ERP 是如何节省员工工作量的呢？

在传统企业中，掌握生产信息需要工人记录、管理员计算，然后汇总上报。这个过程费时费力，而且工人记录不规范，统计时间长，人为失误多。而 ERP 系统提供多达三十多种生产报表，几乎囊括生产和物料管理的方方面面。更重要的是，该系统生产报表是从工序报工数据中获取后自动生成的。

经常发生 ERP 实施效果差，其中主要原因之一在于系统的用户体验"差"。一线员工和管理者是最有发言权的，操作步骤少、快速、直观，是最重要的三个因素。比如生产终端操作上，首先要避免使用键盘，键盘是很浪费时间的。该系统的工序报工方式，主要依赖"条码系统"+少量的鼠标点击，在车间主要依靠条码枪、手机 App 等工具来提高报工效率，减少工人操作。

企业生产过程中，有形形色色的"人为失误"，从传错图纸到做错产品，不一而足。这类"人为失误"往往来自业务部门到生产部门的沟通不畅，以及文件管理的混乱。ERP 系统作为数据中心，来统一管理文件和表格，可有效避免"人为失误"。

（5）追溯：当客户投诉时，可以反向追查生产过程、用料、采购方面的记录。

出货后，如果出现产品质量问题导致客户投诉，时间一长，在传统的企业管理中，往往是找不到原因的。实际上，很多行业对产品质量要求越来越高，比如汽车行业，对零部件的追溯需要保持十年。ERP/MES 系统对追溯的实现，最常用的是"追溯报表"，追溯的内容包括生产过程、领用材料记录、返还材料记录、出入库记录等，其中生产过程还包括加工人、确认人、时间、数量、机床、加工要求等要素。

第 11 章
CHAPTER 11

ERP 财务管理

会计和财务管理的对象是企业资金流,是企业运营效果和效率的衡量与表现,因而财务信息系统一直是各种行业的企业实施 ERP 时关注的重点。在 ERP 系统中,财务管理始终是核心的应用模块之一。随着企业外部经营环境和内部管理模式的不断变化,对财务管理功能提出了更高的要求,出现了新的应用。国内外主要的 ERP 供应商,如 SAP、Oracle、用友、金蝶等,都提供了功能强大、集成性好的财务应用系统,并在许多国际著名企业和国内一些企业的 ERP 应用中获得了比较显著的效益。

11.1 财务管理概述

11.1.1 财务管理业务概述

财务管理是对会计工作、活动的统称。现代会计学把企业的会计分为财务会计(financial accounting)与管理会计(management accounting):主要为企业外部提供财务信息的会计事务称为财务会计,而主要为企业内部各级管理人员提供管理决策信息(包括财务信息与非财务信息)的会计事务称为管理会计。两者的主要区别如表 11-1 所示。

表 11-1 财务会计与管理会计的主要区别

	财务会计	管理会计
性质	对外报告会计,使企业之间具有可比性	对内报告会计,一般不对外公开
使用对象	企业外部	企业内部
使用目的	生成国家规定的财务报表(如资产负债表、利润表、现金流量表),以满足企业决策需要	生成为了支持企业特定管理目的,详细程度不同的、没有特定格式的会计报表,如成本物料单、各种分析报表等
时间性	按国家规定时间(年、月)	按管理需要自定义时段
限制因素	受国家法规、会计条例或准则的限制	以满足企业成本/效益分析的要求为准,无强制约束

财务会计是为企业外部提供财务信息，编制对外发布的财务报表，一般包括定期对外发布的资产负债表、利润表以及现金流量表等。它是针对过去已经发生交易的实际收入、费用与成本等货币性数据，根据一般公认会计原则来进行会计处理，并受法律的限制，按公认形式来编制对外的财务报表，以展示整个企业组织的财务状况与经营成果。

管理会计则是为企业内部各级管理人员提供管理决策信息，包括战略管理、预算管理、成本管理、营运管理等，以协助其执行业务、管理控制、改善缺点。它是针对未来将发生的作业与决策，以及长短期计划制定有关货币与非货币性数据，根据企业计划、控制与决策的需要来进行会计数据的汇集、处理与分析，并依据企业自定义的形式来编制对内的会计报告，以提供管理计划、控制与决策有关的信息和执行情况。

11.1.2 ERP财务管理的主要功能

在企业中，清晰分明的财务管理是极其重要的，所以在ERP整个方案中，它是不可或缺的一部分。ERP中的财务管理与一般的财务软件不同，作为ERP系统中的一部分，它和系统中其他模块有相应的接口，能够相互集成，比如它可将由生产活动、采购活动输入的信息自动计入财务模块生成总账、会计报表，取消了输入凭证这一烦琐的过程，几乎完全替代以往传统的手工操作。

一般ERP软件的财务管理分为会计核算与财务管理两大块。会计核算为财务管理服务，对企业经营过程和经营成果进行反映，主要负责原始单据的收集、整理、记录、登记账簿和编制会计报表等，为企业管理提供综合财务信息，是企业决策支持系统的重要组成部分。财务管理工作贯穿于整个企业生产经营活动的全过程，通过分析各种会计核算数据，结合其他生产、经营、环境、政策等各种因素，确定企业的筹资决策、投资决策和股利分配决策。

财务管理的功能主要是基于会计核算的数据，再加以分析，从而进行相应的预测、管理和控制活动。它侧重于财务预测、计划、控制和分析。

1. 财务计划

财务计划指根据前期财务分析做出下期的财务计划、预算等。

预算管理独立于总账科目之外又与之紧密联系，将现金需求与计划加以整合，通过预算控制将企业各业务领域如收款、付款、发票与采购等业务紧密集成起来，为企业业务运作的资金与投资提供全面控制。

预算管理提供预算的编制、预算的控制和预算的执行分析功能，支持企业的全面预算编制过程及预算的多方案多版本管理，为企业提供互动的预算管理平台，提供上下级组织间的预算编制、审批及反复修改的过程，支持预算自下而上的汇总及自上而下发放的编制方法，支持总体预算和面向责任中心的局部预算的编制与控制分析。

财务计划的核心作用在于分析预算和实际执行情况的差异并做出必要的调整。这在传统财务系统中是比较薄弱的环节。利用ERP系统中的总账和预算功能，可以做到在公司级和部门级的预算和预测。

2. 财务分析

财务分析能运用各种专门的分析方法，对财务数据做进一步加工，从中取得有用的信息，从而为决策提供正确的依据。

ERP 财务分析一般具有指标分析、报表分析、计划分析、现金收支分析、因素分析等功能，可提供查询功能，并通过用户定义的差异数据的图形显示进行财务绩效评估、账户分析等。例如，ERP 财务分析能够实现在企业范围内统一分析各部门的收入、成本、利润，能够细分到具体的合同号和每个工作命令以及每个客户。ERP 财务分析能够方便地进行横向比较和分析，如可以将销售数据分别按照地区、产品种类和销售人员进行比较分析，并对影响销售的各因素如价格等进行敏感性分析，从而为企业进行市场细分、营销策略制定、客户评价、订单分配等提供科学的、量化的依据。

3. 财务决策

财务决策是财务管理的核心部分，中心内容是做出有关资金的决策，包括资金筹集、投放及资金管理。

ERP 的财务管理还具有强大的报表管理能力。ERP 系统在财务报表编制方面更加快捷，做到了实时监控、准确及快速地进行核算。过去每月末结账时需花费大量的人力、时间，才能得到迟到的报表；现在每个核算单位可根据需要随时统计出某一时刻的报表，并且提供多种核算方式，可根据业务按单个产品或按项目、部门核算。

ERP 财务管理子系统各功能模块之间的关系如图 11-1 所示。

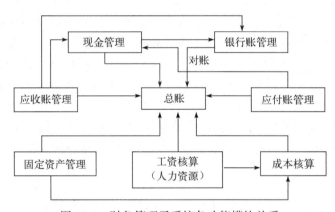

图 11-1　财务管理子系统各功能模块关系

11.2　总账管理

11.2.1　总账管理概述

总账管理提供清晰完整的总账结构，将公司、业务领域和会计科目表有机地集成在一起。总账管理主要提供凭证管理、账簿管理、期末结账等账务处理的基本功能，如处理记账凭证输入、登记，输出日记账、一般明细账及总分类账，编制主要会计报表。它是整个会计核算的核心，支撑和统率着其他各部分功能，应收账管理、应付账管理、固定资产管理、现金管理、工资核算等各模块都以其为中心来互相传递信息，保障财务信息与业务信息的高度同步与一致性，为企业决策层提供实时的财务管理信息。

总账以凭证处理为主线，提供凭证处理、预提摊销处理、自动转账、调汇、结转损益等会计核算功能，以及科目预算、科目计息、往来核算、现金流量表等财务管理功能，并通过独特的核算项目功能，实现企业各项业务的精细化核算。在此基础上，总账还提供了丰富的账簿和财务报表，帮助企业管理者及时掌握企业财务和业务运营情况。

11.2.2 总账管理关键业务流程

总账管理的关键业务流程如图 11-2 所示。

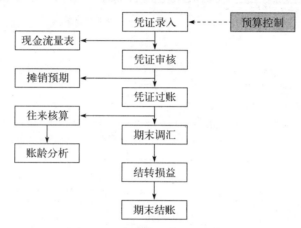

图 11-2　总账管理关键业务流程

注：灰色图框为外部模块。

1. 制作凭证

凭证的制作和管理是财务工作的一项重要内容，会计必须做到每一项经济业务都取得或填制原始凭证，根据审核无误的原始凭证编制记账凭证。所有的财务活动都要通过制作凭证才能记入相应的账目。当经济活动发生后，财务人员要收集业务的原始凭证（发票、入库单、出库单、收款单等），并根据业务活动涉及的财务制度和财务科目填写相应的凭证分录，制成记账凭证。在一段时间后要将凭证归类装订成册以备检查。财务涉及的记账凭证在各单位有不同的分类方法，有的只有记账凭证一种，有的分成三种或五种，例如将凭证类型分成现金收款凭证、现金付款凭证、银行收款凭证、银行付款凭证和转账凭证。ERP 系统具有凭证编制功能，利用这个功能，用户选择凭证类型，系统自动生成凭证编号，然后输入凭证日期、摘要、选择科目、输入业务发生的数量金额等数据，最终完成凭证的制作。记账凭证样本如图 11-3 所示。

2. 根据凭证记账

按财务制度规定，在 ERP 系统设置总账、明细账和日记账，根据审核无误的会计凭证及时登记入账。企业的账务有对内与对外两类，对内的有资产、成本、工资、材料与利润等；对外的账簿有往来账与银行账，该类账的工作量较大，比较繁杂。往来账是指企业与往来户（客户、供应商）之间发生的应收款、预收款、应付款、预付款业务。往来业务量对企业来说一般是比较多的。应收款方面，在销售业务进行过程中，企业经常发生客户拖欠货款的现象，借助 ERP 系统及时掌握客户付款情况，及时收回货款是企业经营过程中的一项重要工作，对应收款的业务跟踪不力是造成企业坏账损失的一个重要原因。应付款方面，因往来的材料采购业务非常频繁，每种材料又可能有多家供应商，对每批采购的材料要验收入库，根据验收情况决定付款，这类业务的对账经常比较烦琐，有时还容易与供应商发生争执，影响企业形象与合作关系。

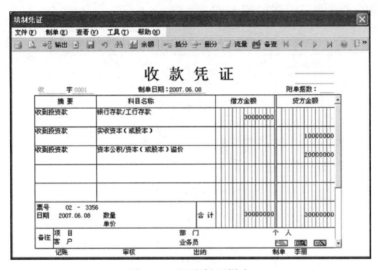

图 11-3　记账凭证样本

要管理好每一个往来户的每一笔往来款，首先要对往来单位设立账户，将每一笔应收、应付款详细记录清楚；当收款或付款时，将收到或付出的款项逐笔分配到应收或应付款记录中进行核销，销掉应收或应付款记录。银行账因为涉及流动资金的管理，所以管理起来较为严格，需要计算每天的收入、支出并结出余额。另外，银行账管理还包括银行对账业务。企业的开户银行为企业设立一本资金收入和支出明细账，而企业本身也有银行存款收入和支出的日记账，这两本账之间就存在着一个对账问题。银行定期给企业发出银行对账单，企业根据对账单上银行账的收入、支出记录和自己记的银行记账记录进行核对，将对上的记录核销掉，查找出哪些记录是银行未做登账的（企业已登而银行未登），哪些记录是企业未登账的（银行已登而企业未登），这些未登账的事项均应视为已发生，制作出银行余额调节表，最终企业与银行调节过后的余额应该相等。银行对账样例如图 11-4 所示。

11.2.3　总账系统与其他业务系统的关系

总账模块提供与 ERP 系统各业务系统的接口，如图 11-5 所示。业务系统可直接生成凭证传递到总账系统，业务单据与凭证间可相互联查，帮助企业实现财务业务的一体化管理，提升了财务数据的准确性、完整性和及时性。

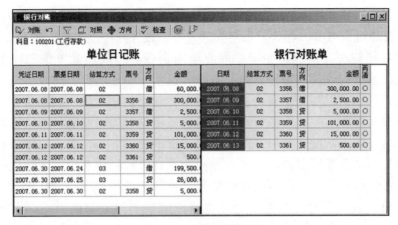

图 11-4　银行对账结果

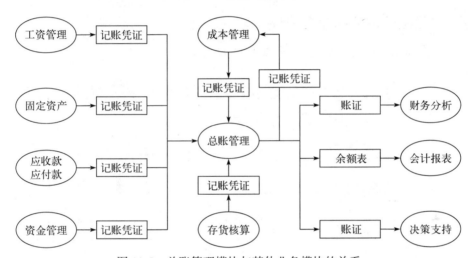

图 11-5　总账管理模块与其他业务模块的关系

11.3　应收账管理

11.3.1　应收账管理概述

应收账是企业因对外销售商品、产品、材料、供应劳务等而应向购货方或接受劳务方收取的款项。在应收账的账务处理中，往往会产生各种应收票据，如期票、汇票和支票，这些应收票据要有收到和签发处理、到期收回和偿付处理、贴现处理、票据登记处理，还有坏账处理、客户账龄报告和分析。

应收账管理主要用来进行应收款的核算和客户往来账的管理。对于那些比较复杂的销售业务，应收账的核算需要根据每一笔业务的收款情况核算到产品一级。应收账管理是根据发票来处理客户付款的，要处理退款和借款、贷款，区别逾期结算和催促付款。

由于在企业的应收项目中，应收账的比重一般都很大，所以对于应收项目的控制重点往往在应收账上。在总账中，设置应收账账户，记录客户名称、地址和信用等级等内容，并在应收账上汇总所有客户账款增减数，根据应收账可以建立付款清单。

应收账管理的基本目标是：在发挥应收账强化竞争和扩大销售功能效应的同时，尽可能降低投资的机会成本、坏账损失与管理成本，最大限度地提高应收账投资的效益。

ERP应收账管理面向制造企业、商业流通企业和行政事业单位的往来业务管理人员，提供应收合同管理、销售发票、收款、退款、应收票据、应收款结算等全面的应收业务流程管理，以及凭证自动生成、坏账管理、信用管理、到期债权预警、总账和往来单位自动对账等综合业务管理功能。它还能同时提供账龄分析、回款分析、销售分析等管理报表，帮助企业一方面加强与往来单位的业务核对，缩短应收账款占用资金的时间，加快企业资金周转；另一方面合理有效地利用客户信用拓展市场，以最小限度的坏账代价换取最大限度的业务扩展。该管理模块可以与总账管理、应付账管理、报表管理、现金管理等财务管理模块组成完整的财务解决方案，也可与销售管理、采购管理、仓库管理等子系统一起组成完整的供应链解决方案。

11.3.2 应收账管理关键业务流程

应收账管理系统的关键业务流程如图11-6所示。

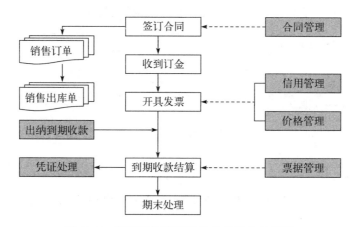

图11-6 应收账款管理系统的关键业务流程

注：灰色图框为外部模块。

ERP财务管理中的应收账管理的主要作用体现在：

（1）能改善发票和付款处理的精度。应收账管理和发票管理提供了每张发票及由贷方冲销的付款和账单调整的完整会计核算方法。发票数据的自动传输功能避免了数据的重复录入工作。

（2）及时提供客户对账单。ERP财务管理能方便而快速地生成客户对账单，不同客户可使用不同的结算周期，调整以后能立即产生更正的客户对账单。ERP管理系统减少了人为控制的难度和随意性，财务人员可根据客户的历史信誉记录及当前账目情况，对客户选择合适的收款方式，防止潜在风险。

（3）改善客户查询响应。可以立即答复客户和销售人员关于账款的问题，可以对某一客户的所有发票和付款或指定的发票及付款的去向进行跟踪。

（4）减少处理应收账的时间。简化了客户发票和现金收入的处理过程，大大减少了计算费用、检查信贷额度、生成客户对账单和支付的时间。

（5）应收账管理与销售完全集成，并有效进行成本控制与现金预测，保证会计信息的有效流动，实时更新现金与信用信息，随时监视应收账目，使客户的信用得以有效控制。系统还能将业务员的销售业绩与绩效管理挂钩，从客户与业务员两方面进行控制，帮助企业增强应收款的控制，提高现金流入量，降低企业坏账率，确保企业资金运作的良性发展。

11.4 应付账管理

11.4.1 应付账管理概述

应付账款是企业因购买材料、商品和接受劳务供应等经营活动应支付的款项。

应付账款业务的一般流程是：首先签订采购合同，取得收货通知，建立仓库台账，制作入库单，会计审核，企业付款结算，最后进行企业间对账。

ERP 应付款管理面向制造企业、商业流通企业和行政事业单位的往来业务管理人员，提供应付合同管理、采购发票、付款申请、付款、退款、应付票据管理、应付款结算等全面的应付业务流程管理，以及凭证自动生成、到期债务预警与总账和往来单位自动对账等综合业务管理功能，同时提供账龄分析、付款分析、趋势分析等管理报表，帮助企业及时支付到期账款，合理地进行资金的调配，提高资金的使用效率。它能够和采购管理、库存管理等模块完全集成以替代过去烦琐的手工操作。根据采购接收事务和运费结算事务进行应付账款处理，根据应付账款状况和银行余额进行付款，能够及时反映企业流动负债状况，并将信息传送到总账管理模块生成应付凭证。该管理模块可以与总账、应收账、报表管理、现金管理等模块组成完整的财务解决方案，也可与采购管理系统、销售管理系统、仓库管理系统、存货核算管理系统一起组成完整的供应链解决方案。

11.4.2 应付账款关键业务流程

应付账款管理的关键业务流程如图 11-7 所示。

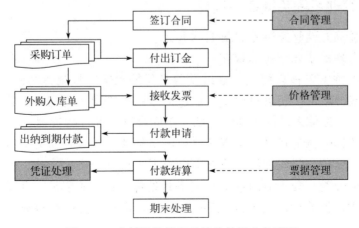

图 11-7 应付账款管理系统的关键业务流程

注：灰色图框为外部模块。

ERP 财务管理中的应付账管理的主要作用体现在：

（1）应付账款模块与采购模块、库存模块完全集成，从而简化了发票、采购单和收货单等的处理手续，缩短了采购、进货、检验的处理流程。应付账与总账通过各种付款事项自动生成记账凭证。

（2）减少了处理应付账款的时间。应付账款简化了发票付款的处理，在发票与采购入库匹配时，大大减少了执行三方核对的时间。

（3）改进了现金支付的控制。现金支付的控制保证了由供应商开出的所有发票及开给供应商的所有支票都经过了审核，很容易在支票发出以前付款处理的每一步验证入库和核对付款信息。支票发出以后，也可以执行支票核对。

（4）提高了商业信用。应付账款可协助企业及时向供应商付款并获得折扣，由此得到更大的优惠，更好地实现现金需求，有更多的时间进行决策。应付账款协助企业更有效地利用商业信用，提高了现金周转。自动的发票数据传输可避免重复劳动。

11.5　工资管理

11.5.1　工资管理概述

工资管理是对各类企业、科研单位与集团公司进行工资核算、工资发放、工资费用分配、银行代发等业务进行管理和控制，以保证可以及时反映工资动态变化，顺利完成个人所得税的计算与申报等主要业务。

工资管理面向企业人力资源人员，支持多种模式的薪酬核算管理，并实现薪酬发放业务，包括个人所得税申报和银行代发业务；帮助企业承载薪酬体系构建和定薪调薪管理，以及薪酬发放的全过程管理业务，可将工资核算结果数据提供给 ERP 财务系统统一核算。工资管理子系统可以和人力资源管理子系统中的人事管理、绩效管理、考勤管理、社保福利等模块一起使用，构成企事业单位人力资源管理整体解决方案。

11.5.2　工资管理系统关键业务流程

工资管理系统关键业务流程如图 11-8 所示。

ERP 工资管理的主要作用体现在：

（1）支持多种工资核算模式。通过设置基于组织架构权限范畴的工资核算方案，实现企业集权或分权的工资管理模式。通过对不同类别员工进行分类管理，实现对正式职员、合同工、退休人员按不同发放期、不同核算标准进行管理。

（2）工资核算的分类管理。工资核算可按多种核算模式进行分类管理，满足企业按不同标准分工处理与集权控制，依据不同权限进行不同类别操作，保证财务信息的安全性；企业可分类、分不同时期对工资进行处理（如正式职员、合同工、退休人员分不同时期处理，计算标准可不同）；可对临时立项的项目进行核算，满足企业分工的需要。

（3）支持多种业务数据作为工资发放的依据。支持直接引用考勤数据、计件数据或绩效考核结果作为工资核算依据，实现计时、计件工资核算和基于绩效考核结果的浮动工资核算工作。

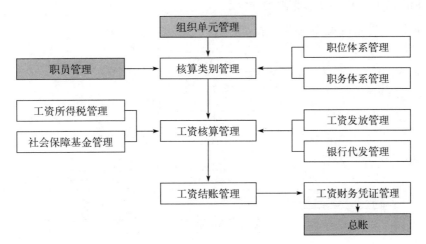

图 11-8　工资管理系统关键业务流程

注：灰色图框为外部模块。

（4）支持工资分次发放和银行代发业务。能够实现对周薪、年薪等发放形式支持，也支持在一个月内进行多次薪资发放的要求。可根据国家标准进行个人所得税缴纳标准的设置，帮助完成员工个人所得税的计算、申报、代扣代缴及汇算清缴业务。可根据银行要求，生成银行指定输出格式的文件送交银行，实现银行代发工资业务。对工资发放结果可生成财务凭证，直接汇总到财务系统中。

11.6　固定资产管理

11.6.1　固定资产管理概述

固定资产管理完成对固定资产的增减变动，及折旧有关基金计提和分配的核算工作，提供传统的满足税务与会计核算需要的固定资产折旧计算，而且与固定资产的实际生产周期结合起来，对资产的采购、生产制造、维护与变卖销售的全过程进行管理与控制。

固定资产管理以固定资产卡片管理为基础，帮助企业实现对固定资产的全面管理，包括固定资产的新增、清理、变动，按国家会计准则的要求进行计提折旧，以及与折旧相关的基金计提和分配的核算工作。它能够帮助管理者全面掌握企业当前固定资产的数量与价值，追踪固定资产的使用状况，加强企业资产管理，提高资产利用率。

固定资产管理面向企事业单位资产管理，以固定资产卡片为核心，建立完整的固定资产台账，完成对固定资产的增减变动以及折旧计提和分配的核算工作。能够帮助管理者通过各种方法来管理资产，进行相应的会计核算处理，全面掌握固定资产的数量与价值，追踪固定资产的使用状况，加强企事业单位资产管理，提高资产利用率。

固定资产管理与采购、生产、销售、库存、成本、总账等子系统完全集成，相互传递有关资产和设备库存的信息，保证准确的资产数据。

11.6.2 固定资产管理关键业务流程

固定资产管理系统关键业务流程如图 11-9 所示。

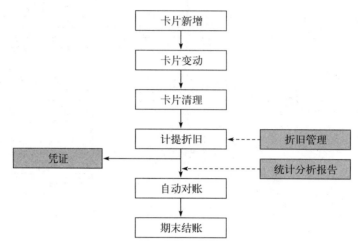

图 11-9 固定资产管理系统关键业务流程

注：灰色图框为外部模块。

ERP 系统使得固定资产的实物管理与价值管理得到整合，解决了原来管理分散、信息共享不通畅的问题。折旧在固定资产管理中也是一个重要部分，下面列举几种主要的固定资产折旧方法。

1. 平均年限法

平均年限法（也称直线法）是指固定资产在其预计的折旧年限内，根据原始价值与预计净残值，按每年平均计提折旧的方法计算，具体计算方法如下：

$$固定资产年折旧额 = (固定资产原值 - 预计净残值) \div 折旧年限$$
$$固定资产年折旧率 = (固定资产年折旧额 \div 固定资产原值) \times 100\%$$
$$固定资产月折旧率 = 固定资产年折旧率 \div 12$$
$$固定资产月折旧额 = 固定资产原值 \times 固定资产月折旧率$$

2. 工作量法

工作量法是以固定资产的各个会计期限所完成的工作量为依据，计算其各期折旧额的方法。当工作量以固定资产工作的小时数来计时，其计算方法如下：

$$固定资产每工作小时折旧额 = (固定资产原值 - 预计净残值) \div 可工作小时数$$

当工作量是以公里、台班数等为计量单位时，其计算方法是类似的。

3. 双倍余额递减法

双倍余额递减法的基本思想是用直线折旧率的两倍作为固定的折旧率，乘以逐年递减的固定资产期初净值，得出各年应提折旧，但要在固定资产折旧年限到期前 2 年内将固定资产账面净值扣除预计残值后的净额平均摊销。另外一种方法是当发现某期按双倍余额递减法计算的折旧小于该期剩余年限按平均年限法计提的折旧时，改用平均年限法计提折旧，其计算方法如下：

$$年折旧率 =（2 \div 预计使用年限）\times 100\%$$

$$年折旧额 = 固定资产账面净值 \times 年折旧率$$

$$月折旧率 = 年折旧额 \div 12$$

4．年数总和法

年数总和法又称年限合计法，它是以固定资产的原值减去预计净残值后的净额为基数，乘以一个逐年递减的以分数来计算每年的折旧额，这个分数的分子代表固定资产尚可使用的年数，分母代表使用年限的逐年数字合计。这种方法的特点是：计算折旧的基数是固定不变的，折旧率依固定资产尚可使用年限确定，各年折旧率呈递减趋势，依此计算的折旧额也呈递减趋势，其计算方法如下：

$$固定资产年折旧率 = 尚可使用年限 \div 预计使用年限的逐年数字合计$$

即

$$固定资产年折旧率 =（预计使用年限 - 已使用年限）\div [预计使用年限 \times （预计使用年限 +1）\div 2]$$

$$固定资产月折旧率 = 固定资产年折旧率 \div 12$$

$$固定资产月折旧额 =（固定资产原值 - 预计净残值）\times 月折旧率$$

根据企业会计准则，企业应当根据与固定资产有关的经济利益的预期实现方式，合理选择固定资产折旧方法，折旧方法一经确定，不得随意变更。固定资产应按月计提折旧，当月增加的固定资产当月不提折旧；当月减少的固定资产，当月应提折旧。例如，若企业在 2019 年 1 月 15 日购入一项固定资产并投入使用，则当月不提折旧，从 2 月起每月底计提折旧，2019 年共计提 11 个月的折旧。

11.7　现金管理

11.7.1　现金管理概述

现金是企业中流动性最强的一种货币性资产，是可以立即投入流通的交换媒介，可以随时用其购买所需的物资，支付有关费用，偿还债券，也可以随时存入银行。企业为保证生产经营活动的正常进行，必须拥有一定数额的现金，用以购买零星材料、发放工资、缴纳税金、支付手续费或进行对外投资活动。

现金管理能处理企业中的日常出纳业务，包括现金业务、银行业务、票据管理及其相关报表、系统维护等内容。同时，会计人员能在该系统中根据出纳录入的收付款信息生成凭证并传递到总账系统。

ERP 现金管理面向企业财务部门的出纳人员，对企业的现金、银行存款等业务进行全面管理，包括现金管理、银行存款管理、票据管理、往来结算管理，并及时出具相应资金分析报表。会计人员在该系统根据出纳录入的收支信息，自动生成凭证并传递到总账系统，以帮助企业及时监控资金周转及余缺情况，随时把握公司的财务脉搏。现金管理模块可与总账、结算中心、应收应付模块集成使用，为企业提供更完整、更全面的资金管理解决方案。

11.7.2 现金管理系统关键业务流程

现金管理系统关键业务流程如图 11-10 所示。

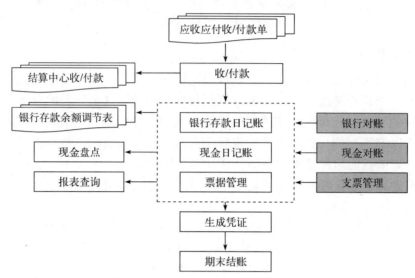

图 11-10 现金管理系统关键业务流程

注：灰色图框为外部模块。

ERP 现金管理的主要作用体现在以下几个方面。

（1）银行存款及现金对账。提供银行对账单录入和批量导入功能，以及现金日记账与总账、实际盘点金额对账，银行存款日记账与总账、银行对账单对账的功能，确保资金账实相符。

（2）原币、本位币金额同时统计。对于外币账户银行日记账，可同时显示外币和本位币金额，帮助有外币往来业务的企业更加清晰地知道当前资金情况，并与国家经济政策接轨。

（3）支票管理。可以对付款支票进行购置、领用、报销、作废、审核、核销等处理，帮助出纳人员清楚地掌握支票的领购存情况，加强企业支票管理。

（4）自动生成凭证。依据票据、现金日记账及银行存款日记账自动生成凭证并传递到总账，帮助财务人员减少出错机会，提高工作效率。

（5）往来结算管理。提供单体企业或集团企业的完整资金结算流程管理。在单体企业应用模式下，可与 ERP 应收、应付系统紧密集成，实现完整的现金流管理。在集团企业应用模式下，可与 ERP 结算中心系统紧密集成，将来自应收、应付系统的收付款单直接发送到集团结算中心完成结算，实现完整的结算流程管理，确保对企业资金的严密控制。

11.8 财务分析和财务报表

11.8.1 财务分析概述

在企业的财务管理中，对企业的财务报告进行分析是重要的环节。财务分析是运用财务报表数据，对企业过去的财务状况和经营成果及未来前景的一种评价。通过这种评价，可以为财务决策、计划和控制提供广泛的帮助。财务分析的基础是企业的财务报告，它反映过去的财务状况和经营成果，但这并不是报表使用者的最终目的，真正价值是通过对财务报表的分析来预测未来的盈余、股利、现金流量及其风险，以帮助管理人员规划未来。可以说，不掌握财务报表分析，就不能把反映历史状况的数据转变成预计未来的有用信息。

财务分析主要提供了报表分析、指标分析、因素分析、预算管理分析等内容，用户可以根据系统提供的各种分析工具，对自己的财务状况进行一个比较全面的分析，了解公司财务状况的经营收益，为投资决策提供有力的依据。

1. 报表分析

报表分析主要对资产负债表、利润表、现金流量表和自定义报表进行分析，分析方法包括结构分析、比较分析、趋势分析三种分析方法。

（1）结构分析。结构分析是指对构成某一指标的各个组成部分占总体的比重所进行的分析。结构分析可用于任何一个由部分构成总体的指标，如应收账中各客户余额的百分比、产品销售收入中各个产品占总收入的比重等。

（2）比较分析。比较分析是指对同一口径的任何一个财务指标在两个会计期间或一个会计期间与它的预算数之间的比较，借以揭示其增减金额及增减幅度的方法。比较分析的会计期间可能为月，也可能为季、年。

（3）趋势分析。趋势分析是指同一事物在时间阶段上的变化趋势。趋势分析往往能够揭示企业财务指标或损益指标的变动规律，借以对企业未来的经济活动进行很好的预测和规划。趋势分析由于分析的角度不一样，故又可以分为绝对数趋势分析和相对数趋势分析两种趋势分析方法。

绝对数趋势分析是指某一指标在本年各月度之间、各季度之间进而在各个年度之间并行排列，借以观察其发展的动态趋势和规律；相对数趋势分析是指某期与一个基期相比的变化趋势，由于其基础的不同，又可以分为定基分析、环比分析和指标分析。

- 定基分析：指各期与指定基期相比的变动额、变动幅度等趋势。
- 环比分析：指各个会计期间指标分别与上期相比的发展趋势。
- 指标分析：指通过计算各种财务指标的方法来了解企业的经营和收益情况，如通过计算应收账周转率可以了解企业资金回笼的速度；资产负债率可以了解企业的负债总额占总资产的比重，确定企业的融资和投资方案等。

2. 因素分析

因素分析是指选定某个因素，可以是收入、利润，也可以是某个产品的成本构成，在确定了因素和因素分析的方法之后，就可以对该因素进行各种分析了。

3. 预算管理

预算管理是对未来的一些经济指标和财务内容的预计和测算，一个全面的预算可以为企业的经营和管理提供极大的帮助。

11.8.2 ERP 财务分析主要功能

典型的 ERP 财务分析功能如图 11-11 所示。

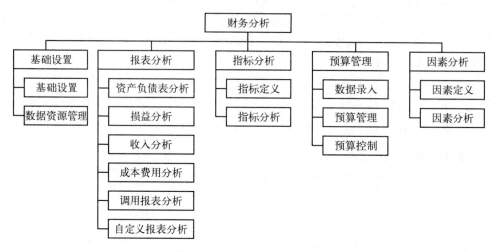

图 11-11 财务分析主要功能

ERP 财务分析的主要功能包括：

（1）针对集团集中式管理，提供多套纵向和横向分析功能。

（2）提供多种分析方法，如结构分析、对比分析、趋势分析、环比分析，实现对报表的全方位分析。

（3）提供理想财务状况与实际财务状况的比较，判断企业的经营成果。

（4）多层次、多渠道成本、费用、项目预算，帮企业顺利完成各项计划。

（5）提供各项预算计划动态完成的情况，实现成本费用的跟踪控制，即时调整各项计划，确保企业目标实现。

（6）提供多种因素分析方法。

（7）方便的自定义报表，操作简单，容易使用。

11.8.3 财务报表

企业每个核算期末都要制作报表，上报上级单位和财政税务部门。各类财务报表从不同角度反映企业的经营和财务状况，例如，财务有四大报表，即资产负债表、利润表、现金流量表和所有者权益变动表。

财务报表用于及时为企业领导提供相关的财务数据信息，如资金使用情况、企业总体经营情况、企业盈利情况、资金运转情况等。这些信息是企业领导制定企业方针政策和决策时不可缺少的依据。财务分析工作汇总各类财务信息，通过分类整理和系统分析可以看出企业财务活动和经营活动中存在的问题，以及企业经营趋势等情况。

11.9 财务管理与其他模块的集成

ERP 的财务管理子系统不仅在内部的各模块充分集成，与供应链和生产制造等系统也达到了无缝集成,如物流、制造管理子系统的业务数据通过信息集成可直接转入财务管理子系统。财务集成是指在采购、销售、生产等业务的处理过程中,系统自动采集业务数据,自动选择总账科目和分账科目,自动生成记账凭证。ERP系统的集成会计业务处理,包括采购集成、销售集成、库存集成及生产集成会计业务处理,相应的会计业务在采购订单、销售订单和生产订单等的处理过程中自动生成记账凭证,进行会计处理。

ERP财务管理与其他模块的集成,一方面避免了数据的重复输入和重复存储,另一方面减少了财务数据遗漏或未被实时记录的情况,大大提高了数据的准确性、完整性和及时性,实现了物流、资金流、信息流的统一;使得企业各项经营业务的财务信息能及时准确地得到反馈,从而加强了对资金流的全局管理和控制;使财务系统能支持重组后的业务流程,并做到对业务活动的成本控制,更全面地提供财务管理信息,为包括战略决策和业务操作等各层次的管理需要服务。

由此可见,ERP中的财务管理在管理思想上前进了一大步,真正整合了企业管理理念、业务流程、基础数据、人力物力、计算机硬件和软件,对企业可利用的所有内部和外部资源进行了综合运营管理,这是真正的"管理财务"。

ERP财务管理子系统与其他子系统或模块的集成如图11-12所示。

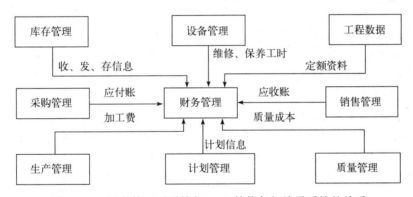

图11-12 财务管理子系统与ERP其他各相关子系统的关系

1. 财务与采购集成

在ERP环境中,采购订单在MRP中由系统自动生成,也可以人工维护。企业的采购业务可能是先收到商品,也可能是先收到发票,或者两者同时到达,不论哪一种情况,采购业务均分两步进行记录。

(1) 在登记收货且采购物料入库时,系统自动生成物料入库记账凭证,记录存货增加。在打印退货单时,系统自动生成红字记账凭证(用负数表示红字)。

(2) 收到采购发票后,在应付账款模块中进行采购发票登记,采购发票经审核后,自动生成记账凭证,记录应付账款。

2. 财务与销售集成

在ERP环境中,在销售订单的处理过程中自动生成记账凭证。在维护交货并下达产品出库通知单时,系统自动生成结转产品销售成本的记账凭证,产品销售成本按标准成本结转。在打印销售发票时，系统会自动生成记账凭证，确认应收账和销售收入，应收账和销售收入的金额根据销售订单金额和税率进行计算。

3. 财务与生产集成

在 ERP 环境中，财务与生产集成的会计业务包括生产领料、工序成本核算及产品完工入库业务。在生产领料时，系统按材料的实际领用数量和材料的标准成本计算材料成本，并自动生成记账凭证。在报告工序完工时，系统自动计算工序成本，自动生成记账凭证，工序成本包括直接人工和制造费用两部分。

在产品完工入库时，系统按产品的标准成本结转生产成本，并结转生产成本差异。但这里的生产成本差异只有数量差异，没有价格差异，因为以上生产成本是按材料标准成本、标准人工费率、标准设备费率及标准间接费费率计算的。价格差异要到月末才能计算出来，并通过成本管理来处理。

在集成环境下，对其他子系统的基础数据和业务数据的准确性要求很高，其他子系统的数据，如 BOM、人工费率、物料数量、工时等直接影响财务管理子系统数据的准确性。

思考与练习题

1. 什么是财务会计，什么是管理会计？
2. 财务管理包括哪些内容？
3. 总账管理的主要内容有哪些？
4. 简述应收账管理内容和 ERP 带来的好处。
5. 简述应付账管理内容和 ERP 带来的好处。
6. 简述工资管理内容和 ERP 带来的好处。
7. 简述固定资产管理内容，介绍几种设备折旧方式。
8. 简述现金管理内容和 ERP 带来的好处。
9. 财务分析的作用是什么？
10. 财务分析有哪些主要方法？
11. 描述 ERP 财务管理子系统各功能模块之间的关系。
12. 请画出财务子系统业务处理流程图。
13. 请绘制财务子系统与其他子系统的关系图。
14. 结合本章案例，分析如何进一步提高现代化企业管理。

案例分析

ERP 环境下的财务管理

1. 什么是企业信息化

第一是数据的信息化。将库存信息、销售凭证、费用凭证、采购凭证都以一定的数据格式录入到计算机里，以数字的形式保存起来，可以随时查询。

第二是流程的信息化。把企业已经规范的一些流程以软件程序的方式固化下来，使得流程所涉及岗位员工的工作更加规范高效，减少人为控制和"拍脑袋"的管理行为。

第三是决策的信息化。通过对那些信息化的原始数据进行科学的加工处理，运用一定的计算模型，从而起到对管理和决策的支持作用。

为了能提高财务信息的真实性、相关性、有用性，也提升企业财务信息的质量，应用 ERP 系统，企业财务部门可以做到及时准确地搜集各个部门及各个子模块的相关数据，并进一步分析与整合，最后把加工出来的有价值信息用来进行财务计划、控制和决策。

2. 财务与业务的集成

（1）ERP 采购管理。ERP 系统中部分财务数据是在采购模块由采购订单生成，并传递到财务模块的，财务部门不需要手工录入。

1）传统的材料成本差异处理。材料成本差异产生的原因是采购材料时采购成本与计划成本的差额，使用"材料成本差异"科目登记材料成本的超支差异以及节约差异。在传统的会计核算办法中，对"材料成本差异"采用计算材料成本差异率的办法进行分摊。

例如，某公司 9 月期初结存 A 材料的计划成本为 50 万元，材料成本差异的月初数 1 万元（超支），本月收入 A 材料的计划成本为 100 万元，材料成本差异为 2 万元（超支），本月发出 A 材料的计划成本为 80 万元。

差异处理步骤如下：

原材料的成本差异率 =（1+2）/（50+100）×100%=2%

发出材料应承担的成本差异 =80×2%=1.6（万元）

发出材料的实际成本 =80+1.6=81.6（万元）

期末结存材料的实际成本 =50+1+100+2-81.6=71.4（万元）

2）ERP 采购中的财务处理。在 ERP 系统中，当材料入库时，根据使用范围，以计划成本记入原材料或库存商品科目，同时记入应付账款暂估科目。当供应商持发票结算时，根据此项采购对应的订单号，逐一校验原材料或库存商品成本，如无差异，则冲减应付账款暂估科目，增加应付账款金额。若有差异，当某一订单采购的产品未发出，仍旧有库存时，当月此订单产生的材料成本差异直接记入该订单原材料或库存商品科目中。若当月已无库存，不能直接记入原材料或库存商品科目，则自动记入材料成本差异科目，此科目月末结转至主营业务成本差异。

ERP 系统对采购成本的影响因素可以在商品出库前记入系统，系统会自动根据业务传来的数据匹配采购订单，材料成本差异准确地记入该批次订单中，无须分配，准确率高。

（2）ERP 销售管理。与采购管理类似，采用 ERP 系统，销售部门中填制的订单、发货单、出库单、发票（包含代垫费用和运费）等单据及时传递到应收款部门。应收账款管理模块根据销售发票自动编制销售凭证，应收账款能够及时确认，虚假的会计信息将很难出现。这不仅确保了会计信息的准确无误，同时能将收款业务在第一时间反映在记账凭证上，大大提高了会计信息的及时性。

制造业的应收款比重一般都很大，所以对于销售管理的风险控制重点往往在应收账上。为了使部门加强对应收账的管理，企业会考虑到对应收账款按账龄的长短计提坏账准备金，计入部门的当期成本。但是企业有成千上万的客户，每天都可能产生上千笔应收账，如果用手工来计算计提，那是不现实的。

ERP 的总账中，可以设置应收账账户，记录客户名称、地址和信用等级等内容，加之 ERP 的条件筛选功能，可以根据金额、账龄、信用等级等条件快速筛选所需信息，企业整个应收账款的数量和质量一目了然。ERP 应收款管理提供凭证自动生成、坏账管理、信用管理、到期债权预警、总账和往来单位自动对账等综合业务管理功能。该模块同时提供账龄分析、回款分析、销售分析等报表，帮助企业一方面加强与往来单位的业务核对，缩短应收账款占用资金的时间，加快企业资金周转；另一方面合理有效地利用客户信用拓展市场，以最小限度的坏账代价换取最大限度的业务扩展。

3. 使财务管理真正成为企业管理的核心

财务管理是企业管理的核心，因为它最能体现现代企业管理精准、实效的要求，企业运作过程中所有环节的人财物变化都可以通过财务绩效体现出来。但要想达到这样的要求，必须满足三个条件：首先企业运作的所有环节必须与财务是紧密联系的；其次企业运作的所有过程状态都必须实时反映到财务上；最后财务结果必须尽快反馈到企业各级管理者，使其能够迅速反应，改善业务或管理，提高绩效。然而这样的条件如果没有信息化手段的支撑是难以做到的。联想集团在实施信息化前后这三个条件发生了以下变化。

（1）准确的成本核算。准确的成本核算是财务管理的基础和重中之重。联想是计算机制造企业，部件成本占到总成本的80%以上，因此准确掌握各种物料的存货状态和及时计算各种物料的当前价值就成了成本控制的关键所在。ERP上线之前，产供销各个环节都是和财务隔离的，各种作业信息都是先在自己的部门内流转，对财务不透明，最后"批处理"地反映到财务的账目上。这样财务就仅仅起到一个记账、核算的作用，只能是个"事后诸葛亮"，不但起不到对业务的支撑作用，甚至有时还会干扰业务负责人的判断和决策。

现在来看，过去的成本核算完全是模糊的、事后的，是先有销售再有成本。因为成本核算只能在每个月的月末结账时才能算清楚，而且是混在一起的大成本，难以细分。业务部门看到报表，可能会感觉赚钱的产品却是亏损的，认为亏的产品却赚了。这固然从整体、从长远来看没问题，但会使业务方面的负责人完全是凭感觉在决断，得不到财务准确、实时的数据支持，甚至会被财务数据所困扰。

在实施了ERP之后情形完全不同了。财务不但能监控销售、采购、库房、生产的全部过程，而且伴随着每一个作业，财务都有相应的反应。在采购订单发送给供应商的同时，财务也得到这个信息；库房按订单收货后，信息同步传到财务，产生应付账的同时已按订单价格计入成本。由于ERP要求不管是主料还是辅料都要进入产品的BOM，研发部门每推出一个新产品都会准确无误地去维护BOM，否则领不出材料。因此现在财务部可以放心地将出库的原材料计入在产品，产成品一入库立即可以准确地计算该批产成品的成本，供销售参考；产成品一出库就会计入销售成本，产生应收款。所以可以看出，正是这种信息的通畅、透明，才保障了成本的准确、实时核算，杜绝了"客观造假"的隐患。

（2）有效的风险防范。在风险防范的问题上，财务应该能提供手段来保证给业务提供库存的真实价值，避免库存积压、决策失误。联想在实施ERP之前就出台了"计提两金"的政策，对事业部的库存按存货期的长短计提销价准备金，对应收账款按账龄的长短计提坏账准备金（如存货，3个月以内视为正常；库存期3～4个月，计提10%；4～5个月，计提50%；5～6个月，计提100%）。计提的"两金"计入事业部当期成本，冲减利润。这样做的目的是要驱使事业部关心和加强对存货和应收账的管理，防止潜亏。而对事业部来说也有帮助，该提的已提过，现在可以完全按照计提后的价值去考虑成本，制定更加积极的市场策略。

这套先进的管理制度如果没有信息化手段，执行起来几乎是不可能的。联想有几万种物料，四千多家代理商，每天产生一两千笔应收账，如果用手工来计算计提，显然不现实。不能落实到位，先进的管理手段就变成无用的甚至是阻碍了。以信息化实现了这样的计提之后，效果明显。以前联想的积压损失一般都要占总收入的 2% 以上，而采用 ERP 之后这个数字只有 0.19%。

（3）严格的资金管理。联想把自己的资金优势和信贷政策看作支持销售的一种手段，因此它的应收账并不都是在每笔销售时才进行审核的。针对有一定规模、有很好信誉的代理商或是最终客户，都会事先核准一个信用额度，这个额度主要根据业务往来的时间长短、业务规模、以往的信用记录等要素动态调整。客户订单出库前，只要资信审核在其核定额度剩余值之内，则库房可以立即发货。同时客户还可以选择不同的还款期，分别可以得到不同比例的奖励。这样可以鼓励客户快速付款，也减少联想的资金压力和风险。当然对逾期也有相应的处罚。另外，不同产品的还款期限不同，不同地区的用户期限也略有不同，因此这是一个复杂的计算模型。没有信息化之前，这个计算经常出错，也经常引发纠纷。采用 ERP 之后，不但财务能够准确、实时地知道每一个客户当前的账目情况、历史信用记录，而且系统自动执行能否发货的资金审核，减少了人为控制的难度和随意性。而且用户可以根据联想的信用政策选择最适合的还款方式，大大提高了客户的满意度。

应付账的管理也许更能说明信息化带来的流程变革、效率提高以及对业务监控的加强。没有信息化之前，采购和财务完全是隔离的，采购计划财务不清楚，财务只是在采购入库后才通过库房传来的入库单知道这笔采购已经发生，从而产生暂估应付，以后采购根据付款条件去财务借款、报销，财务再分别产生借款、核销借款和应付。可以看到，财务在这样的流程中完全是被动的，不了解采购计划、到货计划当然无法有效地实施应付账管理和合理地安排资金。采用 ERP 之后，在提交完采购订单以及货物入库后，系统会自动产生应付，财务按照采购订单的付款条件直接付款给供应商，供应商寄来发票后财务再自行核销。可以看到这个信息化流程不仅大大简化了原有的流程，减少了采购与财务之间的穿梭往来，极大地提高了效率，而且由于采购和财务之间"墙"的推倒，使得财务能够掌握采购计划的全部信息，不仅能够做好资金和付款计划，而且有效地减少了漏洞，建立起了采购和财务之间相互制约和监督的机制。

（4）精准的预算管理。这样的制约和监督其实不只是针对采购的，公司的所有环节、所有部门同样如此。财务应该对公司的业务起到事前预算、事中控制、事后准确核算的作用。

正是由于信息化所提供的手段，财务能够在历史数据的基础上，准确地去做好各业务、各地区、各产品、各部门、各费用科目的预算工作，而且能够做到按月分解和及时调整，这样就给每个领域的负责人都带来一定的经营压力，不管是创造收入的销售部门、产生利润的事业部门，还是只有支出的职能部门。

联想很早就有预算，但是预算不能很好地起到对业务的指导和制约作用，原因就在于不能实时地去对照、检查。随着信息化的逐步深入，联想已经做到让每一科目的费用都能够实时报告到相应的部门负责人，并且可以和预算进行比较，及时提出预警。业务部门负责人可以在任何一天获得截至当时的收入、毛利、净利的粗报表，及时了解经营情况，做出判断和决策。这就实现了财务对业务的实时监控和提供决策支持。

（5）快速的财务报表。ERP 实施之前，每到月末，财务部得有 70 人加班加点做核算，即使这样也要 30 天才能得到一份并不十分准确的报表。实施 ERP 之后，每个独立核算法人单位的月报表在月末结账后 0.5 个工作日就可出来。集团按法人单位统计的横向合并报表和按事业部业务统计的纵向合并报表,在月末结算日以后的第 5 天就可完成。

由于联想的组织架构和业务种类比较复杂,先分业务群,业务群下是事业部,每个事业部还有多个产品,这就要求系统能够支持到产品的核算,能够算得清每种产品的利润情况,当然也可以给出按事业部和业务群的核算结果。另外,由于各业务群业务性质不同,有的按产品核算,有的还要按项目核算。再有就是公司实施矩阵式的管理,业务群还会在很大程度上共享公司的某些资源或平台,因此在核算时同样的人力资源成本和费用就会被分别核算进本地区平台的报表和相关业务群的报表。这些复杂的核算和报表计算,没有强大的信息系统支持根本是不可想象的。

(6)集中的财务控制。整个集团是一体化的,下级对上级是透明的信息化系统,因此无论是哪个地方发生的业务或是开支,不进入系统就无法实现,而一进入系统就能被总部财务所跟踪。各地方分支或核算单位可以在自己的权限范围内形成自己的报表,同样的报表可以同样在总部同步生成。所有的原始数据一旦录入就不能随意更改,更改就会留下记录,而且容易回溯。因此,弄虚作假的可能性极大减少,大大降低了企业的经营风险。

(7)财务信息化的特点。ERP 系统的财务管理可以总结出四个特点:

一是集成的。财务和产供销各环节是完全集成并能产生互动的,整个集团是一体的,不管有多少个分支机构、在什么地点、有多少种业务。

二是共享的。所有的原始数据都只有唯一的输入,然后就能被有权限的人所共享,部门之间的墙被拆除了。

三是实时的。每个作业都会实时地反映,每项控制都会实时地得到结果,每份报表都会实时地生成。

四是精准的。要求每次作业都是准确的、可量化的,流程不能随意改变。

第 12 章

成 本 管 理

成本管理是指在企业生产经营过程中,各项成本计算、成本分析、成本控制和成本决策等一系列科学管理活动的总称。成本管理的目的是充分动员和组织企业全体人员,在保证产品质量的前提下,对企业生产经营过程的各个环节进行科学合理的管理,力求以最少的生产耗费取得最大的生产经营成果。成本管理是企业管理的一个重要组成部分,在 ERP 系统的支持下实现对成本系统全面、科学和合理的管理,对于企业促进增产节支,加强经济核算,改进企业管理,提高企业整体管理水平具有重要意义。

12.1 企业成本概述

企业要使自己的产品占领市场,就必须对其成本进行控制,否则就会失去市场竞争力,影响企业的生存和发展。ERP 为企业的成本管理提供了工具,把财务和成本管理纳入系统中来,是 ERP 发展过程中的一个重要标志。

成本核算不只是财务部门、财务人员的事情,而是全部门、全员共同的事情。成本核算需要生产车间、技术部门、采购部门等多部门的配合。计算出的成本是否合理,不但需要财务部门的评价和时间的验证,还需要生产、技术等部门的评价,如让生产等部门对自己计算出的结果做个论证是有必要的。

成本管理系统主要计算生产成本,即对生产制造进行成本计算,计算成本中心的成本、产品成本,对其进行成本预测、成本分析。此系统有助于企业进行成本控制,且为销售部门制定正确的销售价格提供不可缺少的数据信息。

12.1.1 企业成本的构成

企业成本由产品成本和经营费用构成,如图 12-1 所示。

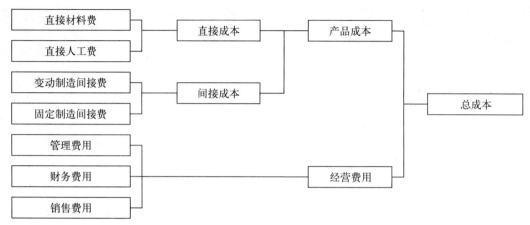

图 12-1 企业成本的构成

1. 产品成本

产品成本是指构成产品的各项成本,包括间接成本和直接成本。

间接成本是指产品的制造费用,即按一定标准分配计入产品成本的费用,如企业各生产单位、车间为组织和管理生产而发生的各项费用,包括变动制造间接费和固定制造间接费(管理人员工资、职工福利费、房屋和机器设备折旧、修理费、水电费、办公费、差旅费以及其他费用)。

直接成本则包括下述两项费用:

(1)直接材料费,包括原材料、外购半成品、各种配件、辅助材料、包装物及其他直接材料等。

(2)直接人工费,包括企业直接从事产品生产人员的工资、奖金、津贴和补助等。

2. 经营费用

经营费用,又称期间费用,指企业行政管理部门组织和管理生产、销售产品、提供劳务等所发生的各项费用。这类费用与制造产品和提供劳务没有直接联系,因而不计入产品成本,也不构成产品成本项目。

经营费用包括以下三类:

(1)管理费用,即企业行政管理部门为管理和组织生产经营活动发生的各项费用,如董事会费、业务招待费和坏账损失等。

(2)财务费用,即企业为筹集资金而发生的各项费用,如利息净支出、汇兑净损失、调剂外汇手续费和金融机构手续费等。

(3)销售费用,即企业在销售产品、半成品和提供劳务等过程中发生的各项费用,包括销售机构开支的各项经费,如运输费、装卸费、包装费、销售部门人员的工资、职工福利费、差旅费、办公费、折旧费、修理费及其他费用等。

例如,一双运动鞋从供应商采购原料到产品到达顾客手中,要经过企业采购、生产和销售过程,企业的利润是由销售收入减去企业成本得到的,企业成本包括生产成本、管理成本和销售成本。一双运动鞋销售收入是 200 元,每双运动鞋企业生产成本是 100 元,其中 80 元是材料成本,20 元是生产工人的人工成本,企业毛利是 100 元,每双运动鞋含企业管理人员的工资等各种管理和财务费用30元（企业管理成本），每双运动鞋企业的销售成本是20元，这样每双运动鞋企业的总成本是150元，每双运动鞋企业能盈利50元。

12.1.2 成本的类型

为了便于计划、分析和控制产品成本，ERP中通常设置三种基本的成本类型。

1. 标准成本

标准成本是在正常条件下的平均成本，有其科学性和客观性。它是成本管理中的计划成本，也是经营的目标和评价的尺度。标准成本在计划期（如会计年度）内保持不变，是一种冻结的成本，作为预计企业收入、物料库存价值及报价的基础。制定标准成本时，应充分考虑到在有效作业状态下所需要的材料和人工数量、预期支付的材料和人工费用，以及在正常生产情况下所应分摊的制造费等因素。标准成本的制定，应有销售、生产、计划、采购、物料、劳动工资、工艺、车间、会计等有关部门的人员参加。标准成本制定后，企业要定期进行评价和维护。

2. 模拟成本

ERP系统的特点之一就是运用其模拟功能，回答"如果……将会……"的问题。例如，有时想要知道产品设计变更、结构变化或工艺材料代用所引起的成本变化，则可通过ERP的模拟功能来实现。为了在成本模拟或预定过程中不影响现行数据，所以设定模拟成本。这对于产品设计过程中进行的价值分析也是有用的。在制定下一个会计年度的标准成本之前，先把修订的成本项目输入模拟成本系统，经过多次模拟运行比较，审定后再转换到标准成本系统。

3. 实际成本

实际成本是在生产过程中实际发生的成本，主要根据结算加工单或采购单时得到的实际数据（如来自领料单、完工报告、采购发票等）。编制财务报表，一般使用实际成本。

期末进行实际成本计算，以标准成本为基准进行比较，得到成本差异，对其进行分析，以发现实际执行过程中成本差异的原因，强化对产品成本的控制。

12.2 产品成本的计算

12.2.1 产品成本的计算类型

为了适应各种类型企业的特点及管理要求，通常可采用以下三种基本方法来计算产品或服务的成本。

1. 品种法

品种法是以产品品种为成本计算对象的产品成本计算方法。品种法适用于大量大批的单步骤生产，如发电、采掘等，以及大量大批多步骤、管理上不要求按步骤计算成本的生产，如铸造熔铸和玻璃制品的熔铸等生产。此外，辅助生产的供水、供气、供电等单步骤的大量生产，也采用品种法计算成本。

无论什么类型的企业，无论经营什么类型的产品，也无论管理要求如何，最终都必须按照产品品种算出产品成本。这就是说，按照产品品种计算产品成本，是产品成本计算最一般、最起码的要求，品种法是最基本的成本计算方法。

2. 分批成本法

分批成本法是按照产品或服务的明确件数或批别来计算产品成本的方法，简称分批法。分批法的成本计算对象是产品的批别（或订单），采用分批法核算的产品或服务往往各批之间有很大的差异，如飞机制造商所生产的飞机会因每个特定客户的不同要求而有所不同。分批法适用于单件小批生产的产品成本计算。

3. 分步成本法

分步成本法是通过将成本分配于众多相似的产品或服务，然后计算平均单位成本的一种成本计算方法，简称分步法。分步法的成本计算对象是产品的生产步骤，当企业的产品是单步骤生产时，其成本计算对象就是产品的品种。采用分步法核算的产品或服务是为大量销售而生产的，因而，分步法将向不同客户提供相同的产品或服务，其单位成本是相同的，如纺织厂生产产品的步骤是一样的，因而，通常将产品的每一个生产步骤作为成本计算对象。分步法适用于大批生产的产品成本的计算。

品种法、分批法和分步法是计算产品成本的主要方法，应该注意的是，实际上，很多企业所采用的成本计算制度既非分批法，也非分步法，而是分批法与分步法的结合。

12.2.2 产品成本的计算过程

产品成本的计算工作大致可以划分为以下几项：确定成本计算对象，确定成本计算期，直接材料费的计算，直接人工费的计算，间接费用的分配，在产成品和在制品之间分配基本生产费。

1. 确定成本计算对象

成本计算对象是为计算产品成本而确定的归集生产费用的各个对象，即成本的承担者。确定成本计算对象是设置产品成本明细账、分配生产费用和计算产品成本的前提。

2. 确定成本计算期

成本计算期是指计算产品成本时，生产费用计入产品成本所规定的起止日期，即每次计算产品成本的期间。

3. 直接材料费的计算

直接材料费计算的基础是产品结构，即物料清单（BOM），从 BOM 的最底层即原材料开始计算。企业的原材料（含外加工件）费用包括材料采购价格与采购间接费

（采购部的管理费、材料运输费与材料的保管费用等），各层物料的直接材料费的计算是个累加过程。

例如，产品 A 的结构如图 12-2 所示，从图中可得到有关材料计算方法。

产品 A 材料费 =C 材料费 +D 材料费 +E 材料费

部件 B 材料费 =D 材料费 +E 材料费

材料费 = 材料采购价 + 采购间接费

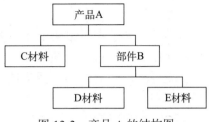

图 12-2　产品 A 的结构图

材料的实际费用（材料价格）是由实际采购价格与采购间接费用组成的，但由于材料价格的计价方法不同，因而对应的计算方式也不同。以下介绍几种材料价格的计价方法。

（1）个别计价法。个别计价法亦称个别认定法，它是指对发出的存货分别认定其单位成本和发出存货成本的方法。采用这种方法，要求具体存货项目具有明显的标志，而且数量不多、价值较大，如大件、贵重的物品。

采用这一方法是假设存货的成本流转与实物流转相一致，按照各种存货，逐一辨认各批发出存货和期末存货所属的购进批别或生产批别，分别按其购入或生产时所确定的单位成本作为计算各批发出存货和期末存货成本。在这种方法下，是把每种存货的实际成本作为计算发出存货成本和期末存货成本的基础。

优点：计算发出存货和期末存货的成本比较合理、准确。

缺点：实务操作的工作量繁重，困难较大。适用于容易识别、存货品种数量不多、单位成本较高的存货计价，如珠宝、名画等贵重物品。

发出存货的实际成本 =∑各批（次）存货发出数量 × 该批次存货实际进货单价

【例 12-1】某工厂材料 A 期初库存为 0，8 月 1 日入库 200 件，单价为 20 元；10 日入库 400 件，单价为 18 元；20 日入库 200 件，单价为 22 元。当月生产过程中领用 A 材料 200 件，可以识别其中 100 件属于第一批入库，其中 60 件属于第二批入库，其中 40 件属于第三批入库。则当月发出 A 材料的成本计算如下：

发出 A 材料实际成本 =100×20+60×18+40×22=3 960（元）

（2）先进先出法。领用的材料按材料入库时间的先后顺序，先入库的先出库，此时耗用材料的单位成本采用最先入库时的材料价格，该方法可体现材料市价的趋势。

【例 12-2】原材料 A 入库与上例相同。当月 5 日领用 A 材料 100 件，15 日领用 300 件，25 日领用 300 件，则各次发出 A 材料的成本计算如下：

5 日领用 A 材料实际成本 =100×20=2 000（元）

15 日领用 A 材料实际成本 =100×20+200×18=5 600（元）

25 日领用 A 材料实际成本 =200×18+100×22=5 800（元）

根据谨慎性原则的要求，先进先出法适用于市场价格普遍处于下降趋势的商品。因为采用先进先出法，期末存货余额按最后的进价计算，使期末存货的价格接近当时的价格，真实地反映了企业期末资产状况；期末存货的账面价格反映的是最后购进的较低的价格，对于市场价格处于下降趋势的产品，符合谨慎性原则的要求，能抵御物价下降的影响，减少企业经营的风险，消除潜亏隐患，避免由于存货资金不实而虚增企业账面资产。

优点：先进先出法使企业不能随意挑选存货计价以调整当期利润。

缺点：工作量比较烦琐，对于存货进出量频繁的企业更是如此。而且当物价上涨时，先进先出法会高估企业当期利润和库存存货价值；反之，会低估企业存货价值和当期利润。

（3）加权平均法。加权平均法可根据本期期初结存存货的数量和金额与本期存入存货的数量和金额，在期末以此计算本期存货的加权平均单价，作为本期发出存货和期末结存存货的价格，一次性计算本期发出存货的实际成本。

加权平均价格 =（上期结存金额 + 本期入库总金额）/（本期入库数量 + 上期结存数量）

库存存货成本 = 库存存货数量 × 加权平均价格

本期发出存货的成本 = 本期发出存货的数量 × 加权平均价格

【例 12-3】原材料 A 入库与例 12-1 相同。当月 5 日领用 A 材料 100 件，15 日领用 300 件，25 日领用 300 件，则所有发出 A 材料的价格为：

加权平均价格 =（200×20+400×18+200×22）/（200+400+200）=19.5（元/件）

优点：加权平均法只在月末一次计算加权平均单价，比较简单，而且在市场价格上涨或下跌时所计算出来的单位成本平均化，对存货成本的分摊较为折中。

缺点：加权平均法不利于核算的及时性；在物价变动幅度较大的情况下，按加权平均单价计算的期末存货价值与现行成本有较大的差异，故适合物价变动幅度不大的情况。这种方法平时无法从账上提供发出和结存存货的单价及金额，不利于加强对存货的管理。为解决这一问题，可以采用移动加权平均法或按上月月末计算的平均单位成本计算。

（4）移动加权平均法。该法可以看作一个移动的过程，所以叫移动加权平均法。此法的原理类似于加权平均法，但不是按期末加权平均值来计算本期领用材料的成本，而是按领用材料的时间点来计算加权平均价格。例如，当一个企业购入原材料，我们以移动加权平均法计算发出材料的成本。如果原有材料单价 a 元，数量为 b，一次购入原材料实际单价 a_1 元，数量为 b_1，那么当发出原材料时，发出材料成本的单价则为：$(a \times b + a_1 \times b_1)/(a+b)$。相似地，如果期间又购入原材料，则在下次发出原材料时其发出成本是上次发出后所余的总额与现购的总额再求一次平均单价。

移动平均价格 =（本次入库金额 + 上次出库后结存金额）/（本次入库数量 + 上次出库后结存数量）

【例 12-4】原材料 A 入库与例 12-1 相同。当月 5 日领用 A 材料 100 件，15 日领用 300 件，25 日领用 300 件，则各次发出 A 材料的成本计算如下：

5 日领用 A 材料实际成本 =100×20=2 000（元）

15 日领用 A 材料价格 =（100×20+400×18）/（100+400）=18.4（元/件）

15 日领用 A 材料实际成本 =300×18.4=5 520（元）

25 日领用 A 材料价格 =（200×18.4+200×22）/（200+200）=20.2（元/件）
25 日领用 A 材料实际成本 =300×20.2=6 060（元）

优点：有利于及时了解存货结存情况，计算的存货和发出材料的成本比较客观，销售成本不易被操纵。

缺点：计算量大且烦琐，不适用于收发频繁的企业。

（5）计划成本法。计划成本法是指企业存货的日常收入、发出和结余均按预先制定的计划成本计价，同时另设"材料成本差异"科目，作为计划成本和实际成本联系的纽带，用来登记实际成本和计划成本的差额，月末再通过对存货成本差异的分摊，将发出存货的计划成本和结存存货的计划成本调整为实际成本进行反映的一种核算方法。

材料的价格按计划价格计价，不随买入的价格变动。对于按计划价核算的材料，可用计划价跟踪材料的实际用量，再通过分配价格差异计算产品耗用材料的实际成本。

材料成本差异率 =（期初结存成本差异 + 本期增加成本差异）/（期初结存计划成本 + 本期增加计划成本）

材料成本差异 = 材料计划成本 × 材料成本差异率

产品耗用材料的实际成本 = 材料实际用量 × 计划价 + 材料成本差异

【例 12-5】某工厂 8 月材料 A 期初库存的计划成本为 5 000 元，本月收入材料 A 的计划成本为 13 000 元，本月发出原材料 A 的计划成本为 10 000 元，月初结存材料成本差异额为 180 元，本月收入材料成本差异额为 360 元，则成本计算如下：

材料 A 的成本差异率 =（180+360）/（5 000+13 000）×100%=3%

发出材料 A 应负担的成本差异 =10 000×3%=300（元）

发出材料 A 的实际成本 =10 000+300=10 300（元）

优点：计划成本法通过"材料成本差异"科目的归集和分配，实现品种繁多的材料从计划价格调整为实际价格的核算，有利于强化企业对存货的管理，简化会计工作；不受任何条件限制，具有很强的适用性；更能发挥对材料成本的分析与实时控制管理功能。

缺点：计划成本法使用综合差异率调整为实际价格，容易造成产品成本与实际偏差较大，不能准确反映产品的实际盈利水平，给产品成本分析带来误差；实际工作中合理制定计划价格还存在很多困难；市场价格波动较快时，为尽可能接近实际价格会频繁调整计划价，采用计划成本法进行核算也就失去了它本身的意义。

4. 直接人工费的计算

在产品结构中，各层制造件的加工与组装会产生加工成本，加工成本主要是直接人工费。

各层直接人工费 = 人工费率 × 工作小时数

直接人工费的计算过程是利用产品的工艺路线文件及产品结构文件（BOM）从底

层向高层累加,一直到产品的顶层直接人工费。结合图 12-2 产品 A 的结构图,可以得到直接人工费的计算过程,如图 12-3 所示。

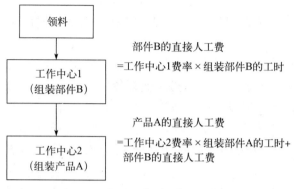

图 12-3　产品 A 的人工费计算过程

5. 间接费用的分配

产品间接成本(制造费用)的计算采用制造成本法,间接费用只核算到车间一级,由于加工成本是在工作中心发生的,因此,间接费用要分配到工作中心。间接费用的分配主要由下述三个步骤构成。

(1)确定分配依据。根据企业的历史统计资料,预计会计期间生产部门的产能,结合产品、车间、工作中心和费用类型等情况来确定分配依据(见表 12-1)。

表 12-1　间接费用成本项目分配表

间接费用成本项目	分配依据
照明、空调	覆盖面积
电力费	设备功率
折旧、保险费、维修费	固定资产价值
管理人员工资、办公费	员工人数
搬运费	搬运次数

(2)计算工作中心的间接费率。表 12-1 中所列出的费用必须进一步分配到工作中心,确定各个间接成本因素的分配率。但分配的条件、因素都在不断改变,还要根据实际情况进行统计分析并不断调整优化。

(3)分配产品的间接费用。间接费用最终都会分配到各个产品。因此,分配到工作中心的费用还必须分配到产品,分配方法如下:

产品某成本因素的费用分配率 = 该时期工作中心的该间接
费用总金额 / 该时期工作中心的工作小时

在多数情况下,分母用工时表示,但如果是设备密集型生产则可用台时表示。

因此,某产品在某工作中心的间接费用计算如下:

产品间接费用 = 工作中心费用分配率 × 占用工作中心工时

6. 在产成品和在制品之间分配基本生产费用

工业企业在结转完制造费用后,接下来需要做的是基本生产费用在完工产品与在制品之间进行分配。各产品的基本资料库中都设立了在制品成本的计算方法,按照国内的习惯,在制品成本的分配方法有以下 7 种:

(1)在制品成本不计成本法。适用于期末无在制品或在制品数量相对很少的企业,月结前将所有工单做完关闭。显然,生产周期长的行业不可能做到无在制品。

(2)在制品按固定成本计价法。同样是适用于期末在制品数量少或在制品虽多但各期比较稳定的企业,基于简化成本核算目的而采用的方法。

(3)在制品按其所耗用原材料费用计价法。也就是说在制品不计算加工费用,适用于材料成本占产品成本比例较大的企业。

(4)在制品成本按完工产品成本计价法。将在制品视同完工产品计算、分配生产费用,适用于月末在制品已接近完工,或产品已经加工完毕但尚未验收或包装入库的产品。

(5)在制品成本按定额成本计价法。按计划定额成本计算月末在制品成本,即月末在制品成本按其数量和单位定额成本计算。产品的月初在制品成本加本月生产费用,减月末在制品的定额成本,其余额作为完工产品成本。每月生产费用脱离定额的差异,全部由完工产品负担。适用于定额管理基础较好,各项消耗定额或费用定额比较准确、稳定,而且各月在制品数量变动不大的产品。

(6)在制品约当产量比例法。约当产量指月末在制品数量按其完工程度折算为相当于完工产品的数量。约当产量比例法即按完工产品产量与月末在制品约当产量的比例分配计算完工产品成本与月末在制品成本的方法。只要在正确统计月末在制品结存数量和正确估计月末在制品完工程度的前提下,就可以比较客观简便地划分完工产品与月末在制品的成本。适用于月末在制品数量较大,各月末在制品数量变化也较大的产品。

(7)在制品定额比例法。这是按照完工产品和月末在制品的定额消耗量或定额费用的比例,分配计算完工产品和月末在制品成本的一种方法。适用于各项消耗定额或费用定额比较准确、稳定,但各月末在制品数量变化较大的产品。

以上 7 种在制品生产费用分配方法中最常用的为约当产量比例法,其计算方法为:

$$某工序在制品完工率 = \frac{前面各个工序时间定额之和 + 本工序工时定额 \times 50\%}{产品工时定额}$$

$$某工序在制品约当产量 = 本工序在制品数量 \times 本工序在制品完工率$$

$$单位产品成本 = \frac{月初在制品实际成本 + 本月发生的生产费用}{完工产品数量 + 月末在制品约当产量}$$

$$完工产品实际成本 = 完工产品数量 \times 单位产品成本$$

$$月末在制品实际成本 = 月末在制品约当产量 \times 单位产品成本$$

最后,可以得到各相应产品的成本分析结果。

12.3 作业成本法

12.3.1 作业成本法的产生与发展

作业成本法(activity based costing, ABC)的产生,最早可以追溯到 20 世纪杰出的会计大师——美国人埃里克·科勒（Eric Kohler）。科勒教授在其1952年编著的《会计师词典》中，首次提出作业、作业账户、作业会计等概念。1971年，乔治·斯托布斯（George Staubus）教授在《作业成本计算和投入产出会计》中对"作业""成本""作业会计""作业投入产出系统"等概念做了全面系统的讨论，这是理论上研究作业会计的第一部著作。尽管理论界对此持冷淡态度，实务界也未采纳，但它在作业会计理论框架形成中占有重要地位。20世纪80年代后期，随着以MRP Ⅱ为核心的管理信息系统的广泛应用，以及计算机集成制造系统（CIMS）的兴起，美国实业界普遍感到产品成本信息与现实脱节，成本扭曲普遍存在，且扭曲程度令人吃惊。经理们根据这些扭曲的成本信息做出决策时感到不安，甚至怀疑公司财务报表的真实性，这些问题严重影响到公司的盈利能力和战略决策。美国芝加哥大学的青年学者罗宾·库珀（Robin Cooper）和哈佛大学教授罗伯特·S.卡普兰（Robert S. Kaplan）注意到这种情况，在对美国公司调查研究之后，发展了斯托布斯的思想，提出了以作业为基础的成本计算，又称作业成本法。可以说库珀和卡普兰的研究成果标志着ABC法的产生。

目前，ABC法的应用已由最初的美国、加拿大、英国，迅速地向其他发达国家扩展。在行业领域方面，也由最初的制造行业扩展到商品批发、零售、金融、保险、医疗卫生等行业，以及会计师事务所、咨询类社会中介机构等。ABC法最重要的决策应用是在确认公司发展机会、产品管理决策和作业过程改进决策等方面，应用最多的业务领域包括生产加工、产品定价、零部件设计和确定战略重点等。

随着世界著名的ERP软件商SAP将发展战略转移到ABC软件市场，世界各大软件供应商都在力争把以管理决策为目标的ABC法和以信息、数据流为目标的ERP相结合，把ABC法的概念和方法融入ERP系统中，融入预算、计划以至销售、盈利能力分析等各个方面，使公司各有关部门能通过ERP系统获得ABC数据，从而最大限度地改善公司生产经营，形成整体最优化。

12.3.2 作业成本法的基本概念

1. 资源

如果把整个制造中心（即作业系统）看成一个与外界进行物质交换的投入产出系统，则所有进入该系统的人力、物力、财力等都属于资源范畴。

资源进入该系统，并非都被消耗；即使被消耗，也不一定都是对形成最终产出有意义的消耗。因此，作业成本计算法把资源作为成本计算对象，就是要在价值形成的最初形态上反映被最终产品吸纳的有意义的消耗价值。也就是说，在这个环节中，成本计算要处理两个方面的问题：一是区分有用消耗和无用消耗，把无用消耗单独汇集为不增值作业价值，而只把有用消耗的资源价值分解到作业中去；二是区别消耗资源的作业状况，看资源是如何被消耗的，找到资源动因，按资源动因把资源耗费价值分别分解计入吸纳这些资源的不同作业中去。

资源一般分为四大类：货币资源、材料资源（对象资源）、人力资源和动力资源（手段资源）。

2. 作业

作业是成本分配的第一对象。资源耗费是成本被汇集到各作业的原因，而作业是汇集资源耗费的对象。

作业是企业为生产产品或提供劳务而进行的某项生产经营活动或某道工序，是企业为提供一定量的产品或劳务所消耗的原材料、人力、技术、方法和环境等的集合体，它是与产成品的独有特性无关的重复执行的标准化方法或技术。例如，一个服装制造商可能在一个部门中进行裁布作业和缝纫作业。"作业"一词在使用上比较广泛，它可以是一个部门或一个生产流程的同义词。比如，有些企业把它们的精加工部门称为精加工流程或精加工作业。作业是作业成本法的核心要素，企业可以从不同的角度出发，对作业进行不同的分类。

与作业相关联的概念是"作业链"和"价值链"。现代企业实质上是为满足客户需要而设计的作业的集合体，因为从产品设计到产品销售的整个生产经营过程，都是由一系列前后有序的作业构成的，这些作业由此及彼、由内到外相连接，就形成了一条"作业链"。

作业消耗资源，产品消耗作业，每项作业的完成都需要消耗一定的资源，同时又有一定的价值量和产出转移到下一个作业。价值沿作业链在各作业之间转移，就构成了一条"价值链"。因此，"作业链"的形成过程其实就是"价值链"的形成过程。作业的推移，同时也表现为价值在企业内部的逐步积累和转移，最后形成转移给外部客户的总价值，这总价值就是产品的总成本。

3. 作业中心

作业中心是一系列相互联系，且能够实现某种特定功能的作业集合。如原材料采购作业中，材料采购、材料检验、材料入库、材料保管等，相互间都是有关联的，所以，可以把这些作业归类为材料处理作业中心。在实务处理时，则是通过"作业成本库"来进行的，它是作业中心的货币表现形式。建立作业中心的主要目的是归集每类作业的成本，简化作业成本计算。

4. 成本动因

成本动因（cost driver）是指引起成本发生的因素，也可称为分配基础，它是作业基础成本体系中非常重要的一个概念。当作业选定后，就应解决如何将作业的成本分配到产品的问题，作业成本分配必须符合相关性的要求。如果某一作业的成本与产品产量直接相关，可以以产量作为作业成本与产品之间的动因；如果某一作业的成本与产品消耗的机器小时直接相关，则可以选择机器小时作为作业成本与产品之间的动因。根据作业成本法的原理，成本动因可分为两种：一是资源动因，二是作业动因。

资源动因就是资源被各种作业消耗的方式和原因，它反映了作业中心对资源的消耗情况，是资源成本分配到作业中心的标准。例如，如果人工费用的耗用，主要和从事各项作业的人数有关，那么，就可以按照人数来向各作业中心分配人工方面的费用，这里的人数就是资源动因。将资源一项一项地分配到作业中心的成本要素中进行汇总，就形成了作业成本库。通过对成本要素和成本库的分析，可以揭示哪些资源需要减少，哪些资源需要重新配发，最终确定如何改进和降低作业成本。

作业动因是作业中心的成本分配到产品或劳务的标准，也是将资源消耗与最终产出相连接的中介，它反映了产品消耗作业的情况。例如，各种产品或劳务所发生的设备维修费与维修小时有关，那么，维修小时就是作业动因。通过分析作业动因可以揭示哪些作业是多余的，应予以消除，哪些作业应予以改进，以及整体成本应该如何改善、如何降低等。

表 12-2 列示了常见的成本动因的几个例子。大多数成本动因与生产量、生产的复杂性或营销过程有关。

表 12-2 成本动因实例

机器时间	材料重量	运输里程	检验时间
计算机时间	生产准备次数	人工小时或人工成本	飞行时间
订单数量	维修小时	生产或销售数量	废料/重做订单数
材料移动次数	质检数量	打印页数	不同客户数量

12.3.3 作业成本法的核算

1. 作业成本法的核算原理

作业成本法的特点主要体现在对间接费用的分配上，分配时遵循的原则是：作业消耗资源，产品消耗作业。其基本原理如图 12-4 所示。

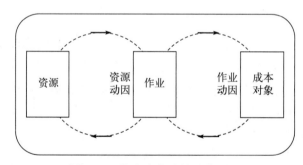

图 12-4 作业成本法的基本原理

作业成本法认为，产品的生产导致了作业的发生，作业导致间接费用的发生。作业成本法最主要的创新就是引入了成本动因。

在作业成本法下，将制造费用看成是一系列作业的结果，这些作业消耗资源，并确定了制造费用的成本水平，也即作业驱动了制造费用成本。所以要反映产品真实的资源消耗，它们的制造费用份额必须按这种作业基础来吸纳，同时，它要求管理者分清导致成本发生的原因，在正确的层次上加以控制。

2. 作业成本法核算的基本过程

作业成本法是以作业消耗资源及产品消耗作业的概念为基础的。所以，作业成本法计算的基本过程就是：先将各类资源价值分配到各作业成本库，再把各作业成本库所归集的成本分配给各种产品。具体步骤如下：

（1）确定成本计算对象。如以产品的品种、批次或步骤作为成本计算对象。

（2）确定直接生产成本类别。如直接材料、直接人工等。

（3）确认作业类别，建立作业中心。如可将制造企业的作业确认为订单作业、采购作业、进货作业、生产作业、质量检验作业、销售作业、发货作业、售后服务作业等。

（4）将资源分配到各作业中心，计算各作业成本。在将资源分配到各作业中心时，如果能分清某资源是哪一作业所耗，可将该资源直接分配到该作业中心，如某作业中心发生的办公用品费；如果某资源由几个作业中心共同耗费，不能分清是哪一作业所耗，则须采用一定的资源动因，将该资源在共同耗费该资源的作业中心之间进行分配。

（5）分配作业成本。选择成本分配基础，即作业动因，计算间接成本动因率，用成本动因率乘以产品成批次耗用的成本动因量，即得该产品或批次所分得的该项间接成本。成本动因的选择，应遵循因果关系或受益性、合理性等原则。

（6）计算各产品成本。将各产品发生的直接生产成本和各成本库中的作业成本分别汇总，即得出该产品总成本或单位成本。

作业成本法的成本计算过程如图12-5所示。

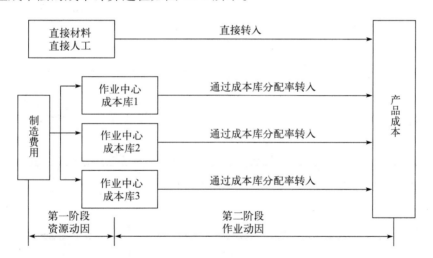

第一阶段：按资源动因将制造成本费用分配到各成本库
第二阶段：按成本动因将各成本库的成本分配给各产品

图 12-5 作业成本法的成本计算过程

3. 作业成本法的应用举例

【例 12-6】 某制造企业分别生产甲、乙两种产品，经过 A 和 B 两个生产车间，A 车间是机器加工车间，B 车间是装配车间。原先使用传统的成本计算方法分两步计算其产品成本：第一步，先将分厂的制造费用按机器小时分到两个生产车间 A 和 B。第二步，再根据直接人工工时将制造费用分给甲产品和乙产品。

某年度某月份该企业共发生制造费用 1 000 000 元，A、B 车间的机器小时分别为 4 000 小时和 16 000 小时，直接人工小时分别为 2 000 小时和 1 000 小时。

该月份其他有关资料如表 12-3 所示。

表 12-3　甲、乙产品有关成本资料

项目	甲产品	乙产品
生产和销售数量（件）	200	800
直接材料的单位成本（元）	100	50
每小时直接人工工资率（元）	25	20
A 车间直接人工（小时）	400	1 600
B 车间直接人工（小时）	200	800

经分析该企业的作业情况如表 12-4 所示。

表 12-4　企业作业情况表

作业中心	资源分配	动因	动因量 甲产品	动因量 乙产品	动因率
移动材料	150 000	移动数	150	350	300
启动机器	100 000	启动数	10	15	4 000
设备维修	200 000	维修小时	800	1 200	100
质量控制	120 000	产品数量	200	800	120
产品运输	160 000	运输次数	20	60	2 000
机器加工	180 000	机器小时	6 000	14 000	9
其他	90 000	人工小时	800	2 200	30
合计	1 000 000				

根据上述资料，分别采用传统成本计算方法和作业成本法，计算产品成本如下：

（1）传统成本计算方法。将制造费用按机器小时数分配给 A、B 部门，如表 12-5 所示。

表 12-5　制造费用在 A、B 部门间的分配

分配对象	分配标准（机器小时）	分配率	分配额
A 部门	4 000		200 000
B 部门	16 000		800 000
合计	20 000	50	1 000 000

将 A、B 部门的制造费用分别按产品数量、人工小时分配给甲、乙产品，如表 12-6 所示。

表 12-6　A、B 部门制造费用在甲、乙产品间的分配

部门		甲产品	乙产品	合计
A 部门	分配标准（人工小时）	400	1 600	2 000
	分配率			100
	分配额（元）	40 000	160 000	200 000
B 部门	分配标准（人工小时）	200	800	1 000
	分配率			800
	分配额（元）	160 000	640 000	800 000
合计（元）		200 000	800 000	1 000 000
单位产品制造费用（元）		1 000	1 000	

甲、乙产品的单位成本和总成本的计算如表 12-7 所示。

表 12-7　甲、乙产品的单位成本和总成本计算表　　（单位：元）

项目	甲产品	乙产品
直接材料	100	50
直接人工	25×（400+200）÷200=75	20×（1 600+800）÷800=60
制造费用	1 000	1 000
单位成本	1 175	1 110
总成本	200×1 175=235 000	800×1 110=888 000

（2）作业成本法。按成本动因率分配各作业中心的成本，如表 12-8 所示。

表 12-8　按成本动因率分配各作业中心的成本　　（单位：元）

项目	甲产品	乙产品
移动材料	300×150=45 000	300×350=105 000
启动机器	4 000×10=40 000	4 000×15=60 000
设备维修	100×800=80 000	100×1 200=120 000
质量控制	120×200=24 000	120×800=96 000
产品运输	2 000×20=40 000	2 000×60=120 000
机器加工	9×6 000=54 000	9×14 000=126 000
其他（人工小时动因）	30×800=24 000	30×2 200=66 000
总计	307 000	693 000
单位制造费用	1 535	866.25

计算甲、乙产品的总成本和单位成本，如表 12-9 所示。

表 12-9　甲、乙产品的总成本和单位成本计算表　　（单位：元）

项目	甲产品	乙产品
直接材料	100	50
直接人工	75	60
制造费用	1 535	866.25
单位成本	1 710	976.25
总成本	200×1 710=342 000	800×976.25=781 000

（3）传统成本法与作业基础法计算结果的比较。传统成本法与作业成本法的比较如表 12-10 所示。

表 12-10　传统成本法与作业成本法计算结果的比较

项目	核算方法	甲产品		乙产品	
		单位：元	单位：%	单位：元	单位：%
制造费用	传统成本法	200 000	20	800 000	80
	作业成本法	307 000	30.7	693 000	69.3
单位成本	传统成本法	1 175.00	51.42	1 110.00	48.58
	作业成本法	1 710.00	63.66	976.25	36.34

从表 12-10 中可见，与作业成本法相比，采用传统成本法下甲产品少分配

107 000元制造费用，乙产品多分配107 000元制造费用，结果导致甲产品单位成本少计入535元，而乙产品单位成本多计入133.75元，成本信息误差很大，它会使管理决策和方针确定方面产生失误。一般来说，作业成本法能较好地反映制造费用成本的同质性，并且按不同成本动因进行分配，从而使提供的成本信息相对比较精确。

12.3.4 作业成本法的特点及优缺点

1. 作业成本法的特点

作业成本法的特点可以通过比较作业成本法与传统成本法的区别来说明。

虽然传统成本法与作业成本法在程序上都有两个基本步骤，即先进行成本归集，然后将归集的成本按成本比率分配给各产品，然而，在这两种方法下，这两个步骤是有差异的。在传统成本法下，通常将不同的制造费用以部门为基础进行归集，并采用主观、单一的分配率进行分配；而作业成本法则将制造费用按不同的动因分配到一系列成本库中进行归集，然后按各自的动因率进行分配。换言之，作业成本法采用不同的动因进行分配，使得成本库中归集的制造费用更具同质性，费用分配与分配标准之间更具因果关系。作业成本法与传统成本法相比较，其区别主要有以下几个方面。

（1）成本计算对象不同。传统成本法以"产品"为中心，以产品作为成本计算对象，归集生产费用，计算产品成本；而作业成本法以"作业"为中心，追踪成本发生的前因后果，形成了以作业为核心的成本核算对象体系。通过作业成本的确认、计量，为尽可能消除"不增加价值的作业"和改进"可增加价值的作业"及时提供有用的成本信息。

（2）成本计算程序不同。传统成本法按部门归集制造费用，确定费用分配率，将制造费用分配到产品成本中，分配标准单一；作业成本法按作业归集制造费用，以多成本动因确定费用分配率，分配制造费用，提高了成本计算的准确性。

（3）成本核算范围不同。传统成本法的核算范围是产品成本；而作业成本法的核算范围不仅包括产品成本，还包括作业成本。作业成本法通过提供这两种成本信息，消除了传统成本法下扭曲成本信息的缺陷。

（4）费用分配标准不同。传统成本法对于间接制造费用的分配，通常采用人工工时、机器工时等财务变量标准；而作业成本法对于间接制造费用的分配，通常以成本动因作为标准，既可以是财务变量，也可以是非财务变量。

（5）提供的成本信息不同。传统成本法提供的是企业最终产品的成本相关信息，由于间接制造费用的分配采用单一标准，当产品成本中制造费用比重较大时，成本信息的可利用价值就相对较差；而作业成本法费用的分配采用多成本动因标准，拓宽了成本计算的范围，不但提供了产品成本信息，还提供了作业成本信息，为成本控制和相关决策提供了有价值的资料。

2. 作业成本法的优缺点

（1）作业成本法的优点。作业成本法充分考虑到资源在实施作业中的用途，并将作业成本与成本对象相结合，尤其准确计量了那些与产品数量不成比例的作业成本，为管理者提供了更加精确的成本信息。

由于作业成本法解决了传统成本计算方法扭曲成本信息的问题，从而能够提供更精确、更丰富的作业驱动成本的计量信息，管理者可以更好地评价产品、服务或客户的盈利能力。管理者可以认识到某个客户比原来想象的更具有盈利能力，同样可以认识到某种原来认为是盈利的产品其实是一个亏损产品。

在作业成本法系统中，成本是由作业引起的，该作业是否应当发生，是由产品的设计环节所决定的。在产品设计中，要设计出产品由哪些作业组成、每一项作业预期的资源消耗水平；在作业的执行过程中，应分析各项作业预期的资源消耗水平以及预期产品最终可为客户提供价值的大小。对于这些信息进行处理和分析，可以促使企业改进产品设计、提高作业水平和质量，减少浪费，降低资源的消耗水平。

采用作业成本法，由于间接费用不再是均衡地在产品之间进行分配，而是通过成本动因追溯到产品，准确、真实地反映了产品成本。它一方面有助于产品定价决策；另一方面有助于准确确定产品收益，考核产品生产经营的业绩，进而不断地改进企业的业绩评价体系，调动各部门挖掘盈利潜力的积极性。

（2）作业成本法的缺点。作业成本法也有其本身的一些局限性。在作业成本法中，成本动因的选择具有主观性，由于作为分配间接费用标准的成本动因的选择具有较强的主观性，有些资源的发生是固定的，很难与特定作业相联系，如折旧费、动力费、保险费等。因此，若成本动因选择得不合适，会引起成本信息的失真。

作业成本法的实施成本较高。由于作业成本法是以作业为基础归集间接资源成本，各作业根据不同的成本动因来分配作业成本，这不仅增加了财会的工作量，还需要其他人员提供更多的数据。此外，在激烈的市场竞争中，企业要想在竞争中取胜，就要不断进行技术革新及产品结构的调整，这样就要重新进行作业划分，也就需要增加作业成本法的耗费。

3.作业成本法的应用条件

作业成本法的优缺点决定了实施作业成本法应该具备以下条件。

（1）要有较高的间接费用。作业成本法与传统成本法最大的区别在于对间接费用的分配方法不同。因此，只有在产品成本中间接费用所占的比重较大，而且所生产的产品具有多样性，不同产品的产量、批量或者复杂性有较大差异的情况下，采用作业成本法才会大大提高成本信息的精确度，使成本决策更具有相关性，否则采用作业成本法收效不大。

（2）管理者有较高的要求。采用作业成本法计算产品成本的目的是为了提供给管理者所需要的信息，只有管理者决策时对需要的信息具有较高的要求时，才有实施作业成本法的必要性，也才会使作业成本法的效率得以充分发挥。

（3）有现代化信息技术做基础。采用作业成本法进行成本计算时，包括对作业进行划分、费用分配等诸多环节，一方面需要大量的信息资料，另一方面需要对这些信息资料进行加工处理。企业必须有完整的信息系统，以及处理这些信息的处理工具，这样才能提高成本计算工作的效率和准确性。

（4）具备高素质的财会人员。由于作业成本法是一种全新理念下的成本计算方法，它的使用需要有一批能接受新事物、有专门知识的高素质财会人员，才能很好地实施作业成本法。

当然，不同企业的作业基础成本制度有很大的差别。事实上，没有一种作业成本制度能够适应所有的企业，每个企业都要设计一套满足本企业需要的作业成本制度。

12.4 成本差异分析

成本差异是指实际成本与标准成本之间的差异。成本差异分析是一种例外管理方法，是以成本费用预算为依据，将实际成本同计划（标准）成本相比较，找出实际脱离计划（标准）的差异并对差异进行分析，以便查清原因，从而及时采取措施，降低成本费用。它把管理人员的精力有重点地放在差异较大的问题上，又称为重点管理法，是管理会计的重要内容。

成本差异有两种情况：实际成本低于标准成本时的差异称为有利差异，即成本节约，用负数表示；实际成本高于标准成本时的差异称为不利差异，即成本超支，用正数表示。不论何种差异，只要超过了规定的允差，都要进行差异分析。

在现代管理会计中，成本差异类目分得比较细，这对分析和控制成本是非常必要的。差异分析中存在一些烦琐的计算，手工管理很难实现。

1. 直接材料成本差异

直接材料成本差异是指产品直接材料的实际成本与标准成本之间的差异，它包括材料价格差异和材料用量差异两部分。前者由材料实际价格与标准价格的不同引起；后者由材料实际耗用量与标准耗用量的不同引起。

直接材料成本差异的计算公式为：

直接材料成本差异 = 实际价格 × 实际数量 − 标准价格 × 标准数量

直接材料成本差异包括价格差异和数量差异两部分，计算公式为：

材料价格差异 =（实际价格 − 标准价格）× 实际数量

材料数量差异 =（实际耗用量 − 标准耗用量）× 标准价格

【例 12-7】 某厂 D 产品的单位材料耗用定额为 10 千克，每千克标准价格为 1 元。如某年 5 月投入生产 D 产品 150 台，实际消耗材料 1 450 千克，实际单价为 1.10 元，则材料数量差异和材料价格差异计算如下：

材料价格差异 =（1.10−1）× 1 450=145（元）　　　　（超支）
材料用量差异 =（1 450−150×10）× 1=−50（元）　　　（节约）
材料成本总差异 =1 450×1.10−150×10×1=95（元）　　（超支）

影响材料数量差异的因素是多方面的，包括材料耗用中的浪费、节约，以及由于产品结构的变化、材料加工方法改变、材料质量改变及材料代用等原因所造成的超支、节约。因此，材料数量差异控制的重点是材料领用环节。影响材料价格差异的原因，除了价格调整之外，大多是采购工作的质量，如采购地点和数量是否恰当，运输方法和途径是否合理等，因此材料价格差异控制的重点是材料采购环节。

2. 直接人工成本差异

直接人工成本差异是指生产工人工资的实际发生额与按实际产量和标准工资率计算的工资额之间的差额。它包括工资率差异和人工效率差异两部分，前者由生产工人的实际工资率与标准工资率之间的差异引起；后者由产品实际耗用工时与标准耗用工时之间的差异引起。

直接人工成本差异的计算公式如下：

直接人工成本差异 = 实际工资价格 × 实际工时 - 标准工资价格 × 标准工时

人工工资价格差异 = (实际工资价格 - 标准工资价格) × 实际工时

人工效率差异 = (实际工时 - 标准工时) × 标准工资价格

【例12-8】 D产品的直接人工标准工时为每台10小时，每小时标准工资率为2元。生产150台，实际共耗用1 550小时，实际工资率为1.8元，则人工效率差异和工资率差异计算如下：

人工效率差异 = (1 550–150×10) ×2=100（元） （超支）

工资率差异 = (1 550×1.8) - (1 550×2) =-310（元） （节约）

人工成本总差异 =1 550×1.80–150×10×2=-210（元） （节约）

影响人工效率差异的原因有多方面，可能是工人个人方面的，也可能是管理者计划不周造成的，如工厂流水线的安排、生产设备或控制标准的变动等。影响工资率差异的原因主要有生产人员的人数变动，非生产工时损失如开会、停工待料等。因为实际工资率是用实际总工资除以实际有效总工时求得的，因此，在计件工资形式下，直接人工差异控制点主要是各种津贴和补加工资；在计时工资形式下，人工效率差异的控制点在于每项加工任务完成的工时；工资率差异的控制点在于劳动生产率。

3. 变动制造费用差异

变动制造费用指与直接成本成正比例增减变动的制造费用。变动制造费用的标准经常用每个生产活动单位的分配率来表示。变动制造费用差异包括变动制造费用耗用差异和变动制造费用效率差异两部分，前者是指变动制造费用实际分配率与标准分配率之间的差异；后者是指实际耗用工时与按实际产量计算的标准工时之间的差异。变动制造费用耗用差异和变动制造费用效率差异的计算公式为：

变动制造费用差异 = 实际工时 × 变动制造费用实际分配率 -
　　　　　　　按实际产量计算的标准工时 × 变动制造费用标准分配率

变动制造费用耗用差异 = 实际工时 × 变动制造费用实际分配率 -
　　　　　　　实际工时 × 变动制造费用标准分配率
　　　　　　　= (变动制造费用实际分配率 - 变动制造费用标准分配率) ×
　　　　　　　实际工时

变动制造费用效率差异 = 实际耗用工时 × 变动制造费用标准分配率 -
　　　　　　　按实际产量计算的标准工时 × 变动制造费用标准分配率
　　　　　　　= (实际耗用工时 - 按实际产量计算的标准工时) ×
　　　　　　　变动制造费用标准分配率

【例 12-9】 D产品标准工时为 10 小时，标准变动制造费用分配率为 0.5 元。生产 150 台，实际耗用 1 400 小时，实际分配率为 0.45 元，则变动制造费用耗用差异和变动制造费用效率差异可计算如下：

变动制造费用耗用差异 =（0.45−0.5）×1 400=−70（元）　　　　（节约）
变动制造费用效率差异 =（1 400−150×10）×0.5=−50（元）　　　（节约）
变动制造费用总差异 =1 400×0.45−150×10×0.5=−120（元）　　（节约）

由于标准变动制造费用是按照标准工时（或定额工时）分配的，因此，如果人工成本发生效率差异，变动制造费用也相应地发生效率差异。变动制造费用的耗用差异指标准费用分配率与实际费用分配率之间的差异，它既受到这些费用耗用的节约或超支的影响，也受到非生产工时多少的影响。由于企业的生产类型不同，对于变动制造费用控制点的选择也不尽相同，不能强求一致。

4. 固定制造费用差异

固定制造费用是指在较长时期内，在产量的相关范围内保持不变的费用。固定制造费用差异是实际固定制造费用与实际产量标准固定制造费用的差异。其计算公式为

固定制造费用差异 = 实际固定制造费用 − 实际产量标准固定制造费用
　　　　　　　　 = 实际固定制造费用 − 实际产量 × 工时标准 × 固定制造费用标准分配率
　　　　　　　　 = 实际固定制造费用 − 实际产量标准工时 × 固定制造费用标准分配率

由于固定制造费用相对固定，一般不受产量的影响，因此产量变动会对单位产品成本中的固定制造费用产生影响：产量增加时，单位产品应负担的固定制造费用会减少；产量减少时，单位产品应负担的固定制造费用会增加。这就是说，实际产量与计划产量的差异会对产品应负担的固定制造费用产生影响。正因为如此，固定制造费用差异的分析方法与其他费用差异的分析方法有所不同，通常有两种方法：一种是两差异分析法；另一种是三差异分析法。

（1）两差异分析法。两差异分析法是将固定制造费用差异分为固定制造费用预算差异和固定制造费用产量差异两部分。前者指固定制造费用实际发生数和预算数之间的差异；后者是指在固定制造费用预算不变的情况下，由实际产量和计划产量不同而引起的差异。固定制造费用预算差异和固定制造费用产量差异的计算公式为

固定制造费用预算差异 = 固定制造费用实际数 − 固定制造费用预算
固定制造费用产量差异 = 固定制造费用预算 −
　　　　　　　　　　　（实际产量标准工时 × 固定制造费用标准分配率）

【例 12-10】 D产品标准工时为 10 小时，固定制造费用预算为 600 元，预算产量 120 台，实际产量 150 台，实际固定制造费用为 675 元，则固定制造费用产量差异和固定制造费用预算差异可计算如下：

固定制造费用标准分配率 =600÷（120×10）=0.5（元）
固定制造费用差异 =675−150×10×0.5=−75（元）　　　　　　（节约）
固定制造费用预算差异 =675−600=75（元）　　　　　　　　　（超支）
固定制造费用产量差异 =600−（150×10×0.5）=−150（元）　　（节约）

固定制造费用的预算差异同材料的价格差异、人工的工资率差异和变动制造费用的耗用差异相类似，由其实际分配率与预算数或预计数的偏离引起，因而这个差异常常被称为耗用差异。而固定制造费用产量差异仅仅作为成本计算之用，并不意味着真正的节约或浪费。

两差异分析法比较简单，但其分析结果并没有反映和分析生产效率对固定制造费用差异的影响。在计算产量差异时，使用的都是标准工时，如果实际产量与计划产量一致，则产量差异为零。但是，实际产量的实际工时可能与其标准工时存在差异，而生产能力的实际利用情况更取决于实际工时而非标准工时。实际工时与标准工时之间的差异，属于效率高低的问题。因此，固定制造费用差异分析更多地采用将产量差异划分为能力差异和效率差异的三差异分析法。

（2）三差异分析法。三差异分析法是将固定制造费用差异分为固定制造费用预算差异、固定制造费用能力差异和固定制造费用效率差异三部分。其中，固定制造费用预算差异与两差异分析法相同；固定制造费用能力差异是指实际产量的实际工时脱离计划产量的标准工时而引起的生产能力利用程度差异而导致的成本差异；固定制造费用效率差异是指生产效率差异导致的实际工时脱离标准工时而产生的成本差异。固定制造费用预算差异、固定制造费用能力差异与固定制造费用效率差异的计算公式为

固定制造费用预算差异 = 固定制造费用实际数 − 固定制造费用预算
固定制造费用能力差异 =（计划产量标准工时 − 实际产量实际工时）×
固定制造费用标准分配率
固定制造费用效率差异 =（实际产量实际工时 − 实际产量标准工时）×
固定制造费用标准分配率

【例12-11】 D产品标准工时为10小时，固定制造费用预算为600元，预算产量120台，实际产量150台，实际耗用工时1 550小时，实际固定制造费用为675元。采用三差异分析法计算固定制造费用差异如下：

固定制造费用标准分配率 =600÷（120×10）=0.5（元）
固定制造费用差异 =675−150×10×0.5=−75（元）　　　　（节约）
固定制造费用预算差异 =675−600=75（元）　　　　　　　　（超支）
固定制造费用能力差异 =（120×10−1 550）×0.5=−175（元）（节约）
固定制造费用效率差异 =（1 550−150×10）×0.5=25（元）　（超支）

三差异分析法的能力差异与效率差异之和，等于两差异分析法的产量差异。

采用三差异分析法，能够更好地说明生产能力利用程度和生产效率高低所导致的成本差异情况，并且有利于分清责任：能力差异的责任一般在于管理部门；而效率差异的责任则往往在于生产部门。

上述成本差异计算完成后应进行汇总，先分别编制直接材料差异汇总表、直接人工差异汇总表、变动制造费用差异汇总表及固定制造费用差异汇总表，然后汇总成为成本差异汇总表，据以进行总分类核算。

按照计算出来的差异进行差异分析。差异分析一般限于重大差异。差异的重要性取决于差异的数额和差异出现的频率。与标准成本相比,差异的数额越大,或者差异重复出现的次数越多,则该差异就越重要。管理部门应采用"例外管理"的原则,即突出重要差异,略去微不足道的差异,通过分析那些特殊的差异,确定原因,从而做出对将来有影响的各种改进性决定,通过差异分析真正发挥成本控制的作用。

12.5 ERP 成本管理系统

12.5.1 ERP 成本管理的原则

现代会计学有财务会计与管理会计两种会计事务之分。相比之下,财务会计的事务处理更多地受到各国、各地会计处理法规、惯例的影响,比如我国的财务核算体系与西方就有较大的不同。结合这种情况,国产财务软件在过去的十年里走出了一条自己的路。随着 ERP 概念逐渐为人知晓,一些财务软件也把自己的产品向着 ERP 的方向发展,于是很容易令有些用户产生这样的认识:ERP 的会计就是财务会计,ERP 的成本管理就是计算机做账。

面对当今动态的市场,越来越短的产品周期以及日益激烈的竞争,ERP 不能停留在仅仅完成计算机化的成本记录、归档等传统任务,更多地贯穿于 ERP 成本管理中的其实是管理会计的原则和思想,体现在以下几个方面:

(1)从系统本身来看,ERP 的一个重大改进是实现了财务系统与生产系统的同步,也就是资金流和物流的集成,强调事前计划、事中控制、事后反馈"三部曲"的统一,一套包含预测、计划、决策、控制、分析、考核的管理模式也体现在成本管理中。

(2)从具体的管理方法来看,常见的 ERP 系统都强调能够实现标准成本的预先确定、实际成本发生后成本差异的分析、成本中心为主体的责任成本管理等功能,而这些都是管理会计的重要内容。

(3)从国内的应用环境来看,过去引进的 MRP Ⅱ 软件中的管理会计部分曾被认为是不适合国情的,但随着我国财务制度与国际惯例的逐步接轨、新的财务准则的不断出台以及企业科学决策意识的增强,管理会计在事前控制的舞台上将有着越来越广阔的应用前景。

当然,这并不是说财务会计在 ERP 中就是不重要的。我们知道,财务会计系统的业务处理所基于的数据结构是统一的,每项业务交易的单独处理都具有高度的系统集成性。在基本数据输入以后,财务会计系统会进行一系列操作(包括更新账户、账户汇总、计算余额表数据、资产负债分析以及损益分析等),其中每次操作都使管理会计系统中的所有数据同时得到相应的更新。所以,财务会计和管理会计实际上是 ERP 财会系统同一个硬币的正反两面,两者之间是相互支持、相互补充、不可或缺的关系。

12.5.2 ERP 成本管理的特点及作用

ERP 的一个重要特点是它具有集成性,将财务、生产、采购、销售、库存、质量管理、设备管理、人力资源等业务流程完全集成起来，能够依据产品结构、工作中心、工艺路线、采购、薪酬管理等提供的信息进行产品的各种成本计算。同时，ERP 系统的集成性使得管理人员在 ERP 平台上所面对的是源头唯一而且钩稽准确的数据。在 ERP 的成本管理系统中，所有的成本管理应用程序都共用同样的数据源，用户界面的同一结构使系统具有容易操作的特点，成本与收入的监控可贯穿所有职能部门。

1. 采用标准成本体系

标准成本制度是 20 世纪早期产生的一种成本管理制度。标准成本是在充分调查、分析和技术测定的基础上，根据企业现已达到的技术水平，确定企业在有效经营条件下生产某种产品应当发生的成本，它是目标成本的一种，可以作为控制成本开支、评价实际成本、衡量成本控制绩效的依据。由此可见，它并不是一种单纯的成本计算方法，而是把成本计算和成本控制分析相结合的一个完整的成本控制系统。ERP 成本系统强调事前计划、事中控制、事后分析的统一。

（1）事前计划。在成本发生前，预先通过对历史资料的分析研究和依据技术方法测算，制定出在未来某个时期内，各种生产条件处于正常状态下的标准成本。标准成本是进行成本控制的依据和基础，作为员工努力的目标以及衡量实际成本节约或超支的尺度，起着成本的事前计划作用。

（2）事中控制。在生产过程中将成本的实际消耗与标准消耗进行对比，及时发现和分析实际成本与成本标准的差异，对成本超支的部分迅速采取措施加以改进。

（3）事后分析。在对成本差异进行全面综合分析的基础上，发现产生成本差异的原因，总结经验，发现问题，查明责任归属，评估业绩，从而制定有效措施，以避免不合理的支出和损失的再次发生，并在此基础上制定新的标准成本，为未来的成本管理工作和降低成本的途径指出努力方向。

ERP 成本系统将成本的差异自动结转出来，还可以将差异细分为材料价格差异、材料用量差异等差异项。此外，ERP 标准成本体系还可以实现把各项成本差异直接落实到各部门甚至个人，为企业构建责任成本体系提供基础，可见企业实行 ERP 标准成本体系有助于优化成本控制流程，简化日常核算工作。

但总的来说，ERP 中的标准成本体系是按照标准成本思想的原理设计的，ERP 只是为这种理论方法的应用，以及标准成本法与其他成本管理理论和方法的结合应用提供了操作平台，解决了烦琐的计算问题，有利于标准成本制度在企业的应用，促进了标准成本制度的普及，但对这一成本理论本身而言，ERP 并没有改变它具体的思想和方法。

2. 高度集成的环境为实施全面成本管理创造了条件

全面成本管理突破了传统成本管理的概念，要求企业在整个生产经营的全过程对成本进行管理，是包括了成本管理各个环节的全面管理。具体而言，全面成本管理有事前管理、事中管理和事后管理，即在产品形成前通过成本预测和决策，提供最佳的产品成本方案，通过成本控制和检查，准确计算成本数据，进行成本分析和考核。另外，全面成本管理还特别强调动员每个职工、每个部门、每个环节都来参与成本管理，所以全面成本管理要求企业的每个部门、每个职工都能够了解企业的成本控制目标，了解自身的成本责任，协调配合共同完成降低成本的任务。可以说，全面成本管理对成本理论是一次创新。

ERP 的成本管理模块能够对企业全部的生产经营活动进行成本核算和成本控制，不仅可以根据其生产特点和工艺流程确定成本对象，按步骤、品种、批次进行成本计算，在采用 ERP 标准成本体系的前提下，还可以根据管理的需要提供各种决策支持信息，不仅可以按月，还可以按旬，甚至按日计算成本。总的来说，ERP 可以提供每一批、每一步、每一种产品，每时、每刻的成本信息。除此之外，ERP 中的成本管理涉及采购、库存、生产和销售，范围包括企业的整个供应链，使每个有关的成本责任人都可以及时了解到与他相关的成本信息。ERP 为全面成本管理在企业的应用提供了有力的信息技术支持，基本满足了全面成本管理对成本信息的及时性、成本信息的提供方式、成本报告的多样性的要求。同时，ERP 使这种成本管理方法与标准成本法等方法结合使用创造了技术环境，促进了全面成本管理方法的普及应用。

12.6　成本管理与其他模块的关系

成本管理模块支持成本中心会计，可进行工序核算，提供工作中心成本考核。成本核算系统支持多 BOM 核算，允许同一产品多部门（成本中心）生产，支持联副产品成本核算，支持订单成本管理。成本核算系统与制造数据整合，车间管理系统启用时，及时获取工时日报表、完工产品日报表数据作为成本核算的输入数据等。

企业在经营过程中发生的费用都可以通过总账系统中费用科目归集的费用发生额获得，成本系统将归集的费用在不同产品之间、完工产品和在制品之间进行分配，并进行已完工产品的成本结转。费用汇总分配、成本计算和凭证编制是成本核算模块的三个重要功能。

成本管理模块在每个会计期间可以直接从固定资产模块获取应计入成本的折旧费用分配数据。这些数据的形式可以是折旧费用分配表或根据分配表制作的折旧费用计提分配凭证。

成本管理模块可直接调用存货核算模块的材料出库成本、自制半成品核算数据，存货核算模块可读取成本核算模块的完工产品单位成本，即产成品的入库数据。

成本管理模块与财务、生产、库存和销售等模块密切联系。它可以更准确、快速地进行成本费用的归集和分配，提高成本计算的及时性和正确性，同时通过定额成本的管理、成本模拟、成本计划，能够更为有效地进行成本预测、计划、分析与考核，提高企业成本的管理水平。

成本管理模块可以直接从人力资源管理系统中获取应计入生产成本的直接和间接人工费用数据。这些数据一般是按部门与职工类别分类汇总的。这些数据的形式可以是薪资费用分配表，或根据分配表制作的薪资费用分配结转凭证、职工福利费分配结转凭证等。成本管理模块与其他业务模块的关系如图 12-6 所示。

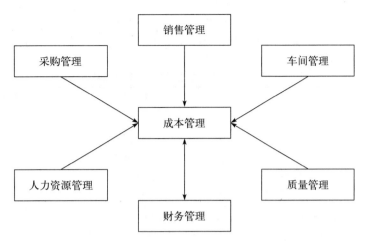

图 12-6　成本管理模块与其他业务模块的关系图

思考与练习题

1. 产品成本由哪些部分构成？
2. ERP 中设置了哪些成本类型？
3. 成本的计算方式有哪几种？
4. 简述产品成本的计算程序。
5. 直接材料费如何计算？
6. 间接费用如何分配？
7. 简述 ABC 成本法核算原理。
8. 简述 ABC 法的基本程序。
9. ABC 法的优缺点有哪些？
10. 成本差异分析包括哪几部分内容？
11. ERP 更多的是财务会计的范畴，等同于会计电算化。这种说法是否正确？
12. ERP 系统的成本管理有哪些特点？
13. ERP 成本管理的任务是什么？
14. 企业实施 ERP 系统对企业成本控制有何帮助？

案例分析

成本核算精细化：作业成本法在 A 地铁公司的应用

1. 公司现状

A 地铁公司从 1997 年开通运营 1 号线以来，至今已开通运营 8 条线路，总里程达到 236 公里，尤其是 2009～2010 年，连续开通了 5 条线路，线网规模效益显著，从 2011 年起每年运营客流收入已近 30 亿元。但同时，运营成本也急剧增大，并且伴随着 2008 年 G 市优惠票价政策的实施，每年票价优惠额度高达 9 亿元，而政府每年给予的购买公共服务产品补贴收入仅为 2 亿元，无法弥补企业的实际优惠让利程度，无形中加大了企业实际亏损压力。

因此，在运营客流收入增长有限的情况下，如何控制成本，优化企业的内部管理，优化车辆运作与维修模式，运用全成本管理、价值链管理的视角，审视企业的作业活动，并将成本管理的责任落实到作业的实施环节，与作业责任部门的业绩直接挂钩，成为 A 地铁公司尝试探讨的成本管理模式。面对凸显的成本管理问题，A 地铁公司提出了实施作业成本法。

通过对 A 地铁公司运营成本性质的分类，可以将地铁的运营成本主要分为 6 大类，如表 12-11 所示。从全成本管理来看，除后两类税费与成本折旧属于运营期间的不可控成本外，前四类成本占总成本的 75%，是运营成本管理的重点关注项目。

表 12-11 近三年运营总成本分类与结构分析

序号	成本分类	金额（万元）	结构占比（%）
1	人工成本	130 1489	37
2	电耗能耗	70 469	20
3	维修费	41 557	12
4	其他支持性费用	22 008	6
5	税费	23 573	6
6	成本折旧	68 186	19
	总计	355 942	100

2. 成本管理存在的问题

随着线网规模的不断扩张，及线路运营时间的逐步增长，多线路下的线网运营的成本管理与单一或少线路的运营成本管理难度截然不同。公司目前成本管理体系存在以下问题。

（1）目标制定方面，指标分解逐层衰减，压力未有效传导至责任单位。公司每年制定全成本指标——车公里成本，然后以预算管理为主线，按照组织维度将车公里成本及细化的成本预算逐层分解到中心、部门与分部，并将成本预算执行情况纳入绩效考核。

但运营总成本在分解的过程中，存在逐层衰减效应，总部的成本压力并未全面、有效地传导下去。其本质原因，就是目前的成本压力分解仍按照财务核算的成本项目进行成本目标的设定、责任分解与内部激励，并未按照地铁运营的价值链条，从作业活动的角度映射各级责任单元的成本管理责任。

（2）执行与监控方面，未从作业源头制定有效的成本控制策略，业务信息与财务信息难以匹配，并未逐一明确控制责任单位、业务控制时点等，从而未能有效引导业务前端的成本控制，导致预算的执行率不高。

（3）记录与核算方面，成本核算颗粒度不够，信息难以追踪至业务层面。目前，成本核算主要按成本性质、中心或部门、线路维度归集成本信息。部分成本未能细分到部门或是分部，也无法细分到专业。业务信息体量大、散点式记录，缺乏统计整理功能，不便于为财务提取分析，难以发挥成本分析与决策支持的作用。

3. 作业成本法的实施

项目小组通过对 A 公司目前成本管理现状的梳理，开始了实施作业成本法之旅。

（1）设计思路

1）确定重点成本项目，纳入成本管理管控范畴。将占总成本 75% 以上的前四类成本费用项目，确定为运营成本管理的重点关注项目。

2）将运营业务活动按价值活动进行作业分类，建立一二级的作业成本，一级作业即前端客运服务、中端维修服务及后端支持性服务。在一级作业成本下再按作业特点细分二级作业。

3）引入作业成本法，以作业活动为桥梁，建立成本与责任单元的联系，针对每类价值活动建立"成本资源—作业活动—成本对象—责任中心"的四维映射关系（见图 12-7）。

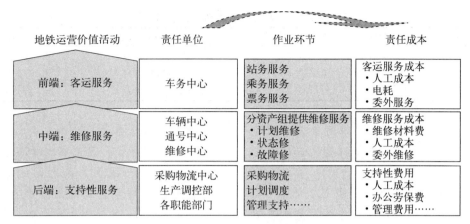

图 12-7　作业成本四维模型图

(2) 实施步骤

1) 定义作业环节，完成成本梳理。根据价值链条，完成对作业环节的分析，将各项成本资源根据动因梳理至各作业库中，完成作业与成本的映射关系。图 12-8 和图 12-9 分别列示了客运服务、维修服务作业与成本的映射图。

2) 选定成本对象，分析成本动因。成本对象反映产品成本归集的精细度，以便于成本与收入挂钩，方便服务产品的盈利能力测算与分析等。在确定了成本对象后，再逐一确定影响成本对象的成本动因。表 12-12 为客运服务作业环节成本动因的分析。

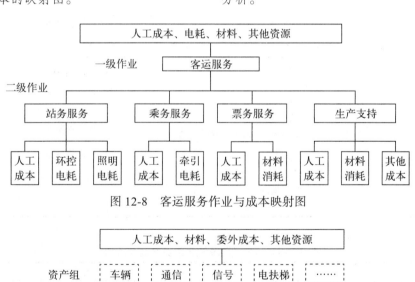

图 12-8　客运服务作业与成本映射图

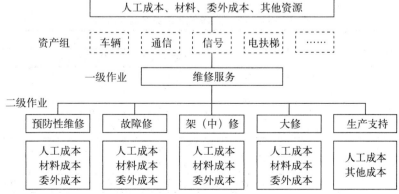

图 12-9　维修服务作业与成本映射图

表 12-12　客运服务成本对象级指标示例

作业环节	成本对象	主要成本动因	成本对象指标单位	单位成本
客运服务	××号线路（如1号线、2号线等）	车站数量 车公里 客公里	每站客运服务成本 车公里客运服务成本 客公里客运服务成本	元/站 元/车公里 元/客公里

表 12-13 为资产组成本对象级划分及主要资产规模动因分析所确定的资产组成本指标示例。

3）分析作业动因，建立成本指标。在上述的成本对象级指标体系设定的基础上，进一步分析作业动因，可以划分出作业级成本指标体系。通过建立成本对象级指标与作业级指标，可以清晰梳理出从成本项目—作业—成本对象之间的隐藏关系，深挖成本驱动，追溯成本产生之源。表 12-14 和表 12-15 分别为客运服务、维修服务成本对象级与作业级指标体系示例图。

表 12-13　各维修专业成本对象级指标示例

资产组		主要动因—资产规模动因	资产组（成本对象级）单位成本指标
一级	二级		
车辆	A型车 B型车 L型车	电客车节数	每节车年度预防性维修成本 每节车每次架（中）修成本 每节车每次大修成本
通信	无线 交换 传输 其他	车站数量	每站年度维修成本
信号		车站数量 线路长度 列车数量	正线每公里维修成本 每列车维修成本
自动售票机	按子专业划分	车站数量 车站等级（客运量、换乘站等）	每站年度维修成本
接触网		线路长度	每公里维修成本
电扶梯		车站数量 扶梯数量	每站（每台）维修成本
……	……	……	……

表 12-14　客运服务作业级成本指标示例

标准作业库	成本项目	作业动因	作业级指标		
			作业成本标准	作业单耗标准	作业量标准
站务服务	人工成本	定额工时（车站数量、客运量）	站均人工成本	小时费率	站务服务定额工时
	电耗—环控	车站数量	站均环控电费	每站电耗	车站数量
	电耗—照明	车站数量	站均照明电费	每站电耗	车站数量
乘务服务	人工成本	定额工时（车公里）	车公里人工成本	小时费率	行车定额工时
	电耗—牵引	车公里	车公里牵引电耗	车公里牵引电耗	车公里
票务服务	人工成本	定额工时（车站数量）	站均人工成本	小时费率	票服务定额工时
	材料消耗	车站数量	站均材料费	每站材料成本	车站数量

（续）

标准作业库	成本项目	作业动因	作业级指标		
			作业成本标准	作业单耗标准	作业量标准
生产支持	人工成本	线路数量	总生产支持成本÷受益线路	—	—
	材料消耗	线路数量	总生产支持成本÷受益线路	—	—
	其他成本	线路数量	总生产支持成本÷受益线路	—	—
某线路客运服务成本合计（成本对象级）		=站务服务成本+乘务服务成本+票务服务成本+生产支持成本			

表 12-15 维修服务作业级成本指标示例

标准作业库	成本项目	作业动因	作业级成本指标		
			作业级成本标准	作业单耗标准	作业量标准
预防性维修	材料成本	资产规模	某类资产年度材料成本	单位资产年度材料成本	资产规模
	人工成本	定额工时	某类资产年度人工成本	小时费率	预防性维修定额工时
故障修	材料成本	资产规模	某类资产年度材料成本	单位资产年度材料成本	资产规模
	人工成本	定额工时	某类资产年度人工成本	小时费率	故障修定额工时
架（中）修	材料成本	资产规模	某类资产每次架（中）修材料成本	每次架修材料成本（各类）	资产规模
	人工成本	定额工时	某类资产每次架（中）修人工成本	小时费率	中修定额工时
大修	材料成本	资产规模	某类资产每次大修材料成本	每次大修材料成本（各类）	资产规模
	人工成本	定额工时	某类资产每次大修材料成本	小时费率	大修定额工时
生产支持	人工成本	工时分摊	总生产支持成本÷（某类资产维修工时÷总工时）	—	—
某类资产维修作业成本合计（成本对象级）		=预防性维修+故障修+每次架（中）修分摊+每次大修分摊+生产支持			

4）落实成本责任，下达成本标准。上述步骤完成后，则需要下达单位成本指标至相关责任单位，落实作业责任。按作业环节映射责任单位，打破了过去的按组织维度下达成本指标的模式，使成本目标的核定更为准确，成本考核激励更加科学合理。表 12-16 列示了客运服务"成本—作业—责任中心"的映射结果。

表 12-16 客运服务作业成本责任单位映射示意

作业	成本	责任单位
站务服务	人工成本	车务中心—车务部—中心站
	电耗—环控	维修中心、车务中心
	电耗—照明	车务中心—车务部—中心站

(续)

作业	成本	责任单位
乘务服务	人工成本	车务中心—车务部—乘务部
	电耗—牵引	车辆中心、车务中心
票务服务	人工成本	车务中心—票务部
	材料消耗	车务中心—票务部
生产支持	人工成本	车务中心—相关部门
	材料消耗	车务中心—相关部门
	其他成本	车务中心—相关部门

至此，通过完成上述具体程序与步骤，按照价值活动类别，以作业为纽带，建立了基于作业与面向资产组的作业成本指标体系。

4. 总结

通过作业成本法核定的标准成本，是地铁运营业务开展成本管理工作的重要工具，给公司的定额管理、成本预算、成本控制、成本分析、考核激励带来一系列管理变革。

有了标准成本，成本分析从过去的预算值与实际值对比分析，转变为作业标准值、预算值与实际值的两两对比分析，实现了通过追溯到动因作业量差异，从业务源头发掘成本差异原因，评价维修、服务模式改变对成本带来的影响，在分析报表、分析内容、分析流程等方面深入发挥标准作业成本在成本分析过程中深度发掘业务动因的效果。

通过引入作业标准成本，可以优化和丰富考核激励手段。

资料来源：摘自上海财经大学商学院案例库。

第 13 章

高级计划与排程

企业生产计划管理系统的演进，由传统的存货计划与控制系统发展为物料需求计划（MRP）系统，进而发展为制造资源计划（MRP Ⅱ）系统，之后又发展为企业资源计划（ERP）系统。然而，在企业多元化的今天，供应链管理越来越受重视，其中最主要的观点认为：计划对象不再局限于单一企业，还包括了供应商与客户的整体资源，计划范围也扩大至整个供应链。面对这些改变，传统上基于某些假设且利用较简单的计划技术与方法，来解决企业生产计划与排程问题已不能再满足企业要求，取而代之的是高级计划与排程（advanced planning and scheduling，APS）系统。

13.1 APS 概论

13.1.1 APS 的基本概念

高级计划与排程系统是利用先进的信息科学及计划技术，例如基因算法（genetic algorithm，GA）、约束理论（theory of constraints，TOC）、运筹学（operations research，OR）、系统仿真（simulation）及限制条件满足技术（constraint satisfaction technique，CST）等，在考虑企业资源（主要为物料与产能）限制条件与生产现场的控制与派工规则下，制订可行的物料需求计划与生产排程计划，以满足顾客需求及应对竞争激烈的市场。高级计划与排程亦提供了 what-if 的分析，可以让计划员结合生产信息（如订单、加工路径、存货、BOM 与产能限制等），快速做出平衡企业利益与顾客权益的最佳计划与决策。

APS 能强化 ERP，进行企业整体供需计划及不同层次的生产计划与排程；它所涵盖的功能范围非常广泛，从现场作业排程、供给与需求计划到供应链计划均包含在内。APS 是着重整体考虑、及时计划、快速响应顾客信息的高级计划概念，将是现今最能满足企业需求的决策支持系统。

13.1.2 APS 的发展历史

从 20 世纪 50 年代萌芽到 90 年代初与 ERP 的结合，APS 与信息技术一同成长，经历了以下几个发展阶段。

1. 50 年代以前——APS 思想的萌芽阶段

APS 的一些主要思想早在计算机存在前就已经出现。对 APS 贡献最大的有两个方面：一是早在 20 世纪初出现的甘特图（Gantt chart，1917），让人们可以直观地看到事件进程的时间表，并且可以进行交互式更新；二是运用数学规划模型解决计划问题，美国和苏联都曾应用新的最优化线性规划技术，解决与战争相关的物流管理问题。这些思想和方法对于 APS 的萌芽起到了奠基性的作用。

2. 50~70 年代的 APS——开始与计算机技术相结合

在 50 年代后期和 60 年代初期，大公司开始配置计算机，用来观察计划有问题的部分，优化少数关键性的材料来平衡对产品的需求，而且考虑能力约束，或者为产品寻找最低的费用路径。线性规划普遍被使用，小型的计划试算表开始出现。这一时期对"最优化"的定义促进了 APS 的发展。

3. 60 年代中期到 70 年代——企业个别开发阶段

随着跨国公司在世界各地的发展，制造业问题变得越来越复杂，需要计算的变量规模由 60 年代初期的数以百计发展到 70 年代末的数以万计。虽然线性规划等技术也扩展成可以处理更加复杂的问题，但仍然不能满足企业的需要。因此，许多公司在内部开发自己的工具作为主要计算环境，另一些公司则在购买解决线性规划问题的程序基础上进行开发。这一阶段的主要开发语言为 Assembler、Cobol、FORTRAN 和 PL/1。

60 年代中期，产生了基于产品结构分解的 MRP 系统，并在 70 年代发展为闭环 MRP 系统，除了物料需求计划外，还将生产能力需求计划、车间作业计划和采购作业计划也全部纳入 MRP，形成一个封闭的系统，这为 80 年代 MRP Ⅱ 的出现奠定了基础。这段时间，模拟技术开始进入计划领域，基于模拟的计划工具开始在 70 年代出现，直到 70 年代中期联邦快递公司在应用系统时才体现出整体的效果。80 年代初，Kelly Springfield（轮胎制造商）和 Philip Morris（菲利普·莫里斯烟草公司）开始应用计划和排程系统。

4. 80 年代的 APS——与 OPT/MRPII/ERP 的结合

80 年代，Eli Goldratt 领导的"创造力输出公司"推出产品"最优化生产技术"（optimal production technology，OPT），应用了一系列处理瓶颈约束的运算法则于批处理模式中，在离散型制造业中获得了许多客户。OPT 认为一个组织的输出受制于其关键瓶颈资源的约束，因此按照解决资源瓶颈约束的思路进行计划排程。在 Goldratt 和 i2 之后，相继出现了 Numetrix 和 Chesapeake，这是两个提供交互式产品的早期 APS 供应商。1984 年，AT&T 公司的年轻研究员 Narendra Karmarkar 提出了一项新的运算法则用于解决线性规划问题。所有现代计划策略都吸收了基于 Karmarkar 运算法则的解决方法。

80 年代初期美国管理学家奥列弗·怀特在 MRP 的基础上提出了制造资源计划 MRP Ⅱ，将生产、财务、销售、工程技术、采购等各个子系统集成为一个一体化的系统，用来有效地计划和控制企业的生产经营目标。1980 年后期出现了人工智能（artificial intelligence，AI）和专家系统。制造业公司开始将人工智能应用到制造计划和排程。杜邦公司和 IBM 积极把人工智能和已存在的 APS 技术与应用结合起来，IBM 还开发了批处理的排程系统，人工智能在后来基于约束的计划技术上也做出了重要贡献。

80 年代后期出现了图形用户界面（graphical user interfaces，GUI）。随着 OSF MOTIF 成为图形标准，交互式图形用户界面变成预测、计划、排程工具的标准。这种技术上的创新大大提高了 APS 的市场销售冲击力。

5. APS 与供应链管理——90 年代以后的 APS

90 年代开始，供应链管理思想逐渐为大型企业所接受，供应链管理的软件系统（supply chain management system，SCMS）开始出现，如 SAP 的 R3 系统中增加了供应链管理模块。供应链管理涉及跨企业组织的计划系统。APS 能够统一和协调企业间的长中近期的计划，是 SCM 的核心。在供应链管理环境下，每个公司执行着数千项活动，每一家公司在某些方面都会涉及与其他公司的供应链关系。供应链管理特别强调企业之间的合作与协同，企业要想在市场竞争中取胜，必须加强供应链合作。因此，与供应链管理相关的需求促进了 90 年代 APS 的发展。与供应链管理思想同步发展的还有计算机技术，90 年代初期出现的顺序查询语言（sequence query language，SQL）对 APS 的发展很有帮助，允许 APS 工具更动态地和关系数据库交互。逐渐增加的计算机运算能力使得成本降低，并实现了新的解决方法，而且扩大了所解决问题的规模和复杂性。

90 年代初，Gartner 集团公司提出了企业资源计划 ERP 的概念。其功能标准包括四个方面：①超越 MRP Ⅱ 范围的集成功能；②支持混合方式的制造环境；③支持能动的监控能力，提高业务绩效；④支持开放的客户机/服务器计算环境。到 90 年代中期，APS 引起了 ERP 厂商的注意。其主要吸引点有：APS 交付规模越来越大；每个用户支付的费用远远高于 ERP；APS 市场快速增长。因此 ERP 厂商也开始介入 APS。

90 年代中期，许多系统转向微软技术的视窗环境下的用户界面，C/S 结构转向 B/S 架构，除了可以提供更加直观的用户界面、报告能力，而且使 APS 应用程序的环境转向低成本、性能高的计算机。随着 APS 市场的快速成长，产生了 ERP 供应商新一轮收购 APS 公司和自己内部开发 APS，许多专家认为 APS 必须嵌入 ERP 系统。

13.2 APS 的功能特色

13.2.1 传统生产计划与排程系统的缺点

过去 MRP、MRP Ⅱ、ERP 系统针对企业的整体资源计划，大多是沿用传统的

MRP 运算逻辑，此逻辑缺点为：假设产能无限，无法正确掌握可用的物料取得前置时间，循序式的计划方式等，显示出传统 MRP、MRP Ⅱ、ERP 系统的不足。

APS 系统使用的技术与方法修正了传统计划方法的缺点，能满足企业复杂的生产计划与需求。在讲述 APS 之前，我们先来了解传统生产计划与排程系统的缺点与不足，可大致归纳为下列几点。

1. 循序式计划方式

生产计划与排程工作主要包括：生产规划（PP）、主生产计划（MPS）、物料需求计划（MRP）、能力需求计划（CRP）与详细作业排程（DOS）等阶段。传统的计划方式为循序式（sequential）由上而下（top-down）进行计划（见图 13-1），对于现场的产能及物料状况，无法适当回馈给生产规划、主生产计划、物料需求计划、能力需求计划，以进行计划上的调整及修正。这种计划方式在进行上层的计划时并未考虑下层计划的资源，虽然有产能检查，但整个计划程序是由上而下的，以至于上层计划的结果无法作为下层执行的依据。例如，进行物料需求计划时并未考虑生产现场的实际生产状况，以致计划结果并不适用于作为现场作业排程及派工的依据。

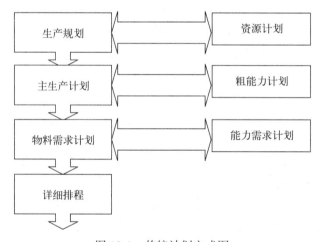

图 13-1 传统计划方式图

2. 功能模块无法有效整合

传统上，企业运营管理的各阶段计划管理与排程工作由各个独立的系统来完成，但由于系统间无法做到真正的有效整合，使得系统间信息的沟通变得非常困难，通常只能由计划人员来完成这个工作。这不但使计划时间变长，还会影响计划结果的品质与时效。

3. 排程逻辑上的问题

传统计划与排程系统主要的逻辑是以物料需求计划（MRP）为主，但是 MRP 无缺料、无产能限制的假设，往往使得其计算结果和现场状况有所差异而无法执行。而且 MRP 单纯以订单交货期为计算依据，无法正确掌握实际可行的物料前置时间，也会造成 MRP 的计划结果品质不佳。为弥补产能无限的假设错误，MRP 的结果会经能力需求计划评估其可行性，但能力需求计划仅能指出产能不足的现象，计划人员还必须凭经验进行调整，无法保证物料需求计划的品质。

4. 独立进行需求计划与供给计划

传统的需求计划系统与供给计划系统（包括物料及产能）都是独立地进行计划，即进行需求计划时，并未考虑到供给的状况，而进行供给计划时也未考虑到需求的情形，各计划作业彼此间是没有交集的。此种需求与供给独立计划的方式可能因为需求过多或供给过少使得需求无法满足，进而造成顾客服务水平降低，或者因为供给过多造成存货增加与成本上升等结果。独立需求/供给规划图如图13-2所示。

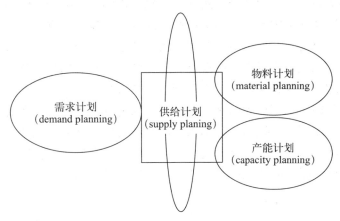

图 13-2　独立需求/供给计划图

5. 批量式计划

传统的计划与排程系统通常采用定期性的批量式计划（batch process），并涵盖一定的时间范围（例如一星期、一个月、半年甚至更长），然而，在现今快速变化的环境中，这种非即时反应的计划方法通常无法正确掌握实际的需求与供给状况，对于计划与决策的品质影响很大，甚至造成无法弥补的商机损失。

6. 单点计划范围

传统的计划与排程系统通常只针对单点，例如只针对单一工厂或单一配销中心进行计划工作。然而在以顾客需求为导向的供应链环境下，要将一项产品送到顾客的手中，可能需要由多个工厂，甚至多个配销中心的合作才能完成。因此，传统的生产计划与排程系统无法满足协调多厂与多个配销中心的计划需求。

7. 无法很好地支持决策

传统的计划与排程系统只提供计划的工具，只能提供简单的计划功能与产生简单的信息，并没有提供类似what-if、情境分析（scenario analysis）与模拟（simulation）等事前分析或预防的决策支持工具。因此，它往往使得计划人员必须花费较长的时间，才追踪到计划的不可行或错误。这样，生成的计划结果无法作为实际生产的依据。

13.2.2　APS在排程方面的优势

现今产业环境竞争激烈，企业唯有具备良好的生产运营管理模式，才能掌握相对竞争优势。而解决上述传统计划方法与ERP系统的缺失，有效地满足顾客订单，充分利用企业有限资源，进行企业整体供需平衡计划和不同层次的生产计划与排程，需要一个先进的、功能广泛的、配合企业环境的生产计划与排程系统。由此，高级计划与排程系统应运而生，它将是企业从事生产管理时不可或缺的重要工具。

管理计划技术大幅提升了计划流程的速度（甚至在一些案例中可在短短几分钟内完成），并提供了一个崭新的综合方法来处理问题。例如，某些 APS 软件已经可以凭借同时计划产能和原料的能力而完全取代 FCS（现场控制系统）。更重要的是，它能使使用者跳出自身企业的范畴，将资源充分利用和分配到整体的供应链——包括其供货商、贸易伙伴、顾客、制造及配销中心。计划员现在已经可以在现存的供应链网络中，为新设备决定最佳地址，并决定出如何满足顾客需求的最佳方案。what-if 分析可用来测试关闭或移动一设备对利润和顾客服务方面的影响，另有许多工具可用来解决存货位置和运输成本之间的平衡问题。在现场管理中，未计划事件的影响是实时的，而替代方案可在最短时间内获得，以确保已承诺订单的履行；营销活动和外界事务对顾客需求的影响可被准确地预估；需求预测可以转换为一连串销售和制造的生产计划；制造、配销和运输资源可被优化，使实际需求和预测相近。简而言之，现今已有许多工具供制造商有效、同步地整合整个供应链，而这正是 APS 所追求的。APS 功能层次与信息流图如图 13-3 所示。

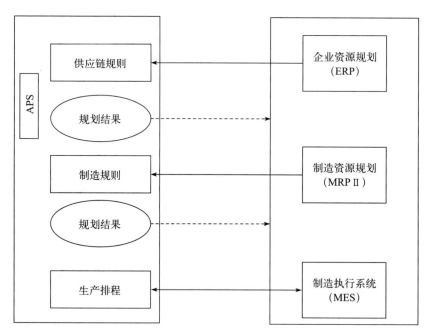

图 13-3　APS 功能层次与信息流图

APS 系统在排程方面的优势有以下几点。

1. 同步计划

APS 的同步计划是指，根据企业设定的目标（如最佳的客户服务），同时考虑企业的总体供给与需求状况，进行企业需求与供给计划，如图 13-4 所示。在进行需求计划时，需考虑整体的供给情形，而进行供给计划时亦应同时考虑全部需求的情况。APS 的同步计划能力，不但使计划结果更具备合理性与可执行性，亦使企业能够真正达到供需平衡的目的。

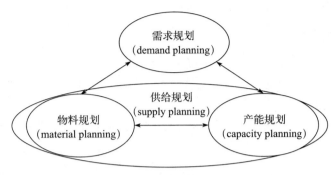

图 13-4　同步规划的 APS 系统

2. 考虑企业资源限制的最佳计划

传统上，以 MRP 计划逻辑为主的生产计划与排程系统在进行计划时，并未将企业的资源限制和企业目标考虑在内，使其计划结果非但不能达到最佳，甚至可能是不可行的。而 APS 系统则运用数学模型、网络模型与模拟方法等先进的计划技术与方法，在制订计划时能够同时考虑到企业限制与目标，以拟订出可行且最佳的生产计划（见图 13-5）。

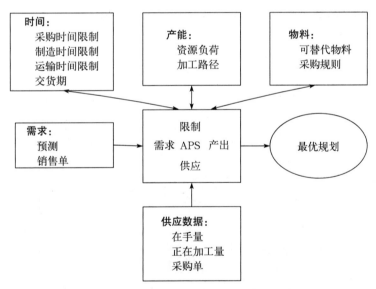

图 13-5　考虑资源限制的 APS 计划系统

3. 即时性计划

信息科技的发展使得生产相关数据能实时地获取，而 APS 系统能够利用这些实时性数据制订实时的计划。另外，最新信息科技快速的处理能力，使得计划人员能够实时且快速地处理类似物料供给延误、生产设备宕机、紧急插单等例外事件。

4. 支持决策能力

在 APS 系统中，具备 what-if、情境分析及模拟仿真等工具，这类工具可提供规划人员进行事前模拟分析或事后规划结果的比较分析，以帮助计划人员做出正确的决策，如决定最适当的可允诺订货数量（ATP）与时间。

5. 供需平衡的计划

企业在"供给"与"需求"之间存在三种关系：

（1）供给大于需求的情形，使得成品、半成品及物料存货成本增加，增加企业的囤积资金，周转变慢。

（2）需求大于供给的状况，由于需求无法完全满足，容易造成商机的损失，更严重的则可能造成顾客的流失，造成企业无法弥补的损失。

（3）供给与需求的平衡，适时、适量、适地地利用存货（保持在高存货周转率情形下）来保持供给与需求间的平衡。

APS 系统凭借其先进的计划能力，正确掌握、评估与有效地计划企业的需求与供给，使得企业能够真正达到供给与需求间的平衡，以提升顾客服务质量、降低存货与作业成本，进而提高企业获利水平。

整体而言，APS 系统可补充、强化以 MRP 计划逻辑为主的资源计划系统（如 MRP Ⅱ、ERP）中的计划与排程功能，来协助生产人员制定相关决策，提升企业资源的利用率。目前各 APS 软件厂商所提供的 APS 系统各有其功能与特色，企业应详细审视本身的需求，来选取适合的 APS 系统，并与原有相关系统（如 ERP）进行有效整合，才能发挥企业内外部资源的效益，并快速响应顾客需求。

13.2.3 APS 系统功能

APS 系统一般应包含四大功能模块，如图 13-6 所示。

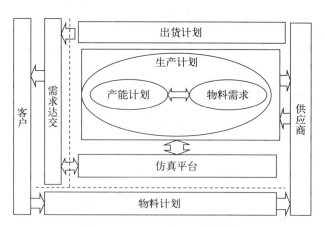

图 13-6 APS 系统功能模块

（1）**物料计划模块**：主要功能为中长期关键性物料计划，该模块预先制订物料需求计划以避免后续生产计划时缺料的问题。

（2）**生产计划模块**：中期生产计划，包含生产时所有物料的采购计划，以及详细产能计划，进行需求与供给的最佳化配置。

（3）**需求达交模块**：用于即时性订单达交计划与承接生产计划结果，依照所确定的算法快速得出可行的订单配置结果。业务人员可以在高级订单达交系统中新增顾客订单，根据订单可允诺量，系统可自动显示是否可以满足。若是接受了该笔订单，此张新订单的交货期和订购数量将汇入系统中。

（4）**仿真平台**：在计划的过程中，一旦遇有任何的新状况（如客户临时取消订单、插单或供应商有任何供给变动），都可以通过此模块模拟出各种变动造成的影响，以方便决策。

13.3 APS 与 ERP 的系统集成

APS 系统的出现并非是要取代 ERP 的功能，而是为了强化 ERP 中以传统 MRP 计划逻辑为主的生产计划与排程功能，以协助计划人员对物料与产能制定同步且最有效益的生产计划，进而作为接单的依据。因此，APS 系统与 ERP 系统之间的连接关系非常重要。对于已实施 ERP 的企业来说，如何应用 APS 系统便成为企业迈向 ERP Ⅱ 应用的重要一环。

13.3.1 APS 与 ERP 的区别与联系

APS 模块与 ERP 模块的比较如表 13-1 所示。

表 13-1 APS 模块与 ERP 模块的比较

	APS 模块	ERP 模块
生产计划	结合现场提供详细的计划 根据现场自动调整并优化进行即时派工 能自动处理生产异常	根据 MPS 提供粗略计划 如果生产变化或异常，需手工调整"计划导向"排程，不能满足要求
物料管理	根据详细的即时计划，上下游均可做到即时供货及降低存货，能及时处理异常	依 BOM 及订单交期计划导向计算基础物料需求，难以处理异常情况，异常可能出现
销售及出货	根据产能的计划（含排程）与物料的计划，达到即时正确且有效的交期回复	根据订单交期及基于资源无限的计划逻辑，难以正确回复客户交期
运算逻辑	在限制下（生产现场）进行运算，并加入优化算法；动态的	以计划为主进行运算，不能根据现场变化而变化；静态的

APS 与传统的 MRP 有着根本的差别：APS 完全根据实际资源和能力，来安排与协调客户需求的每项活动，生成以实际情况为依据的矛盾最小化的计划时间表。APS 另一功能是，可在几分钟时间内通过快速运算 MRP，随时回答客户询问"可否生产"或"多久生产"。而 MRP 则是根据无限资源能力来安排计划，当计划执行产生问题时，再通过有限能力做适当计划调整。

APS 是 SCM 的核心，它能代替 ERP 的预测计划、DRP、MPS、MRP、CRP 和生产计划。APS 不能对业务进行管理，如货物的接收、原料的消耗、发货、开发票、文档管理、财务、生产订单下达、采购订单下达，客户订单的接收。APS 也不能处理数据的维护，如物料主文件维护、BOM 维护、工艺路径维护、货源和设备的维护、能力表维护、供应商维护、客户维护、资源优先级的维护等。

现代企业管理的关键点是企业资源计划，传统 ERP 的核心是 MRP 和 MRP Ⅱ，它的理论形成已有三十多年。近些年来，其理论和应用不断增添新内容，但它的静态物料结构、无资源能力约束、估算的生产提前期等已不能满足更多新的需求。为了克服 ERP 无法解决的问题，一个新的、基于有限资源能力的理论在 20 世纪 90 年代初开始应用，这就是 APS。它解决了 ERP 无法解决的动态过程管理问题，是基于有限资源能力的优化计划，将企业资源能力、时间、产品、约束条件、逻辑关系等生产中的真实情况同时考虑。资源、物料和时间必须属于某个工序/操作（operation）或工序连接成的工艺路线（routing），没有不属于工序或工艺路线的资源、物料和工作时间。许多工序按一定的逻辑和规则连接成工艺路线。有了资源、物料和时间的基础数据后，就出现了各种资源和时间相叠形成的数学迷宫问题。再加上市场需求，客户订单产生了驱动破解迷宫的需求，找出最合理的通过迷宫的路径就是我们要求解的最优排产计划问题。通常这种解答方法是通过数学方法来找出最佳迷宫路径解，这就是 APS 的核心问题。基于资源能力、物料和时间约束理论的企业管理方法，解决了企业计划不能实时反映物料需求和资源能力动态平衡的问题，最大化地利用了生产能力，最大化地减少了库存量，极大地提高了市场反应速度，这解决了企业以最小的投入，获取最大化利润的关键问题。企业要不断地得到各种实时的计划，用以调整自己去适应市场的变化，APS 理论成功地应用管理软件解决了这个问题，它实时地为企业提供各种计划。成功的例子是 i2 的供应链、Adexa 的生产排产和 J. D. Edwards 集团的多网点能力平衡和生产排产。

APS 理论是新一代管理方法的核心，它解决了 MRP、MRP Ⅱ、ERP 以及供应链管理被长期困扰的问题。MRP、MRP Ⅱ 和 ERP 是产生无限能力的静态物料需求，这种物料需求无法准确地反映实际需求。静态、粗略管理和动态实时精确管理是 ERP 和 APS 之间的最大区别。APS 与 ERP 管理软件相比，它存在历史短，事物处理功能尚欠成熟，还需要时间去完善。当传统 ERP 系统的事务管理功能和 APS 的先进理论相结合时，世界上新的管理系统就在很短的时间内诞生了，这就是 APS 和传统的 ERP 的结合体，当今世界先进的管理软件公司都以此方式运作，其强大功能主要表现在以下几个方面。

1. 综合性

APS 是整个供应链的综合计划，计划范围不限于生产，还包括采购、分销、销售等一系列计划。这些计划分为长期、中期和短期三个时段，分别对应战略计划、战术计划和执行计划。APS 协调各种计划，保证供应链有关各企业、部门的正常运行。

2. 最优化

APS 定义了各种计划问题的选择、目标和约束，采用线性规划等数学模型，使用精确的或启发式的优化算法，保证计划的优化。供应链计划的可行方案数量巨大，想通过简单枚举来找到最优方案是不可能的，甚至要找到一个可行的方案都很困难。在这种情况下，可应用运筹学的方法来支持计划流程。线性规划或网络流算法能找到精确的最优解，然而，大多数组合优化问题只能通过启发式（heuristics）算法来计算近似最优解（局部最优）。

APS 计划的优化思想和 ERP 有很大不同。ERP 强调计划的可行性，只限于生产和采购领域，只考虑能力平衡而不做优化，在大多数情况下甚至不考虑目标函数，因此是一个运作层面的连续计划系统。而 APS 试图在直接考虑潜在瓶颈的同时，找到跨越整个供应链的可行最优计划。

3. 层次性

供应链最优计划涉及不同的时间跨度（长期、中期、短期）、不同的业务流程（采购、制造、分销等）甚至不同的供应链成员企业，由于需求的不确定性，不可能一次优化所有的计划。而层次计划折中考虑了实用性和计划任务之间的独立性，对于不同的计划采用分层次优化的方法。层次计划的主要思想是把总的计划任务分解成许多计划模块（局部计划），然后分配给不同的计划层，每一层都涵盖整个供应链，但层与层之间的任务不同。在最顶层只有一个模块，是企业范围的、长期的却是粗略综合的战略发展规划。层次越低，计划涵盖的局部受到的限制越多，计划时间范围越短，计划也越详细。在层次计划系统的同一计划层中，供应链各局部计划之间通过上一层的综合计划来协调。各计划模块被水平和垂直信息流连接在一起，上层计划模块的结果为下层计划设定了约束，而下层计划也将有关性能的信息（如成本、提前期、使用率等）反馈给上一层次的计划。

4. 平衡性

需求的不确定性使计划与现实之间存在偏差，因此必须进行控制，如果偏差过大，计划就要重新修改。APS 计划从不同的维度描述互相补充的功能性计划：APS 计划模型通过年度、月度、周、日直至小时、分的多层计划，综合考虑战略计划、战术计划和运作计划，力图减少不确定性对计划的影响。目前，企业信息系统一般以 ERP 作为主体构架，主要解决企业内部管理问题；而 SCM 与 APS 作为补充和完善，主要解决企业之间的计划协调问题。

13.3.2 APS 与 ERP 集成

欲有效使用 APS 系统，必须整合已存在的 IT 架构（如 ERP 系统、MES 等）。在规划过程中，APS 系统与 ERP 之间的互动非常频繁，例如 ERP 系统必须能提供实时且准确的数据给 APS 系统做快速且正确的规划。系统整合架构如图 13-7 所示。

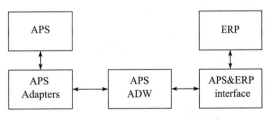

图 13-7 APS 和 ERP 的系统整合

APS 进行生产计划所需的资料，大致分为产品需求、物料供给、可用资源、生产路径、物料清单等。主要计划结果包括投料与需求计划、设备与资源负荷状况、生产计划和物料采购计划等。

APS 系统的核心部分大致可以分为两个模块：供需模块和计划模块。在供需部分，主要是以 MRP 系统为基础，根据产品需求、BOM、可用物料供给等信息，生成生产订单和采购订单，所产生的生产订单和采购订单只有数量和要求的交货期，真正的投料日期、允诺的交货日期，都是通过计划模块，进行物料和产能同步计划后才确定的。

　　APS 系统需要 ERP 提供相关资源计划的资料、客户需求以及已有的供应商或自制供给计划的作业管理资料，才能再模拟计划出可满足客户需求的最新物料供给计划。ERP 汇入的各项资源限制及物料需求量，经 APS 的需求供给平衡计算后，提出物料供给计划量及供应时间，一个是制造件的生产作业计划，另一个是外购件的采购作业计划，再将两个资料转回 ERP 系统，由 ERP 执行采购作业及生产作业。ERP 与 APS 集成资料关联如图 13-8 所示。

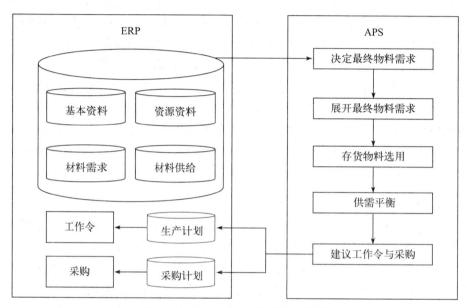

图 13-8　ERP 与 APS 集成资料关联

　　APS 提供的高级计划逻辑是嵌入 ERP 系统的，只是局限在计划决策领域，它需要一个闭环的集成系统如 ERP 系统。APS 需要从 ERP 系统取出所需的计划数据，来执行计划优化活动。一旦在 APS 产生决策，如采购计划、生产计划、分销补货计划，就输入 ERP 系统去执行，如图 13-9 所示。

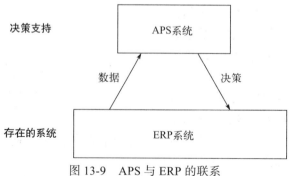

图 13-9　APS 与 ERP 的联系

　　APS 与 ERP 的集成有两种系统数据的集成方式：一是分散数据的模式；二是共用数据的模式。

1. 分散数据的模式

这种模式是典型的集成方式。从 ERP 数据库里实时提取数据，导入 APS 的数据库，进行快速的优化计算，形成多个优化方案，通过交互的人机界面，提交给计划员进行决策，再导回 ERP 系统，进行业务处理。它的优点是可以灵活配置，选择不同的 APS 软件和不同的数据库进行集成。它的缺点是数据在多个数据库之间交换，给实施者带来一定的困难（见图 13-10）。

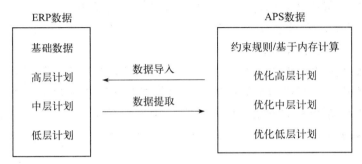

图 13-10　分散数据的模式

2. 共用数据的模式

这种模式是较先进的方式，也是未来的发展趋势。ERP 厂商将 APS 技术嵌入 ERP 系统，改变基于无限约束策略的 MRP 技术，用基于约束理论的 APS 技术来有效计划企业资源（见图 13-11）。

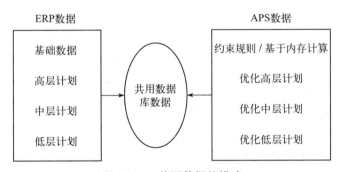

图 13-11　共用数据的模式

13.3.3　APS 规划过程

APS 系统首先从 ERP 系统将客户需求加载至物料计划，在计划出中长期关键物料总需求量之后，通过采购系统（如 B2B 系统、EDI 等），将长期物料计划结果提供给供货商进行备料，而供货商需将关键性物料可提供的数量与时间回复给计划人员；同时，计划人员针对近期客户需求，利用高级计划排程技术，在同时考虑产能与物料的限制下，进行资源优化配置，以制订出近期物料采购计划与生产计划。

计划人员会将规划后的结果提供给需求执行者，作为实时订单达交的依据。若是有任何需求变动，则可启动 Simulation Wizard，在基于计划员的计划结果下进行实时 what-if 模拟，以得出此变动对于原计划的影响，提供给决策者作为选择方案的参考。

下面将说明 APS 系统在进行物料计划时的流程（见图 13-12）。

步骤 1：APS 服务器自 ERP 系统下载所需数据。

步骤 2：通过 ERP 与 APS 系统所制定的转文件规格，将自 ERP 系统取得的数据转换成 APS 系统所需的 ASC Ⅱ 码。

步骤 3：APS 服务器自动将 ASC Ⅱ 档案输入服务器内存中。

步骤 4：APS 服务器运算后产生物料计划，使用者可由 CLIENT 端开启用户接口，得到 APS 系统的计划结果。

步骤 5：使用者可根据需要变更计划，经由 APS 仿真引擎进行仿真。

步骤 6：使用者比对模拟前后结果，选取所需的计划结果储存至 APS 服务器。

步骤 7：APS 系统根据规格文件转换成 ERP 系统档案。

步骤 8：APS 系统将运算后的结果上传至 ERP，更新 ERP 上的数据。

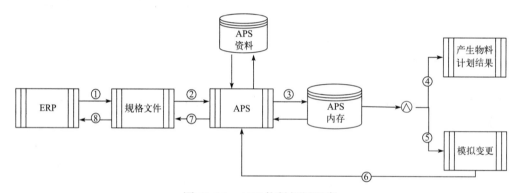

图 13-12 APS 物料规划程序

步骤 1、2、7、8 是 ERP 与 APS 系统数据整合的重要阶段，APS 系统会从 ERP 系统获取物料主文件、需求、BOM 表等，转换之后成为 APS 系统的输入。而 APS 系统会根据输入数据进行运算，输出关键零部件追踪表、ATP（available to promise）等。输入与输出数据定义如图 13-13 所示。

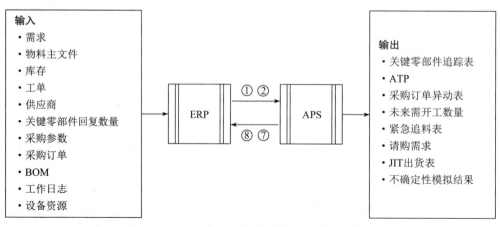

图 13-13 ERP 与 APS 系统数据整合输入与输出

13.4 APS 与 SCM 的关系

供应链管理就是优化和改进供应链活动,其管理的对象是供应链的组织(企业)和它们之间的"流",目标是满足用户需求,最终提高供应链的整体竞争能力。供应链管理有两大技术支柱:集成(integration)和协同(coordination)。供应链的协同以三项技术为基础:①现代信息和通信技术;②过程标定(基准),以行业最佳实践企业的运行效果为基准模板,实施供应链改造的企业向这个模板看齐;③高级计划与排程技术(APS)。

APS 能够统一协调企业之间的长期、中期、近期的计划,是 SCM 的核心。

敏捷性是 21 世纪企业在不确定性市场环境中生存的必备条件。供应链管理强调包括供应商、制造商、销售商等企业在内的各节点企业组成一个直接面向市场和用户的动态联盟式企业,它们应像一个企业内部的不同部门一样主动、默契地协调工作。而 APS 能够帮助企业达到供应链管理的协同和优化,主要体现在以下几个方面。

1. 通过整个供应链进行成本和服务的优化

用 APS 建立有效的客户响应(efficient consumer response,ECR)模式,使制造商和零售商之间协作,为消费者提供更好的价值和服务。

2. 最大化满足客户和消费者需求

APS 可以在考虑约束规则的情况下,实时平衡优化需求和供应,具有实时报警和实时基于约束的重新编制计划两种关键能力。APS 充分考虑以下信息:供应链的具体物理设置(如供应链地点——工厂、分销中心、外加工厂、客户、供应商)、物料清单、工艺路径、分销路径、供应链经营成本和资源成本、能力约束、供应约束、运输约束等;还包括非物理约束,如优先区域、安全库存、批量;另外还有供应链中所有的需求信息,如销售预测、客户订单和补充订单,以及供应链中所有的供货渠道、原材料库存、半成品、成品库存、确认的分销订单、确认的生产订单和确认的采购订单等。APS 同时使用这些信息,并比较需求信息、供应信息和存在的约束,当这三个要素未满足时,立刻产生警告信息并通过供应链,例如几十个工厂、几十个分销中心和几百个销售渠道实时地平衡和优化需求、供应和各种约束。这意味着一旦有出乎意料的变化,改变了需求、供应及约束,APS 就能立刻识别到它的影响。

APS 可以实时、智能地再同步所有的需求、供应及供应链约束,可以帮助决策者重新计划,自动解决问题。这两种关键的能力——实时报警和实时基于约束的重计划可以使企业达到"零等待"状态,提高与客户的沟通,减少供需缓冲,减少供应链内部的操作,最大化满足客户和消费者需求。

3. 将需求信息更准确地传递给上游企业

计划依赖于销售预测,然而,销售预测本身有许多不确定因素,即使预测准确,如果供应链中的供应商、制造商、分销商没有足够的供货能力、生产能力或运输能力,那么销售计划也可能会导致企业减少销售和超出成本。利用 APS 可以通过计划持久地平衡需求、供应、约束,同时看到发生的供应链问题。由于实时、双向的重计划能力，计划员有能力执行各种模拟以获得优化计划并达到实时响应，从而及时提供决策支持信息，如安全库存水平应是多少，当前方案是最低成本计划吗，使用的资源已经优化了吗，计划满足客户服务水平了吗，已经利润最大化了吗，企业可以承诺什么。APS 在供应链中的每一个阶段，将最终用户的需求（实际需求）传递出去，一旦实际需求变化，供应链所有环节都会获得信息，并实时产生适当的行动。

4. 促进新产品的开发和新产品的推出

新产品的引进必须与需求、能力计划、供应能力集成，并在供应链上有效地传递，使产品周期缩短。为了达到这些高级的计划能力，APS 依赖一组核心的能力：

（1）并发考虑所有供应链约束。当每一次改变出现时，APS 就会同时检查能力约束、原料约束、需求约束，而不像 MRP Ⅱ 每一次计划只考虑一种类型的约束，这就保证了供应链计划的有效性。

（2）基于硬约束和软约束的计划。硬约束不太灵活（如每天三班运行的机器或从一个供应商处分配的物料），软约束较灵活（如一台加班的机器可以增加能力或一个非关键客户的交货日期）。APS 应用独特的核心计划逻辑：当考虑软约束不能编制计划时，就实行硬约束来执行优化。

（3）同时传播。这种同时传播影响到上游和下游，如计划员想要延迟一份生产订单，那么就会影响到下游的活动，如最终产品的获得和最后交货给客户，也会影响到上游的活动，如其他生产订单可能推迟、原料的库存水平发生变化以及将来采购需求的安排。

（4）在交互的计划环境中解决问题和实行优化供应链的算法。它有能力产生反映所有约束的有效计划，而且有能力产生最大利润的计划。

13.5 APS 发展趋势与应用展望

21 世纪是信息时代，经济全球化步伐日益加快。作为代表当今先进管理思想的高级计划排程系统，APS 的发展呈现以下趋势。

（1）与供应链管理更加紧密结合。和生产计划系统不同，APS 以企业整体水平的资产收益率（ROI）等指标为目标函数，运用各种先进的模型进行跨企业优化，范围不限于生产计划，能使供应链更加有效地运行。基于电子商务的供应链管理更加需要 APS 系统的协调。

（2）应用范围越来越广。虽然 APS 是从大型企业计划系统基础上发展起来的，但其计划原理同样适用于中小企业。目前由于价格等因素，中小企业还不能应用 APS 系统，但随着 APS 研究的深入，小巧灵活的 APS 系统将为中小企业提供优化服务。

（3）集成化与分散化。计划系统的发展早期是处理分散、单一的问题，到 APS 阶段则成为各种计划技术与方法的系统融合，体现了计划思想的高度集成。然而，由于现实问题的复杂性，如不同的行业与产品特点、不同的企业规模等，对一些企业来说，采用庞大完整的 APS 系统并不是最佳选择。而结合行业与产品特点、各具特色的高级计划系统将是 APS 的发展趋势。

尽管 APS 具有强大的功能，非常适用于供应链整体计划问题的解决，但在我国企业管理实际中，APS 应用仍然存在很多需要解决的问题。

（1）外部应用环境还不具备条件。APS 功能的发挥主要在供应链管理上，而我国企业的供应链管理还停留在初级阶段，企业对于供应链竞争的意识比较模糊，因此，APS 难以找到真正的用武之地。其次，APS 需要全社会企业间的网络通信基础设施的支撑，而我国的网络基础设施建设还不够完善，企业网络应用水平还比较低，这些都阻碍了 APS 的应用。

（2）企业内部信息化基础薄弱。APS 的运行需要有 ERP/SCM/CRM 等系统提供的数据支持，而国内大中型企业采用上述系统的比例不足 20%（有些企业虽然也称之为 ERP，但充其量只能算是 MIS），基本的内部管理信息化问题尚未解决，应用缺乏基础。

（3）APS 与 ERP 的整合还有待完善。目前，公司提供的 APS 系统可以与 ERP 结合，但只限于 SAP 等少数产品。和 MRP Ⅱ 不同，ERP 没有严格的技术规范，这就使得 APS 不能和广泛的 ERP 系统结合。因此，国内大部分企业实际上还不能实现 APS 与 ERP 系统的集成。

（4）价格昂贵。一套 APS 软件系统需要几十万甚至上百万美元，相关硬件与网络投资也很昂贵。

随着我国信息基础设施的日益完善、企业信息化水平逐步提高，APS 在我国的应用即将进入实质性阶段。

思考与练习题

1. 什么是 APS？
2. 传统的计划管理系统有哪些缺陷？
3. 简要说明 APS 在计划与排程方面有哪些优势。
4. APS 与 ERP 有何区别和联系？
5. APS 与 SCM 有何联系？
6. APS 与 ERP 集成的难点有哪些？

案例分析 13-1

利用 Visual APS 高级技术优化 ERP 应用

A 公司经常收到客户的查询，问及他们的订单完成情况、加工进度过程以及预期交货信息。在运用 ERP 的前期，公司经理经常为不能及时了解这些信息而苦恼。使用可视化技术以后，公司对整个工厂都实现了实时掌控。B 公司是一个汽配厂家，是典型的业务量大、批次小、频率高的制造厂商。由于不能及时了解订单可能的交货期，原来经常用快递运送产品，每月费用高达上百万元人民币。通过使用高级功能模拟计算，公司可以向客户承诺可信赖的交货期。同时利用 APS 高级计划与排程技术，根据订单的优先级自动计算 CTP，对客户的需求实现了快速响应，同时加上优化排程技术和精益思想更缩短了提前期，降低运作成本，最终提高了行业竞争力。

上面两个实例中提到了三个 ERP 高端

应用的模块。我们都知道，ERP是企业内部所有业务部门之间交换和分享信息的系统，它保障了资金流、物流和信息流的顺畅运转，并对企业的内部资源以及每一项交易做了及时准确的记录。然而信息采集和记录只是ERP的基础功能，企业对ERP项目的期望绝不仅仅是一些电子文档的生成。仅在制造环节，就有一些高端应用的技术和模块可以建立在ERP的基础上，为企业提供更有价值的信息采集。

1. 可视化技术的运用：工程主文件

以Info公司的Visual Enterprise ERP（以下简称Visual ERP）为例。可视化的工程主文件不仅使产品的物料清单可视，工艺路线也是可视的，与普通ERP软件将产品的物料清单和工艺路线集成在一起相比，这样集成化的设计思想和可视化的卡片方式可以让工程设计人员非常清晰地看到生产该产品所需要的所有工序、工序间的先后逻辑关系（即工艺路线）以及各工序上加工的物料。共有5张卡片表示物料，合在一起，就是我们所说的物料清单（BOM），而每个物料后面的工序即为加工该物料的工序。通过鼠标双击每一张卡片，工程设计人员就可以了解详细的工艺设计信息，如加工能力、报废率、成本、生产技术参数等。

可视化的特点和集成化的设计思想为制造行业运用ERP提供了便利。例如模具行业，模具制造属于面向订单的生产类型，产品生产的重复性很低，一般包括模具设计、模具报价、模具加工、产品开发设计等活动。对于模具设计，Visual ERP通过集成的Visual Designlink模块实现AutoCAD与制造工序的无缝连接，从而消除数据的重复录入，保证数据的一致性；对于模具报价，Visual ERP可以在可视化制造窗口中设计报价主文件，各工序和物料的成本将自动卷积到报价产品的各成本项中，让企业销售部门能够清楚了解其成本构成情况，并可按各种方式设计报价；对于模具加工，工程设计人员可以设计工程主文件和下发可视化的生产单，生产的进程情况将以进度条的方式在卡片上显示出来。这样，生产主管就能在该窗口查看整个生产情况，辅之以后面要提到的可视化排产，整个公司的生产状况就全在掌握之中，可谓"一图在手，胸有成竹"。

另外，可视化的设计还体现在成本控制上。Visual ERP支持标准成本和实际成本两种模式。在标准成本模式下，当一个生产单下发时，该生产单的标准成本已自动计算出来；当开始填写工票时，发生的实际成本也会自动计算出来，并能实时和标准成本进行比较，得出差异明细。财务人员可以进行成本分析，和工程设计人员及生产人员一起找到降低成本的方法。当然在实际成本模式下，系统同样能得到实时的实际成本数据。

2. APS（高级计划与排程）技术的运用

众所周知，ERP是基于无限能力约束原理的企业资源计划，它不能实时地基于约束优化来安排生产计划，而基于约束理论的APS提供了解决此类问题的优秀方案。对于制造企业而言，安排生产计划必须考虑两类约束条件：①外部约束，又可分为物料约束（指原材料的采购提前期和数量约束）和外协约束（指外协加工的时间）；②内部约束，主要为车间资源的约束。如何把两类约束考虑进去，又能考虑计划多变、需要插单的情况等，是一件困难的事情。而Visual ERP充分考虑到以上约束因素，利用并行计划高级技术（APS）解决了该问题。它的使用非常容易，复杂的逻辑放在后台，呈现给用户的只是简单的几条选择。而Visual ERP的算法设计很独特，基于约束理论来考虑企业生产的实际情况，同时以可视化的甘特图形式给出排产的结果，非常符合人的逻辑思维。

使用者可以定义多种计划策略，如基于有限能力还是无限能力（用来考虑车间资源的约束，模拟多种情况）；是否考虑物料和外协的约束；如果要考虑插单，则可以定义生产订单的优先级，即可实现优先安排生产；另外还可以将车间资源检修等例外情况也考虑进去，指定生产订单前向排产或后向排产等，非常灵活。

基于甘特图的排产模式可以让生产主管非常清晰地看到各工序的使用情况，并可在计划中拖拉进度条来调整计划，非常直观。除此之外，基于并行计划高级技术（APS），Visual ERP 还能在生成客户订单时进行预排产，查看订单的完工时间，从而快速回答客户的订单交期（ATP），几乎可以做到实时回答，而这是销售部门和客户非常关心的问题。

案例分析 13-2

C 钢铁集团成功运用 Oracle APS

C 钢铁集团（简称 C 钢）对 Oracle 的高级计划排产模块进行了大力改造。排产是钢铁企业信息化中极具行业特点的问题，尤其是对于生产板材为主的钢铁企业来说，计划排产是最为复杂也最困难的事情，可以说它是整个 ERP 的核心。钢铁企业的排产通常会涉及两大因素：生产可用性和物料可用性。生产可用性主要是指设备是否具备完成订单的能力，而物料可用性是指原材料、能源等能否满足订单的要求。只有这两大因素确定后，钢铁厂才能排出生产计划。由于在实际中这两大因素分别会受无数个因素的影响，如物料可用性就涉及原料采购、运输、储存、调配、质量控制等环节；生产可用性涉及设备维修、配件储备、人员分配、班次编排等。更重要的是，上述所有环节又受其下一级环节的制约，这样将无数环节组合起来，就可能有海量数据对计划排产产生影响。要将所有相关数据按照最优的逻辑关系组合起来，排出最优的生产计划，自然不是件轻松的事情。想实施好这个模块，需要对钢铁企业业务和信息系统都具有很深的认识和理解。C 钢与实施方合作，以套装软件中的 APS 为基础，研究了 C 钢的全部流程，从生产可用性和物料可用性两个方面入手，研究了影响每张订单完成的所有因素，并将它们全部抽象出来，再考虑了客户需求的变化和其他异常情况后，将它们全部设定在软件里，开发出了一个完整的计划排产软件——C 钢自动化生产计划系统。它实现了以成本最低、产量最大或交货期最优三种模式分别编制生产计划。比如说，在某个时间内，钢铁市场需求旺盛，产品供不应求，C 钢就可以将整个供应链和 ERP 系统配置为产能最大，尽一切努力生产出尽可能多的产品；而如果碰到客户愿意出较高的价格，要求在尽量短的时间内，为其生产个性化产品，C 钢就可以将整个供应链和系统配置为交货期最优，迅速满足客户的要求。由此，C 钢实现了生产从"计划"到"优化"的转变。

第 14 章

ERP 项目的实施

ERP 项目的实施是指将 ERP 功能系统合理地应用到客户的实际业务环境中，建立 ERP 运行系统的过程。在 ERP 软件实施中有一句行话："三分软件，七分实施。"可见，ERP 项目是否成功，实施起了关键性的作用。本章从实施中的问题、实施前的准备、实施的过程、实施效果的评价，以及实施与企业变革的关系几个方面对 ERP 项目的实施进行介绍。

14.1 ERP 实施中的问题

14.1.1 ERP 实施的条件

实现信息集成需要一定的条件，要点是管理基础规范，这是实施 ERP 系统的一个必要条件。企业实施 ERP 要想取得成功，还需要具备一些条件，要在系统实施之前做出估计和判断。

（1）企业有实现现代企业制度的机制，有长远的经营战略。

（2）产品有生命力，有稳定的经营环境。如果一个企业由于机制问题内外矛盾严重，又没有适应市场需求的适销对路的产品，没有比较稳定的市场，没有效益甚至亏损，或者说企业没有一个比较稳定的经营环境，没有信息化建设的资金，显然是没有条件实施 ERP 的。

国内有不少企业在实施 ERP 系统的时候，只是感觉当时的效益不错，没有注意到市场发展趋势的变化以及潜伏的危机，没有及时调整产品结构和经营战略，结果在 ERP 实施过程中，产品滞销，企业出现亏损。这时，企业就忙于开辟市场，或投入大量人力搞产品换代，根本无暇顾及 ERP 的实施。当然也可能由于政策变化的客观因素而影响企业产品销路，特别是我国加入 WTO 后，出现这种风险的可能性会更大。

（3）领导班子有改革开拓、不断进取的精神，有决心对项目实施的成败承担责任。

(4) 管理工作基础扎实。所谓管理基础，不仅是指档案齐全、数据可靠，而且包含各种规章制度是否完善，能否切实严格执行，此外也包含管理流程规范和员工素质以及企业文化等各种因素。

(5) 各级管理层理解 ERP，有一致的、明确的目标。企业在做出实施 ERP 的决策之前，必须制定一个切实可行的、明确的目标。在制定目标的同时，确定实施目标的考核办法。例如资金周转率、市场占有率、营业收入、利润、股东权益等提高多少百分点，生产周期、成本下降多少百分点等。目标不量化，考核就没有标准，这是多数实施 ERP 系统的企业极容易忽略的一个重要问题。

制定目标不仅与自己的过去比，而且与同行业的排头兵比，与国内国外的强手比，国外在考核业绩时经常提到的基准点实质上是指"高标准定位"，实施 ERP 是为了在全球市场上与强手竞争，只有这样，才能取得竞争优势。当然，目标必须切实可行，如果估计一次达不到，可以分几步走，就是通常所说的"总体规划，分步实施"。

目标必须使企业全体员工都了解，并为实现这个目标而努力。作为企业的一名普通员工，往往只看到自己眼皮底下一摊子工作，而且往往感觉日常工作完成得很不错，不思变。也有员工担心 ERP 系统实施后自己的工作可能会有变动或增加了工作的难度，因而对变动产生抵触情绪。所以，需要使广大员工看到企业所处的竞争形势和危机，明白实施 ERP 系统的道理，这需要做大量细致的工作。

(6) 领导的决心和投入。实施 ERP 实质上是管理模式的变革，必然涉及"更新观念和改革管理"，没有企业高层领导的坚定决心和具体指导是不行的。不少企业实施 ERP 之前，就在企业内部宣传 ERP，以引起全体员工的重视；在选择软件之后，召开全公司或全厂的动员大会，由企业领导分析实施 ERP 的预期效益，让企业全体员工真正认识并理解 ERP。

总之，企业在实施 ERP 之前，首先应当自我衡量，如果先决条件不是很充分，不要急于实施 ERP；但是，也不是说就此放弃，而是努力为实现管理信息化创造条件。随着全球经济一体化进程的加速，要跟上全球化竞争的趋势，不搞信息化管理迟早是要被淘汰出局的。

14.1.2　ERP 实施的障碍

ERP 实施过程复杂、周期长，实施中存在很多风险和障碍。制约 ERP 成功实施的因素主要有：人、数据、管理和技术。其中，人的因素是最重要的。

1. 人的因素

(1) 高层领导重视不够。企业领导特别是"一把手"，始终如一、全面的支持是 ERP 成功实施的关键因素。实施 ERP 是企业信息化的重要内容，它是一项长期的、涉及面广的系统工程。高层领导如果信息意识淡薄，则 ERP 的实施常常因高投入、时间长、短期内效果不明显且风险大等原因半途而废。只有企业领导的信息意识增强了，ERP 的实施才能有资金和组织上的保证，ERP 的实施才能落到实处。因此，要成功实施 ERP，必须由高层领导牵头，并由具有战略眼光的决策者做总指挥，提前做好战略规划，对实施全程紧密控制。

（2）员工信息化素质低、参与度不高，抵制变革。ERP 的实施需要企业全体员工的积极参与，需要一个追求效率、讲诚信、顾大局、责任心强、团队与协作精神强、不断学习、勇于创新的文化氛围。员工由于不具备必要的信息素质，看不到信息技术对自身工作和企业发展的重要性，造成虽然有些企业投入巨资建成了技术先进的信息系统，而员工采用的仍然是最原始的工作方式。员工对 ERP 的认识不清，对 ERP 的实施及其相应的企业变革参与性不高，也不会主动学习，更不会利用 ERP 系统来指导自己的工作并改进工作方式，甚至还会采取各种方式抵触 ERP 系统的实施，ERP 就难以落地。只有全员参与，并建立起员工的主人翁精神，才能充分发挥 ERP 的效益。

（3）对 ERP 的内涵认识不足。ERP 是一种全新的管理方法，借助于信息技术，整合企业内外部的所有资源以实现资源的优化配置，这是一个面向供应链的各种管理信息的集成，它首先是管理思想，其次才是管理手段与管理系统。然而，许多企业在认识上存在较大的偏差，许多企业管理者认识不到 ERP 从集成化的角度面向供应链管理的思想，错误地认为 ERP 是在原有管理模式下用计算机代替手工操作，或认为 ERP 只是一个先进的软件。另外，企业常常对 ERP 实施的难度认识不足，对自身是否具备实施条件认识不清。ERP 系统是人、管理、技术三者的集成，若企业人员素质偏低、管理水平低下、技术落后，则达不到信息化的要求。

2. 数据的因素

ERP 可以实现数据的全局共享，前提是必须在规范化的数据基础上运行。所以在实施 ERP 时，需要花费大量的时间准备基础数据。有些企业缺乏科学的数据标准化体系，基础数据缺乏、不准确、不合要求等，使企业失去了实施 ERP 的前提条件。ERP 系统只有在对合乎要求的数据进行处理的基础上，才能提供企业所需的管理数据。"三分技术，七分管理，十二分数据"强调的就是数据的重要性。

3. 管理的因素

我国企业面临的最大问题就是管理薄弱，缺乏战略观念和系统观念。而 ERP 系统以规范化、标准化业务流程为前提，引入业务流程优化思想，是 ERP 区别于以往传统管理信息系统的重要特征。流程优化是实施 ERP 的基础和前提，从管理上理顺业务过程，ERP 才能从技术上提高流程的效率，在合理的业务流程基础上实现对企业整体资源的优化配置。企业长期缺乏先进管理理念，势必无法实施 ERP 系统。

4. 技术的因素

实施 ERP 系统不仅仅是购买软件那样简单，有了软件还要进行业务流程优化及企业资源的整合，并考虑今后的服务和软件升级等；同时 ERP 必须借助最新的计算机技术、网络技术和通信技术，是一项技术复杂的工程。企业缺乏实施 ERP 的技术支持力量，会严重制约 ERP 的实施效果。

14.1.3 ERP 实施的风险

1. 实施 ERP 的代价

实施 ERP 的费用可以用 ERP 总体拥有的成本进行衡量，这些支出包括硬件、软件、外部咨询费、内部人员的工资福利费用等。一般企业实施 ERP 都会突破原费用支出预算，这主要是由不易看见的费用支出造成的。

要保证 ERP 的成功实施，必须对公司的员工进行培训，这种培训表面上是操作培训，实质是让该公司员工学习一种新的业务流程，难度可想而知。

由于企业需求多种多样，在实施 ERP 过程中，软件的二次开发和测试工作量往往很大，这不仅需要软件开发人员的参与，还需要公司将来使用该模块的工作人员对 ERP 及其他有关软件进行测试，耗人耗时。

将企业原有的信息从原计算机系统或手工保存的记录转到新的 ERP 系统中，工作量巨大。在实际转换时，公司还会发现原有的记录是残缺不全的，还需要进行整理、完善。

从事 ERP 实施指导的主要不是 ERP 开发商，而是 ERP 开发商认可的咨询公司，而咨询实施费用一般为软件价格的 1.5 倍。为了控制咨询费用，保证实施质量，可在咨询协议中明确实施后公司员工应当有多少人通过确认的考试。

由上可知，实施 ERP 系统，所需经费数额巨大，如果失败，对企业造成的损失不可估量。

2. 实施 ERP 的风险

由于 ERP 系统实施的复杂性，企业实施 ERP 这样庞大的管理软件存在各种风险因素，概括如下：

（1）管理风险。除了 ERP 系统本身的技术特点给企业带来新的管理风险外，ERP 系统的使用也给企业的组织管理带来了新的挑战。这些挑战处理不好，同样是企业面临的风险。

首先，由于 ERP 实行的是流程化管理，会打破原来的条块分割，势必导致企业组织结构的改变，甚至是对业务流程的重新思考。许多咨询公司在为企业实施 ERP 时都要求对企业原有的业务流程进行重新设计，重新设计的手段就是减少或合并流程中重复的、不增值的环节。这会对企业传统的内部控制产生影响，如果不能很快建立起新的、有效的内部控制，必然影响企业的整体运营。

其次，ERP 系统的使用会改变企业员工的职权。这种工作角色的转变和适应过程同样具有不确定性。一般来说，人们比较容易接纳外部环境的变化，但当外部环境需要员工自身改变时，就容易出现抵触情绪。比如，一个企业使用 ERP 系统一年多以后，企业员工还是希望能够将有的数据以报表的方式打印出来，因为觉得还是看报表方便。矛盾的是，ERP 系统提供了具有权限管理的数据访问以保证数据的安全，而员工却无法改变过去的习惯。显然，人们对系统所带来的变化的适应过程和程度是不一样的，所以，使用 ERP 的结果就不确定了，这种不确定性同样会对企业的业务运作产生风险。

再次，流程化的管理进一步密切了部门与部门之间的关系。系统用户必须对自己的每一个业务行为负责，因为它直接影响到其他部门的业务能否顺利进行，并且最终关系到整个企业的运作秩序。过去，企业是基于职能部门的管理，各部门的主管只要扫好自家门前雪就行了。而实施了 ERP 系统情况就变了，跨职能部门的流程管理使得原先的部门主管变为了某部分流程的所有者，某个环节出现问题，将直接影响到其他流程的运作。过去职能化的管理也许还有绕过、变通的方法，而实施了 ERP 系统，就必须按流程操作，系统不认"走后门"。在这种情况下，任何一个环节出差错，就直接影响到后续流程的实施，显然风险特征与过去大不相同了。事实也说明了这一点，许多实施了 ERP 的企业部门主管不自觉地比以前更有责任心了。

最后，由于 ERP 系统使数据的捕捉一次性完成，管理部门对信息质量的控制难度加大，而这些信息最终要成为业务决策的依据。在过去，企业的数据可能会来自不同部门。比如，库存和采购对某个产品都有统计数据，两个部门可以通过比较发现错误。而实施 ERP 系统后，某产品入库的具体数量一般只有仓库确认，如果有差错，将直接影响销售、生产、财务等部门的统计。

（2）技术风险。ERP 系统的使用涉及整个企业的业务流程。高度集成的功能使系统用户无论在企业的哪个角落都能获得访问系统并且控制或改变重要业务参数的可能。显然，ERP 系统的特点一方面使企业员工以更大的灵活性去处理问题、提高效率，但另一方面如果对这种灵活性缺乏有效的控制，那么 ERP 的高度集成性和分布式的系统技术结构同样会为企业带来风险。

第一，ERP 系统中高度集成的功能模块使得任何一点出现问题都会影响到其他模块的正常运行。比如，采购订单的下达将使成本管理模块和现金管理模块同时产生相应的确认信息。在这种在线实时环境中，当某一数据输入点输入错误数据或模块发生问题时，产生的影响将迅速扩散到系统的其他功能应用上。

第二，传统的 ERP 系统采用的是客户端／服务器结构。这种分布式的结构使企业能够低成本、高效率地获得业务集成管理功能。但是，这种分布式的技术架构使系统管理的难度增大，系统更容易遭到有意或无意的攻击。

第三，许多 ERP 系统已经开始使用基于 WEB 的 B/S 技术，这种技术支持异地登录和访问。这种技术在为那些跨地域、多工厂企业带来系统管理便利的同时也带来了潜在的风险。由于通过互联网登录不受空间的限制，任何不正当的用户授权都可能导致对系统的非法访问。

第四，系统审计难度加大。复杂的 ERP 系统使得系统控制和审计人员必须具有相应的专业知识。但是，对于大型的 ERP 系统，几乎没有人能够对整个系统的功能和每个模块的特点有全面的认识和理解。

第五，ERP 系统的高度集成性的一大特点是使用单一的数据库，并且任何数据的输入都是单点的。这一方面保证了 ERP 系统数据的一致性和减少重复劳动，也使各个部门，比如生产、销售、库存和财务能够共享信息。但另一方面，在这样的环境中，数据的所有权和维护成为一个问题，如果存在不合适的访问权限的定义，缺乏有效的法规对系统使用的控制，那么系统中的一些机密数据将会变得非常透明，可能导致企业的重大损失。

（3）人才流失。企业常将各业务部门和信息部门的精英人才抽调出来实施 ERP。但当 ERP 实施完毕后，这些人员已是 ERP 项目专家了，不仅熟悉 ERP 软件，而且对公司的业务流程了如指掌，某些咨询公司便以高薪等手段设法挖走这些精英。

尽管系统的使用会引入新的风险，但这并不意味着我们要对这一信息化手段产生怀疑，只要合理有效地控制和化解风险，实施 ERP 系统的企业就能够获得期望的收益和回报。

14.1.4 ERP 成功实施的关键

1. 领导重视

企业高管的全力支持是成功实施 ERP 的决定性因素，也是建立强有力的统一领导机构的保障。可以说 ERP 是 "一把手" 工程，只有高层领导重视才能使 ERP 实施获得成功。

2. 产品选型

在考虑信息化实现路径时，选择什么样的系统架构，采用什么样的实施方法成为信息化成败的关键。通过对系统功能先进性、安全性、可扩展性、适应性、价格等进行全面比较分析，考虑适用的企业规模、软件功能和实施的难易程度、报表的齐全性、软件实施顾问人员的素质、版本选择、文档的规范性、软件商的信誉与稳定性等因素，最终选用合适的 ERP 软件。

3. 建立有经验、强有力的实施团队

ERP 是一项复杂的系统工程，涉及企业各项主要业务，要做大量新的工作，这些工作主要由项目的实施小组来承担。因此，项目组的人员组成，尤其是对项目组的负责人（项目经理）的任命极其重要。可以通过对实施公司的总体实力、实施团队、项目经理、技术力量、实施方法论、实施方案、价格等进行分析，选择优秀的实施咨询团队。

在实施企业 ERP 时必须建立项目实施小组，在小组成员中应该有企业的高层领导、管理咨询专家、计算机软件人员和相关管理部门的业务骨干。ERP 项目是一个具有系统复杂、实施难度大、应用周期长等特点的企业管理系统工程，没有一支强有力的实施队伍和严密的保障措施很难成功实施 ERP。

4. 需求和数据分析

每个企业都有它特殊的情况需要解决，因此在调查同行业信息系统应用状况的基础上，必须明确企业对新系统的需求，需求分析做得越详细越好。ERP 所有的原始数据和日常业务工作数据需要录入和维护，必须保证数据准确性，如果录入的数据不准确，计算机运算的结果必然也是错误的。

5. 相关人员的积极配合

实施 ERP 系统是以企业业务流程为对象，实施主体应是企业本身，因此需要业务骨干的大力配合，需要建立合理的激励机制，使业务人员加强责任心，大力配合实施团队的工作。把 ERP 当成一种计算机系统固然是一种误解，但是，ERP 作为一种应用

信息技术的管理系统，如果没有信息技术专业人员的配合，也是难以实现的。因此，从需求分析开始，管理人员和信息技术人员就必须密切配合，促成项目的成功实施。

6. 重视培训教育，重视提高员工素质

ERP 是一项新生事物，涉及观念的更新和管理体制的改革，要学习许多新的概念和方法，因此，必须自始至终非常重视培训工作，提高全体员工的素质，并且在培训的基础上统一思想认识，齐心协力投入 ERP 项目实施的工作中。

使用 ERP 系统将在很大程度上改变员工现有的操作方式或流程，如果在系统投入使用前不对用户进行充分的培训和必要的考核，将直接导致大量的操作错误。而 ERP 是集成性很强的系统，业务的操作会自动在财务系统中体现出来。若有大量的业务操作失误，财务系统将产生紊乱，这也是部分企业实施 ERP 失败的原因之一。

7. 规避风险

ERP 实施将会给企业带来巨大的经济效益，这是毫无疑问的。但是也应该清醒地认识到，ERP 的实施也是一场高风险的管理革命，主要包括企业外部风险、企业内部风险、决策信息风险。企业必须从 ERP 系统选型开始到系统上线实施的全过程对存在的各种风险有系统性的认识，积极地防范各种风险，建立一套行之有效的项目和风险管理机制，从而提高 ERP 实施的成功率，提升企业的整体管理水平。

8. 严格的工作纪律，严明的工作准则与规程

信息集成必须采用规范化的管理，要做到规范化就必须有严格的纪律，要建立规范的工作准则与规程，并严格遵照执行。

9. 深化改革，重视业务流程优化

实施 ERP 是从分析企业现有的业务流程入手，进行业务流程的优化，企业要按业务需求调整组织机构，整个过程充满管理变革内容。

10. 健全激励机制，建设复合型人才队伍

为了使 ERP 在企业平稳运行，并不断改进提高，需要建立健全激励机制，从而建立既精于管理又善于应用信息技术的专业人员队伍。

14.2 项目实施前期工作

企业实施 ERP 系统，要有目的、有计划、有组织，在正确的方法指导下分步实施。"良好的开始是成功的一半"，ERP 实施的前期工作是关系到能否取得预期效益的非常重要的一步。

14.2.1 成立筹备小组

当企业决定要实施 ERP 项目时，最初的工作就是成立项目小组，这是第一步，可以说 ERP 的"万事"就从这个头开始了。成立项目筹备小组的重要性有以下几点：

（1）为企业正式导入 ERP 概念与必要的理论基础知识，为下一步工作打好基础。

（2）对企业的 ERP 项目进行可行性研究，提出分析报告，对项目的预算与总体计划做好安排，为领导决策提供依据。

（3）进行企业实施 ERP 项目的需求分析，提供分析报告，为企业 ERP 系统选型工作做好准备。

（4）进行 ERP 系统的选择，包括选择 ERP 系统软件、ERP 实施咨询公司等。

成立筹备小组的成员一般包括：企业的管理者代表（如副总经理、副厂长）、企业管理部门（企管部、策划部等）主要领导、信息部门主要领导、各业务部门的骨干业务人员；概要地说是三种人员：领导、熟悉管理业务及熟悉计算机业务的人员。另外，企业最好请专门的咨询机构来参与筹备工作，这样对以后的工作更为有利。

14.2.2 ERP 知识培训

企业准备实施 ERP 项目，就先要了解什么是 ERP 及 ERP 能为企业做什么，只有这样才能为进一步的可行性分析、需求分析及后续的选型提供理论基础。培训的对象是企业的高层领导以及今后 ERP 项目组的成员，使他们掌握 ERP 的基本原理和管理思想，这是 ERP 系统应用成功的基础。企业的各级管理者和员工是 ERP 的真正使用者，只有他们才了解企业的需求，才能判断企业需要什么样的软件，才能高效地运用 ERP。

ERP 知识培训，可以外派人员去学习，也可以请一些有关的咨询机构、软件公司进企业来授课。较好的方法是请进来，而且是请 ERP 领域的咨询机构。因为通过咨询机构可以了解更多的 ERP 行业情况，如 ERP 的软件、实施力量、市场份额及后续服务的保证等。而且通过请进来培训，可以让企业的更多人员接触 ERP 知识。

14.2.3 可行性分析与立项

先进的管理模式只有在充分地进行可行性分析论证的基础上，选择适合本企业发展的模式才能发挥其经济效益与社会效益。因此，企业在建设新的资源管理信息系统之前，必须根据自身管理特点和发展战略，结合信息化投入预算，并对主要信息系统产品和合作商进行充分调查、分析和比较，选择适合本企业发展的产品与合作商。

对 ERP 项目实施可行性分析，使企业在了解 ERP 系统的基础上，综合判断与分析自身的发展需求，对投资实施所需人力、物力、财力的满足程度，企业管理基础与现状及预期的效益目标，而不是仅仅通过引入新的管理模式，实施新的业务管理系统来弥补企业现存的管理缺陷，从而节省大量因选择失误、基础数据与人员操作水平低下、管理基础薄弱、相关人员素质不高等造成系统实施失败而浪费的时间、金钱。

由于 ERP 带来的更多是无形的、间接的、长期的效益，因此不能直接以投入产出衡量其价值，而应从技术、财务、时间、资源等方面对能否满足 ERP 项目的效益目标进行可行性分析。在技术方面，要对企业自身的技术基础是否满足实施 ERP 的需要进行分析，对每一个需要改进的业务流程进行重新设计；在财务方面，要列出合理、准确的成本估算，根据企业自身财务状况，选择合适的软硬件产品，满足实施 ERP 的可行性要求。

可行性分析报告中一般包含：ERP 基础知识介绍，实施 ERP 所需的资源（包括管理环境、人员要求、资金预算和时间计划)、企业实施的必要性，实施的目标与实施中预计的困难等。

企业的领导通过可行性分析报告来进行决策。需要提到的是，有的部门领导可能会提出反对意见，有些是客观的，但有些是出于部门自身利益的考虑，因为他们担心 ERP 会给其带来更多的事务或暴露一些管理问题，这就需要筹备小组从企业整体利益出发，客观地反映问题并提出分析观点。经过企业领导的批准后，正式对 ERP 项目进行立项，做出项目的各种预算，并由筹备小组对有关的资源进行落实并启动各种计划。

14.2.4 需求分析

在立项后，筹备小组要对企业进行需求分析。每个企业都有自身的不同特点及不同的管理需求。需求分析的时间可能比较长，而且要求具有相当的专业性，分析结果的好坏关系到以后的 ERP 选型工作，因此，最好是在有关专家的指导下进行。需求分析报告是企业 ERP 软件实施选型的主要依据。需求分析的内容主要如下。

1. 各个部门需要处理的业务需求

如有关业务的数据流入、业务数据的处理方式、业务数据流出的情况。尤其要注意产品的结构特点、物料管理特点、生产工艺特点与成本核算特点，再根据各项业务需求，标出企业需求的分类级别，如重点要求、一般要求、可有可无的需求等。

2. 软件使用权限设置

有时企业权限需求很特殊，例如，不只是对功能的控制权限有要求，对数据甚至字段内容的控制权限也有要求。

3. 业务报表需求

企业的报表形式非常丰富，尤其我国的汉字报表，更是千奇百怪，因此，对报表需求要列出清单，标出必要需求、一般需求或最好需求等。

4. 数据接口的开放性

企业拥有或未来会有各种各样的信息系统，如 CAM、CAI、CAD、PDM、DSS 等，因此，要考虑这些数据的传输问题。

14.2.5 测试数据准备

企业要从各主要业务数据中抽取一些典型数据，作为以后 ERP 选型的测试数据，各个业务部门填写数据收集报表，如表 14-1 所示。

表 14-1　数据收集报表

序号	业务处理名称	业务数据输入		利用数据		数据输出		说明
		报表	部门	报表	部门	报表	部门	
1	来料入库处理	入库单	仓库	收货单检验报告	仓库检验	库存报表	仓库	库存量发生了变化
2	制作应付凭证		财务部	入库单	仓库	应付凭证	财务部	无输入数据，可以自动生成

（续）

序号	业务处理名称	业务数据输入		利用数据		数据输出		说明
		报表	部门	报表	部门	报表	部门	
3	制订生产计划	销售订单	销售部			生产计划	计划部	核对数据是否准确
4				产品提前期	生产技术部			
5				产品库存报表	仓库			

数据输入报表是业务管理部门为完成所处理的业务而要填写的数据，如仓库入库与记账，要利用收货单与产品合格检验报告来填写入库单，产生的结果（报表）使仓库的物品数量账发生变化。

14.2.6 选型或转入开发

实施 ERP 是一种战略行为，企业的发展战略直接影响 ERP 项目的选型。ERP 软件系统的选择是整个项目选型的核心。软件产品主要分为通用系统软件和自主开发软件：通用系统软件具有产品高度标准化、实施周期容易控制等优点，但无法完全满足公司个性化发展要求，投资相对较大；自主开发软件具有高度个性化、符合公司发展要求、开发成本较低等优点，但其软件产品成熟度、可扩展性较差，还可能导致项目实施周期过长。

对于软件产品的选择，要以实用性、技术性、成熟性为原则，选择软件本身性能能够满足企业发展需求，功能涵盖企业主要业务范围，支持企业在流程配置、信息集成等方面的功能，支持企业未来时期的发展，且质量稳定、容易维护的产品。

在选择 ERP 软件与实施服务时，一般可以从以下几个方面考虑。

1. 软件功能

软件功能应以满足企业当前和今后发展的需求为准，多余的功能只能是一种负担。如有些功能属于升级后解决的功能，则需要预先考虑升级的可能性、时间及条件。另外也包括系统的开放性，预留各种第三方接口等。

2. 开发软件系统所使用的工具

因为任何商品化 ERP 软件，都会有或多或少的用户化修改，并随着应用范围的扩大，企业必定会增补一些功能，做一些二次开发工作，因此软件所用的开发工具必须方便用户的掌握和使用。另外，尽量选用二次开发量少的软件，可以缩短实施周期。

3. 软件的文档

规范化的商品软件，文档应该齐备，包括用户手册、运行手册、培训教材和实施指南都应方便自学使用。

4. 售后服务与支持

售后服务与支持的质量直接关系到项目的成败。它包括各种培训、项目管理、实施指导、用户化二次开发等工作，可以由咨询公司承担。

5. 软件商的信誉与稳定性

所选软件商应有长期经营战略，通过技术、高质量的服务来赢得市场。选择软件应考虑软件产品的生命周期、先进性、适用性与可扩性，与软件商或软件代理商的长期合作，将有利于企业管理信息系统的完善。

6. 价格问题

这里要考虑软件性能、质量，做出投资/效益分析，其中软件投资应当是软件费用+服务支持费用+二次开发费用+因实施延误而损失的收益。另外，日常维护费、硬件、数据库、操作系统、网络的费用也应考虑在内。

7. 软件运行环境

对于一个开放型的软件，硬件和软件的选择余地应较大。其系统的可适应性，应采用符合工业标准的程序语言、工具、数据库、操作系统和通信界面，比如能否支持多数据库等因素都是购买时要考虑的。

8. 方案比较

可以让相对令人满意的软件或实施服务的供应商提出一个系统的方案，阐述软件功能及如何构建信息管理，并为企业提供解决方案、实施方案、预计带来的效益及预计的投资等。当然这只是粗略的方案，详细的方案要在进行详细的系统调研后才能提出。要注意量的适度问题，因为要求过于详细的方案对软件供应商与应用服务供应商来说是不合理的，也是不切实际的。

总之，企业对 ERP 的选型工作在高度重视的同时，要用科学的方法指导选型工作，才能为下一步具体实施取得预计的效益打下基础，否则，有可能造成系统应用偏离目标甚至造成巨大的经济损失。

14.3 项目实施

ERP 项目实施是一个复杂而艰巨的系统工程，它涉及软件公司的产品成熟与否，实施人员对产品的熟悉程度，用户的管理水平，上层领导对项目的重视程度，中层干部对 ERP 流程的认可程度，业务人员对操作的熟悉程度，以及企业效益、文化、人文地理环境、ERP 厂商和客户的沟通程度等方方面面的因素。典型的实施流程如图 14-1 所示。

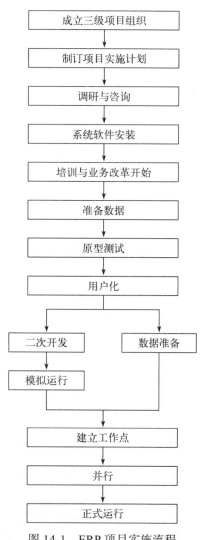

图 14-1　ERP 项目实施流程

14.3.1 成立三级项目组织

项目的实施必须落实责任与权力，因此按照在 ERP 项目实施中的职责，把项目组织分为三个级别，即三级项目组织。三级项目组织包括项目领导小组、项目实施小组与项目应用组，通常这三级项目组织都是在 ERP 咨询机构的指导下成立的。

14.3.2 制订项目实施计划

项目的实施计划由经验丰富的咨询公司制订或在其指导下制订，由企业的项目实施组根据企业的具体情况讨论、修改，最后由项目的领导小组批准。项目实施计划一般分为两类：项目进度计划与业务改革计划。计划应体现总体规划要求。

一般来说，ERP 的项目实施可能会分几个阶段实施，也就是常说的一期、二期或更多。期数的划分要依据企业的 ERP 软件模块需求、二次开发量、企业的业务工作量、项目资源、企业的市场销售情况进行。要按照阶段和实施的系统模块来细化计划，详细到各个业务的具体实施计划。

14.3.3 调研与方案设计

该阶段是对企业的 ERP 业务管理需求的全面调研，并根据企业的管理情况提出管理改革方案，调研报告与咨询方案要通过实施小组与领导小组的讨论并通过审核。ERP 的调研报告与咨询方案通常包括以下几个部分。

1. 企业管理现状描述

对企业的各种业务、各个部门业务职责、业务关系进行准确描述，经过企业的确认，这样就保证了咨询、实施方对企业的业务熟悉、对企业的管理加深了解，做到知己知彼。

2. ERP 的管理方式

描述企业与此 ERP 软件结合的管理方式，这部分也是软件公司的固有部分。

3. 业务实现与改革

根据对企业业务、管理的理解与 ERP 系统相结合，说明企业的管理流程、业务是如何利用 ERP 来实现的。同时根据 ERP 系统的需要与企业实际管理现状提出业务改革方案，即业务流程优化方案。调研咨询报告中的业务改革是有关专家、顾问在了解企业的实际管理运作后，利用他们对 ERP 的理论与实施工作经验，以及丰富的管理知识而提出的综合管理解决方案。

4. 达到的效果

达到的效果体现在管理数据与报表、直接效益、管理效益等方面。

14.3.4 系统软件安装

整个系统的设计与安装，一定要考虑企业的现有资源，其中硬件的方案可以与调研同步进行，提供几种方案供企业参考，并通过与硬件供应商合作，制订企业的硬件系统建设方案。在未详细规划企业的 ERP 应用工作点前，必须优先考虑在计算机中心或一些主要的业务部门初步建立系统安装、测试工作点，在规划后续的应用工作点后再安装相应的软件。一般来说，该过程以安装服务器系统软件为主，而后根据需要对工作点进行扩充。初步的安装是为了培训与测试的需要。

14.3.5 培训与业务改革开始

企业在推行 ERP 前，各层次人员对 ERP 的理解参差不齐或理解不深。培训的目的就是为了使企业顺利实施 ERP 系统，贯彻 ERP 的思想与理论，使企业的管理再上一个台阶。ERP 培训的类型有理论培训、实施方法培训、项目管理培训、系统操作应用培训、计算机系统维护等。要根据不同的层次、不同的管理业务对象制订不同的培训计划。

ERP 是管理软件，它的数据流反映企业的业务流程，各个子模块之间存在严密的逻辑关系，因此，制订培训计划要注意软件的逻辑流程，否则在培训时就会经常遇到流程不能通过的现象，影响培训效率与受训人员的兴趣。另外，对各个业务岗位进行操作培训时，除了对本业务操作的培训外，还要对相关逻辑的上下流程关系进行培训。

各级组织，尤其是领导小组、实施小组，在接受 ERP 的相关培训后，增强了对 ERP 理论、管理思想、业务流程的理解，这样对业务的有关改革就有了更深的理解。经过系统的培训，领导小组、实施小组成员就可以对业务改革提出更为详细的执行计划，并会提出一些补充意见与建议。

14.3.6 准备数据

实施过程中有一句经典名言，"垃圾进，垃圾出"。也就是说，尽管系统的其他方面都很完美，如果输入的数据不准确，那么，经过系统处理输出的数据也只能是不准确的。

在培训开展后，就可以开始收集业务数据，也就是进入准备数据阶段。这并不需要在培训完全结束后才开始。其目的是实际操练经过培训的业务处理模块，并检验测试软件的处理结果。

业务数据的收集应在专业人员（如实施顾问）的指导下进行。要收集的业务数据分为三类：初始静态数据、业务输入数据、业务输出数据。

初始静态数据包括物品代码、物品工艺路线、初始库存数据、工作中心数据等；业务输入数据包括物品入库数据、出库数据与销售订单数等；业务输出数据包括物品库存数据、可用库存量与物品的计划需求量等。

14.3.7 原型测试

把收集的数据录入 ERP 软件，就可进行原型测试工作。在这个阶段，企业的测试人员应在实施顾问的指导下，系统地进行测试工作，因为 ERP 的业务数据与处理流程的相关性很强，如果不按系统的处理逻辑处理，则会导致录入的数据无法处理，或者根本无法录入。例如，要录入物品的入库单，则必须先录入物品代码、库存的初始数据等。

原型测试的目的概括如下：
（1）通过实战模拟，进一步熟悉 ERP 的业务处理过程和操作使用方法。
（2）检验系统数据处理的正确性。
（3）通过查询、分析业务数据，获得高效的处理成果，增强实施信心与兴趣，并为数据共享与数据报表的利用提供依据。
（4）感性认识 ERP 的业务管理方法。
（5）对比 ERP 的处理流程与企业现行实际流程的异同，为业务改革提供依据。
（6）理解各种数据定义、规范的重要性与作用，为制定企业数据规范提供依据，如物品编码的使用、编码方法与作用，为制定编码规则提供决策依据。
（7）根据使用情况、业务需求提出二次开发的需求。

14.3.8 用户化与二次开发

因为企业自身的特点，ERP 的软件系统可能会有一定量的用户化与二次开发的工作，例如用户的特殊操作界面、报表、特殊业务等。一般地，要尽量减少对系统的二次开发，重点放在报表与特殊的业务需求功能上。用户化一般指不涉及流程程序代码改动的工作，这种工作可以由实施顾问对系统维护人员进行培训，以后长期的维护工作就由这些人员完成。有些灵活的软件，含有工作流程定义的功能（各类业务处理流程的自定义，例如定义多级审核等），这些也必须由企业今后自己来维护。考虑二次开发应该比较慎重，一般考虑以下几个方面：
（1）临时性的、非重要性的业务一般不进行二次开发。
（2）输出效益不大的工作一般不进行二次开发。
（3）因企业的业务流程（管理思路）与 ERP 软件不符，要综合考虑哪个合理，涉及的业务改革量、变化大不大，并比较二次开发与管理改革的成本与效益。

二次开发会增加企业的实施成本、周期，并有可能影响实施人员（服务方与应用方）的积极性。另外，二次开发的工作应该考虑现有业务流程的实施，减少实施周期，这也是制订实施计划要注意的一点。

当二次开发和用户化完成后，要组织人员进行实际数据的模拟运行，通过处理过程、输出结果的检验来确认成果。该过程类似于原型测试的过程。

14.3.9 建立工作点

工作点就是 ERP 的业务处理点，即电脑用户端、网络用户端。ERP 的业务管理思想就是通过这些工作点来实现的，但它不等价于实际的电脑终端，例如采购订单处理工作点与请购单处理工作点属于两个工作点，但可以在一个电脑终端。事实上，所有业务都可以在相同的电脑终端上处理，只是因系统使用权限不同，而要进行不同的业务操作。另外，这些工作点也不同于企业的业务处理点，例如采购单处理与请购单处理可能是一个业务处理点，但可以根据流程的需要划分为两个工作点。

建立工作点后，要对各个工作点的作业规范做出规定，即 ERP 的工作准则，形成企业的标准管理文档。

14.3.10 并行

在相关的工作准备就绪后，如系统安装、培训、测试等，则进入系统的并行阶段。所谓的并行是指 ERP 系统运行与现行的手工业务处理或原有的单一软件系统同步运行，保留原有的账目资料、业务处理与有关报表等。并行是为了保持企业业务的连续性、稳定性，同时也是 ERP 正式运行的磨合期（此阶段的业务改革仍然在继续进行）。该阶段前期工作，即数据准备阶段，包括静态数据收集、系统基础资料录入。静态数据包括物品编码、工作中心、BOM 结构、工艺路线等，一般实施顾问会提供静态数据收集表。在各个模块的基础资料录入后就可以进入业务的处理，即业务并行阶段。

14.3.11 正式运行

正式运行也叫系统切换，是在并行运行过程的后期，并行业务进行结账后，认证了新的系统可以正确处理业务数据，并输出满意的结果，新的业务流程也已经顺利运作，人员可以合乎系统操作要求，而决定停止原手工作业方式，停止原单一系统的运行，相关业务完全转入 ERP 系统的处理。如发现问题则要及时讨论解决，不符合正式运行的业务处理坚决不能转入正式运行。

14.4 ERP 实施成功的标准

在企业实施 ERP 的时候，往往存在一种误区，很多企业可能关注了 ERP 的选型、ERP 的实施，却往往会忽视实施后的效果评价。实际上，在 ERP 实施之后，企业仍然需要对 ERP 的实施效果进行进一步的评价。这是由于在实施之后，企业的管理流程和管理平台都发生了很大的变化，员工和管理者需要有一个适应的过程。企业必须注意在应用中存在的问题，及时解决问题，并且时时注意企业产品和行业环境、社会环境的变化，及时采取措施对 ERP 进行升级或者换代。

自从我国第一家企业实施 MRP Ⅱ 以来，舆论的评价甚为悲观。那么什么是"成功"？"成功"同"目标"是不可分的，没有"目标"，就无法衡量"成功"。当前的情况是：大多数企业在建设 ERP 系统之前，缺少前期论证，没有明确的目标；或虽有目标但很抽象（如提高管理水平、规范企业管理、提高企业形象等），没有预先设置考核达到目标的评价方法，很难说清怎样才算实施成功。

有人用是否达到国外的 A 级评价标准来衡量"成功"。但是，ABCD 评价包括的内容仅仅局限在 ERP 实施的效果，没有包括所有反映企业经营状况的技术经济指标。此外，评为 A 级 ERP 企业不像通过 ISO 9000 认证那样，并不等于拿到进入国际市场的通行证；有些企业是分步实施 ERP 系统的，也不能说一次没有达到 A 级标准就不算成功。

因此，"成功"的定义不一定就是要全部达到 A 级标准提出的所有指标。从国内多数情况来看，可以参照 A 级企业所要求的标准，但是就项目实施成功而言，还是要以是否达到预期目标来考核。

项目的成功实施用怎样的标准来验证、衡量，对实施 ERP 项目的企业是非常重要的问题。ERP 系统实施成功对于企业是来之不易的，需要项目组成员及全体员工在各阶段付出艰苦的努力，一丝不苟地对软件的功能、项目的需求及实施过程进行整理和评价。对于如何评价一个 ERP 系统是否实施成功，验证的标准是多方面的。现针对企业的具体情况对验证的几个主要依据进行阐述。

1. 系统运行集成化

企业选购的系统已全部运转起来，成为各部门管理人员日常工作离不开的有效工具，这是 ERP 成功应用在技术解决方案方面最基本的表现。ERP 系统是对企业物流、资金流、信息流进行一体化管理的软件系统，其核心管理思想就是实现对"供应链"的管理。软件的应用将跨越多个部门甚至多个企业。为了达到预期设定的应用目标，最基本的要求是系统能够运行起来，实现集成化应用，建立企业决策完善的数据体系和信息共享机制。一般来说，ERP 系统仅在财务部门应用只能实现财务管理规范化、改善应收账款和资金管理，仅在销售部门应用只能加强和改善营销管理，仅在库存管理部门应用只能帮助掌握存货信息，仅在生产部门应用只能辅助制订生产计划和物料需求计划。只有集成一体化运行起来才有可能达到如下效果：降低库存，提高资金利用率和控制经营风险；控制产品生产成本，缩短产品生产周期；提高产品质量和合格率；减少坏账、呆账金额等。

2. 业务流程合理化

这是 ERP 应用成功在改善管理效率方面的表现。ERP 应用成功的前提是必须对企业实施业务流程优化，因此，ERP 应用成功也即意味着企业业务处理流程趋于合理化，并实现了 ERP 应用的几个最终目标：企业竞争力得到了大幅度提升，企业对市场的响应速度大大加快，客户满意度显著改善。

3. 绩效监控动态化

ERP 的应用将为企业提供丰富的管理信息，如何用好这些信息，并在企业管理和决策过程中真正起到作用是衡量 ERP 应用成功的另一个标志。在 ERP 系统完全投入实际运行后，企业应根据管理需要，利用 ERP 系统提供的信息资源设计出一套动态监控管理绩效变化的报表体系，以期即时反馈和纠正管理中存在的问题。这项工作一般是在 ERP 系统实施完成后由管理咨询公司的专业咨询顾问帮助企业设计完成的。企业未能利用 ERP 系统提供的信息资源建立起自己的绩效监控系统，将意味着 ERP 系统应用没有完全成功。

4. 管理改善持续化

随着 ERP 系统的应用和企业业务流程的合理化，企业管理水平将会明显提高。实施 ERP 的一项重要目标应当是提高企业员工的素质，使企业能够建立一支既熟悉现代管理，又能熟练应用计算机技术的双专业职工队伍。为了衡量企业管理水平的改善程度，可以依据管理咨询公司提供的企业管理评价指标体系对企业管理水平进行综合评价。评价过程本身并不是目的，为企业建立一个今后可以不断进行自我评价和管理不断改善的机制才是真正目的。这也是 ERP 应用成功后，一个经常不被人们重视的标志。

14.5 ERP 实施与企业变革

14.5.1 ERP 实施需要变革管理

ERP 作为一种管理工具，它的实施本身就是操作手段的变革。操作手段的变革必然要引起包括作业手段的变革、管理模式的变革、工作关系的变革和观念的变革在内的全方位变革。

1. 作业手段的变革

实施 ERP 必然导致从以纸为主的办公方式到基本无纸的办公方式的转变。在以纸作为载体办公时，人们通过手工对业务资料进行处理，所有数据都记录在纸上，很直观。但在 ERP 环境中工作，人们面对的是一个又一个的屏幕，机械地往里边录入数据，对其内在的工作机理毫无了解。面对从以纸为主到基本无纸的转变，人们会有许多不适应的感觉。首先是不放心，数据输到系统去以后总担心数据会丢失，就像是把一份重要的资料交给了一个陌生人。其次是觉得不方便、很死板，手工工作无关紧要的小错在系统中绝对不能犯，稍有不慎系统就会找麻烦。再次，有些手工很容易做的修改，在系统里面改起来很麻烦。此外，一个部门的数据错误可能影响其他部门，一时的数据错误可能影响到很久以后的工作，初接触系统的人难理解这种因果关系，因而觉得系统莫名其妙。最后，人们对系统所提供的数据处理认识不足，不知道怎样利用系统进行数据查询、汇总和分析，因此在他们看来，放弃纸张使用屏幕是没有回报的投入。

在国外，ERP 出现之前，许多企业已经有了计算机服务公司为企业定制开发的集成管理软件，员工已经具备大型管理软件的操作经验。但在国内，大多数企业在实施 ERP 之前几乎所有操作都是手工进行，即使有电脑也只是用作文字处理或是十分低级的数据处理，广大员工对于集成的管理软件完全陌生。从以纸为主到基本无纸的转变给中国企业造成的冲击远远大于国外的企业，这种冲击所产生的反差可能导致对 ERP 系统的抵制。

因此，如何激起员工对于向无纸办公过渡的愿望，如何预防和尽快消除因对无纸办公环境不适应所产生的消极后果，是成功实施 ERP 所必须解决的问题。

2. 管理模式的变革

ERP 软件中所包含的操作模式是基于 IT 的操作模式，与基于纸张的操作模式有着很大的差异。此外，ERP 软件所包含的模式是考虑多个企业的通用模式，与具体企业的运作模式也存在差异。只有消除了这种差异，才能把 ERP 软件成功地应用于企业。消除这种差异的办法有二：一是修改该软件，进行二次开发；二是修改企业的业务流程。修改软件的代价很大，改动的余地有限，因此消除差异主要还是靠修改现有的操作模式。

提到管理模式变革，自然会想到业务流程重组（BPR）。但是，业务流程重组只是管理模式变革的部分而不是全部，因为业务流程不是企业管理体系的全部。任何一个管理系统都有三个组成部分：决策权分配子系统（业务流程及相关的规章制度）、绩效评定子系统（绩效考核指标和绩效评估程序）和利益分配子系统（激励机制，包括薪金和奖励制度）。这三个子系统就像一条小凳的三条腿，三者匹配，企业管理才会有效；否则，如果三者缺一，或虽然三者俱全但相互之间不衔接，企业的管理就要出问题。业务流程重组的本质就是通过调整组织内的权力分配来提高组织的总体运作效率，既不涉及绩效考核也不涉及激励机制。它只关注流程的有效性而不关注人的积极性。因此，单凭通过业务流程重组建立起来的管理模式不是健康的管理模式，没有可操作性。道理很简单，没有相应的绩效考核体系和激励机制，业务流程设计得再好，也很难在工作中执行。试想一下，假如重组后的业务流程关注的是让客户满意，而员工的奖金和晋升仍然取决于他们让"老板"满意的程度，员工会自觉地执行新的业务流程吗？又如，组织扁平化减少了中层经理的岗位，如果没有相应措施满足员工晋升的需要，企业能留住那些有上进心的员工吗？

操作模式并不等于管理模式，但它的运作离不开管理模式的支持。要按照ERP中的模式进行操作，就必须对管理模式做出相应的修改。因此，管理模式的变革也是成功实施ERP的必要条件。

3. 工作关系的变革

手段的变化导致流程的变化，流程的变化导致权力分配的变化。在权力分配的变化中，有的人权力被加强了，有的人权力被削弱了，有的人甚至被剥夺了权力。与之相对应，人们在组织中的地位和责任也将发生变化。例如，组织扁平化使得一部分人的地位下降，一部分人从发号施令的位置转到提供建议和咨询的位置，另一部分人则从被动的执行者变为有自主决定权的执行者。失去发号施令地位的人会产生抵触，因为他们留恋指挥给人带来的快感和尊严感。获得自主决定权的人也会产生抵触，因为他们需要担负更多责任，做许多他们不擅长的管理工作。工作关系和工作内容的变化要求他们放弃习以为常的一些思维方式和行为方式，甚至要否定过去引以为豪的某些东西。这会给他们造成很大的感情冲击，从而引发对变革的抵触。如果不及时地察觉并有效地化解各种抵触，ERP的实施就可能因重重障碍而胎死腹中。

实施前预先对可能产生的工作关系变化、权力和地位的变化进行详尽的分析，制定应对措施，实施过程中及时发现并化解对工作关系变化的抵抗，对于成功实施ERP是必不可少的，这需要运用变革管理的方法和技术。

4. 观念的变革

成功地实施ERP还需要成功地帮助员工树立一些新的观念。

（1）规则意识。办任何事情都遵守预先制定的规则和程序，这就是规则意识。规则意识对中国的企业尤为重要，因为中国人习惯于根据感觉、感情办事，而不是根据规则办事。这种工作习惯在ERP系统投入使用时表现为不按照规则输入物料或产品代码，不在规定的时间内将数据录入系统中，录入数据不准确等。这些不遵守规则的行为足以让 ERP 系统的运行受到干扰甚至瘫痪。

（2）**定量意识**。在做判断、做决定时尽可能地用数据说话，这就是定量意识。在以纸为介质的办公体系中，对大量的数据进行统计、汇总和分析是不可能的。这样，习惯于用纸办公的人往往缺乏定量的概念，办事凭印象，没有用数据说话的习惯。而 ERP 系统最大的长处之一就是能有效地对大量的数据进行统计、汇总和分析。缺乏定量意识会影响人们对数据输入的态度，降低数据输入的质量，影响 ERP 系统长处的充分发挥，从而降低人们对 ERP 系统的认可程度。

（3）**共享意识**。ERP 的长处之一就是通过信息共享避免数据重复录入，让数据尽快到达使用者手中。在以纸为载体的办公体系中，数据资料被视为部门所有，许多应该为其他部门所共享的信息往往被封锁起来。在实施 ERP 之后，即使有可能查阅其他部门的相关信息，人们可能出于习惯而不去查阅，继续沿用手工操作的理念和习惯；另外，由于受手工操作习惯的影响，人们也可能在录入数据时故意漏掉某些被视为部门所有的数据。这种"信息归部门所有"的意识将限制 ERP 功能的充分发挥。

（4）**安全意识**。在以纸为载体的办公体系中，各部门的数据资料都锁在各自办公室的文件柜里，感觉很安全。实施 ERP 之后，数据存在系统中，可能因为各种 IT 或人为因素而丢失，因此，需要制定一整套保证数据安全的制度，帮助习惯于纸上办公的人建立起数据安全的概念，管好自己的密码，因为密码是防止对资料非法查阅或恶意篡改的唯一屏障。

这些观念的建立需要企业文化的变革，不可能自然而然地完成。企业文化的变革是一项持续性的工作，需要培训和许多沟通，还需要有相应的绩效考核和激励机制作为后盾，因而又与管理模式的变革相关。

ERP 实施是企业管理变革的一个组成部分，它可以支持企业变革但不能推动企业变革，更不能代替企业变革。恰恰相反，ERP 的实施需要企业的变革来推动，要有企业变革作为铺垫。因此，要走出 ERP 的实施误区，提高 ERP 的实施成功率，必须把 ERP 的实施纳入企业整体改革的框架中进行。

14.5.2　业务流程再造

ERP 系统的实施与业务流程再造之间的关系很密切。ERP 系统实施之后，将对企业的业务流程、组织结构和岗位设置产生重大的影响，企业必须具有与 ERP 系统运行相适应的业务流程，这在客观上要求实施业务流程再造；反过来，实施业务流程再造，必须有工具来支撑，这种工具正是 ERP 系统。

1. 业务流程再造理论的基本思想

1990 年，哈默博士首次提出了业务流程再造（business process reengineering，BPR）概念，并将其定义为：对企业业务流程进行根本性的再思考和彻底性的再设计，以在成本、质量、服务和速度等衡量企业绩效的关键指标上取得显著性的进展。该定义包含了四个关键词，即"流程""根本性""彻底性""显著性"。

"流程"就是以从订单到交货或提供服务的一连串作业活动为着眼点，跨越不同职能和部门的分界线，以整体流程、整体优化的角度来考虑与分析问题，识别流程中的增值和非增值业务活动，剔除非增值活动，重新组合增值活动，优化作业过程，缩短交货周期。

"根本性"就是要突破原有的思维方式，打破固有的管理规范，以回归零点的新观念和思考方式，对现有流程与系统进行综合分析与统筹考虑，避免将思维局限于现有的作业流程、系统结构与知识框架中去，以取得目标流程设计的最优。

"彻底性"就是要在"根本性"思考的前提下，摆脱现有系统的束缚，对流程进行设计，从而获得管理思想的重大突破和管理方式的革命性变化。不是在以往基础上的修修补补，而是彻底性的变革，追求问题的根本解决。

"显著性"是指通过对流程的根本思考，找到限制企业整体绩效提高的各个环节和因素。通过彻底性的重新设计来降低成本，节约时间，增强企业竞争力，从而使企业的管理方式与手段、企业的整体运作效果达到一个质的飞跃，体现高效益和高回报。

企业再造的对象是流程，而不是任务、人员和组织结构等。面向流程的思想是 BPR 的根本基础，其表现形式是在再造过程中以流程为核心，采用面向流程的管理方式，体现出业务流程必须快捷地满足客户要求的本质特征，真正表达 BPR 思想的精髓，这也是对传统的面向职能管理方式的异化。在一般情况下，客户需求可以使用产品或服务来表示，产品或服务的完成需要企业的生产或服务流程，企业的生产或服务流程需要企业中的各种职能部门来保证。面向职能的管理方式就是从职能部门出发，考虑客户需求；而面向流程的管理模式就是从提供产品或服务的各种业务流程出发来考虑客户的需求。面向流程比面向职能更加直接地面对客户需求，对客户的需求更加敏感和快捷，能够提高产品或服务的质量和效率。从组织结构来看，面向职能的管理方式是一种递阶式的结构，人们关心的是部门的职能；而面向流程的管理方式是一种扁平化的结构，人们关心的焦点是流程。从运营机制来看，面向职能的业务流程是被各部门分割的不连续的流程，流程的优化由于条块分割只能达到局部最优；而面向流程的各种业务流程则是简单、连续的流程，各种流程的性能指标如成本、时间及质量等可以达到全局最优。从员工的角度来看，其在面向职能管理方式中的工作以个人为中心，按照职能安排工作，并且对客户只能进行有限的关注；而在面向流程管理方式中则以工作团队为中心，按照流程来安排，关注的重点是客户需求。

BPR 的第二个思想基础是系统集成。该思想在 BPR 实践中的具体凸显就是通过使用信息技术把流程中过细的分工有机地集成在一起，这是对传统分工论的异化，它强调在企业流程中各活动之间应该尽可能地整合在一起，而不是把流程中的活动分解得越细越好。

2. 业务流程再造的过程

从信息技术角度而言，BPR 的相关技术包括计算机网络与通信技术、共享数据库技术、决策支持系统、过程模型化与仿真技术、快速原型系统开发技术、项目管理工程工具等。这里，BPR 的关键技术包括标杆管理（bench marking）、建模与仿真技术、工作流系统技术等。

企业"再造"就是重新设计和安排企业的整个生产、服务和经营过程，使之合理化（见图14-2）。通过对企业原来生产经营过程的各个方面、环节进行全面的调查研究和细致分析，对其中不合理、不必要的环节进行彻底的变革。在具体实施过程中，可以按以下过程进行。

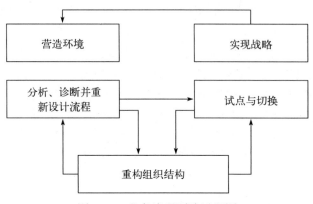

图 14-2　业务流程再造过程图

（1）对原有流程进行全面的功能和效率分析，发现其存在的问题。根据企业现行的作业程序，绘制细致、明了的作业流程图。一般来说，原来的作业程序是与过去的市场需求、技术条件相适应的，并由一定的组织结构、作业规范作为其保证的。当市场需求、技术条件发生的变化使现有作业程序难以适应时，作业效率或组织结构的效能就会降低。因此，必须从以下方面分析现行作业流程的问题：

- 功能障碍。随着技术的发展，技术上具有不可分性的团队工作以及个人可完成的工作额度就会发生变化，这就会使原来的作业流程支离破碎，增加管理成本。或者核算单位太大造成权责利脱节，并会造成组织机构设计得不合理，形成企业发展的瓶颈。
- 重要性。不同的作业流程环节对企业的影响是不同的。随着市场的发展，顾客对产品、服务需求的变化，作业流程中的关键环节以及各环节的重要性也在变化。
- 可行性。根据市场、技术变化的特点及企业的现实情况，要分清问题的轻重缓急，找出流程再造的切入点。为了对上述问题的认识更具有针对性，还必须深入现场，具体观测、分析现存作业流程的功能、制约因素以及表现的关键问题。

（2）设计新的流程改进方案，并进行评估。为了设计更加科学、合理的作业流程，必须群策群力、集思广益、鼓励创新。对于提出的多个流程改进方案，还要从成本、效益、技术条件和风险程度等方面进行评估，选取可行性强的方案。

（3）制定与流程改进方案相配套的组织结构、人力资源配置和业务规范等方面的改进规划，形成系统的企业再造方案。企业业务流程的实施是以相应组织结构、人力资源配置方式、业务规范、沟通渠道甚至企业文化作为保证的，所以，只有以流程改进为核心形成系统的企业流程再造方案，才能达到预期的目的。

（4）组织实施与持续改善。实施企业再造方案，必然会触及原有的利益格局。因此，必须精心组织，谨慎推进。既要态度坚定，克服阻力，又要积极宣传，达成共识，以保证企业再造的顺利进行。企业再造方案的实施并不意味着企业再造的终结。在社会发展日益加快的时代，企业总是不断面临新的挑战，这就需要对企业再造方案不断进行改进，以适应新形势的需要。

思考与练习题

1. 实施 ERP 要具备哪些先决条件？
2. 制约 ERP 成功实施的因素有哪些？
3. 实施 ERP 系统会有哪些方面的风险？
4. ERP 项目筹备小组应包括哪些成员？
5. ERP 项目可行性分析报告应包括哪些内容？
6. 简述需求分析的主要内容。
7. 如何选择合适的 ERP 软件？
8. 简要描述 ERP 实施的流程。
9. 怎样对 ERP 实施效果进行评价？
10. ERP 实施成功的标准是什么？
11. ERP 实施会为企业带来哪些方面的变革？
12. 根据你的理解，描述 ERP 实施与业务流程再造的关系。

案例分析

某金卡公司 ERP 系统实施

1. 企业介绍

该金卡公司是一家中外合资的现代化大型制卡企业，拥有世界领先的制卡技术、管理水平和生产、检测设备，其各类卡片产品广泛用于金融、电信、保险、交通、医疗、服务等诸多领域。公司有上千家客户，主要集中在电信、银行业，另有少量政府机关和其他行业客户。公司的产品保密性高，溢量产品需要严格管理，定期销毁。

公司原有多个异构的信息系统，这是企业信息化缺乏整体战略最明显的弊病。财务软件和业务系统不集成，造成的问题主要表现在以下几个方面。

（1）科目过多，结构复杂（原有科目近 2 000 个，仅库存商品科目就有两百多个）：即使如此，也只对库存商品的价值管理到了大类的级别。对每个生产订单的产品进行明细管理的要求远远没有达到，而且随着业务种类的扩大，科目数量呈递增趋势。

（2）核对困难：大量的业务信息通过纸面单据和业务人员的统计、摘抄，在部门之间进行传递，工作量大，且一旦出错，信息的核对极为困难。

（3）财务工作效率低下：必须花费大量的时间和精力收集业务部门的信息，并进行核对。每个月的月结要持续 10 个工作日。

该公司属于离散制造企业，生产特点为明显的多品种小批量，有大量的生产订单信息需要管理，对产品的质量检验非常严格，不合格产品数量较多。

公司的成本管理采用贡献值成本核算，对管理水平要求较高。

2. 实施预期

（1）实施范围：集成的企业解决方案，全面信息化，包括财务、分销、制造、成本管理、人力资源等几乎所有主要模块。

（2）实施目标：

- 集成信息系统，从根本上解决异构系统的信息流问题。
- 对生产过程和质量进行全程细化管

理，分析口径精确到每张车间订单。
- 利用集成的生产系统，实现系统的成本核算。
- 建立客户的角色管理和订单跟踪，提高应收账款的管理水平，加快资金回流，提高资金周转率。
- 提高库存管理，尤其是对溢量产品进行严格的控制，对库存危险品及需要有效期管理的物品实现系统控制。

3. 项目启动

首先成立了项目组，其组织结构如图 14-3 所示。

ERP 是"一把手"工程，由于项目实施过程中的很多阻力和问题必须依靠强有力的高层支持才能推动和有效完成，所以，必须设置"项目指导委员会"，其主要职能是听取项目经理汇报，并给予项目经理行政支持。

设置"项目质量经理"是出于质量控制的要求，进行分阶段的质量检查。其主要工作是听取项目经理的汇报，并判断项目的健康状况，以决定项目是否需要调整计划或重新配置资源。项目质量经理一般具有很丰富的管理经验，并且是具有行政影响力的资深顾问。

项目经理是领导层和具体实施人员之间的桥梁，需要总体控制项目的进度，进行项目决策。很多项目客户方的项目经理由 IT 经理担任，其实这种安排是利弊并存的。IT 人员比较了解 IT，对企业信息化的重要性理解比较透彻，容易接受一些新的观点；但是 IT 人员对于企业的具体业务流程和业务运作一般都不是很熟悉，在项目实施过程中很难起到企业内部专家的作用，需要大量时间协调顾问和业务人员之间的配合。而且由于 IT 人员非业务部门的主管领导，所以对企业内部的资源调动和影响力往往也十分有限。本案例中，客户方的项目经理由制造工艺部经理担当，项目后来的进展表明，这个选择是正确的。

对于客户方项目组成员的选择也有标准，要求成员具有团队精神、有责任心。

然后进行项目实施前的准备工作，主要包括：

（1）制定总体实施计划，规划时间和资源，编制项目预算；制定项目章程，包括实施方法、质量控制、风险管理、问题管理、工作制度等。

（2）举行项目启动大会。强调目标、范围和方法，其目的是扩大影响，提高客户的参与度，争取高层的大力支持。

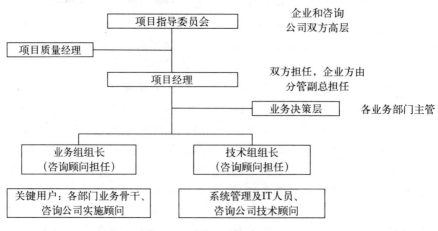

图 14-3

（3）标准功能培训。对企业用户普及基本的 ERP 系统功能知识，增加用户对系统的感性认识，为业务调研和蓝图设计打下基础。一般来讲，在项目开始初期，客户对 ERP 系统处于幻想阶段，甚至认为 ERP 无所不能，可以解决所有问题。标准功能培训有利于适当控制客户的想象力，对于后面的蓝图设计起到适当的缓冲作用。

4. 项目实施

（1）业务调研。项目实施的第一步就是咨询顾问进行企业业务调研，要获取企业详细的业务流程和功能需求。在此过程中需要判断和分析客户业务的重点，由于调研的对象是不同业务部门的人员，原来旧的系统是分离的多个系统，各业务部门所用系统可能不同，而各部门对同一业务的阐述有可能有分歧，因此必须对调研到的情况进行交叉验证。比如本项目中的物料分类问题，财务部门按会计科目进行分类，仓库管理部门按物料形状、材质、产地等进行分类。ERP 是个集成的系统，只能有一种物料分类方法，所以要与各部门进行充分交流，确定有利于整个系统运行的物料分类方法。

在业务调研过程中，由于业务人员并未充分了解 ERP 系统，所以在交流过程中可能会产生对业务流程的误解，尤其是一些复杂的操作过程。比如生产计划管理在制造型企业中是最复杂的环节，单纯通过口头交流经常容易产生差异，咨询顾问就亲自参与生产计划的编制过程来深入了解。另外，越积极的业务人员，回答调研问题时越容易掺杂自己的个人想法，甚至有的想法会误导项目实施方向，所以调研还需要落实到责任，需要企业关键用户对功能需求报告签字确认，这可以保证客户按实际情况回答问题。

（2）方案设计。根据需求分析进行方案设计时，必须从全局出发。ERP 的各个模块互相有数据的交互，对不同模块也会提出相关的要求。比如仓库和库位的设置由物流模块的咨询顾问负责，但生产管理模块涉及大量的物料移动，必然频繁用到仓库和库位。各模块的咨询顾问需要相互沟通，考虑各方面的不同需求，从整体上完成方案设计。其中，业务流程的可操作性和系统效率需要重点考虑。业务流程不是越高级越复杂就越好，而是追求简单和稳定。

在进行方案设计时，不是说需要考虑企业业务的所有方面，也不是解决企业的所有问题，而应找准重点，切合主要业务流程，否则会影响项目的进度。同样，最终的业务蓝图需要客户方签字确认。

（3）系统测试。系统测试之前，首先进行主数据的收集，这时候暴露出企业管理中的各种问题，发现各部门对产品或材料的名称不统一，存在大量的重复编码，相同的客户或供应商存在多个明细账。此时，就必须对所有编码进行规范，对业务流程进行优化，这就必然会触及某些部门的利益，改变人们的工作习惯，因此出现了来自各方的阻力。项目组在企业高层的支持下，与各部门中层集体开会交流，坚定执行了正确的方案。

在系统测试时，发现部分业务流程与 ERP 系统流程有差异，项目组对问题进行分析，对于重要的不同流程选择了二次开发，不重要的流程采取变通的方法来解决。这样的做法是必要的，既解决了企业的主要问题，又避免影响项目进度。业内有个共识：项目进度延期越长，项目失败的概率越大。

（4）系统上线。在系统上线之前，需要进行一项非常繁重且烦琐的工作，那就是所有静态、动态数据的收集。这些数据来自各个部门，来自业务流程的各个环节，数据准确、完整与否是影响系统上线成功与否的关键因素，绝对马虎不得。所以项目组挑选了有责任心、具有较好的接受能力、承压能力、沟通能力的 70 余名最终用户来完成这项工作。需要注意的是，这是一项全员作业，不能靠个人英雄主义。该项目中就有一位非常积极肯干的关键业务人员，想独力整理所有基础数据，结果累得一塌糊涂也没有完成。

在数据收集中也遇到了一些问题，比如库存数据不准确，项目组采用上线前盘点的策略来解决；缺乏新旧编码对照，导致数据转换困难；子账和总账有差异，还有一些未入账的"隐形"数据。好在项目组发现了这些问题，及时给出了解决方案。换言之，有些问题是不容易发现的，如果将这些问题带到上线阶段，则很有可能导致上线失败，甚至项目失败。

上线前最后一步准备工作是编写用户操作手册和最终用户培训，在刚开始培训时，有些用户不把培训当回事，嘻嘻哈哈、不按时参加、以工作忙为由请假等，有的在培训时好面子，不好意思提问，不懂装懂，总之各种情况都会发生。后来企业高层发话，所有参加培训的人员必须通过考核，否则不能上岗，才使培训工作成功完成。

系统上线过程制定了动态数据收集策略、期初建账策略和业务追补策略，如图 14-4 所示。

经过艰苦的一个月的系统并行工作，终于宣告该 ERP 项目获得了成功。

5. 项目中的思考

（1）ERP 项目不是一蹴而就的。ERP 项目的实施并不是一帆风顺的，在该项目实施过程中存在各种矛盾，如各业务部门之间的矛盾、项目组内部的矛盾、实施双方的矛盾等。由于业务流程的优化和数据的规范，各部门会为流程的变化、业务的责任等争论不休。由于实施过程中，企业方的预期与实际结果有落差，ERP 实施又增加了业务人员的工作压力，自然会出现人与人之间、实施双方之间的矛盾。

这些矛盾都很正常，关键是如何处理，一般的原则是：寻求支撑点，采取必要的强制手段；对症下药，不能一刀切，具体问题具体分析；各阶段给项目成员适当的激励，强调结合项目目标的激励；不同阶段给客户一些进展和展示，引导并培养客户的满意度。

ERP 项目是个管理系统工程，必然涉及企业变革，这个过程对员工的心理会有很大影响，刚开始时充满激情，但项目实施过程中的繁重工作与看不到曙光的漫长等待会令人心情低落，项目的成功又会使人们欢呼喜悦、恢复活力。而 ERP 实施成功并不代表变革结束，在未来还会不断有改进与完善，人们的心情和状态也会呈现曲折上升，如图 14-5 所示。

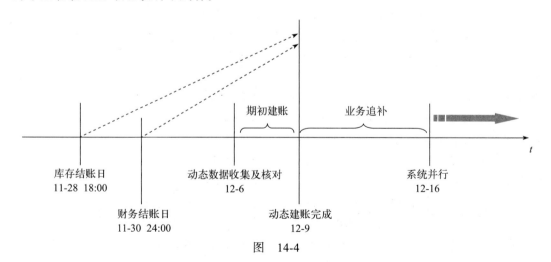

图 14-4

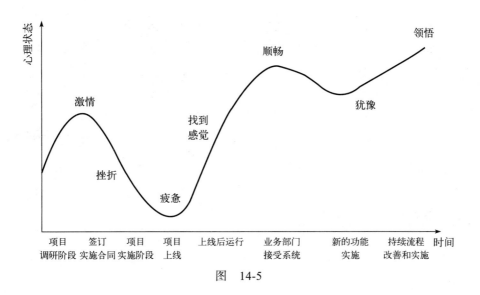

图 14-5

（2）"一把手"的作用。在信息化建设过程中，企业最高管理者的作用可以用"坚定信心、把握方向、资源保障、关键决策"来代表。

例如，在某企业实施ERP的项目组，骨干都是由IT部门的人员担当，各部门派来参加项目的也都不是能拍板决策的人。IT部门的人员对业务了解不深，业务部门的一般人员对流程的梳理也没有发言权，因此，项目进展遇到很大的困难。后来，企业下决心由业务部门的主要领导担任项目总监，各个项目组的负责人也都由业务部门的一把手担任，才保证了项目的顺利进展。在日常的经营任务非常紧张的情况下，让业务部门的负责人以较多的精力参与到项目中来，并不是那么容易的事，只有靠公司"一把手"的决心和魄力来调兵遣将。

本项目中也存在类似的问题，虽然刚开始就选择各部门的关键人员为项目组成员，但在项目实施过程中仍然有各种矛盾发生，也有某些关键业务过程的改变需要负责人拍板决定。信息化的过程必定伴随着组织架构的重组、流程的重新梳理，必定意味着权力和利益的重新分配，如果没有企业最高领导人很坚定的信心并倡导全员，大概就很难推动。所以，该ERP项目的成功实施，与金卡公司高层的大力支持是分不开的。

第 15 章

企业信息系统集成

15.1 企业信息集成的范围

经过多年的发展，集成应用技术经历了应用范围不断扩大、应用深度不断加深、应用技术不断成熟、标准化程度不断提高的发展过程。从支持部门内部集成、部门间集成、企业内集成发展到支持企业间的集成，从最初的信息集成、过程集成发展到知识集成，我国大多数企业的信息化急需提高的是立足于业务流程优化基础上的信息集成。在 ERP 系统中，通过对业务流程的优化，加强对各类业务单据信息的管理，可以实现企业经营管理中四个不同范围业务流程的信息集成，即企业部门内、企业部门间、企业集团内部以及企业之间的业务流程信息集成。这些范围的信息集成是由小到大、由低到高的一个发展过程，是企业不同组织规模中紧密相关、相互依存的一个管理整体。企业信息系统的集成，在管理的业务层面是从面向事务、职能的管理，发展到面向业务流程的管理；从面向部门级的单项业务管理，延伸到面向企业级的全局业务管理；从集成丰富的基本业务信息，提高到分析决策的知识集成。在管理的逻辑层面，是在全局业务管理调控下的部门业务管理，是在业务流程规范下的职能事务管理，是在企业发展战略指导下的业绩目标管理。

15.1.1 部门内业务流程的信息集成

两百多年以来，企业的管理模式一直是分工管理。一个企业总是有一定的组织构架，根据生产经营管理的需要，分成若干个责任明确的业务管理部门，按企业的要求各尽其责。分工管理有合理的一面，故存在至今。起源于制造业的 MRP Ⅱ/ERP 系统，为适应企业的需要，将一个集成的软件应用系统分成若干个功能独立又信息相关的管理模块，每一个模块的主要功能基本上适应相对应的管理部门的主要职责，通过此模块中的业务单据报表的事务处理来实现该部门的基本业务信息集成管理。部门级基本业务的信息集成是实现此项业务全局性业务流程信息集成的重要组成部分和坚实基础。

以企业的销售管理为例，ERP 系统的销售管理模块为企业的整个销售业务流程提供了全面集成的管理。其中，对销售业务的主要单据的管理，通常是企业销售部门的职责，其业务流程主要包括客户信息—产品报价—销售合同（订单）—发货通知—销售发货（销售出库或退货）—发票结算—应收款催收—业绩考核—报表分析。每一步业务，在 ERP 系统中都有与之对应的单据或报表。输入数据单据有销售报价单、销售订单、销售发货单、退货单及销售发票等，输出的数据表单有销售订单执行情况表、销售出入库汇总表、销售出入库明细表及销售发票等。通过这些业务单据报表的事务处理实现销售基本业务的信息集成管理。销售部门内部的主体业务流程如图 15-1 所示。

流程中的"销售订单"是由销售部门维护的另一个重要源头单据。销售订单审核后即可执行，由销售订单、销售出库单、销售结算发票形成核心业务三方关联，实现销售部门主体业务信息集成。在完成销售业务后，系统的统计分析功能为企业管理提供及时、准确的销售业务报表，包括销售毛利润表、产品销售增长分析表、产品销售流向分析表、产品销售结构分析表、信用数量分析表、信用额度分析表、信用期限分析表等。统计报表也为销售人员的业绩考核提供可靠的依据，并可用于企业利润指标分析。

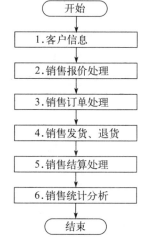

图 15-1 销售部门内部主要业务流程

与上述销售管理的示例相同，ERP 系统中还有相互集成的其他若干个功能模块。企业每一个主要业务部门通过相应的模块应用，实现部门内主体业务流程的信息集成。企业在分步实施 ERP 系统时要注意，部门级的信息集成要在企业级信息集成的指导和规范下进行，部门级的信息集成是企业级信息集成的基础，否则会形成企业级信息集成的信息阻断，又会出现新的"信息孤岛"。

15.1.2 部门间业务流程的信息集成

实际上，企业一项业务的完整流程是若干个相关部门相容互补共同完成的，传统的分工管理与现代的流程管理存在着继承与发展的关系。ERP 系统的集成应用，在不断强化流程管理的发展过程中，必须充分发挥相关部门业务处理的集成作用，用流程管理的思想方法来规范和约束相关业务部门的事务处理。经流程优化后，处于企业同一业务流程的不同部门之间有机地实现功能互补，从而实现整体管理功能的提高。

还是以企业的销售管理为例加以分析。在 ERP 系统的集成应用中，销售管理在企业的经营管理中具有两头一尾的重要功能，两头即企业需求信息（包括服务信息）的源头和企业资金收入的源头，一尾即企业物流过程的最后一个步骤。在以市场为中心、以客户为导向的市场经济环境中，每个企业都把销售管理放在十分重要的位置上。ERP 系统中的销售管理模块与计划管理、采购管理、库存管理、存货核算、财务管理等模块密切相关，资源整合、功能互补、信息集成，形成企业级的一个完整的销售业务管理流程。

客户资料为企业销售管理提供最重要的市场基础信息，销售部门录入销售订单后，对于按库存生产的（MTS）企业，通过查询库存情况准确安排订单的执行，或及时开具发货通知单，办理产品出库单，或按要求执行生产或采购。对于以销定产（MTO、ATO、ETO）的企业，销售部门要及时将销售订单传递给计划部门，作为企业计划的需求来源，进行 MPS/MRP 计算，按客户的要求和企业的能力、库存情况安排物料采购和产品生产制造；销售部门需及时了解采购和制造的进度、质量完成情况；产品完工入库后，销售部开具发货通知单办理产品出库单，按合同规定安排运输发货，通知客户，并与财务部门信息集成，开具销售发票和货运发票，收回应收款，进行相关账务处理；若客户有退货，再与仓库和财务部门联系，办理退货、退款手续。销售部门将完成的销售信息传递到财务部门进行存货核算和成本计算，最后完善客户信息，并提供售后服务。至此，以销售部门为主，其他相关部门共同努力，完成了一笔销售业务的全部过程。图 15-2 清楚地表示出在 ERP 系统集成应用中的一个完整的销售管理业务流程。

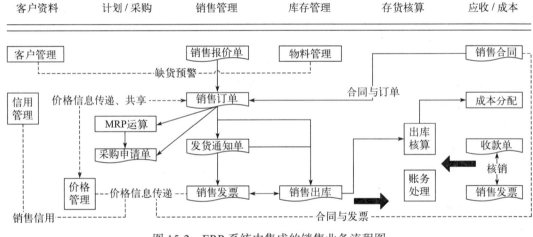

图 15-2　ERP 系统中集成的销售业务流程图

与传统分工管理模式的销售功能相比，ERP 集成应用管理模式中的销售管理的明显特点是体现企业内相关部门的信息集成。为了实现企业销售的整体任务，企业各有关部门都要以满足客户需求为导向，为销售管理提供必要的信息。销售部门在完成其本身主体业务的同时，必须要与有关部门充分合作，实现信息集成共享、功能协调互补，从而消除信息不畅、产供销脱节的弊病，整体提高企业销售业务的快速反应能力、客户满意度等综合管理水平。

用同样的方法也可以分析、理解企业其他主要业务流程（采购、生产等业务流程）执行过程中，相关部门之间通过哪些信息集成的应用，才能完成一个整体的业务流程。企业业务流程优化（重组）就是要站在企业级的整体业务流程的角度，在认真分析主要责任单位的主体业务流程的同时，仔细分析每一个相关部门在业务流程中信息集成的作用，清除那些重复发生的和没有增值效果的步骤，实现整体业务流程的优化。在 ERP 项目分步实施时，在完成整体规划和企业基础数据准备的条件下，采用按企业业务流程分步实施的方法是一种能使企业快速见到经济效益的好方法。在企业已存在的众多业务流程中，ERP 系统的集成应用从哪一项业务流程开始，又如何分步实施，必须对企业的需求和条件进行分析后，在解决方案中做出明确规划。

15.1.3 集团公司企业内部的信息集成

对于集团公司，在组织结构上设有总公司、分公司，甚至多级分公司；在地域空间上有同一城市的，有跨省市的，也有跨国的；在公司的业务类型上有商业的、工业的、服务业的，以及多类综合业务的；在总/分公司的关系上，有的是以资产为纽带，有的是以任务为纽带。当企业规模有限时，管理者很容易进行集中化的管理。随着企业规模不断扩大，由于受管理手段的制约，企业不得不采取"分散化"管理。总部与分支机构地域不同，造成数据传递不及时；分支机构在上报数据时，出现人为误差；分支机构上报仅为简单报表，总部对其业务情况难以及时查询；分支机构做账方式的不一致导致上报数据失实，集团内部的监控滞后，不能反映实际问题。有能力的企业，主要是依靠自身的力量开发管理信息化的应用软件 MIS，投资少，见效快，功能比较实用。但是，由于受各种因素的限制，开发的系统往往起点不够高，系统整体集成的难度较大，这些问题严重地制约了集团公司的业务发展。因此，集团公司迫切要求实现总部与各分公司之间的信息集成。

通常，集团公司的管理模式有集权式、分权式、部分集权部分分权混合式。为适应集团公司不同管理模式的需要，信息化管理也提供了集中式、分布式及混合式的集成应用方案。现代计算机网络技术、通信传输技术、数据库技术都能为集团公司信息化的不同应用方案提供相应的良好的技术支持。

在一些 ERP 系统的集成应用方面，有针对性地开发了相适应的功能。在软件的技术结构上，采用了客户端、中间层应用服务器、数据库服务器的三层结构体系，服务器的布置可根据集团公司的具体情况，既有适用于分公司内部的基于局域网客户端/服务器（C/S）的应用结构，又有适用于集团与各分公司之间的基于互联网浏览器/服务器（B/S）的应用结构。数据库服务器（尤其是集团公司需要加强管理的信息）通常采用集中式管理（而服务器的物理位置可以是分布式的）。客户端既可以是图形界面（GUI），又可以是互联网（Web）界面。在软件的应用功能方面，支持集团公司的业务管理应用系统，如集团分销业务管理系统、企业集团战略财务管理应用系统等。实施这些应用系统，能实现企业集团与各分公司之间的工业单据信息与商业单据信息的集成应用，实现业务信息与财务信息的集成，实现集团公司财务的事前预测、事中控制及事后绩效考核的全面集中管理。

| 集团企业信息集成实例 |

某电力建设集团是一家具有一级施工资质的综合性大型施工企业，下设建筑装饰、安装、金属加工、汽车修理等几十家单位，数年名列全国 500 家最大建筑企业金榜，连续 5 年

成为"优秀建筑企业""先进企业",在业内声名显赫。早在20世纪90年代后期,集团公司及其下属各单位就分别启用了财务软件,但随着集团改革,要求一体化集中统一管理的加强,原软件系统通过多次升级却始终无法实现集中分布式的集团管理,也无法实现远程应用和集团控制的目标,这严重影响了公司业务的正常开展。电力建设行业项目工程往往具有短期性和很强的游击性,项目工程在哪里,项目办公室就在哪里。集团要集中统一管理这些项目承担单位,往往受到项目现场条件简陋的限制,无法及时获取信息。2004年年初,集团公司采用了ERP系统,在公司总部与各项目工程部之间,在跨省的多个区域信息中心之间实现数据的交换、汇总、同步传输,可以将分布在不同地理位置的信息中心建立起有机的连接,实现集团公司的信息集成。通过第一阶段的顺利实施,该电力建设公司远程数据传输的问题得到妥善解决,整个集团实现了信息的分散收集与集中管理的有机统一,不仅提高了企业资金管理水平,解决了业务数据、财务数据的分散问题,也进一步提高了企业的整体管理能力。丰富灵活的数据穿透查询功能,让各级领导及相关责任部门可以随时查询各单位业务情况;适时监控,及时调整,成功实现了下辖几十个单位及项目部门的集中统一管理目标。

对于集团公司的财务管理,通过集团财务管理系统中总部与各分公司账套的应收、应付、总账、合并报表等功能的应用,能够使集团总部实现与各分公司之间的财务与业务流程紧密的集成管理。在ERP管理思想指导下的集团战略财务管理解决方案汲取现代集团企业战略财务管理思想,以企业绩效管理为核心,涵盖财务集中管理、资金集中管理、全面预算管理、集团财务报告、财务分析与决策支持等关键性集团财务管理业务,为集团企业提供了一整套透析集团业务和提升企业绩效的工具与方法,很好地满足了集团企业在快速扩张过程中透析集团业务、提升核心竞争力的需求。

15.1.4 企业与企业之间的信息集成

根据供应链管理的思想,在ERP系统的集成应用范围中,要实现与客户、供应商、银行、税务等相关企业和政务部门之间的信息集成,与上游、下游企业形成供需平衡、互惠双赢的供应链关系,与银行、财税、证券企业和部门保持信息集成,进行企业的资金和资本运作。在ERP系统的基础资料及销售管理模块、采购模块中分别集成了客户信息的资料、供应商信息的资料,通过这些资料的积累和分析,能够在一定程度上实现对客户和供应商的相关信息管理。随着企业业务的发展,可在企业应用套件的整体系统中,实施ERP系统与客户关系管理(CRM)系统及供应链管理(SCM)系统的集成应用。这里主要讲述通常的ERP系统中企业与客户、供应商、银行等企业之间的信息集成。

(1)与客户的信息集成。在企业的经营管理业务中,首当其冲的是要掌握市场客户的信息。客户是企业经营运作计划需求信息的源头,也是企业销售业务流程的终点,设置客户信息不仅是销售管理的重要组成部分,同时也是应收款管理、信用管理、价格管理所不可或缺的基本要素,因此,企业对客户资料的设置应给予高度重视。

在ERP系统中,客户信息包括客户一般公用信息和客户销售业务信息。

客户一般公用信息主要包括基本资料与应收款资料。基本资料主要保存客户的一些基本信息,如代码、名称、地址、信用管理、银行账号、税务登记号等;应收款资料主要保存在应收系统需要使用到的一些客户信息中,有应收账款科目代码、预收账款科目代码等。

客户销售业务信息包括价格资料、折扣资料、批号管理、信用管理等。在销售管理模块的业务基础资料中，首要工作就是增加面向客户的价格资料，针对不同客户、不同物料、不同数量段、不同币别确定向客户供货的报价资料、最低限价和折扣策略（折扣率或折扣额）资料，实现对客户的销售价格信息在整个 ERP 系统的集成共享。客户信用信息可以帮助企业对客户进行信用管理，信用管理是为企业在业务发展日益复杂、交易日益频繁、广泛的今天，对交易客户、销售业务人员进行业务评估，设置交易信用管理（包括信用数量、信用额度、信用期限、信用预警的管理），以提高企业资金管理水平，控制应收账款成本。它同销售价格管理一样，都是在进行销售业务流程管理的同时，控制企业资金运作，体现 ERP 系统物流与资金流的良好结合。

（2）与供应商的信息集成。企业对供应商的信息要了如指掌，以获得质优价廉、货源稳定、供货及时的物料供应。供应商是企业物流管理的起点，其信息是采购管理、应付款管理等业务流程必需的重要信息。在 ERP 系统中，供应商信息包括一般公用信息和供应商采购业务信息。

一般公用信息包括基本资料和应付款资料。基本资料主要包括供应商代码、名称、地址、与企业的关系状态等；应付款资料包括应付账款科目代码、预付账款科目代码、应交税金科目代码、最后交易日期、最后交易金额、最后付款日期、最后付款金额等。

供应商采购业务信息包括对不同供应商、不同物料、不同数量段、不同币别的价格和折扣信息，利用这些信息，可进行采购最高限价的控制和预警管理，实现企业采购管理业务流程与供应商的信息集成。

（3）与银行的信息集成。企业生产经营业务中的资金管理，例如收入支出的资金流动、融资贷款、还款及利息管理等资金运作业务都必须通过银行进行。因此，在 ERP 系统的集成应用中，必须具备企业与银行在资金管理方面集成信息的功能。

在 ERP 系统中与银行发生密切业务关系的有现金管理模块、结算中心及报账中心管理模块等。这几个模块与银行的业务往来，实际上就是企业与银行之间资金管理业务流程的信息集成。ERP 系统资金管理模块提供了与银行的接口，选择了已设置好的某一银行接口，在结算单据提交银行时，系统可自动识别银行接口，通过银行接口直接将收付款信息传递到相应银行。

同样，ERP 系统可实现银行存款日记账、银行对账单、银行存款对账、余额调节表、长期未达账、银行对账日报表、银行存款日报表、银行存款与总账对账等业务的集成应用。

随着技术和市场经济环境的进步与发展，ERP 系统也将会进一步实现电子商务的集成应用功能。

15.2 管理业务的集成应用

企业的各项管理工作都是围绕着生产经营的核心业务流程开展的。一个制造业类型的工业企业，无论其规模大小，核心业务都包括人、财、物、产、供、销几个方面。ERP 系统中具备了与企业业务相对应的功能模块：销售管理、计划管理、采购管理、生产管理、库存管理、成本管理、财务管理、质量管理、设备管理及人力资源管理等。从信息管理的角度来说，ERP 系统在先进管理思想的指导下，按照企业核心业务共同遵循的逻辑，以系统的观点优化企业核心业务流程，最大限度地实现企业物流、资金流、价值流、工作流、信息流的集成应用。企业大小不同，解决方案不同，而管理的基本原则和信息集成应用的要求却是相同的。

15.2.1 生产调度会的烦恼

通常，在我国制造业中，"生产调度会"是企业生产管理的一个非常重要的例会制度。有的每周开一次，有的每天都要召开，此外还有一些要由生产厂长亲自主持、各业务部门领导必须参加的现场会、专题会等。会议的内容已形成了惯例，概括起来主要是汇报情况、协调工作以及布置任务三个方面。生产管理部门、质量管理部门、安全管理部门等业务主管分别汇报工作，就这一阶段的任务完成情况和存在的问题一一做出说明，大部分都列出了翔实的数据。问题产生了，就要寻求解决方案。例会的主要任务是协调工作，在会议上经常听到的是："X 关键零件的材料什么时间能到货？""Y 协作加工件没按计划完成任务，影响下一道加工任务的完成。""发货单开出了，到仓库办出库时怎么又没有货了？""设计工艺部门做了技术更改，采购部门的采购计划、生产部门的领料单和生产工艺是否做了相应的调整？""销售部门接到的用户投诉，质量部门是如何处理的？""企业应收款催收不利，影响企业的流动资金，急用的一批材料因付款困难要延期到货。"生产调度会上协调的问题是多方面的，有生产计划的调整，生产准备工作的进度，设备检修是否考虑了生产任务；材料供应的计划、采购、周期、批量，零件材料的选择是否执行了企业标准，工艺、工装的准备和周期鉴定是否如期进行，操作者的技能是否能够满足工艺的要求等。然而这些问题在企业例会上几乎是老生常谈，生产管理人员都习惯了这些问题，也知道如果遇到这些问题时怎样"巧妙地"应付。最后，主管领导总结会议情况，布置下一阶段的工作任务。每一次生产例会几乎都是重复着同样的内容，协调着同类型的问题，甚至发生"扯皮""推诿"，影响生产任务的完成。生产例会就在传统管理的模式中这样会复一会、年复一年地继续着，没有人认真地、深层次地研究发生这些问题的原因和解决办法，似乎生产就应该这样管理。

生产例会中"汇报情况"，其实是生产管理信息的传递及一对多的交流，在传统的人工分工管理模式下是事后的、阶段性的反应与交流。例会上的"协调工作"，其实是力图理顺生产管理业务流程中的矛盾和冲突，在传统的分工管理模式下信息不透明、信息传递不畅、部门的工作是"任务驱动"，考虑部门利益较多，尚未建立"流程驱动"的意识，考虑全局利益不够，这种矛盾和冲突是必然的。面对市场竞争的加剧和生产任务的发展，缺乏业务流程优化管理，这样的协调难度急剧加大。例会上的"布置任务"，其实是领导的一个决策过程，在传统的分工管理模式下，管理信息的不全面、滞后，甚至信息的不真实，都给领导形成正确的决策带来很大的影响。

生产调度会上的这些烦恼，在企业其他的各项核心业务管理上也不同程度地存在。如采购管理怎样才能制订出合理的采购计划？怎样才能做到既能满足生产和销售的需求，又不造成过量采购、资金积压？成本管理能否做到事前预测、事中控制、事后核算？等等。那么如何才能使企业的生产管理科学化？历史发展到21世纪的今天，ERP系统的集成应用可以帮助企业实现新的管理变革。

在ERP系统的集成应用中，每一项管理业务都包括责任部门本身的线性业务流程，同时又包括按业务逻辑的要求与其他部门相联系的矩阵式业务流程。任何一个企业的生产经营活动都是由这些一系列连贯交错的业务流程按一定的规律集成组合起来实现的。这些流程都是密切相关、功能互补、相辅相成的，每一个流程的单独运行是没有实际意义的。

15.2.2 统一的计划管理

企业在生产经营管理中把计划管理摆在十分重要的位置，设有计划部门专门管理企业计划业务，业务范围大的要管到全企业的综合计划，范围小一点的要管到销售生产经营计划。计划部门在企业里往往处于总经理左右手的重要位置。MRP Ⅱ/ERP来源于企业，又更好地服务于企业。在ERP系统的全部管理业务的集成应用中，充分地体现出以计划管理为主线的管理理念，实质上，计划管理包括计划安排/协调控制和监督考核等方面的职能。ERP系统的计划管理系统是一个由五层计划业务组成的统一而完整的计划管理体系，如图15-3所示。

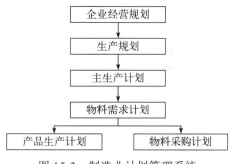

图15-3 制造业计划管理系统

这种五层次的计划管理模式有着广泛的代表性，典型地归纳了企业生产经营计划管理的主要业务，但其中的关键问题是如何充分发挥ERP系统的集成应用特点，来确保计划的准确性、可执行性及一定程度的灵活性。

在ERP系统实施的过程中，一方面要充分认识到确保信息准确的重要性，另一方面也要在数据规划、标准制定、工作制度等方面采取必要的措施，确保信息的准确性，这是提高计划管理准确性的关键。

计划管理的可执行性主要体现在负荷与能力的平衡性及企业资金条件的可能性等方面，在ERP系统的实施中，通过事先的模拟计算和粗能力需求计划与细能力需求计划的平衡来对主生产计划和物料需求计划进行相应平衡调整，或是在保证生产负荷完成的前提下扩大生产能力，或是在有限能力的条件下进行生产负荷优先级的调整，实现负荷与能力的平衡。通过管理会计的事前预测及筹措，事中计划控制和事后检查核算，实现企业资金的保证，优化企业资源配置。另外，在管理方法上，可以实现ERP与JIT的集成，ERP与高级排程计划的集成，从而优化企业计划。

计划的灵活性体现在计划管理对于市场变化的快速反应以及对于生产过程时间、物料、数量、生产能力等条件发生变化时及时调整计划的适应能力。保持生产相对稳定均衡和适应快速变化的调整一直是生产计划管理面临的一对矛盾，在ERP系统的实施中，由于基础信息是集成共享并确保准确的，当条件有变化时，能较快地进行重新计算，或是局部调整，或是全部调整，得出变化后的计算结果，为进一步的人工调节提供依据。同时，系统中采取的安全库存量、合理的批量策略、适当放宽提前期、物料替代等措施，以及业务单据的生成都留有人工输入的接口，便于按实际情况做人工调整，这些措施在一定程度上增强了计划管理功能的灵活性。

在 ERP 系统的实施过程中，建立一个准确度较高、可执行性强并具有一定程度灵活性的计划管理系统是一件十分重要而艰巨的工作。在 ERP 工作者的心目中，做好企业的计划生产管理模块的实施也是最具有魅力和挑战性的工作。企业千姿百态，条件千变万化，很难有一个万能的解决方法。国内外的专家学者围绕这个主题进行了大量卓有成效的理论与实践研究，各有所长，在此难以一一介绍。我们认为最有效的方法是在 ERP 系统实施时，结合企业的具体情况并参考先进成功的实例逐步加以解决，从而实现覆盖企业生产经营全过程的统一的计划管理。

15.2.3　统一的生产调度

ERP 系统的实施使企业内部的核心业务实现了集成管理，每一项业务都按既定的业务流程一步一步地执行下去，计划员在计划管理模块中完成了物料的生产计划或采购计划后，下达到车间管理部门，车间管理人员将继续进行车间作业计划的编制，并下达执行。

生产车间的作业调度员及时查到已审核的生产投料单，即可进行后续的生产领料业务处理；仓库办完发料单后，生产总调度即可查询各项生产任务的领、发料信息；生产车间领到材料后，按生产任务的类型组织生产加工，及时录入任务完成信息，同时在生产管理系统中自动生成大量的统计报表。从车间的各个方面反映出的生产任务执行情况，为生产调度提供综合管理信息，为管理决策提供依据。由于信息集成共享，生产总调度可随机查询各项生产任务的进度及与企业生产任务相关的综合统计信息，还可利用查询分析工具对综合统计信息进行相关分析，对生产任务进展情况了如指掌，对出现的问题及时进行协调解决。

ERP 系统在生产管理业务流程上的集成应用，使企业实现了生产任务的实时管理，凡是与生产任务有关的部门都可以在授权的条件下，随时查询生产任务完成情况及综合统计信息，根据总调度的统一协调安排，按生产任务整体业务流程的需要，及时完成各自承担的任务，接受任务完成情况的考核，解决生产调度会的烦恼，提高企业的综合管理水平。

15.2.4　库存信息全局共享

在企业的各项业务管理中，仓库管理处于全企业物流管理的中枢位置。在传统的管理中，很多企业设有材料库，负责管理采购进来的物料，属于物资供应部门；又设有成品库，负责管理对外销售的产成品，属于销售服务部门。如果由人工建立出入库台账，定期进行库存盘点，姑且不论台账建立不及时、不完整，显然会造成账物盈亏调整不及时，累计偏差太大，保值期管理不善，以及积压超期等管理不严格、不规范的情况，是属于必须进行彻底整顿的基础管理范畴。库存信息只掌握在仓库管理员的手中，其他部门或企业主管若要了解库存情况，只有打电话或到仓库找管理员查询、翻台账、看实物，但看不到计划入库量，也看不到已办好料单的出库量。材料计划员与仓库保管员两个岗位，两套账本，职务驱动，信息阻隔，实际上提供的是不准确的库存信息，常常会造成有料还再买而产生库存积压，或开了料单又无料可发而产生供需脱节的现象。

在 ERP 系统的库存管理应用中，系统中只有一个库存管理模块，库存管理与计划管理的密切关系都是通过日常业务来反映的。库存管理的日常业务包括外购入库、产成品入库、委外加工入库、调拨入库等入库业务；生产领料出库、委外加工材料出库、销售产品出库、调拨出库等出库业务；库存盘点业务等其他业务。这些统一完整的库存管理功能，优化了仓库管理业务流程，集成了计划员与仓库管理员的信息，为企业主管和相关部门提供了及时、可信、全面的库存信息。

毋庸置疑，在 ERP 系统的集成应用中，实现了库存信息的全局共享，解决了长期困扰制造业物料管理的一大难题，实现了与库存物料有关的各个部门长期以来的一个愿望，这对于提高计划与控制的可执行性、降低成本、提高工作效率、提高资金周转率、加快市场反应速度都有着十分重要的作用。

15.2.5　业务与财务信息集成

从我国企业信息化发展的实际情况来看，会计电算化远早于 MRP Ⅱ/ERP 的推广应用。有调查资料表明，90% 以上的企业都采用了计算机管理财务。部门级的财务软件虽然提高了财务人员的工作效率，但实际上形成了"信息孤岛"，并未给企业整体效益带来明显提高，先入为主的、已形成的工作习惯在一定程度上阻碍了财务与业务的信息集成，甚至有的企业主管片面强调财务信息的重要性而坚持让财务信息管理处于自成体系状态。实际上，企业的财务信息，无论是管理会计的预算、决算等宏观信息还是财务会计的应收、应付等日常业务信息，都与企业生产经营业务信息有着不可分割的紧密联系，这是十分明显且顺理成章的。自人类有商品经济以来，效益目标—资金运作—生产经营—成本管理就构成了企业管理运作的永恒循环，财务和业务构成了企业一个目标下的两大类工作，并相辅相成、紧密相连。

ERP 系统作为企业资源优化管理系统，从本质上反映了企业业务与财务信息的这种整体一致的关系；在具体处理上，按事物的本来规律和固有的内在联系，如实地从静态信息和动态信息两方面实现业务与财务信息的全面集成。在企业日常运营过程中，财务效益指标调节控制着企业各项业务的进展，而各项业务的进展又为财务管理提供了翔实的源头信息。财务作为后续信息的处理，及时提供对业务进展的监控并以财务报告的形式反映企业经营业务的绩效，ERP 系统通过相关单据按一定逻辑传递，紧密地实现了业务与财务信息的动态集成。

在做企业信息化规划时，要明确提出业务与财务信息集成的要求，选择企业级的财务应用软件。在制定 ERP 项目实施方案时，首先必须做好各项基础资料的设置，在此基础上，根据实际情况，在企业核心业务流程上实现业务信息与财务信息的集成，取得实效再逐步推广。对于一个制造企业，无论规模大小都不要再走上财务会计电算化的历史老路。

15.2.6　三层次管理信息集成

处于企业三个不同层次的人员，承担着不同的责任，对企业信息有着不同的需求,通过这些不同来实现一个共同的目标。早期的 MRP Ⅱ/ERP 项目把重点放在了企业具体业务处理的层次上,在规划上及信息技术上都难以给企业的高层管理者直接提供信息服务。这一不足之处,在一定程度上也影响了 ERP 的推广应用。

ERP 系统从技术和应用两方面快速发展,充分注意满足企业管理中业务运营、商业智能、战略决策三个层次的不同信息需求。

业务运营管理层提供企业日常业务的处理功能,这是企业信息化的信息基础,是实施 ERP 业务流程的具体优化管理。为了确保基层业务流程系统的有效实施,企业在数据管理、实施方法、管理制度、人员培训等方面都采取了越来越细化的措施,更好地把员工的基层工作置于企业的全局性工作之中,使员工认真负责地制作本岗位上的每一张单据,为整个 ERP 系统的集成应用提供及时、准确的基本业务信息。

商业智能层提供全面的商业分析与优化功能,包括财务分析、物流分析、人力资源分析以及客户关系管理分析等。随着数据库技术的发展,根据企业管理的需要,在规范、准确、及时的静态数据和动态数据的基础上,生成丰富、实用、有价值的中间数据,即各种业务数据统计报表。每一个业务统计报表和分析工具都较好地满足了企业中层管理者对自己职责范围内业务信息的需求,可随时了解所关心的业务进展情况,及时发现可能发生的问题,尽快采取有效措施加以解决。在 ERP 系统中,还包括决策查询系统或决策支持系统,为企业高层决策者提供一个决策支持工具,通过对生产经营业务综合数据信息的查询分析,为解决业务流程中的重大问题和为企业的战略发展问题提供重要依据。随着企业 ERP 系统的有效应用以及数据仓库技术的发展,ERP 系统产生大量的作业型"源数据",通过数据仓库技术的挖掘、提取、加工,变成企业关心的主题型数据;通过数据仓库查询,企业高层决策者可从中获得十分有价值的信息,指导企业的业务更好地向前发展。

战略企业管理层通过企业战略管理和战略规划的各种工具与方法来实现战略目标管理、业务规划、预算管理、管理监控、业务合并管理等功能。

现代 ERP 系统的集成应用,已较全面地实现了企业中三个层次信息的集成应用,能为企业提供从战略到战术、从宏观到微观、从综合到具体的全方位信息管理。

15.3 ERP 系统与相关应用的集成

在 ERP 系统中,通过各个功能模块的实施,能够实现企业生产经营核心业务的信息集成,也能够实现与其他相关业务的信息集成。信息集成如实地体现了企业业务流程集成,加强了企业管理功能集成。随着 ERP 系统应用的不断发展,在企业 ERP 系统的实施过程中,还需要解决 ERP 系统与其他管理信息系统或生产自动化系统进行信息集成的问题,不同类型的企业面临着不同应用的集成需求。

15.3.1 ERP 系统与 PDM 系统集成

在机械制造行业中,ERP 与 PDM 系统之间的集成是解决 BOM 表自动生成的一个典型集成应用方案。产品数据管理(product data management,PDM)系统是 20 世纪 80 年代开始在国外兴起，并在 90 年代引入国内的一项技术，它是管理企业产品生命周期与产品相关数据的一种理论，能有效地集成管理设计、工艺和制造管理中与产品相关的产品技术文件等内容；通过应用并行工程方法学、网络技术、数据库技术等先进技术，PDM 能有效地提高产品数据集成管理和共享的水平，能有效地提高产品设计过程中的项目组织管理水平，能有效地保证产品技术文件的完整和一致，从而达到真正减轻设计人员在工作过程中管理技术文件的劳动强度，提高设计工作效率，达到缩短产品生产技术文件准备时间的目的。

ERP 系统汲取了当今先进的企业经营管理理论和模式，对企业活动中和制造有关的所有资源和过程进行统一的管理，在目标上充分体现对成本的控制、对质量的控制和对客户服务的管理，是着眼于企业生产制造领域的管理信息系统。众所周知，现代企业的运作是基于信息流和物料流相辅相成的一个动态过程，而产品的形成周期涉及 PDM 和 ERP 两个领域。所以，基于完整的产品形成周期，以系统的眼光来看，PDM 和 ERP 在以下几个方面有着密切的联系。

（1）过程作用对象之间存在着因果关系。ERP 系统中的过程作用对象，即以物理形式出现的零部件或产品，是 PDM 系统中过程作用对象以及过程作用对象之间逻辑关系的物质表现。

（2）过程的逻辑序列间存在着执行和验证关系。ERP 系统中的生产过程序列是对 PDM 过程序列产生信息逻辑关系的物理执行和验证；ERP 系统中生产流程的优化理论，以及物料管理理论，是 PDM 系统所管理的产品信息和信息逻辑发展完善的基本路线。

（3）管理目标的一致性。PDM 和 ERP 在管理目标上有着高度的一致性，虽然两者管理的对象和过程存在区别，但是它们的管理目标都是试图通过科学的调度和控制，减少失误和返工，在尽可能短的时间内，利用最少的资源耗费、最为经济的手段和方式，保证产品满足市场需求。

（4）过程的支持条件有着先天的联系。产品抽象的几何拓扑信息，既是 PDM 领域过程开展的产物，也是 ERP 领域过程开展活动的指导基础和结果验证条件。所以，强化 PDM 和 ERP 之间的联系，必须利用统一的产品几何拓扑信息对与之相关的过程进行沟通。

（5）企业的产品是这两个过程序列逻辑关系的耦合结果。PDM 中的过程序列按照从整体到局部逐步细化的设计路线开展，而 ERP 中的过程序列按照从局部到整体的制造、装配过程来进行，企业的最终产品正是这两个从不同路线和领域开展的过程序列在时间坐标上的耦合结果。

对于企业而言，其研发部门的产品研发、设计必须不断跟进市场需求的变化，但由此产生这种典型矛盾：产品在研究、设计和开发过程中的规格变动信息可实时保存在 PDM 系统中，但无法及时通知仅使用 ERP 的相关生产业务部门，从而导致产品制造流程不通畅，ERP 系统无法发挥应有的效用。为解决以上问题，提高 ERP 系统的运作效率，必须使 PDM 和 ERP 系统中的产品数据、物料信息、采购条目、制造流程数据等实现信息同步和一致，使 ERP 管理部门和产品研究开发部门、设计制造部门之间的数据资料有效地流通和综合利用。

15.3.2 ERP 系统与数据采集系统集成

企业通过使用 ERP 系统，可以实现对企业内部物流、资金流、信息流的集成一体化管理。数据采集在 ERP 系统中具有重要意义，它是 ERP 系统业务处理模块的数据输入，也是 ERP 系统业务处理模块的处理对象。自动采集数据集中体现了现代企业的业务运作方式。

数据采集的灵活性可使企业 ERP 系统的应用人员摆脱手工录入的烦恼，使他们有更多时间从事数据检查与监控的工作，使高层管理人员可以查看到多角度及全自定义的统计、分析、追踪、回溯、对比报表，大大提高了工作效率，进而提升了企业的管理水平。数据采集的实时性保证企业管理软件能够及时提供最新信息，提高企业的市场反应速度。

15.3.3 ERP 系统与数据仓库的集成

企业在有效地实施了 ERP 系统后，逐渐积累了大量的生产经营管理数据，通过对这些数据的分析能为企业的经营决策提供十分有价值的信息。在企业信息化的数据管理层面上，要从应用数据库向主题数据库和信息检索系统的高层次发展。此时，ERP 系统的实施必须考虑与数据仓库的集成应用。根据数据仓库之父威廉·H.英蒙（William H. Inmon）的定义："数据仓库是在企业管理和决策中面向主题的、集成的、与时间相关的、不可修改的数据集合。"

ERP 系统的成功应用实现了企业内部核心业务流程的信息集成以及企业外部供应链的信息集成。ERP 系统的数据管理处于数据文件和应用数据库的层次，一方面及时准确地处理着业务流程中产生的大量业务数据，使企业的业务进展达到计划和控制的目的，另一方面这些数据也成为数据仓库的数据源。在集成的应用系统中，使用一定的数据提取和加载工具从数据源抽取出所需的数据，经过数据清洗、转换，最终按照预先定义好的数据仓库模型，将数据加载到数据仓库中去；将分散的、细节的、不一致的数据转变成综合的、完整的、按主题分类的数据，为企业的数据查询系统提供有价值的信息，从而实现 ERP 系统的数据管理与数据仓库的数据管理的集成应用，使企业信息化的数据管理从低级到高级逐渐发展，达到完整的数据管理水平。

15.3.4 ERP 系统与人力资源系统的集成应用

人力资源是企业最基本的资源，位于企业"人、财、物、产、供、销"诸多重要资源之首，在每个企业都设有专门的人力资源部门负责此项管理工作，历来是企业管理中一项十分重要的管理工作。回顾 ERP 在企业管理中的发展进程，一直是以企业的"财和物"为中心的。最初，企业管理者为了减轻企业在工资核算方面大量烦琐的手工操作，开发和应用了工资核算发放系统，以后发展为一些人力资源系统，其水平也只停留在分散运行的模式上。在市场竞争越来越激烈的今天，如何吸引优秀人才、合理安排人力资源，降低人员成本，提高企业竞争力，已经是企业管理者考虑的首要问题。

在近几年发展的 ERP 系统中，已将人力资源管理模块集成在一个统一的系统之中，使 ERP 系统的功能真正扩展到了企业全部资源管理的范畴。人力资源管理的功能范围，也从单一的工资核算、人事管理，发展到可为企业的决策提供帮助的战略人力资源管理解决方案。其功能包括人力资源规划、员工考核、劳动力安排、时间管理、招聘管理、员工薪资核算、培训计划、差旅管理等，并同 ERP 系统中的财务、生产系统组成高效的、具有高度集成性的企业资源管理系统。企业的管理者可以运用 ERP 中的人力资源系统，根据本企业的生产经营发展的需求，方便地编制本企业的组织结构和人员结构规划方案，通过各种方案在系统中的比较和模拟运行评估，产生各种方案的结果数据，并通过直观的图形用户界面，为管理者最终决策提供人才战略支持。除此以外，人力资源规划还可制定职务模型，包括职位要求、升迁路径和培训计划，根据担任该职位员工的资格和条件，系统会提出针对员工的一系列培训建议，一旦机构改组或职位变动，系统便会提出一系列职位变动或升迁建议。此外，通过人员薪酬、培训、福利等费用的统计分析，可以对过去、现在、将来的人员成本做出分析及预测，并通过 ERP 集成环境，为企业成本分析提供依据。

15.3.5　ERP 系统与财政、税务部门软件的集成

财政部要求基层企事业单位使用财政部决算报表软件来制作上报财政部的决算报表。为了减轻已使用财务软件的基层企事业单位在编制财政部决算报表时的数据录入工作量，ERP 系统提供了财政部决算报表软件与企业 ERP 系统的财务软件之间的数据接口，企业使用的无论是基于 SQL 等大型数据库的企业级财务软件还是基于 ACSESS 小型数据库的部门级财务软件，都可以使用这个接口软件形成财政部所需要的决算报表，完成数据信息从企业财务软件向财政部报表软件的平滑过渡，实现了两个系统之间相关信息的集成应用。

企业使用 ERP 管理软件，在经营过程中都会涉及发票的管理问题，许多用户同时也使用金税 Windows 版的开票系统。为了减少重复录入发票的问题，数据交换就是必须要解决的问题。随着电子商务的不断发展，B2B 的模式在许多企业逐渐运行，不同应用系统之间进行发票的数据交换需求也成为必然。基于以上需求，ERP 系统可提供与增值税专用发票防伪税控开票子系统接口，采用标准方式制定出标准增值税发票数据交换接口，通过此接口可实现发票的引入和引出。引入发票是指将符合增值税发票数据交换接口的发票引入 ERP 系统，引出发票是指将 ERP 系统的增值税发票引出到外部系统，从而实现 ERP 系统的发票管理与税务部门或 B2B 企业发票管理系统的集成应用。

以上介绍了 ERP 系统对企业信息集成的作用和方法，其实，早在 20 世纪 70 年代末 80 年代初，我国大中型企业就开始了信息化的历程，经过几十年的发展，取得很大的进步。但由于大中型企业组织庞大、地域宽广、业务复杂、行业众多、信息系统庞杂，形成了很多信息孤岛。随着企业在市场经济中的发展和企业信息化应用的深化，需要构建一套功能全面并紧密集成的信息系统，要求这个信息系统能适合企业管理模式，适应企业组织结构和业务流程的变化，满足电子商务的应用，实现企业间的协作。一些企业为增强市场竞争的快速应变能力，进行了适当拆分和多元化运作以恢复创新意识和企业活力的管理方式，这就需要通过一套完整的综合信息管理系统，把

分散的组织和资源更为有效地集成起来，把客户、供应商和企业紧密集成起来，真正形成一个统一的供应链系统，并通过广泛合作及电子商务网络的扩张，帮助企业实现全球化经营。因此，大中型企业管理信息化发展的趋势为：继续完善 ERP 系统对企业内部的信息集成和资源优化，同时充分发挥和扩大 ERP 系统对企业外部供应链信息集成的作用，充分利用企业内外部资源，把分散的组织和资源更为有效地连接起来，实现企业与客户、供应商、合作伙伴间的紧密连接和协同商务，实现企业财务系统、制造系统、采购管理系统、销售管理系统、知识管理等多个应用系统紧密集成，帮助企业发展为能够赢得全球竞争的集团化大企业。

◆ 思考与练习题

1. 请举例说明 ERP 如何实现部门内业务流程信息集成的。
2. 请举例说明 ERP 如何实现部门间业务流程信息集成的。
3. 请举例说明 ERP 如何实现集团公司企业内部业务流程信息集成的。
4. 请举例说明 ERP 如何实现企业间业务流程信息集成的。
5. 生产调度会的作用是什么？它有哪些问题？
6. 简单介绍 ERP 如何实现统一的计划管理。
7. ERP 如何实现库存信息的全局共享？
8. 如何利用 ERP 系统实现业务与财务信息的集成？
9. 什么是三层次管理信息集成？
10. 什么是 PDM？它与 ERP 是如何集成的？
11. 数据仓库有什么作用？
12. 现代人力资源管理有什么特点？它与 ERP 系统集成有什么作用？
13. 简单介绍 ERP 系统如何与财政、税收软件集成。

附录 A
Appendix A

一个简单的实例

这个实例是以销售订单为导向，以计划为主轴的生产经营管理活动的流程。企业销售部门业务员根据客户的需求，对客户进行报价，从产品、规划、价格、期限、折扣等方面了解客户的需求；当与客户签订了购销合同以后，将客户的实际需求与市场预测的需求相结合，由计划部门编制主生产计划和物料需求计划，进一步结合企业的产能情况编制企业的采购计划、生产计划和委外计划，以便采购部门和生产部门组织对外采购和生产制造的业务工作；采购部门按照采购计划组织安排采购人员开展采购业务，生产部门根据生产计划组织车间完成生产任务，按照委外计划安排委外商加工生产；采购部门将采购到货的物料交接给仓库，仓库负责入库处理；委外加工完成和生产完工的料品交给仓库，仓库负责入库处理；销售部门根据销售合同组织向客户发货，仓库负责出库处理；财务部门负责对采购、委外的料品的款项进行付款结算和账务处理，对销售部门销售的料品进行收款结算和账务处理。

资料

- 2007 年 6 月 20 日精益公司向业务一部订购 600 台"主机（P4）"，报价为 5 000 元。要求货物于 2007 年 6 月 27 日完工，6 月 28 日从半成品库发出。
- 根据此业务要求，帮助生产部门确定该何时生产、何时采购原料及相应数量。
- "0202—主机（P4）"的物料清单（见表 A-1）：

表 A-1

层次		物料编码	物料名称	物料属性	可选否	选择规则	计划(%)	数量	供应类型
0	1								
+		0201001	主机（P4）	自制/销售	否	全部	100	1	
	+	0101001	CPU（P4）	外购/销售/生产耗用	否	全部	100	1	领用
	+	0102001	40G 硬盘	外购/销售/生产耗用	否	全部	100	1	领用

- P4 芯片的采购周期为 1 天，40G 硬盘的采购周期为 2 天，主机（P4）的加工期为 1 天。40G 硬盘的采购固定批量为 100，P4 芯片的安全库存为 50。

业务过程

1. 输入并审核销售订单

在"销售订单"窗口中，输入并审核一个新的生产订单，如图 A-1 所示。

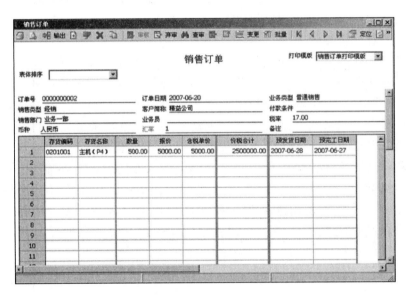

图 A-1　生成销售订单

2. MPS 计划参数维护

在"MPS 计划参数维护"窗口中，输入各项参数，完成 MPS 计划参数的设置工作，如图 A-2 所示。

3. MPS 计划生成

在"MPS 计划生成"窗口中，由系统自动运算 MPS，完成 MPS 的处理。

在"供需资料查询—物料"窗口中，可查询 MPS 的供需资料，如图 A-3 所示。

由图 A-3，可显示详细资料，如图 A-4 所示。

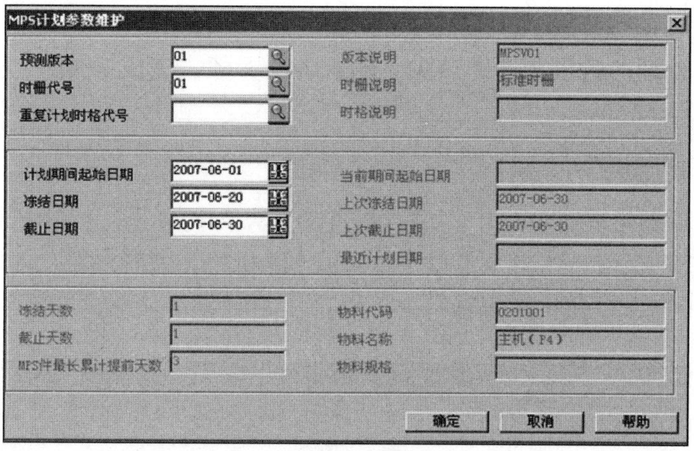

图 A-2　MPS 计划参数设置

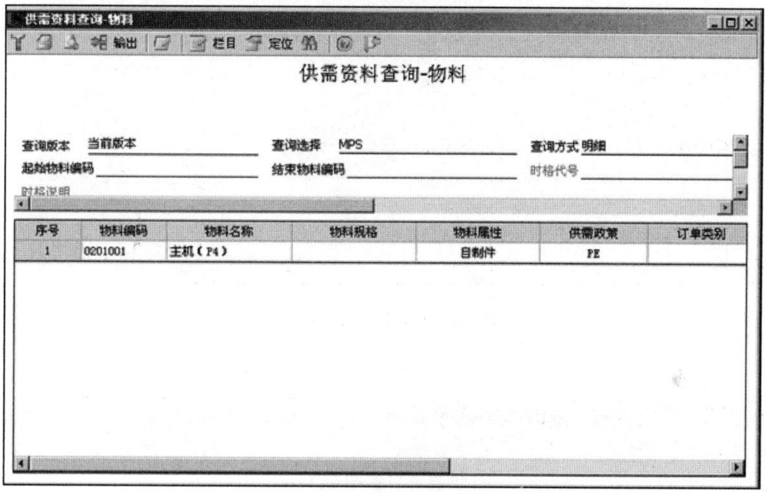

图 A-3　MPS 的供需资料查询

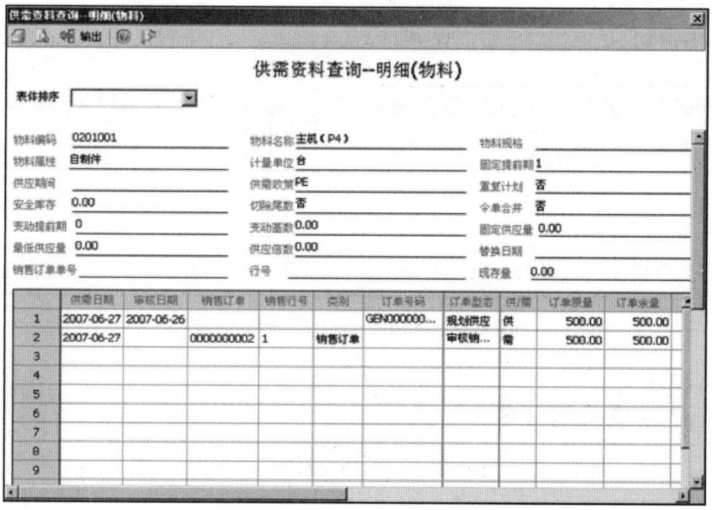

图 A-4　供需资料查询—物料或订单

4. MRP 计划参数维护

在 "MRP 计划参数维护" 窗口中，输入各项参数，完成 MRP 计划参数的设置工作，如图 A-5 所示。

5. MRP 计划生成

在 "MRP 计划生成" 窗口中，由系统自动运算 MRP，完成 MRP 的处理。

在 "供需资料查询—物料" 窗口中，可查询 MRP 的供需资料，如图 A-6 所示。由图 A-6 中，也可显示详细资料。

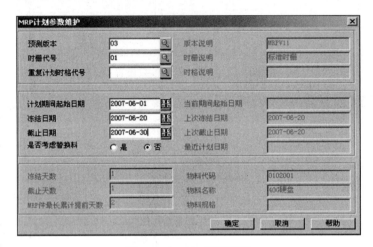

图 A-5　MRP 参数设置

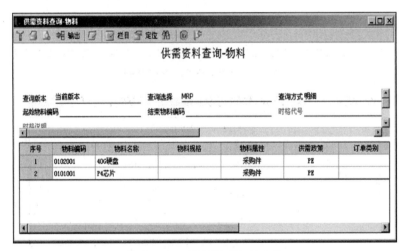

图 A-6　MRP 的供需资料查询

6. 根据 MRP 生成采购订单

在 "采购订单" 窗口中，根据 "MPS/MRP 计划"，生成采购订单，如图 A-7 所示。

在 "采购订单" 窗口中，输入相关信息。表头：供应商为兴华公司，部门为业务三部;表体:含税单价为800。然后对采购订单进行审核,如图 A-8 所示。

图 A-7　规划令单的选单列表

图 A-8　由规划令单生成采购订单

7. 对采购物料进行入库

在"采购入库单"窗口中,根据采购订单或采购到货单生成入库单,并输入仓库名,然后进行审核入库,如图 A-9 所示。

8. 生产订单自动生成

在"生产订单自动生成"窗口中,可由系统根据生产计划自动生成生产订单,如图 A-10 所示。

审核生成的生产订单,显示审核结果报告,"生产订单处理"窗口的记录中将不再显示该物料的记录,如图 A-11 所示。

图 A-9 采购物料入库业务

图 A-10 自动生成生产订单

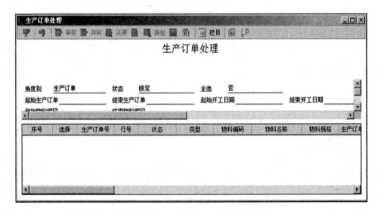

图 A-11 生产订单审核

9. 按生产订单领料

在"材料出库单"窗口中,根据生产订单生成材料出库单,如图 A-12 和图 A-13 所示。

执行"材料出库单"的审核,完成材料出库。

10. 完工产品入库

在"产成品入库单"窗口中,根据生产订单生成一个新的产成品入库单,如图 A-14 所示。

补充仓库信息,完成入库,如图 A-15 所示。

11. 输入销售发货单

在"发货单"窗口中,根据销售订单生成发货单,如图 A-16 所示。

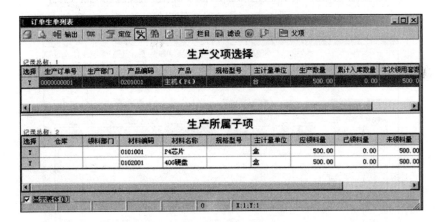

图 A-12 订单生单列表

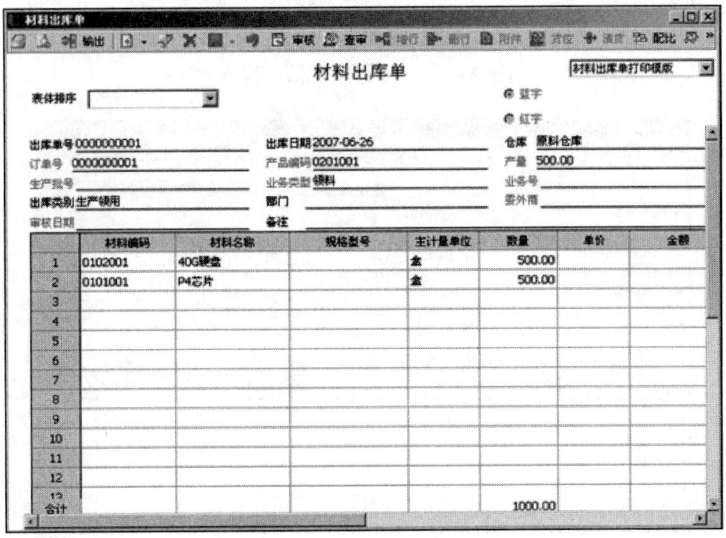

图 A-13 生成材料出库单

图 A-14　产成品入库操作

图 A-15　生成产成品入库单

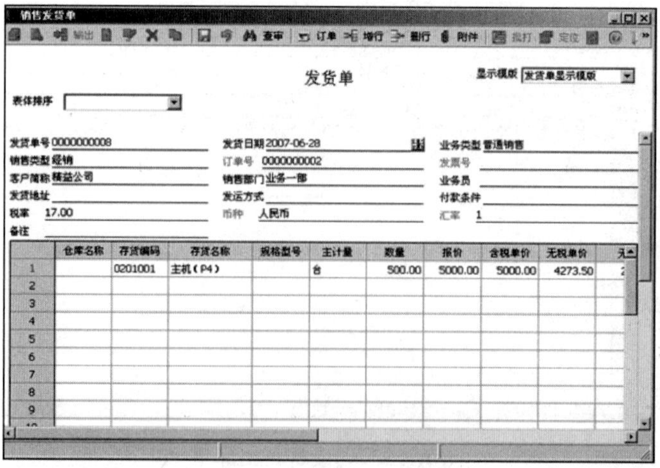

图 A-16　选择订单窗口

补充仓库信息，完成发货，如图 A-17 所示。

12. 生成并审核销售出库单

在"销售出库单"窗口，根据发货单生成一张销售出库单，并完成销售出库单的审核工作，如图 A-18 所示。

13. 输入销售发票

在"销售专用发票"窗口，根据发货单生成一张销售专用发票，如图 A-19 所示。

14. 记账

在财务模块，完成所有出入库业务、收付款业务的凭证生成和记账。

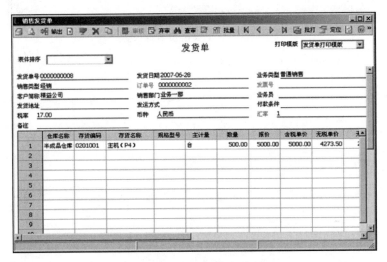

图 A-17　生成销售发货单

图 A-18　显示销售出库单

图 A-19　生成销售普通发票

参 考 文 献

[1] ATM ERP 专家组. 企业资源计划（ERP）初阶 [R]. ATM 企业资源管理研究中心，2005.
[2] A V 费根鲍姆. 全面质量管理 [M]. 杨文士，廖永平，译. 北京：机械工业出版社，1991.
[3] David James，等. Oracle E-Business Suite Financials 手册 [M]. 王军，等译. 北京：机械工业出版社，2002.
[4] Khalid Sheikh. Manufacturing Resource Planning, with Introduction to ERP, SCM and CRM [M]. New York：McGraw-Hill，2002.
[5] 安鸿章. 现代企业人力资源管理 [M]. 北京：中国劳动社会保障出版社，2003.
[6] 博德彬，鲁晓莹，刘强. ERP 实施宝典 [M]. 北京：国防工业出版社，2004.
[7] 曹端. ERP 综合实验教程 [M]. 重庆：重庆大学出版社，2007.
[8] 陈畴镛，于俭，曹为国，等. 电子商务供应链管理 [M]. 大连：东北财经大学出版社，2002.
[9] 陈国平. 质量管理学 [M]. 武汉：武汉理工大学出版社，2003.
[10] 陈孟建，潘婧，陈光会，等. 企业资源计划（ERP）原理及应用 [M]. 北京：电子工业出版社，2006.
[11] 陈启申. ERP：从内部集成起步 [M]. 2 版. 北京：电子工业出版社，2007.
[12] 陈心德，吴忠. 生产运营管理 [M]. 北京：清华大学出版社，2005.
[13] 陈修齐，代海涛，苏丽琴. 电子商务物流管理 [M]. 北京：电子工业出版社，2006.
[14] 陈志祥. 现代生产与运作管理 [M]. 广州：中山大学出版社，2004.
[15] 陈庄，杨军. 物流电子商务 [M]. 北京：机械工业出版社，2004.
[16] 陈庄，杨立星，刘永梅. ERP 原理与应用教程 [M]. 北京：电子工业出版社，2006.
[17] 程国卿，吉国力. 企业资源计划 ERP 教程 [M]. 北京：清华大学出版社，2008.
[18] 程控，革扬. MRP Ⅱ/ERP 原理与应用 [M]. 2 版. 北京：清华大学出版社，2006.
[19] 丁峰. 浅析 ERP 与 ISO9000 的区别与联系 [J]. 中国管理信息化，2006，9（1）：19-22.
[20] 丁慧平，俞明南. 生产运作管理 [M]. 2 版. 北京：中国铁道出版社，2004.
[21] 杜作阳. 企业资源计划应用教程 [M]. 武汉：华中科技大学出版社，2005.
[22] 方爱华，张光明. 生产运营管理 [M]. 武汉：武汉大学出版社，2005.
[23] 冯根尧. 运营管理 [M]. 北京：北京大学出版社，2007.
[24] 苟娟琼，常丹. ERP 原理与实践 [M]. 北京：清华大学出版社，2005.
[25] 顾穗珊，毕新华. 电子商务与现代物流管理 [M]. 北京：机械工业出版社，2007.
[26] 黄丽华，卢向华. 管理信息系统 [M]. 上海：复旦大学出版社，2005.
[27] 蒋贵善. 生产与运作管理 [M]. 大连：大连理工大学出版社，2006.
[28] 金蝶软件有限公司. ERP 系统的集成应用：企业管理信息化的必由之路 [M]. 北京：清华大学出版社，2005.
[29] 乐艳芬. 成本管理会计 [M]. 上海：复旦大学出版社，2007.
[30] 李嘉平，翁锦萍. 大型 ERP 实施全接触 Step By Step [M]. 北京：电子工业出版社，2004.

[31] 李健,王颖纯,苑清敏,等.企业资源计划(ERP)及其应用[M].北京:电子工业出版社,2004.
[32] 李平.机械工业企业车间管理[M].北京:机械工业出版社,1995.
[33] 刘爱国,梁顺利.ERP生产制造管理[M].北京:电子工业出版社,2008.
[34] 刘丽文.生产与运作管理[M].北京:清华大学出版社,2002.
[35] 刘乃荣.浅谈库存管理和控制库存成本的方法[J].科技情报开发与经济,2005,5(24):161-162.
[36] 刘红军.企业资源计划(ERP)原理及应用[M].北京:电子工业出版社,2008.
[37] 吕文清.ERP制造与财务管理[M].广州:广东经济出版社,2003.
[38] 吕文清,吕文彬.ERP制造成本管理:ERP制造成本设计、实施与控制[M].广州:广东经济出版社,2002.
[39] 罗鸿.ERP实施全程指南[M].北京:电子工业出版社,2003.
[40] 罗鸿.ERP原理·设计·实施[M].北京:电子工业出版社,2005.
[41] 罗鸿.企业资源计划ERP教程[M].北京:电子工业出版社,2006.
[42] 潘昊,易泽湘,孙秀红,等.基于SAP R/3的ERP技术研究与应用[J].计算机技术与发展,2006,16(7):174-176.
[43] 齐学忠.化工企业资源计划系统ERP[M].北京:化学工业出版社,2008.
[44] 屈冠银,李冰.电子商务物流管理[M].北京:机械工业出版社,2007.
[45] 闪四清.管理信息系统教程[M].北京:清华大学出版社,2003.
[46] 闪四清.ERP系统原理和实施[M].2版.北京:清华大学出版社,2008.
[47] 申元月.生产运作管理[M].济南:山东人民出版社,2008.
[48] 斯科特·汉密尔顿.构建高效的ERP系统[M].简学,译.北京:机械工业出版社,2004:22-39.
[49] Richard B Chase,Nicholas J Aquilano,F Robert Jacobs.生产与运作管理:制造与服务[M].宋国防,译.北京:机械工业出版社,1999.
[50] 苏珂.Oracle ERP企业管理系统[J].济南:山东轻工业学院学报,2008.
[51] 孙福权.企业资源计划(ERP)[M].沈阳:东北大学出版社,2006.
[52] 孙福权.ERP实用教程[M].北京:人民邮电出版社,2009.
[53] 孙明贵,李志远,金梅,等.库存物流管理[M].北京:中国社会科学出版社,2005.
[54] 田英,黄辉,夏维力.生产与运作管理[M].西安:西北工业大学出版社,2005.
[55] 汪国章.ERP原理、实施与案例[M].北京:电子工业出版社,2003.
[56] 王惠芬,黎文,葛星.企业资源计划:ERP[M].北京:经济科学出版社,2007.
[57] 王平心.作业成本法的产生及其新发展[J].西安交通大学学报(社会科学版),2001,21(1):30-34.
[58] 王平心.作业成本计算理论与应用研究[M].大连:东北财经大学出版社,2001.
[59] 汪清明.ERP原理与应用[M].北京:高等教育出版社,2004.
[60] 王小云,杨玉顺,李朝晖.ERP企业管理案例教程[M].北京:清华大学出版社,2007:33-50.
[61] 向传杰.ERP开发与实施教程[M].北京:电子工业出版社,2004.
[62] 徐超,陈军宁.企业资源计划(ERP)应用解析[M].合肥:安徽大学出版社,2006.
[63] 许建钢,王新玲,张清华,等.ERP应用教程[M].北京:电子工业出版社,2004.

[64] 颜安. 企业 ERP 应用研究 [M]. 成都：西南财经大学出版社，2006.
[65] 杨宝刚. 会计信息系统 [M]. 北京：高等教育出版社，2007.
[66] 杨建华，张群，杨新泉. 企业资源计划与流程再造 [M]. 北京：清华大学出版社，2007.
[67] 杨尊琦，林海. 企业资源规划原理与应用 [M]. 北京：机械工业出版社，2008.
[68] 伊辉勇，游静. 企业资源计划 [M]. 北京：石油工业出版社，2008.
[69] 用友软件股份有限公司. 用友软件：ERP 应用指南 [M]. 北京：机械工业出版社，2002.
[70] 尤建新，武小军. 基于 ERP 的企业质量成本管理信息系统研究 [J]. 中国质量，2002，(12)：8-12.
[71] 余景选. 成本管理 [M]. 杭州：浙江人民出版社，2008.
[72] 詹姆斯 M 雷夫. 成本管理研究（影印版）[M]. 大连：东北财经大学出版社，1998.
[73] 张毅. 企业资源计划（ERP）与 SCM、CRM [M]. 北京：电子工业出版社，2002.
[74] 张远昌. 生产物流与采购管理 [M]. 北京：中国纺织出版社，2004.
[75] 赵启兰，刘宏志. 生产计划与供应链中的库存管理 [M]. 北京：电子工业出版社，2003.
[76] 赵霞，张黎. ERP 与 ISO9000 结合模式探讨 [J]. 商场现代化，2006（482）：97-98.
[77] 赵晓波，黄四民. 库存管理 [M]. 北京：清华大学出版社，2008.
[78] 邹燕. ERP 软件财务会计入门实验教程 [M]. 成都：西南财经大学出版社，2008.
[79] 周玉清，刘伯莹，周强. ERP 与管理 [M]. 北京：清华大学出版社，2005：47-65.
[80] 周玉清，刘伯莹，周强. ERP 理论、方法与实践 [M]. 北京：电子工业出版社，2006.
[81] 周玉清，刘伯莹，周强. ERP 与企业管理：理论、方法、系统 [M]. 北京：清华大学出版社，2005.
[82] 周玉清，刘伯莹，周强. 解读 ERP [M]. 天津：天津大学出版社，2003.
[83] 朱江，陆娜，韦海英. 企业资源计划 [M]. 广州：广东经济出版社，2006.
[84] 丁斌，陈晓剑. 高级排程计划 APS 发展综述 [J]. 运筹与管理，2004，13(3)：155-159.
[85] 什么是高级计划与排程—APS？基本原理是什么？与 ERP 有什么区别？[EB/OL]. 拓步 ERP 资讯网，http://www.toberp.com/html/consultation/1082053949.html.
[86] 邵志芳，钱省三，刘仲英. 在半导体制造业导入高级规划与排程系统 [J]. 半导体技术，2007，32（8）：661-664.
[87] 邵志芳，钢铁行业高级规划与排程系统研究 [J]. 中国管理信息化，2013，16（6）：79-80.
[88] 王立志. 系统化运筹与供应链管理 [M]. 台中：沧海书局，1999.
[89] 蔡颖. APS 供应链优化引擎 [M]. 广州：广东经济出版社，2004.
[90] 何永祺. 市场营销学 [M]. 大连：东北财经大学出版社，2011.
[91] 何景霄. 销售主管与 ERP [M]. 北京：清华大学出版社，2007.
[92] 陈光会. ERP 原理与应用 [M]. 西安：西北工业大学出版社，2009.
[93] 刘翔. ERP 原理与应用 [M]. 清华大学出版社，2011.
[94] 张旭凤. 库存管理 [M]. 北京：北京大学出版社，2013.
[95] 运玉贞. ERP 系统在固定资产管理中的应用 [J]. 中国总会计师，2017（12）：38-40.
[96] 孙晓天. ERP 系统环境下财务分析应用：以神东煤炭经销中心为例 [J]. 时代金融，2018（3）：161-163.
[97] 杨元庆. 实施信息化，提高竞争力 [J]. 投资北京，2003（1）：89-90.
[98] 一个冲压厂的 ERP 系统实施案例. 2015-08-27，https://www.6erp.cn/article_653.html.
[99] 大数据公司挖掘数据价值的 49 个典型案例. 2018-07-29，https://blog.csdn.net/zw0Pi8G5C1x/

article/details/81277567.

［100］ 大数据在营销和销售中的十大应用. 2018-07-01，https://wenku.baidu.com/view/ce7dd6f8c9d376eeaeaad1f34693daef5ef7131c.html.

［101］ 新零售解读：大数据的力量. 2019-04-02，https://blog.csdn.net/ldt1993/article/details/88976995.

参考网站

1. http://www.sap.com.cn
2. http://www.oracle.com
3. http://www.itpub.net
4. http://erp.vsharing.com/
5. https://www.qianzhan.com/
6. http://www.e-works.net.cn/
7. http://www.56chp.cn/